本书系陕西师范大学优秀研究生教材资助项目

劳动法理论与实践

LAO DONG FA LI LUN YU SHI JIAN

主　编　穆随心

撰稿人　穆随心　郭　捷　谢德成

中国政法大学出版社

2016·北京

图书在版编目（ＣＩＰ）数据

劳动法理论与实践/穆随心主编.—北京：中国政法大学出版社,2016.4

ISBN　978-7-5620-6716-0

Ⅰ.①劳…　Ⅱ.①穆…　Ⅲ.①劳动法－中国－教材　Ⅳ.①D922.5

中国版本图书馆CIP数据核字(2016)第059551号

出　版　者　　中国政法大学出版社

地　　　址　　北京市海淀区西土城路 25 号

邮　　　箱　　fadapress@163.com

网　　　址　　http://www.cuplpress.com（网络实名：中国政法大学出版社）

电　　　话　　010-58908435(第一编辑部)　58908334(邮购部)

承　　　印　　固安华明印业有限公司

开　　　本　　720mm×960mm　1/16

印　　　张　　23.75

字　　　数　　492千字

版　　　次　　2016 年 4 月第 1 版

印　　　次　　2016 年 4 月第 1 次印刷

定　　　价　　52.00 元

作者简介

郭捷 西北政法大学教授，博士生导师。兼任中国法学会社会法学研究会副会长，陕西省人大法制工作委员会委员，陕西省法学会社会法学研究会会长。主要研究方向为社会法学。发表专业学术论文30余篇、法学教育研究论文10余篇。主编有司法部统编教材《劳动法学》《劳动法与社会保障法》等教材。主持国家社科基金项目2项，主持并完成省部级科研课题5项。先后获省政府优秀科研成果奖2项，获国家级、省政府优秀教学成果奖3项。

谢德成 西北政法大学经济法学院教授，社会法研究所所长。兼任中国法学会社会法学研究会常务理事，陕西省法学会社会法学研究会副会长，陕西省人力资源和社会保障厅法律顾问，陕西师范大学政治经济学院、韩国国立济州大学法学院兼职教授。主要从事劳动法学、社会保障法学、比较劳动法学的教学和研究工作。主持和参与国家社科基金项目2项、省部级项目5项。发表专业学术论文40多篇，有5篇论文被中国人民大学报刊复印资料全文转载。主编司法部统编教材1部，合著2部。

穆随心 陕西师范大学法学系副主任，副教授，硕士生导师，法学博士。兼任陕西省社会法学研究会常务理事，西安市人大法工委特聘立法专家。我国台湾地区台湾政治大学、韩国国立忠北大学、美国芝加哥肯特法学院短、长期访问学者。主要从事劳动法学和社会保障法学的教学和研究工作。主持国家社科基金项目1项，参与国家社科基金项目2项，主持省部级项目5项，主持校级教研项目3项，其中1项获二等奖。参编教材4部，其中，《劳动法与社会保障法》获陕西省普通高校优秀教材一等奖，《劳动法》为全国统编自学考试教材，《劳动法学》为司法部统编教材。发表专业学术论文20余篇。

编写说明

本教材是编者对近年来劳动法研究生课程讲义的"升级"。编写一本较高质量的教材，是对教师的基本职业要求，是每个教师的"本分"。在撰写准备和进程中，编者努力做到以下"五性"：

1. 突出"法理性"。法理性是研究生教材首要的应有之义。本教材以"劳动法为什么倾斜保护劳动者，怎样保护劳动者"为理论逻辑主线，不但在总论部分阐述劳动法的基本理论，而且运用基本理论使总论和分论之间逻辑架构贯通融合，同时在分论部分注重运用基本理论对现行劳动法律政策的"亮点""缺点"及其实施的"热点""难点"予以分析。当然，在阐述劳动法基本理论时，尽可能避免过多"自话自说"的编者个人观点，力求完整、客观，为学生提供"前思后想""融贯升华"的空间。

2. 立足"实践性"。劳动法是最典型的社会法，最能体现"法律社会化运动"，是"活的法""事实上的法"。所以，本教材始终尽力立足社会主义市场经济条件下的我国劳动关系和劳动法律政策、劳动法治的实际状况，注重其发展演进脉络，尤其注重我国劳动行政部门规章、政策和人民法院解释、判例，确保反映其最新动态和趋势。本教材所引用的劳动法律政策截止日期为 2015 年 11 月 25 日。

3. 体现"国际性"。在全球化背景下，劳动法国际性趋势气候已成。劳动法国际化对完善我国劳动法律政策、劳动法治提出了新要求。所以，本教材始终尽力体现国际化（甚至用整"节"篇幅来论述），注重对国际劳工组织和域外发达国家的劳动立法和实施状况，在结合中国实际的基础上进行介绍、比较分析。需要说明的是，本教材中我国台湾地区的"劳动立法"和实施状况篇幅也较多：一是基于民族、文化同根同源，经济、社会发展水乳交融，政治对话交流深入的大背景；二是基于其劳动法学界追踪德、日、美立法和实施最新动向的系统高效的机制。

4. 富有"针对性"。由于研究生已在本科阶段对劳动法有了一定的把握，所以本教材在保证教材体系完整的前提下，不追求面面俱到，无意作纯量上的积累，而是针对上述"亮点""缺点""难点""热点"，将其作为"重点"，力求阐述深刻、透彻。

5. 依托"多样性"。本教材在形式上作了一定创新，每章根据具体内容需要，依照"逻辑性""启发性""权威性"和"新颖性"的原则，较为精心地设计了［本章导读］、［探究］、［案例］、［相关资料］等栏目，目的是激发学生深入阅读的兴趣，最终以利于本教材重点、难点的突破。

几多努力，时间跨度一年有余，本教材得以顺利完成。回顾编写过程，油然感慨以下五个"得益"：

1. "得益"于良师益友。郭捷教授是我当年的硕士研究生导师，谢德成教授是导师组成员。他们不但在写作论证、提纲、定稿方面全力支持，并且亲自撰写部分章节。以郭老师、谢老师在我国劳动法学界的地位观之，这一点使我极其感动。我的博士生导师袁祖社教授近乎"苛刻"的督促，使我不能懈怠。西安市工商行政管理局的马红卫调研员、我的高中同学陕西省人民检察院教育培训中心主任冯耀辉从编写说明到［案例］、［相关资料］栏目的设计及内容选择都提出了极为中肯的见解。

2. "得益"于教学相长。本教材可以说是编者劳动法教学的心得和体会，其中的重点、难点都是长期教学相长的结果。写作过程中，和同学们讨论以至"辩争"的情景不断再现，使我由衷感慨"青胜于兰"的必然。

3. "得益"于学术视野。郭捷教授、谢德成教授一直对我的劳动法教学科研润物无声、春风化雨、潜移默化。再加上近年来我先后在我国台湾地区台湾政治大学、韩国国立忠北大学、美国芝加哥肯特法学院做过短、长期访问学者，合作导师在劳动法学界威望颇高，如前台湾政治大学法学院院长、"行政院"劳工委员会法规委员、主任裁决委员黄程贯教授，前美国法学院协会劳动关系和劳动法分会主席 Martin H. Malin 教授，经耳濡目染，几多熏陶，我的学术视野得以开阔。

4. "得益"于科研积累。近年来郭捷教授主持了 2 项国家社科基金项目，谢德成教授主持了 1 项国家社科基金项目，我均是主要参与人之一，且我本人也主持 1 项国家社科基金项目、5 项省部级社科基金项目，科研训练、科研积累效果较好。

5. "得益"于各方相助。本教材得到我的母校、现在的工作单位陕西师范大学优秀研究生教材资助项目的资助，得到中国政法大学出版社程传省、高露编辑的鼎力帮助，得到了诸多方面相助，对此不能一一列出，唯恐挂一漏万。

撰稿分工：

郭捷：第一章第二节第四、五目；第二章第一节第三目、第二节、第三节；第七章第一节第四、五、六目，第二节，第三节，第四节。

谢德成：第一章第三节，第八章第一节、第三节、第四节。

穆随心：其余章、节、目。

本教材在写作过程中参阅了大量国内专家、学者的论文、著作，在此表示深深的谢意！

尽管编者竭尽所能，但力有未逮，书中定有很多疏漏和谬误之处（当然文责自负），敬请不吝赐教。

穆随心

2016 年 1 月

目　录

第一章 劳动法总论

▌本章导读

　　本章为劳动法总论，是关于劳动法理念和理论的论述和分析。本章的逻辑主线是：劳动法是什么？其存在依据是什么？其基本职能是什么？其在社会生活中获得实现的方式是什么？其产生、发展与趋势是什么？各节内容均是本章以至本书的重点，其引领全书。本章的难点是劳动关系从属性的理解和实践运用。

　　劳动法是调整劳动关系以及与劳动关系密切联系的其他社会关系的法律规范的总称。在这里，劳动关系是个别劳动关系，（个别）劳动关系是劳动法调整的基础性对象，集体劳动关系和社会劳动关系的存在都是为个别劳动关系服务的，以（个别）劳动关系为目的。（个别）劳动关系的从属性特点，使得雇主和劳动者的"新的身份"得以形成，造成劳动者弱势群体的实质不自由、不平等，劳动关系失衡成为事实，对其矫正就历史的落到了劳动法上，使得劳动法发端于私（民）法，又超越了私（民）法，成为劳动法存在依据。这部分内容主要体现在第一节和第二节以及第六节中。

　　劳动法的基本职能是劳动法存在依据的逻辑延伸与具体化，在于劳动者的生存权的保障，是劳动者保护之法。通过劳动法公法、私法融合的社会调节机制来完成，把劳动者的生存利益看作是社会利益，以对劳动者"倾斜保护"为基本原则，发挥国家、社会、个人各自在宏观、中观、微观三个层次中调整劳动关系的作用，对于失衡的劳动关系作出矫正。这部分内容主要体现在第三节和第四节中。

　　劳动法上的法律关系是劳动法律规范具体化的工具，是劳动法在社会生活中获得实现的方式，是劳动立法、劳动法实施、劳动法治的中心环节。本书主要探讨具有较强理论意义和劳动法治实践意义的劳动法上的法律关系的主体——劳动法律主体。这部分内容主要体现在第五节中。

　　劳动法的产生与发展有着深刻的经济、社会和政治原因，甚至是文化原因等，同时也是法律自身发展的必然结果。劳动法的产生、发展具有十分重要的法律意义。劳动法产生的直接动因毋庸置疑是工人运动。20 世纪末以来，劳动法的发展面临诸多冲击、挑战与机遇，呈现出新特点。我国《劳动合同法》的颁布和实施，标志着中国劳动关系的个别调整在法律建构上已经初步完成，同时，又开启了劳动关系集体调整的新起点。这部分内容主要体现第六节中。

第一节　劳动法的概念

一、我国劳动法的学理概念

法学理论对不同的法律部门的区分与界定，其依据主要是调整对象，[1]即法律部门调整的社会关系。例如，调整平等民事主体之间的财产关系和人身关系的法律规范的总和构成民法部门。概括而言，劳动法是调整劳动关系的法律规范的总和。我国劳动法学前辈史尚宽教授在1934年在中国劳动法学界第一次提出劳动法的概念："劳动法为关于劳动之法。详言之，劳动法为规定劳动关系及附随一切关系之法律制度之全体。"[2]而这里的"劳动关系"是指"以劳动给付为目的的受雇人与雇佣人间之关系"，而这里的劳动关系"附随一切关系"是指"关联于受雇人职业上之地位而发生之一切关系"，包括集体合同关系、工会关系、劳动保护关系、劳动保险关系、劳动争议关系、职业介绍关系以及国际劳动关系等。[3]

史尚宽教授对劳动法的这一定义为中国大陆学界普遍接受。近年来，各类教材、著作虽有表述上的不同，但无实质性差异。例如，"劳动法是调整劳动关系以及与劳动关系密切联系的关系的法律"；[4]"劳动法是调整劳动关系以及与劳动关系有密切联系的其他关系的法律规范的总和"；[5]劳动法是指"调整劳动关系以及与劳动关系密切联系的其他社会关系的法律规范的总和"。[6]

值得一提的是，常凯教授在其主编的2011年版的《劳动法学》中对劳动法的概念界定具有独到之处，"劳动法是调整劳动关系的法律规范的总和，劳动法所调整的劳动关系，包括个别劳动关系、集体劳动关系和社会劳动关系。"同时认为，这种劳动关系是广义的劳动关系，在广义的劳动关系中，市场经济初期仅仅作为劳动关系的"附随关系"或与之"密切联系的关系"的集体劳动关系和社会劳动关系，已经成为劳动关系的本体关系的主要构成。[7]

针对常凯教授的新提法，郭捷教授主编的2014年版的全国法律硕士专业学位研究生统编教材《劳动法学》指出，撇开"集体劳动关系""社会劳动关系"的地位，常凯教授这一新表述依然同劳动法学界对劳动法的定义是一致的。原因在于：①劳动法是由工厂法逐渐发展而来，是对劳动者倾斜保护之法，已成为现代各国法律体系中一个重要法律部门；②劳动法以劳动关系为其规范与调整的基础性对象，这种

[1]　当然还有调整方法，下文专节阐述。
[2]　史尚宽：《劳动法原论》，世界书局1934年版，第1页。
[3]　史尚宽：《劳动法原论》，世界书局1934年版，第1～2页。
[4]　关怀主编：《劳动法学》，群众出版社1983年版，第1页。
[5]　李景森、贾俊玲主编：《劳动法学》，北京大学出版社1995年版，第4页。
[6]　王全兴主编：《劳动法学》，高等教育出版社2004年版，第51页。
[7]　常凯：《劳动法学》，高等教育出版社2011年版，第7页。

劳动关系是个别劳动关系，是最本原的劳动关系，是劳动法产生、对劳动者倾斜保护的根源；③劳动法除了调整劳动关系外，还调整与劳动关系密切联系的其他社会关系，包括集体劳动关系和社会劳动关系。集体劳动关系和社会劳动关系皆由个别劳动关系发展而来，是为个别劳动关系服务的。因此，该书依然将劳动法定义为：劳动法是调整劳动关系以及与劳动关系密切联系的其他社会关系的法律规范的总称。[1]本书同意郭捷教授的提法，其根本原因在于（个别）劳动关系是劳动法调整的基础性对象，集体劳动关系和社会劳动关系的存在都是以（个别）劳动关系为目的的。因此，本书也将劳动法定义为：劳动法是调整劳动关系以及与劳动关系密切联系的其他社会关系的法律规范的总称。

[探究]

　　基于个别劳动关系的基础性，劳动法中的"劳动关系"一词，如未特别指明，皆指个别劳动关系。

二、我国劳动法的立法概念

　　就我国立法而言，劳动法可作广义和狭义理解。广义上的劳动法，包括宪法规定的基本劳动制度及劳动关系主体的权利义务，劳动基本法以及与其实施相配套的一系列子法、行政法规、规章及司法解释等，具体包括：①宪法中相关的劳动规范；②法律中相关的劳动规范；③行政法规中相关的劳动规范；④部委规章中相关的劳动规范；⑤地方性法规和地方性规章中相关的劳动规范；⑥经我国政府批准的国际劳动公约中相关的劳动规范；⑦规范性劳动法律、法规解释；⑧其他。如国际惯例等。狭义上的劳动法，是指由国家最高立法机关颁布的关于调整劳动关系以及与劳动关系有密切联系的其他社会关系的全国性的、综合性的法律，即第八届全国人民代表大会常务委员会第八次会议于1994年7月5日通过，自1995年1月1日起施行的《中华人民共和国劳动法》（以下简称《劳动法》），也称为劳动基本法。

[探究]

域外劳动法概念

　　1. 德国著名的劳动法学家、德国联邦政府劳动法典委员会成员 W. 杜茨教授提出："劳动法是关于劳动生活中处于从属地位者（雇员）的雇佣关系的法律规则（从属地位劳动者的特别法）的总和。""个别劳动关系法和集体劳动关系法并非互相毫无联系，他们通过各种方式被互相结合起来。"[2]在德国，劳动法主要包括个别劳动关系法和集体劳动关系法，个别劳动关系法主要是调整雇主和雇员之间劳动关系的法律规范，集体劳动关系主要是调整雇主及其组织（雇主协会）和雇员代表、雇员组织（工会）之间劳动关系的法律规范。这已成为

---

〔1〕 郭捷等：《劳动法学》，高等教育出版社2014年版，第7~8页。
〔2〕 ［德］W. 杜茨：《劳动法》，张国文译，法律出版社2003年版，第1~2页。

德国劳动法学界的通识。德国汉堡大学教授、著名劳动法学家 Dellev Joost 教授在《德国劳动法之体系与基本原理》一文中也阐述道："劳动法……包含的一些规则和一般民法相差甚远。这种特殊性的作用在于平衡雇员与雇主之间的实力悬殊。……雇主往往是强势的一方，而雇员大多处于弱势。劳动法中所追求的雇员保护体现在两大领域：在个体劳动法中，通过法律的特别规则，防止单个雇员因为谈判中的弱势地位不得已接受雇主提出的不合理条件。在集体劳动法中，依靠企业职工委员会和工会这些雇员集体利益的代表，通过不同层面上劳资共决的方式来影响或确定劳动条件。"〔1〕

2. 日本著名的劳动法学家沼田稻次郎教授指出："劳动法乃是以从属劳动关系所产生的一切法律关系为对象的法律。"〔2〕

3.《牛津法律大词典》的解释为："劳动法是与雇佣劳动相关的全部法律原则和规则，大致和工业法相同，它规定的是雇佣合同和劳动或工业关系法律方面的问题。"〔3〕

4. 英国劳动法学者艾利森·邦、马纳·撒夫指出："在英国法中，雇佣法是最具活力且最具争议的领域。说其最具争议，是因为人们对这类法律应当如何冠名无法达成一致的意见。那些名称为劳动法、雇佣法或者工业法的书，其实都包括了很多相同内容，即个体雇佣法——规范个体雇员与用人单位关系的法律；集体劳动法——规范用人单位与雇员组织（工会）的法律；还有一些职业卫生安全的法定管制。"〔4〕

5. 在美国，labor law 和 Employment law 是专有术语。〔5〕劳动法指的是处理工会和雇主及其组织之间关系的法律，对应的是我国劳动法中的集体劳动关系法。雇佣法指的是处理劳动者个体和雇主之间关系的法律，对应的是我国劳动法中的个别劳动关系法。

〔1〕 沃尔夫冈·多依布勒、何旺翔："德国劳动法的基本架构及其在全球化影响下的发展前景"，载《中德法学论坛》第4辑，南京大学出版社2006年版；Detlev Joost、王倩："德国劳动法之体系与基本原理"，载《大连海事大学学报（社会科学版）》2010年第2期。

〔2〕 转引自常凯：《劳动法学》，高等教育出版社2011年版，第6页。

〔3〕 ［英］戴维 M. 沃克：《牛津法律大辞典》，北京社会与科技发展研究所译，光明日报出版社1988年版，第511页。

〔4〕 ［英］艾利森·邦、马纳·撒夫：《劳动法基础》，武汉大学出版社2004年英文影印版，第1页。

〔5〕 关于这一点，笔者在美国芝加哥肯特法学院做访问学者时的合作导师 Martin H. Malin 教授在和笔者的书面和口头交流中反复强调。Malin 教授是美国著名的 labor law 学者，是肯特法学院法律和工作场所研究所所长，是前美国法学院协会劳动关系和 labor law 分会主席，奥巴马总统的联邦公共服务僵局小组的成员。

第二节　劳动法的调整对象

任何法律都是以特定的社会关系作为调整对象，劳动法当然也不例外。与劳动法的定义相一致，大多数中外学者认为：劳动法是以劳动关系为主要调整对象，同时也调整与劳动关系密切联系的其他一些社会关系。

对劳动关系性质的认识有一个历史的过程，在前资本主义时期的罗马法时期，大部分劳动都是强制劳动，与此同时，近现代意义的自由劳动关系在一定范围内存在于自由民和平民之间，被视为租赁关系。中世纪日耳曼法时期，近现代意义的自由劳动关系不复存在，视劳动关系为身份关系。到了自由资本主义时期劳动关系被视为平等关系和经济财产关系，被视为纯债权关系，成为私（民）法的调整对象，遵循私法自治原则，把劳动关系视为私（民）法的调整对象。在现代社会中，基于劳动关系的从属性特点的，劳动关系被视为社会（劳动）法的调整对象。

一、劳动关系的定义界定

（一）劳动法上的劳动

任何劳动都必须具备以下三个基本要素：劳动者、劳动对象、劳动资料，后两者合称为生产资料。以上三个基本要素中，劳动者构成劳动的主体条件，劳动者的劳动力的运用可以称为活劳动，生产资料构成劳动的客观条件，可以把生产资料称为物化劳动。劳动是人与动物的本质区别，是人类特有的基本实践活动。劳动是劳动者利用劳动资料改造劳动对象，使之符合人类需要的有意识、有目的活动。一方面，劳动具有物质规定性："劳动首先是人和自然之间的过程，是人以自身的活动来引起、调整和控制人与自然之间的物质变换的过程。人自身作为一种自然力与自然物质相对立。为了在对自身生活有用的形式上占有自然物质，人就使他身上的自然力——臂和腿、头和手运动起来。当他通过这种运动作用于他身外的自然并改变自然时，也就同时改变他自身的自然。他使在自身的自然中沉睡着的潜力发挥出来，并且使这种力的活动受他自己的控制。"[1] 劳动的物质规定性体现着劳动的生产力性质，在任何时候，劳动者（劳动力）与生产资料的结合，都有一个投入和产出的效率的问题，这一层面的劳动问题就成为劳动经济学研究的主要内容。另一方面，劳动具有社会规定性，即劳动具有社会性质。它体现着人们在劳动过程中发生的一定的社会关系。正如马克思所指出那样，劳动的"定义不是从劳动的物质规定性（不是从劳动产品的性质，不是从劳动作为具体劳动所固有的特征）得出来的，而是从

---

[1] ［德］马克思、恩格斯：《马克思恩格斯全集》第23卷，中共中央马克思，恩格斯，列宁，斯大林著作编译局译，人民出版社1972年版，第201~202页。

一定的社会形式，从这个劳动借以实现的社会生产关系得出来的。"[1]因此，"劳动作为生产劳动的特性只表现一定的社会生产关系。我们在这里指的劳动的这种规定性，不是从劳动的内容或劳动的结果产生的，而是从劳动的一定的社会形式产生的。"[2]在劳动力与生产资料分别归属于不同主体，进而形成雇佣劳动的社会条件下，劳动力与生产资料结合实现劳动过程，必然是雇佣劳动。雇佣劳动成为劳动法意义上的劳动。

[**探究**]

1. 《资本论》的研究专注于资本主义生产关系，生产力并不是考察的重点。

2. 马克思在《剩余价值理论》全面展开对生产劳动定义、劳动价值以及剩余价值起源的考察，非常鲜明地支持亚当·斯密的生产劳动理论中有关生产劳动的第一个定义，即生产劳动，就资本主义生产意义而言，是生产资本的工资劳动（雇佣劳动），也就是说，斯密等资产阶级经济学家也认为资本主义的劳动是雇佣劳动。马克思指出，"直到现在为止，我们看到，亚当·斯密对一切问题的见解都具有二重性，……在他的著作中，他称为生产劳动的东西总是有两种定义混淆在一起，我们先考察第一种正确的定义。从资本主义生产意义上说，生产劳动是这样一种雇佣劳动，它同资本的可变部分（花在工资上的那部分资本）相交换，不仅把这部分资本（也就是自己劳动能力的价值）再生产出来，而且，除此之外，还为资本家生产使用价值。仅仅由于这一点，商品或货币才转化为资本，才作为资本生产出来。只有生产资本的雇佣劳动才是生产劳动。只有创造的价值大于本身价值的劳动能力才是生产的。"[3]需要指出的是，马克思是反对亚当·斯密的生产劳动理论中有关生产劳动的第二个定义的。即只承认物化劳动是生产劳动，因为，亚当·斯密忽略了劳动力这个活劳动。当然，非马克思主义观点认为，资本家作为管理者出现在生产过程，他的劳动当然也是生产劳动。

3. 雇佣劳动形成是一个历史的过程，在前资本主义时期的罗马法时期，大部分劳动都是强制劳动，从自由资本主义时期始，雇佣劳动得以形成。这一点，不单是马克思主义经典作家有精辟论述，资产阶级思想家亦是如此，只不过二者对雇佣劳动本质持不同看法，但这不影响二者对雇佣劳动形式看法的一致性。

这种雇佣劳动具有以下规定性：①雇佣劳动是劳动法意义上的劳动的最基本特

---

〔1〕　[德] 马克思：《剩余价值理论》第 1 册，中共中央马克思，恩格斯，列宁，斯大林著作编译局译，人民出版社 1975 年版，第 148 页。

〔2〕　[德] 马克思：《剩余价值理论》第 1 册，中共中央马克思，恩格斯，列宁，斯大林著作编译局译，人民出版社 1975 年版，第 149 页。

〔3〕　[德] 马克思、恩格斯：《马克思恩格斯全集》第 26 卷（上册），中共中央马克思，恩格斯，列宁，斯大林著作编译局译，人民出版社 1972 年版，第 142 页。

点，也是劳动关系具有从属性的根源，这也决定了劳动关系的主体，一方是劳动者，另一方是雇主。劳动者的劳动力与雇主提供的生产资料相结合，是一种"他我"结合，"他"指的是雇主的生产资料，"我"指的是劳动者的劳动力，而且是与劳动力所有权相分离的劳动力的使用权。个体劳动者的劳动，由于劳动力与生产资料的结合是自我结合，因而不能纳入劳动法意义上的劳动。②这种劳动是基于契约关系的。这种劳动的形成首先是基于双方当事人"两个特殊意志形成的共同意志"的合意，是双方当事人的"任性"，是双方当事人"自己为自己立法"，这就排除了强制劳动的可能性。③这种劳动是有偿、职业的关系。这表明，劳动者为谋生而从事的劳动是一种职业的有偿行为，其目的是用以维持劳动者本人及其赡养一定的家庭人口的基本生活需要。因此，个体劳动、家务劳动、社会义务劳动等，都不能形成劳动法意义上的劳动。④这种劳动体现的是一种社会经济关系。在这种劳动中，劳动者提供自己的劳动力归雇主使用，雇主支付工资给劳动者，工资成为劳动力的价格，因此，产生于劳动过程之中的劳动关系从本质上可以视为一种社会经济关系。这里所说的劳动过程，是指活劳动与物化劳动的交换过程，而不是指物与物交换的流通过程。

[探究]

　　我国劳动法学前辈史尚宽在其《劳动法原论》一书中的论述："广义的劳动谓之有意识的且有一定目的之肉体的或精神的操作。然在劳动法上之劳动，须具备下列条件：①为法律的义务之履行；②为基于契约关系；③为有偿的；④为职业的；⑤为在于从属的关系。"因此得出："劳动法上的劳动为基于契约上义务在从属的关系所为之职业上有偿的劳动。"[1]

（二）劳动关系的定义界定

"劳动关系"，也称为"劳雇关系""劳资关系""劳使关系"等。我国大陆的学者一般只使用"劳动关系"这一概念，意在强调这种关系既包括社会主义公有制也包括社会主义市场经济条件下的私有制，以区别于"劳资关系""劳雇关系"。我国台湾地区著名劳动法学者黄越钦认为："劳动关系"是以劳动为中心所展开，着重在劳动力即劳动者为本位的思考。"劳资关系"含有对立意味，因为劳方资方的界限分明，其所展开的关系自然包含一致性与冲突性在内。"劳雇关系"以雇佣的法律关系为基础，重点在权利义务的结构。"劳使关系"则已将所有的价值意味予以排除，只剩下技术性意涵。[2]本书基于"劳动关系"体现"着重在劳动力即劳动者为本位的思考"，所以也主张使用"劳动关系"一词。对劳动关系的认识，基于不同的角度，就有不同的结论。从劳动二重性出发，至少要区别劳动经济学意义上的劳动关系和劳动法意义上的劳动关系，进而从劳动法上的劳动关系的从属性出发，理解雇主和

---

〔1〕　史尚宽：《劳动法原论》，台湾正大印书馆 1978 年版，第 1~2 页。
〔2〕　黄越钦：《劳动法新论》，中国政法大学出版社 2003 年版，第 19 页。

劳动者的"新的身份"形成。

[探究]

　　　　在迄今为止的劳动关系的历史发展上，经历过前资本主义社会的"身份型"劳动关系，资本主义社会的市场经济的"契约型"劳动关系，以及苏联等社会主义国家、我国计划经济时期的"行政型"劳动关系等发展阶段。由于我国已经选择了社会主义市场经济，所以，本文的有关劳动关系的阐述，都是以市场经济的劳动关系为基础展开的。

　　劳动一方面具有物质规定性，劳动的物质规定性体现着劳动的生产力性质，这一层面的劳动关系问题就成为劳动经济学研究的主要内容。劳动另一方面具有社会规定性，即劳动具有社会性质，它体现着人们在劳动过程中发生的一定的社会关系。在劳动力与生产资料分别归属于不同主体进而形成雇佣劳动的社会条件下，劳动力与生产资料结合实现劳动过程中必然产生劳动力所有者——劳动者与劳动力使用者——雇主之间的各种各样的关系，这种范围的社会关系就是具有从属性的劳动法意义上的劳动关系[1]，也构成了雇主和劳动者的"新的身份"，从而要求对劳动者倾斜保护。

二、狭义与广义劳动关系

　　劳动者与用人单位之间的这种劳动关系是最基础的劳动关系，是狭义上或本来意义上的劳动关系，是个别劳动关系，是对劳动者倾斜保护的根源，其理由在于狭义劳动关系的从属性。劳动法上的劳动关系还可以作广义理解，即包括狭义劳动关系、集体劳动关系和社会劳动关系。

　　集体劳动关系是劳动者集体——工会与用人单位及其团体形成的劳动关系。集体劳动关系又称团体劳动关系，通常是指劳动者集体或团体一方（通常以工会为代表）与用人单位或用人单位组织，就劳动条件、劳动标准以及有关劳资事务进行协商交涉而形成的社会关系。集体劳动关系包括企业、行业、产业等不同层面的关系。集体劳动关系具有对等性："集体劳动关系基本的运行方式，是以劳动者的团结力量与资本实力抗争，以实现劳动者的自我保护，并进而平衡和协调'个别'劳动关系。"（常凯教授的原文是"社会劳动关系"。本书认为，这里用"个别劳动关系"更适当。）[2]集体劳动关系是通过工会这个社会力量为个别劳动关系服务的，是为了矫正个别劳动关系的从属性而产生的关系。集体劳动关系的立法和实施已经成为现代劳动法制的重点和中心。但我国目前，由于企业层面缺乏真正能够代表工人的工会组织，集体劳动关系还处在初级发展阶段。

　　社会劳动关系是指以劳动力市场为基础的，包括政府、劳动者及其组织和用人

---

〔1〕　主要参见郭捷等：《劳动法学》，高等教育出版社2014年版，第12页。

〔2〕　常凯：《劳动法学》，高等教育出版社2011年版，第13页。

单位及其组织在实现社会劳动过程中所构成的关系。其内容包括劳动就业关系、劳动争议关系、社会保险关系、劳动管理关系、劳资政三方协商关系等。其中，劳动管理关系包括劳动立法与劳动政策制定、劳动行政管理、劳动保障监察、劳动行政复议、劳动司法等关系。相对于个别劳动关系的从属性、集体劳动关系的对等性，社会劳动关系具有管理性、服务性和协调性。这首先表现为劳动管理关系基本的运行方式，是以国家的管理与服务，干预个别劳动关系和集体劳动关系。其次表现在劳动就业关系、劳动争议关系、社会保险关系基本的运行方式，是以国家的管理与服务、劳动（就业、社会保险）服务机构、劳动争议调解机构的服务，为个别劳动关系和集体劳动关系的正常运行服务。再次表现为劳资政三方协商关系基本的运行方式为三方协商机制，即劳、资、政三方均保持自己独立的身份，政府以公正人的身份介入劳资关系，三方以平等协商的方式确定劳工标准和劳工政策，来实现劳资政三方协商关系的协调性，进而为个别劳动关系和集体劳动关系的正常运行服务。

[探究]

1. 我国目前绝大多数理论探究（包括教科书）和实务界都有意无意地不加区别地把从属性认为是"劳动关系"的特征，殊不知，集体劳动关系、社会劳动关系并不具有从属性这一特征。

2. 实际上，社会劳动关系还应包括劳动服务机构等主体，例如就业服务机构、社会保险服务机构等。在我国劳动法学界，较早提出"社会劳动关系"的常凯教授，在论述社会劳动关系主体时，也忽视了劳动服务机构等主体。

3. 在 2015 年我国九三纪念二战胜利 70 周年阅兵中，联合国秘书长潘基文应邀来华观礼。潘基文称，有人错误地认为联合国、秘书长都是中立的，实际上并不是所谓的"中立"，而是"公平公正"。[1]

试问，政府介入劳资关系应是"中立"，还是"公平公正"？

就三者联系而言，集体劳动关系和社会劳动关系都是建立在个别劳动关系基础之上的，反过来是为个别劳动关系服务的。当然，社会劳动关系除为个别劳动关系服务外，还服务于集体劳动关系。换一个角度说，通过社会劳动关系的管理和服务性、集体劳动关系的对等性，来校正个别劳动关系的从属性。[2]

三、劳动关系的从属性

在我国劳动法学界，有关劳动关系的属性，较早提出具有新意的观点的学者是华东政法大学的董保华教授，他在《中国法学》1992 年第 5 期上的《劳动制度改革的法学探索》一文中，提出劳动关系可以概括为"两个兼容"的特征，亦即劳动关

〔1〕　"潘基文再驳日对其参加阅兵质疑：我不中立但公正"，载 http://word. huanqiu. com/article/2015 - 09/7418472. html，2015 年 9 月 5 日访问。

〔2〕　主要参见郭捷等：《劳动法学》，高等教育出版社 2014 年版，第 17 页。

系是一种兼有平等关系和隶属关系的特征、兼有人身关系和财产关系特征的社会关系。这一理论基本内容可以概括为：劳动关系是由当事人双方按照平等关系的方式建立的。但劳动关系一经建立，则劳动者必须按照社会化大生产要求听从雇主的指挥，将劳动力的支配权交给用人单位，从而形成雇主指挥劳动者为特征的从属性管理关系。与此同时，劳动者劳动的过程，即劳动力的消耗过程亦即劳动者生存的实现过程，与劳动者的人身是紧密相联的，因此劳动关系就其本来意义上说具有人身性，是一种人身关系。从现实经济意义上来说，劳动者将劳动力的支配权转让给雇主是为了换取生活资料，雇主因为劳动者的劳动而给予其劳动报酬，从而显示出劳动关系的财产性。[1]由于这一理论较好地揭示了市场经济条件下劳动关系的内在矛盾，所以此后基本成为我国关于劳动关系特征的通说。[2]但曾持个别劳动关系具有"两个兼容"的特征的观点的中国人民大学常凯教授，在其代表作《劳权论——当代中国劳动关系的法律调整研究》（中国劳动社会保障出版社2004年版）中修正了自己的观点，认为劳动关系是形式上的财产关系和实际上的人身关系、形式上的平等关系和实际上的从属关系。强调个别劳动关系的本质上不是"两个兼容"，而是实际的不平等，因为个别劳动关系所形成的劳动过程是一种从属劳动。[3]但是由于："劳动关系的两个兼容性与强调劳动关系的实质不平等性并不矛盾。劳动关系的确在实质上存在着劳动者与劳动力使用者的不平等性，并且也正是由于关注到了这种不平等性被滥用所带来的弊端，现代劳动法才得以产生。然而，两个兼容性并没有抹杀这种劳动关系的从属性而引发实质上的不平等性，只是在强调这种实质不平等性的同时，也关注到形式的平等性。"[4]笔者认为这两种理论提法异曲同工，没有实质区别，其共同指向劳动关系的从属性，但用常凯教授的观点表述个别劳动关系的特征更明了，所以，笔者同意常凯教授的观点表述。

第一，劳动关系的从属性表现为形式上的财产关系和实际上的人身关系。劳动关系是一种社会经济关系，在形式上，劳动者是其劳动力的所有者，雇主是生产资料的所有者，只有二者的他我结合，才能进行劳动过程。劳动者提供自己的劳动力归雇主使用，雇主支付工资给劳动者，工资成为劳动力的等价物，这里劳动关系体现为劳动力的让渡与劳动报酬交换的财产关系。但是实质上，劳动首先表现为人体的一种生理机能，是"人的脑、神经、肌肉感官等的耗费。"[5]劳动力存在于劳动者

〔1〕 可参见董保华等：《社会法原论》，中国政法大学出版社2001年版，第89～91页。

〔2〕 可参见法律出版社1997年版王全兴著的《劳动法》、法律出版社1999年版郭捷等著《劳动法》、中国人民公安大学出版社2004年版黎建飞著《劳动法的理论与实践》、法律出版社2002年版王先林、李坤刚编著《劳动和社会保障仲裁与诉讼》等。

〔3〕 常凯：《劳权论——当代中国劳动关系的法律调整研究》中国劳动社会保障出版社2004年版，第75～77页。

〔4〕 钱斐："雇佣关系与劳动关系及其法律调整机制研究"，华东政法学院2005年硕士学位论文。

〔5〕 ［德］马克思、恩格斯：《马克思恩格斯全集》第23卷，中共中央马克思，恩格斯，列宁，斯大林著作编译局译，人民出版社1972年版，第88页。

肌体内，一刻也不能与劳动者分离。劳动力的支付过程，也就是劳动者生命（生存）的实现过程。因此，劳动关系就具有了人身关系意义。正是由于人身性，决定了劳动关系不能简单地被视为契约关系。"现实的劳动关系中，财产关系的意义只在于劳动者作为劳动力的所有者，是一个可以自由处置自己的劳动力的独立的自由人，即劳动者可以自行决定是否与雇主签订劳动合同。一旦劳动者与雇主之间的劳动关系成立，所谓财产关系便转换为人身关系，在这里，个别劳动关系和企业管理关系重合，并实际上体现为一种劳动力使用者可以对于劳动者的人身予以支配的科层管理关系。"[1]

第二，劳动关系的从属性表现为形式上的平等关系和实际上的从属关系。在形式上，劳动关系是一种社会经济关系，表现在劳动关系双方各是独立的财产所有者，他们要进行交换，就必须遵守劳动力市场的等价交换的原则，所以他们之间有可能建立一种以双方合意为基础的平等性劳动关系。一旦劳动关系建立起来，劳动者与雇主之间的平等关系即告结束，正如恩格斯在《论权威》一书中所明确指出那样，大工厂是以"进门者放弃一切自治"为特征的。劳动者必须使自己的劳动力归雇主支配，并须服从雇主的指挥、调配，服从雇主的劳动纪律和管理制度，完成一定的工作任务。这就使雇主与劳动者之间形成了一种职责上的隶属关系。在劳动关系的实际运行中，劳动者与雇主之间的平等性劳动关系转化为从属性劳动关系。

[探究]

1. 有关劳动关系的属性，大陆法系的主流学说和司法实践采"从属性"说，"从属性"以"人格从属性"作为主要标准，"经济从属性"往往作为一个重要的辅助标准，与"人格从属性"一并使用。此外，还有"组织从属性"标准，但有学者认为，"组织从属性"实质上被人格从属性所包含，应纳入人格从属性之中，不能作为一个独立的认定标准。德国、日本、我国台湾地区属"从属性"说的典型国家和地区。我国台湾地区劳动法权威黄越钦教授对劳动关系"从属性"经典描述：①劳动关系绝非如斯地对等人格间纯债权关系而已，其间含有一般债的关系中所没有的特殊的身份因素在内，同时除个人要素外，亦含有高度的社会要素，盖以受雇人劳务之提供绝非如物之出卖人仅将其分离于人格者之外的具有经济价值的身外物交付而已，而是将存在于内部毕竟不能与人格分离的人格价值一部分的劳力之提供，受雇人对雇主既有从属关系，其劳动力之提供，事实上即成为人格本身的从属。此种在债权要素外，尚包括身份要素的不对等人格之间"人的关系"，即所谓劳动契约关系，与一般雇佣关系迥然相异。②"人格从属性即负有劳务给付义务一方基于明示、默示或依劳动之本质，在相当期间内，对自己之习作时间不能自行支配"。③"经济上的从属性"

---

〔1〕　常凯："论个别劳动关系的法律特征——兼及劳动关系法律调整的趋向"，载《中国劳动》2004年第4期。

是指受雇人完全被纳入雇主经济组织与生产结构之内，重点在于受雇人不是为自己的营业而劳动，而是为达到他人的目的而劳动，受雇人既不是用自己的生产工具从事劳动，对自己从事的工作也不能用指挥性、创造性、计划性的方法加以影响"。[1]

2. 从属性认定的德国经验。劳动关系从属性的认定并不是中国特有的问题，几乎所有的大陆法系国家都将从属性作为劳动关系的基本特征。德国司法机关认定从属性的实践，可以归纳为如下几个方面内容：①从单一标准到类型化的思路变迁。②判断从属性的个别因素及其确定。在上述类型化思路的指引之下，德国司法机关认为在个案中考虑是否存在从属性时应该权衡以下因素：劳动者服从用人单位的指挥；劳动者加入用人单位的劳动组织中；当事人的约定；其他对劳动关系认定具有影响的因素。[2]

3. 与大陆法系国家的"从属说"对应的是英美法系国家的"控制说"。"控制说"构成因素主要是：①控制，此为最重要的因素，即工作执行方式的控制程度。②监管，即工作监管的程度。③整体性，即所提供的工作是否为企业日常经营的一部分，并须与企业其他人的工作协调。④完成者，即是否须自己亲自完成工作。⑤关系的持续性，即是否年复一年地为雇主工作。⑥工作供给，即是否自己提供完成工作所需要的工具和材料。⑦设施和装备投资，即是否在工作设施和装备上进行实际的、必需的、重要的投资。⑧损益，即是否因而负担赢亏的机会。⑨需要的技能，即工作是否需要特别的技能。⑩工人和雇主对工作的信念，即是否相信雇主——雇员关系或负责人——独立承包者关系已形成。[3]

4. 英美判例法中"控制说"具体标准的形成，隐含了对"从属性"标准的采纳。如英美两国上述 10 项具体标准，与大陆法系上的人格从属性、经济从属性、组织从属性等标准实质上是一致的。同时，由于大陆法系概念的抽象性，导致法官在判案时对于非传统的用工方式中的劳动关系的"从属性"难以确定，所以，理论界和实务界也开始采用判例法的方式，对于劳动关系的"从属性"的界定设置具体标准。

5. "从属性"主要是针对标准劳动关系而言的，标准劳动关系以用人单位与劳动者之间的一重劳动关系、8 小时全日制劳动、遵守一个雇主的指挥等为特征，法律在调整时也建立了相应的最低工资和基本的社会保险等一系列制度。这种标准劳动关系也被称为安定劳动关系。在传统的劳动关系当中，劳动者直

---

〔1〕　黄越钦：《劳动法新论》，中国政法大学出版社 2003 年版，第 6 页、第 94~95 页。

〔2〕　沈建峰："论劳动关系的实践界定——以中德司法机关的判决为考察重点"，载《法律适用》2012 年第 12 期。

〔3〕　参见《劳动法暑期培训班课程资料—美国劳动法》（青岛，2004 年 7 月），第 5~7 页。转引自侯玲玲、王全兴："劳动法上劳动者概念之研究"，载《云南大学学报（法学版）》2006 年第 1 期。

接受雇于雇主（企业），在雇主（企业）的直接指挥、监督下从事职业劳动，企业对劳动要素进行全过程的组织、管理。20世纪80年代以后，劳动关系在全世界范围内都越来越呈现出非标准化的趋势。劳动关系的非标准化在我国更是以史无前例的规模展开。劳动关系"从属性"内涵的发展变化都需要我们对我国的非标准劳动关系进行进一步的分析和界定。与传统的标准劳动关系相比，非标准劳动关系由于适应了市场需求的灵活性和不稳定性而发生了"自我的异化"，从原来"标准"的形态走向"非标准"的形态，从安定劳动关系转向不安定劳动关系。劳动关系中"从属性"出现了一种由强向弱的转变。[1]

6. 非标准劳动关系是不是政府为了迁就资方而损害劳方利益？有学者认为，政府放松管制以至取消对劳动力市场的控制，非全日制工人、临时工、家庭工等非规范性就业的工人大量增加。这些非规范性就业工人工资低，缺乏社会保障。因此，以牺牲劳工的利益来追求经济的发展，已经成为许多国家公共政策的出发点。[2]

7. 基于劳动法意义上劳动关系的从属性特点，雇主和劳动者的"新的身份"得以形成。所以，契约所体现的"消极自由""形式平等"所造成劳动者弱势群体的实质不自由、不平等必须加以克服。而这种克服，就历史性地落到了劳动法"倾斜保护原则"上。通过劳动法公法、私法融合的调节机制来完成，把劳动者的生存利益认为是社会利益，以倾斜立法的方式，发挥国家、社会、个人分别在宏观、中观、微观三个层次中调整劳动关系的作用，对于失衡的劳动关系作出矫正，来缓和这种实质上的不平等。

四、（个别）劳动关系与劳务关系

如前所述，（个别）劳动关系是劳动者与用人单位在劳动过程中形成的社会关系。

劳务关系主要包括加工承揽关系、运输关系、保管关系、建设工程承包关系、委托关系、居间关系等。在实践中，区别劳动关系、劳务关系有着十分重要的意义，因为劳务关系，属于民事关系，是由民法调整。虽然二者有着密切的联系，都是由当事人一方向对方提供劳动，由对方支付劳动报酬的行为，实践中往往难以区分。但是二者又有着本质的区别：

1. 双方当事人及其关系不同。劳动关系的当事人一方是劳动者，另一方是用人单位。劳动者必须加入用人单位，成为其中一员，并且遵守单位的规章制度，双方存在支配与被支配的关系，劳动者作为用人单位的劳动组织成员而与用人单位有组织上的从属关系。劳务关系的当事人一方或双方既可以是法人，也可以是其他组织，还可以是自然人。劳务提供者无须加入另一方，双方不存在支配与被支配的关系，

[1] 董保华："论非标准劳动关系"，载《学术研究》2008年第7期。
[2] 常凯主编：《劳动关系学》，中国劳动社会保障出版社2005版，第106页。

不存在组织上的从属关系，劳务提供者自行组织和指挥劳动过程，基本上反映的是一次性使用与被使用劳动力的商品交换关系。

2. 劳动过程中的关注点与要求不同。劳务提供方应当向劳务接受方提供的是劳务行为的物化或非物化成果，在此接受方关注的是劳动成果。而劳动关系虽然也涉及具体的劳动数量和质量，对劳动成果也有一定的要求，但劳动关系的目的在于劳动过程的实现，而不单纯是劳动成果的给付，因此，劳动关系强调的是劳动过程和劳动条件。

3. 劳动风险责任承担的主体不同。作为劳动关系当事人一方的用人单位组织劳动，享有劳动支配权，因而有义务承担劳动风险责任。而劳务提供者在劳动过程中一般自担风险。

4. 劳动报酬支付方式不同。基于劳动关系发生的劳动报酬，其支付方式特定化为一种持续的、定期的支付。基于劳务关系发生的劳动报酬是劳务费，其支付方式一般为一次性劳务价格支付，商品价格是与市场的变化直接联系的。

案例1-1

此外，在区分一般劳动关系和劳务关系，判断劳动者是否为用人单位的成员时，除前述的区分理论外，还可以考虑以下因素：①劳动者所从事的劳动是临时的，还是单位性质决定的正常岗位劳动；②劳动者与用人单位关系是否具有一定的稳定性；③劳动者为用人单位劳动所取得的收入是否是其收入的主要来源。如果劳动者所从事的是正常岗位劳动，与用人单位关系稳定，其从用人单位中获得的收入为主要生活来源，就应当确认双方是劳动关系；④2005年劳动和社会保障部《关于确立劳动关系有关事项的通知》（劳社部发〔2005〕12号）以规章的形式确认了认定劳动关系的标准：其一，用人单位招用劳动者未订立书面劳动合同，但同时具备下列情形的，劳动关系成立。一是用人单位和劳动者符合法律、法规规定的主体资格；二是用人单位依法制定的各项劳动规章制度适用于劳动者，劳动者受用人单位的劳动管理，从事用人单位安排的有报酬的劳动；三是劳动者提供的劳动是用人单位业务的组成部分。其二，用人单位未与劳动者签订劳动合同，认定双方存在劳动关系时可参照下列凭证：一是工资支付凭证或记录（职工工资发放花名册）、缴纳各项社会保险费的记录；二是用人单位向劳动者发放的"工作证""服务证"等能够证明身份的证件；三是劳动者填写的用人单位招工招聘"登记表""报名表"等招用记录；四是考勤记录；五是其他劳动者的证言等。（参见案例1-1）

第三节　劳动法的调整方法

划分部门法的标准有两个：一是法律所调整的社会关系种类，它是划分部门法的首要的、第一位的标准。法律是调整社会关系的，每个法律规范的制定都是对于某一社会关系的规定，由于社会生活的复杂性、多样性，社会关系的种类繁多、领域广泛，但是它们又各具特征，因而就可以按照法律调整的社会关系的性质和种类不同作为划分部门法的首要标准。二是社会关系的法律调整机制是划分部门法的第二位标准。仅利用法律调整的社会关系的种类来划分法律部门，不能全部解决法律部门划分的问题，于是需要用法律调整机制也就是指包括整个法律调整系统的结构、功能、各个组成部分之间的关系以及发生作用的过程和方式作为划分部门法的另一个标准，劳动法当然也不例外，其具有独特的调整方法，具体如下：

一、确立劳动关系主体的法律地位，并以劳动契约作为劳动关系的基本法律形式

现代意义上的劳动法属于社会法范畴，是劳动关系高度社会化和国家意志作用的结果。尽管在奴隶社会、封建社会（欧洲的中世纪）及资本原始积累时期，都不同程度地存在雇佣劳动的现象，但由于其社会矛盾主要是奴隶主与奴隶、封建地主与农民之间的矛盾，具有法律上独立地位的平民（自由民）在社会分工中所占的角色极其微小，而且，社会既不能产生大量的无业平民，也不能产生拥有大量生产资料的企业主，因此，构建现代意义的劳动关系形态的条件不具备。资产阶级革命的结果，确立了财产私有制和公民平等理念，使得从土地上被解放了的农民成为源源不断的雇佣大军，生产资料的私有制和所有权绝对，产生了雇佣阶层。由此，代表现代意义上的劳动关系建立。而劳动关系建立的法律基础则是契约制度：具有独立支配自己劳动力的劳动者与生产资料所有者通过雇佣契约建立了劳动力的租赁关系。[1]所以，资本家阶级与工人阶级的社会矛盾，在法律制度上是通过劳动契约来表现的。

在我国，新中国成立后，依照原苏联模式实行计划经济体制。由于这种体制建立在城乡二元经济分割的基础上，农民进入城市就业基本上是被隔离的，而城市则实行计划招工录用体制，劳动者实际上并不完全具有独立支配自己劳动力的权利。由于实行终身雇佣制度，劳动者并不存在失业风险。计划体制下企业的全民所有制，劳动者则是全民所有的"主人"，而所谓的"工厂"则是国家所有制下的制造企业。既然劳动者是主人，则工厂就是主人为自己工作的地点。所以，劳动者与企业之间既不存在利益上的对立，也不存在建立劳动契约的基础。这种僵化的用工体制是计划经济体制在劳动关系领域的表现。20世纪80年代中期，国家开始在局部用工中引入劳动合同管理。《劳动法》的颁布，标志着我国劳动关系以劳动合同为法律责任形式的新型用工制度的建立。劳动合同制度承认企业用工自主权和劳动者劳动权。因此，全国性的劳动者流动和市场初步建立。至此，我国的劳动关系法律形态与西方发达国家基本一致，从而解决了全球化劳动力流动及劳动者权益保护机制的改革。随着劳动合同制度的建立，劳动基准、职业社会保障以及法律救济制度也相继产生，形成了以私法契约为基础，以公法干预为特征的公私法兼容相济的中国劳动法律制度。

---

〔1〕 资本主义早期的立法中，对雇佣关系是以法律上的劳动力租赁形式出现的，其后才过渡到劳动契约制度。

二、以保护劳动权为本位，对劳动者倾斜性保护

劳动权可分为狭义和广义劳动权。狭义劳动权是指获得和选择工作岗位的权利，与工作权或就业权同义，具体包括职业获得权、平等就业权和自由择业权。[1]劳动权意味着公民以劳动谋生，并要求国家和社会为其提供劳动机会的权利。[2]广义的劳动权是指劳动者依据劳动法律、法规和劳动合同所获得的一切权利，包括劳动报酬权、休息休假权、劳动安全卫生权、职业社会保险权、法律救济权等。在日本和法国都有劳动权的概念，不过概念涵义有所不同。日本劳动权的概念，基本上是在狭义上使用，是指获得劳动机会和职业选择的自由。法国劳动权的概念，一般是在广义上使用的，内容包括请求就业机会的权利、请求合理劳动对价的权利、有关自由时间和休养的权利、经营上卫生的权利、有关对疾病、残废、年老补偿的权利。[3]"工作权即成为生存权的一种，不能以一般法律上权利视之。"[4]生存权问题最早是由劳动者引起的，解决了劳动权问题也就等于解决了社会多数人的生存权问题。[5]

劳动法以保护劳动权为本位，首先是指劳动法调整劳动关系的出发点是保障劳动者的劳动权利。在劳动关系中，由于从属性的用工现状，导致了劳动者从实质上、从普遍性上看，具有弱势群体特征。即使在以劳动合同为劳动关系调整基本模式的权利义务结构中，劳动者的权利（如果没有集体合同与劳动基准的调整）也往往处于不利地位。劳动法的调整出发点恰恰是为弥补民法重视抽象平等而忽视雇佣关系中实质不平等这一缺陷。劳动法以保护劳动权为本位，还通过赋予弱势劳动者法定权利来实现。民法以约定权利为核心，贯彻意思自治原则，而劳动法以法定权利为核心，并主导着整个劳动权的内容体系，从而实现劳动者生存权层面的劳动权。劳动法以保护劳动权为本位，表明保护劳动者的权利手段是多方面、多层次的。以劳动合同为基础的调整模式与以集体合同为高层次的调整模式相结合；以劳动基准为公法规范的调整模式与劳动规则为自律的调整模式相结合；以劳资劳动用工自主与政府干预模式相结合。劳动法以保护劳动权为本位，也说明劳动法的价值和作用是通过劳动权的实现程度来检验的。当劳动权的现状与社会经济发展状况不相适应时，就有必要通过修正自己的调整方法和手段，重申劳动法的主旨和精神。

对劳动者倾斜保护，是劳动权本位思想在调整手段上的表现。倾斜性并不违反平等原则，相反是这一法律基本原则在劳动法上的要求。如果在立法上对劳动者不采取倾斜性保护手段，则劳资之间基于劳动的从属性，会使双方的经济地位越来越悬殊，并最终导致双方社会地位、甚至法律地位的不平等。倾斜性也不违反公平原则，只是对可能造成不公平的现象予以预防和矫正。当劳资利益相对和谐，工资分

---

〔1〕 冯彦君：《劳动法学》，吉林大学出版社 1999 年版，第 56 页。

〔2〕 王全兴：《劳动法》，法律出版社 1997 年版，第 125 页。

〔3〕 ［日］木下正义、小川贤一：《劳动法》，成文堂 1999 年版，第 37～38 页。

〔4〕 黄越钦：《劳动法新论》，中国政法大学出版社 2003 年版，第 58 页。

〔5〕 徐显明主编：《人权法原理》，中国政法大学出版社 2008 年版，第 257 页。

配和社会保险均能公平、顺利实现时，也恰是劳动法通过倾斜保护劳动者而带来的结果。

三、确认和保护劳动者团结权，以劳资自治调整劳动关系

团结权有广义与狭义含义之分。广义的团结权是指劳动者成立工会并通过工会进行集体谈判和集体行动以维护自己利益的权利，包括组织工会权、集体谈判权和劳动争议权。[1]狭义的团结权则专指劳动者为实现维持和改善劳动条件之目的，而结成暂时的或永久的团体，并使其运作的权利，即劳动者组织工会并参加其活动的权利。[2]团结权的确立为集体谈判创立了基础和条件。为了集体谈判，劳动者必须团结起来组织工会，因此团结权的目的是从法律上创建法人格。团结权的价值在于克服个别雇员与雇主之间过于悬殊的社会、经济地位，使处于劣势地位的雇员通过工会，与雇主形成抗衡的局面，从而为通过谈判改善劳动条件创造基础。[3]国际劳工公约的 8 个核心公约中，有 2 个核心公约是关于团结权方面的：一个是《结社自由和组织权利保护公约》（第 87 号公约），另一个是《组织和集体谈判权利的原则应用公约》（第 98 号公约）。

由于团结权的确立，劳动关系被分为个别劳动关系与集体劳动关系。从劳资自治的角度看，又可分为通过劳动合同的自治模式与通过集体合同的自治模式，前一种称为个别劳动关系自治模式，后一种称为集体劳动关系自治模式。个别劳动关系的自治模式存在以下不足：①由于市场信息的不对称，劳动者的缔约能力会受到很多限制，甚至会经常性地处于不利状态；②个别劳动合同约定的只能是特定劳动者与特定用人单位之间的劳动报酬和劳动条件，但劳动义务的履行中，个别劳动者涉及的往往不只是自己岗位的劳动条件，而且本岗位的劳动条件与其他岗位劳动条件往往不具有独立性。但基于个别劳动合同的限制，要约定其他岗位劳动条件，则是劳动合同难以解决的；③即使个别劳动合同有劳动条件基准作保障，但基准规范的刚性特征，也难以完全覆盖和满足劳动合同履行中的所有情况。团结权的确立和赋予劳动者，从法律上基本解决了劳动者与用人单位经济和社会地位悬殊问题。通过集体谈判，签订集体合同，改善劳动者的整体劳动条件。

通过集体谈判的劳资自治模式既具有静态也具有动态特点。从静态看，集体合同一经签订，就明确了双方的权利义务，劳动者的劳动条件就有了可依据的标准，如果用人单位违约，就应承担相应的违约责任。如果双方发生了争议，在法律上就被称为"权利争议"。从动态看，由于劳动关系的连续性特征，以及工作职场中，影响义务履行的因素较多，如经济波动、劳动力供求关系，产业结构调整以及季节性影响等，集体合同所确定的若干权利义务，必须处于不断地修订变更中，只有依据

---

〔1〕 ［日］沼田稻次郎等编集：《劳动法事典》，劳动旬报社 1979 年版，第 219 页。

〔2〕 ［日］竹内昭夫等编：《新法律学辞典》，有斐阁 1989 年版，第 950 页。

〔3〕 常凯主编：《劳动法》，高等教育出版社 2011 年版，第 462 页。

情势变更,合同的目的才能全面实现。这种静态和动态结合的特点,决定了集体劳动关系不同于一般民事合同的履行和变更制度。

四、以劳动条件基准作为调整劳动关系的最低标准

劳动基准是有关劳动报酬和劳动条件的最低标准,一般包括了工时和休息休假基准、工资基准、劳动安全卫生基准以及针对特殊劳动者的基准。劳动基准具有公法性、强制性、技术性和社会性等特征。有学者将劳动关系的调整纳入一个多层次的社会法调整模式,[1]认为这一模式由三个层次构成:第一个层次是宏观层次,涉及全部劳动关系。劳动基准法就是调整的法律。第二个层次是中观层次,涉及集体劳动关系。第三个层次是微观层次,涉及个别劳动关系。劳动基准作为调整劳动关系的最低标准,是为劳动条件设定一项法律上的最后保障线。在适用范围上,基准虽然适用于全部劳动关系,但从劳动者分层角度看,对低端岗位和劳动密集型岗位的劳动者保护是最明显的。

劳动基准在调整劳动关系中,至少应包含以下内容:①劳动基准的范围,主要指的是劳动条件,如工作时间和休息休假、最低工资、工资支付规则、工资优先权、劳动安全标准、劳动卫生标准以及妇女、未成年的特殊劳动标准等。②劳动基准既是个别劳动合同的法律依据,也是集体合同的法律依据。在劳动合同和集体合同的内容上,都不得低于劳动基准的规定,否则,会导致合同全部或部分无效。③劳动基准与劳动行政是紧密联系的。在劳动行政中,对用人单位的监督检查,主要的依据是劳动基准的规定。同时劳动基准与劳动行政构成劳动法的公法部分。④在我国,由于劳动基准是保护劳动者生存权、生命健康权的主要制度,因此,这一标准往往是由全国人大及其常委会制定并颁布实施的,法律的位阶较高。⑤劳动基准在调整劳动关系中,具有引导性作用。所谓引导性是指用人单位在确定劳动关系时,应不低于法律法规规定,并在经济利益不断提高的基础上,不断提高劳动条件水平。

劳动基准中所涉及的具体标准应该是适当的。所谓适当性是指该标准必须与现有的社会经济发展水平相适应,与人权保护目的相适应。具体到劳动基准中的各单项制度,在经济社会发展的不同阶段和不同时期,也应具有不同的特点和要求,如工资分配制度对最低工资制度有重要影响,休息时间制度对带薪休假制度的设立有重要影响,安全事故及职业病发生率对劳动安全卫生基准的修订具有重要影响等。就目前来看,我国的工作时间基准与加班工资给付基准与一些市场经济国家相比,处于较高的水平。由于工时基准过于刚性,特殊工时范围又过于狭窄(只包括不定时工作时间制度与综合计算工作时间制度),用人单位特别是企业在工作时间安排上弹性不足。同时,即使启动集体协商制度,但由于工时的刚性,集体合同对此解决的方案效果也会不佳。

---

〔1〕 董保华:《劳动关系调整的法律机制》,上海交通大学出版社 2000 年版,第 128～129 页。

五、以独特的法律救济程序和责任形式实现当事人权利

法律救济一般包括公助救济和公权救济，是对当事人权利实现最为有效的法律手段，是现代文明和法治国家主要标志之一。公助程序主要包括调解程序和仲裁程序，公权救济主要包括司法救济和行政救济。

劳动争议调解和仲裁是调整劳动关系的特别方法。调解程序的特点是：①调解机构主要架构在企业工会委员会，委员会由工会方面与行政方面代表组成，对个别劳动者所申请的特定劳动权益事项在查明事实的基础上，依据法律和政策，进行调解，及时、公正化解劳资矛盾。另外，适应中小企业发展需要，动员社会力量化解社会矛盾，在村、居民委员会等调解机构及乡、镇街道办等调解机构，也受理和调解劳动争议案件；②调解机构主要运用调解的方法，包括互谅互让、平衡利益、赔礼道歉等，使违约方或侵权方自觉履行法律义务或双方达成履行义务的协议；③调解结果除即时结清外，其协议并不具备强制执行的效力，但可以申请仲裁机构或人民法院确认；④调解属于任意性程序，只有双方协商同意调解，才可以启动该程序；⑤调解程序在制度设计上，具有及时、快捷性特点，其意在于及时化解劳资纠纷，保障劳动者的生存权。劳动争议仲裁是处理劳动争议的独有方法。其特点是：①劳动人事争议仲裁委员会的构成具有三方性质。"三方性"原则是国际劳工组织的组织原则，也是处理劳资关系的特有机制。"三方"包括劳资两方及劳动行政机构。三方共同构成处理或协调劳动关系的组织。在我国，劳动人事仲裁委员会主要由地方工会（或行业工会）代表，企业联合会代表，劳动行政部门代表以及其他相关部门代表构成。②劳动争议仲裁结果具有法律上的强制性。劳动争议的法律属性，应是一种兼有行政性和准司法性的执法行为。[1]行政性表现在劳动行政部门的代表在仲裁机构中属于首席地位，仲裁机构的职责与行政职责存在混同现象，在人员、经费上与行政机构也紧密联系。准司法性表现在仲裁组织、仲裁程序、仲裁组织活动原则与方式与司法机关相类似，特别是仲裁裁决结果依法生效后，具有与司法机关的诉讼结果相同的效力。这点，形成与调解最大的区别。③仲裁裁决结果受到司法程序的审查和约束。在仲裁机制中，如果当事人对仲裁结论不服，可在法定期间内依法向人民法院起诉，人民法院审判劳动争议案件，不受仲裁结论的影响，诉讼结果可能会改变或部分改变仲裁结论。对于部分一裁终局的案件，用人单位对仲裁结论不服，可在法定期间内向中级人民法院起诉，请求人民法院撤销仲裁结论，从而形成对仲裁进行司法监督的法律机制。④仲裁程序与诉讼程序相比，具有简易、便捷的特点。对及时处理劳动争议、化解劳资矛盾，具有积极作用。

劳动诉讼是通过司法途径解决劳资争议的公力手段。从劳动诉讼与劳动仲裁的关系看，仲裁是诉讼的法定必经方式，诉讼是仲裁后的重新处理方式。但与民事诉讼相比，劳动诉讼也呈现出如下特点：①对劳动争议案件的管辖，适用地域管辖、

---

〔1〕 王全兴：《劳动法》，法律出版社 2004 年版，第 383 页。

级别管辖、移送管辖和指定管辖等。一般的劳动争议案件，由用人单位所在地或劳动合同履行地的基层人民法院管辖，劳动合同履行地不明确的，由用人单位所在地的基层人民法院管辖。只有涉外劳动案件和针对特定的一裁终局案件，才由中级人民法院受理。而且，也未规定劳动争议案件的专属管辖。②实行一般举证规则和特殊举证规则相结合。所谓一般举证规则，即指谁主张，谁举证。劳动争议属于私法上的争议，也应适用这一举证规则。我国《民事诉讼法》第 64 条的规定以及《最高人民法院关于民事诉讼证据的若干规定》也对一般举证规则作了规定。所谓特殊举证规则，一般是指举证责任倒置。在民事审判中的依据来源于《最高人民法院关于关于适用民事诉讼法若干问题的规定》中，对特殊侵权案件可使用特殊举证责任倒置。（参见案例 1 - 2）

案例1-2

　　　　　　　劳动争议案件审理中所适用的特殊举证规则，最早见之于最高人民法院《关于审理劳动争议案件中适用法律若干问题的解释》（法释〔2001〕14 号），我国劳动争议调解仲裁法则以法律的形式明确了劳动争议案件的举证责任规则为一般举证责任规则与特殊举证责任规则相结合的原则。特殊举证规则限定于"与争议事项有关的证据，属于用人单位掌握管理的，用人单位应当提供。"但是由于该法是对劳动争议调解和仲裁的举证规则分配规定，因此，在劳动争议诉讼中，最高人民法院的法释〔2001〕14 号对特殊举证规定的规定，仍起着依据性作用。

　　违反劳动法的责任，是指用人单位和劳动者及其他劳动法主体，违反劳动法的规定所应承担的否定性的法律后果。劳动法律责任的特点在于责任形式的综合性，其集民事责任、行政责任、刑事责任于一体，体现劳动法公私法兼容的特性。法律责任的多元综合性主要表现为责任形式的多元综合，归责原则的多元综合，责任所依存本体制度的多元综合，责任主体的多元综合。[1]依照劳动法律制度在调整劳动关系中的不同功能和法律属性，其民事责任、行政责任、刑事责任的分配比重是有差异的，由于个别劳动合同与集体合同应以贯彻当事人意思自治为原则，该系列法律制度的法律责任形式，主要表现为民事责任，以当事人的权利自我救济为原则。劳动基准主要体现的是用人单位、其他中介服务机构与国家之间的公法关系，因此，其法律制度体系的法律责任形式应主要是行政责任和刑事责任。从主体法律责任分配看，由于劳动关系主体的强弱特征，在法律责任形式承担上，用人单位一般承担民事责任、行政责任和刑事责任，劳动者一般承担民事责任。值得注意的是，在劳动者所负的责任体系中，大部分的责任均为劳动纪律责任。如采劳动纪律法律法规说，则劳动者违反劳动纪律的责任，应为违反法律规定的责任。如采劳动纪律契约说，则劳动者违反劳动纪律的责任，应为违约责任。但二者均属于民事责任范畴。

---

　　〔1〕 参见王全兴：《劳动法》，法律出版社 2004 年版，第 426～427 页。

[探究]

　　劳动纪律乃劳动规章制度之内容，对劳动纪律之性质认识上存在法规说、契约说、集体合同说等观点。

第四节　劳动基本法原则

　　劳动法的基本原则，是集中体现劳动法的本质和基本精神，主导整个劳动法体系，对劳动立法，劳动执法、劳动仲裁与劳动司法，劳动守法具有指导意义和适用价值的根本指导思想或准则。具体而言，有以下含义：[1]①集中体现劳动法的本质与基本精神。劳动法的本质在于运用倾斜保护的方法，确立劳动权本位思想，其基本精神是弘扬劳动的价值。劳动权本位在劳动法的体系中，具有基本性作用，从而为劳动者的其他权利的确认和保护提供了坚实的基础。②指导劳动立法、劳动执法、劳动司法、劳动守法活动。对劳动立法的指导性表现为法的立法目的、调整范围、调整方法以及制度体系。对劳动执法、劳动司法的指导性在于准确理解法律规定的含义，在法律规定不完整或具体规定欠缺的情况下，依据法的基本原则予以裁量，具有准则性或者导向性作用。对劳动守法的指导性在于不仅应严格依法办事，还应深刻理解和领会法律规定的背景、目的，以及法律规定之间衔接的原理。③主导劳动法体系等。劳动法体系是对特定调整对象予以立法的制度结构。制度的安排是立法者价值判断的结果，而价值判断的核心内容是由基本原则构成的，劳动法体系正是基本原则在法的形式上的表现。④具有高度抽象性和稳定性。这是作为任何法的基本原则应具有的共同特点。

一、劳动法"倾斜保护原则"的提出

　　我国《劳动法》并未规定劳动法的基本原则。我国劳动法的基本原则究竟应包括哪些，是劳动法学界多年来争议的问题，至今仍未达成共识，主要有"二原则说""三原则说""五原则说""七原则说"等。

　　"二原则说"包括"①各尽所能，按劳分配原则；②保护劳动者原则"这两项原则[2]。又可具体为：劳动关系协调的合同化、劳动条件基准化、劳动保障社会化和劳动执法规范化。[3]

　　"三原则说"的代表性观点并不完全相同，主要有：第一种观点："劳动法有三个基本原则，即社会正义原则、劳动自由原则和三方合作原则。这三项原则贯穿于劳动法的各项具体制度之中，体现了劳动关系的本质属性，对于劳动立法、司法与执法都具有规范与指导作用，而且具有普遍性和稳定性的特点，在很长的一段历史

〔1〕　郭捷等：《劳动法学》，高等教育出版社2014年版，第74页。
〔2〕　董保华：《劳动法论》，世界图书出版公司1999年版，第95~97页。
〔3〕　董保华编著：《"劳工神圣"的卫士——劳动法》，上海人民出版社1997年版，第44~47页。

时期内都是世界各国公认的劳动法最高准则。"〔1〕第二种观点："①劳动权利义务相统一原则；②保护劳动者合法权益原则；③劳动法主体利益平衡原则。"〔2〕第三种观点："劳动法基本原则的内容，可表述为以下各项：劳动既是劳动者权利又是劳动者义务原则；保护劳动者合法权益原则；劳动力资源合理配置原则。"〔3〕

"五原则说"的代表性观点也并不完全相同，主要有：第一种观点："①维护劳动者合法权益与兼顾用人单位利益相结合的原则；②贯彻以按劳分配为主的多种分配方式与公平救助相结合的原则；③坚持劳动者平等竞争与特殊劳动保护相结合的原则；④实行劳动行为自主与劳动标准制约相结合的原则；⑤坚持法律调节与三方对话相结合的原则"〔4〕第二种观点："①公民有劳动权利和义务；②保护劳动者合法权益；③处理劳动问题坚持男女平等、民族平等；④劳动者拥有集会结社的自由和参见民主管理的权利；⑤在组织劳动中实行奖惩结合。"〔5〕第三种观点："①劳权保障原则；②社会法治原则；③劳资自治原则；④三方协商原则；⑤合作共赢原则。"〔6〕

"七原则说"：①劳动者有劳动权利和义务的原则；②劳动者参加民主管理的原则；③劳动者享有劳动保护和休息权利的原则；④贯彻各尽所能、按劳分配的原则；⑤劳动者享有物质帮助权利的原则；⑥劳动者有接受职业教育的权利和义务的原则；⑦在劳动方面坚持男女平等、民族平等的原则。〔7〕

上述"七原则说"是较为传统的观点，实际上是将《宪法》中有关劳动方面的某些条文直接移植为《劳动法》的各项基本原则。因此，其理论缺陷在于：抽象性、概括性不够，语言文字逊于精炼。应依照宪法的精神来确立劳动法的基本原则，而不应直接移植。"二原则说""三原则说""五原则说"这些观点的形式较新颖，具备了一定的抽象性、概括性，能起到法律原则应有的作用，最重要的是没有流于对具体制度的重复和强调，但实际上原则数量仍过多、过泛，并未体现原则应有的特性。

稍加分析，以上这些原则是完全可以再抽象的，当我们层层深入时，"倾斜保护原则"便会跃然纸上。为了使说明更具代表性，我们以持这些观点的劳动法学界的权威前辈来说明。"二原则说"是中国法学会社会法学研究会副会长、中国劳动法学会副会长、华东政法大学董保华教授的观点。其"二原则说"具体为：劳动关系协调的合同化、劳动条件基准化、劳动保障社会化和劳动执法规范化。实际上就是强

〔1〕 周长征：《劳动法原理》，科学出版社2004年版，第27~44页。
〔2〕 贾俊玲主编：《劳动法学》，中央广播电视大学出版社2003年版，第66页。
〔3〕 王全兴主编：《劳动法》，法律出版社2008年版，第50~53页。
〔4〕 郭捷：《劳动法与社会保障法》，中国政法大学出版社2009年版，第19~26页。
〔5〕 关怀、林嘉主编：《劳动法学》，中国人民大学出版社2006年版，第14~16页。
〔6〕 常凯主编：《劳动法》，高等教育出版社2011年版，第26~29页。
〔7〕 李景森主编：《劳动法学》，北京大学出版社2000年版，第17~22页。

化国家和社会的作用来保障劳动者生存权（基准化、社会化和规范化），同时对超出生存权的自由权是承认，而不是替代和剥夺，国家及社会是不能干预的（合同化）。稍加抽象上升，就会得出劳动法"倾斜保护原则"。值得一提的是，董保华教授在他的《社会法原论》一书设专门章节用较大篇幅讨论"倾斜保护原则"，只不过是从社会法角度讨论而已。[1]"三原则说"中的第三种观点是中国法学会社会法学研究会副会长、中国劳动法学会副会长、上海财经大学王全兴教授的观点。[2]"劳动既是劳动者权利又是劳动者义务原则"实际上是所有法律的特点，同时"劳动是劳动者义务原则"的观点在市场经济条件下似乎还值得探讨。"劳动力资源合理配置原则"是承认自由权的表现，"保护劳动者合法权益原则"是承认生存权的表现，这些实际上就是劳动法"倾斜保护原则"。"五原则说"第一种观点是中国法学会社会法学研究会副会长、中国劳动法学会副会长、西北政法大学郭捷教授的观点。[3]从字里行间就可看出前四点体现的就是劳动法"倾斜保护原则"，最后一点"坚持法律调节与三方对话相结合的原则"，这里的三方，就是国家（政府）、社会（雇主组织和工会）、劳动者；通过对话合作，实际上就是强化国家和社会的作用来保障劳动者生存权，同时对超出生存权的自由权是承认的。这实际上依然是劳动法"倾斜保护原则"的体现。"五原则说"第三种观点是中国法学会社会法学研究会副会长、中国劳动法学会副会长、中国人民大学常凯教授的观点。仔细分析，"社会法治原则"和"劳权保障原则"直接体现的就是劳动法"倾斜保护原则"，"三方协商原则"实际上依然是劳动法"倾斜保护原则"的体现，"劳资自治原则"实际上依然是劳动法"倾斜保护原则"中自由权保障的体现，"合作共赢原则"是劳动法"倾斜保护原则"的必然结果。

[探究]

1. 市场经济条件下，"劳动是劳动者义务原则"是和禁止强迫劳动的原理相矛盾的。

2. 尤其值得一提的是，关于劳动法"倾斜保护原则"，《中华人民共和国劳动合同法》的起草及制定过程中的争论也能说明一些问题。关于《中华人民共和国劳动合同法（草案）》（以下简称《草案》）的争论，除了立法技术方面的问题外，都是关于立法指导原则的争论。

最终，经过四读以后，由中华人民共和国第十一届全国人民代表大会常务委员会第三十次会议于 2012 年 12 月 28 日通过，自 2013 年 7 月 1 日起施行的《中华人民共和国劳动合同法》第 1 条最终的表述是："为了完善劳动合同制度，明确劳动合同双方当事人的权利和义务，保护劳动者的合法权益，构建和发展

---

〔1〕 董保华等：《社会法原论》中国政法大学出版社 2001 年版，第 133～153 页。

〔2〕 王全兴主编：《劳动法》，法律出版社 2008 年版，第 50～53 页。

〔3〕 郭捷：《劳动法与社会保障法》，中国政法大学出版社 2009 年版，第 19～26 页。

和谐稳定的劳动关系，制定本法。"显然是兼顾了这两个方面，实际上再一次肯定了劳动法"倾斜保护原则"。

二、劳动法"倾斜保护原则"的涵义

"倾斜保护原则"是贯穿劳动法始终的根本原则，是劳动立法的指导思想和执法的基本准则，集中体现劳动法的本质和基本精神，主导整个劳动法体系。质言之，劳动法"倾斜保护原则"在劳动法律体系中具有凝聚和统帅功能，在劳动立法中具有依据和准则功能，在劳动执法中具有指导和制约功能。具体来讲，劳动法"倾斜保护原则"是由"保护劳动者"和"倾斜立法"两个层次构成的。

[探究]

正如前文所言，董保华教授在其《社会法原论》（中国政法大学出版社2001年版）一书设专门章节，用较大篇幅从社会法视角讨论了"倾斜保护原则"，该思路有重要借鉴意义。

就"保护劳动者"而言，劳动法的出发点在于保护劳动者，维护劳动者的合法权益是劳动法的立法宗旨。劳动法强调保护劳动者的合法权益，是基于劳动者的"弱者"身份认定，对于失衡的劳动关系作出矫正，来缓和这种实质上的不平等、不自由。梅因所说的"从身份到契约"这一命题应该被倒转为"从契约到身份"这一"返祖命题"（实际上是"否定之否定规律"的结果）。"近代社会中的'从身份到契约'的运动在现代社会中转变为'从契约到身份'的运动。"[1]因此，"我们必须给法律上的抽象人（例如所有权人、债权人、债务人）以及为进行论证而架空了的人（例如甲、乙）穿上西服和工作服，看清他们所从事的职业究竟是什么。"[2]进而，"承认社会上经济上的强者和弱者的存在，抑制强者、保护弱者，……在自给自足经济业已消失、人类的生产和消费活动已经分离的分工时代，在某个方面作为强者或处于强者立场者而自由受到限制的人，也会在其他方面作为弱者受到保护，……根据这些，可以说已经从将人作为自由行动的立法者、平等的法律人格即权利能力者抽象地加以把握的时代，转变为坦率地承认人在各方面的不平等及其结果所产生的某种人享有富者的自由而另一种人遭受穷人、弱者的不自由，根据社会的经济的地位以及职业的差异把握更加具体的人、对弱者加以保护的时代。"[3]当然，劳动法在突出体现保护劳动者合法权益的同时，也兼顾维护用人单位的利益，但必须明确的是对用人单位利益的保护，在劳动法视野中只能是"兼顾"，即应是建立在对劳动者保护的前提下，最终目的还是为了保护劳动者。

---

〔1〕 傅静坤：《20世纪契约法》，法律出版社1997年版，第62页。

〔2〕 〔法〕里佩尔：《职业民法》，转引自〔日〕星野英一：《私法中的人》，王闯译，中国法制出版社2004年版，第74页。

〔3〕 〔日〕星野英一：《私法中的人》，王闯译，中国法制出版社2004年版，第70~71页。

就"倾斜立法"来讲，又包含两个层次的涵义：一是倾斜保护只能限定在"立法"环节上，通过立法来保护被视为"社会利益"的劳动者个人利益，但在"司法、执法"环节上仍需遵循"法律面前人人平等"原则，不能"倾斜"，只有严格司法、执法，才能真正实现倾斜立法保护劳动者的目的；二是在立法利益的分配上，也仅仅体现一种"倾斜"，仍给当事人留出"意思自治"的空间。质言之，在市场经济前提下，劳动法"倾斜保护原则"只是保障劳动者的最基本的生存权，超出生存权的自由权，仍需劳动者作为独立主体自我判断和自我行为，自己通过自主努力来获取，这样就能确保劳动者主体的能动性与创造性的充分发掘与发挥。例如，劳动法强制性规定的只是最基本的休息休假，即带薪年休假、陪产假等，这些是关乎劳动者生存权的，如果对协议双方实行"平等保护"，依靠双方"意思自治"，那么，劳动者的弱势地位就决定了这份协议必然压倒性地有利于用人单位而不利于劳动者，劳动者最基本的休息休假就不能得到保障，引发深刻的双方甚至社会矛盾。所以，国家社会就要干预，劳动法就要作出强制性要求，借以实现对劳动者的"倾斜保护"。而超出带薪年休假、陪产假等之外的更多的休息休假，是要靠劳动者自己通过自主努力来获取，国家社会是不能干预的，劳动法是不会强制性要求的。（参见案例1-3）

雇佣劳动的规定性决定了其形成的劳动关系的从属性。[1]首先，劳动关系的从属性表现为形式上的财产关系和实际上的人身关系。其次，劳动关系的从属性表现为形式上的平等关系和实际上的从属关系。基于劳动法意义上劳动关系的从属性特点，雇主和劳动者"强势主体"和"弱势主体"的"新的身份"得以形成。所以，契约所体现的"消

案例1-3

极自由""形式平等"所造成的劳动者弱势群体的实质不自由、不平等必须加以克服。而这种克服，就历史地落到了劳动法"倾斜保护原则"上。通过劳动法公法、私法融合的社会调节机制来完成，把劳动者的生存利益认为是社会利益，以倾斜立法的方式，发挥国家、社会、个人在宏观、中观、微观三个层次调整劳动关系的作用，对于失衡的劳动关系作出矫正，来缓和这种实质上的不平等、不自由。

第五节　劳动法律主体

劳动法律主体是指劳动法上的法律关系的主体。劳动法上的法律关系是由（个别）劳动法律关系与集体劳动法律关系、社会劳动法律关系等与劳动关系紧密联系的附随法律关系构成的法律关系体系。其中，劳动法律关系是基础法律关系，集体劳动法律关系、社会劳动法律关系等附随法律关系为劳动法律关系的健康发展提供保障、服务。劳动法上的法律关系是由法律关系主体、法律关系内容和法律关系客体三个基本要素构成的。在我国劳动法学界，有关劳动法上的法律关系的客体争议

---

〔1〕 具体参见前文。

较大，莫衷一是，但其仅具理论探讨意义，对劳动司法实践影响不大。有关劳动法上的法律关系的内容即权利义务研究较为深入，并且本书在后面章节将会具体论述，所以，本节只是探讨具有较强理论意义和劳动司法实践意义的劳动法上的法律关系的主体——劳动法律主体。

[探究]

1. 关于（个别）劳动法律关系的客体，劳动法学界有不同见解。较有影响的是，有的认为是劳动力[1]，有的将客体分为基本客体与辅助客体[2]，还有的对基本客体与辅助客体提出不同的观点[3]。

2. 还有的对劳动行政法律关系、劳动服务法律关系的客体进行了分析。[4]但尚未见对集体劳动法律关系的客体分析。

一、劳动者

"劳动者"与"劳动关系""劳动权"一样，都是劳动法上最重要的基本概念之一，属于劳动法学的"关键词"。"劳动者"在劳动法上的整合作用甚至达到可以为劳动法正名的程度，即劳动法应称为"劳动者法"。

（一）劳动者的劳动法含义

在雇佣社会中，劳动者概念已非语感上的工厂劳动者，而是呈现出多样性发展，劳动者的传统界限开始模糊，劳动立法中的劳动者概念遭遇了两个问题：一是与经营者的区分，这是企业组织内的层次界限问题。二是与企业有独立合同关系的个人事业者的区分，这是企业组织内外界限问题。这两个问题是劳动法上的普遍性问题，不仅属于劳动法长期以来的历史问题，而且是大陆法国家和英美法国家共有的现实问题。而且随着劳动立法的发达与整合，塑造劳动者概念之意识越来越必要、越来越强烈。现实中，传统雇佣形态受到极大挑战，越来越多的劳动者被非劳动者化，谁是劳动者，谁不是劳动者，在社会生活中变得扑朔迷离。[5]

我国劳动法对劳动者没有明确的界定。我国《宪法》共有多次使用"劳动者"的概念，其含义是泛指"农民、工人、国家工作人员以及其他劳动者"。但《宪法》并没有区分受雇劳动者和自雇劳动者，也没有区分公务员和产业劳动者，宪法意义上的"劳动者"显然是一个泛义的概念。1994 年颁布的《劳动法》和 2007 年颁布

〔1〕 参见董保华："试论劳动法律关系的客体"，载《法商研究》1998 年第 5 期；董保华：《劳动法论》，世界图书出版社 1999 版；董保华：《劳动关系调整的法律机制》，上海交通大学出版社 2000 年版，第 284 页。

〔2〕 参见王全兴主编的普通高等教育"十五"国家级规划教材《劳动法学》，高等教育出版社 2004 年版，第 83~84 页。

〔3〕 常凯：《劳动法》，高等教育出版社 2011 年版，第 121~122 页。

〔4〕 常凯：《劳动法》，高等教育出版社 2011 年版，第 122 页；郭捷：《劳动法与社会保障法》，中国政法大学出版社 2012 年版，第 99~102 页。

〔5〕 李海明："论劳动法上的劳动者"，载《清华法学》2011 年第 2 期。

的《劳动合同法》，都使用了"劳动者"的概念，但都没有给"劳动者"下定义，而是采取界定"用人单位"的方法来明确"劳动者"的范围。如《劳动法》第2条规定："在中华人民共和国境内的企业、个体经济组织（以下统称用人单位）和与之形成劳动关系的劳动者，适用本法。国家机关、事业组织、社会团体和与之建立劳动合同关系的劳动者，依照本法执行。"《劳动合同法》第2条规定："中华人民共和国境内的企业、个体经济组织、民办非企业单位等组织（以下称用人单位）与劳动者建立劳动关系，订立、履行、变更、解除或者终止劳动合同，适用本法。国家机关、事业单位、社会团体和与其建立劳动关系的劳动者，订立、履行、变更、解除或者终止劳动合同，依照本法执行。"依照这些规定的字面含义，"劳动者"就是所有与企业、个体经济组织、民办非企业单位等组织定立了劳动关系的劳动者，以及所有与国家机关、事业单位、社会团体建立了劳动合同关系的劳动者。这是以用人单位和劳动关系为标志作出的界定，其中对用人单位作了封闭式的列举规定，而对劳动关系没有给出定义。这里的劳动者实际上是一个内涵不确定而外延封闭的法律概念，并未从劳动者自身的特性对劳动者作出界定。这就需要结合其他法条对劳动者作出界定，而其他法条对劳动者特性的规定既不周延，也不集中。因此，在今后立法中，应当对用人单位的封闭式列举规定改为开放式列举规定，从而使劳动者转变成为内涵不确定且外延开放的不确定概念（立法者们常常采用在立法时设立不确定模糊性规则。弗兰克对此的看法是"法律的许多不确定性并不是一个什么不幸的偶然事件，它具有巨大的社会价值。对于不确定法律概念而言，它存在的意义在于利用开放的语言结构将人们对法律确定性的需求在某种程度上同社会进步的需求协调起来"。）这种选择既可吸收某些国家和地区的立法例的经验，又可与我国转型期劳动关系的现实状态相适应。[1]

[探究]

在德国，雇员（或劳动者）的一般定义为：基于私法上的劳动合同为获取工资而有义务处于从属地位，为他人（雇主）提供劳动给付的人。[2]日本劳动法律规定："本法中的'劳动者'，是指不问其职业为何，以工资、薪俸或其他相当于工资、薪俸的收入为生活来源者。"[3]韩国劳动法律规定："本法中'工人'一词，是指以获得工资为目的而从事向企事业或工作场所（下称'企事业'）提供劳动服务的任何职业的人。"[4]在美国，通过立法和判例产生了"雇员"认定的许多原则和规则。根据《公平劳动标准法》（Fair Labor Standards Act），雇员是指"被雇主雇用的任何人"。[5]加拿大劳动法律规定："'职工'表

〔1〕 侯玲玲、王全兴："劳动法上劳动者概念之研究"，载《云南大学学报（法学版）》2006年第1期。
〔2〕 ［德］W. 杜茨：《劳动法》，张国文译，法律出版社2003年版，第1~2页。
〔3〕 《日本劳动组合法》（1949年），第一章第3条。
〔4〕 《韩国劳工标准法》（1953年），第一章第14条。
〔5〕 FLSA §3 (e) (1), 29 U.S.C.A. §203 (e) (1).

示任何被雇用以从事熟练的或不熟练的、体力的、办公室的、技术的或经营工人工作的人。"[1]我国台湾地区的劳动法律规定:"劳工:为受雇主雇用从事工作获致工资者。"[2]"台湾工会法"规定,除各级政府行政及教育事业、军火工业之员工,及代表雇方行使管理权之各级业务行政主管人员,不得组织或加入工会外,其余劳动者均应依工会法规定组织或加入工会。司法裁判中关于劳工之特征认定如下:①人格从属性,即受雇人在雇主企业组织内,服从雇主权威,并有接受惩戒或制裁之义务;②亲自履行,不得使用代理人;③经济上从属性,即受雇人并不是为自己之营业劳动而是从属于他人,为该他人之目的而劳动;④纳入雇方生产组织体系,并与同僚间居于分工合作状态,另又基于保护劳动者之立场,一般就劳动契约关系之成立,均从宽认定,只要有部分从属性,即应成立。[3]

(二) 劳动者认定的一些特殊情形

1. 公司管理人员。在国外劳动法发展过程中,大部分国家的立法模式基本是先通过从属性对"劳动者"的概念作一般定义,再明确将其中的非弱势群体的"雇员"排除,即"去强势化",从而真正落实劳动法对弱势群体的保护。

[探究]

1. 在美国,被排除在雇员以外的高层管理人员有:①"监管人员"。②高级"管理人员"。③"机要人员"。另外,2004年布什政府通过的《公平劳动法》修正案规定,年薪超过10万美元的雇员不能享受加班补贴。这些雇员被称之为"豁免雇员"。他们即使每日工作超过8小时,每星期工作超过40个小时,老板也不必支付他们加班费。

2. 德国劳动法雇员中高层管理人员之排除:①法人或合伙的代表。②高级职员。经理、企业领导人员等类似的有权雇用或解雇雇员的高级职员可不属雇员。[4]③《德意志联邦共和国企业委员会法》第2条规定,本法所称的职工不包括:在有法人地位的企业中,被确定为该法人的法定代表机构的成员、无限公司的股东,或者一个社团的成员,而在该社团和公司的企业中,以法律、章程或公司合同确定为社团的代表或者担任经营经理、厂长或执掌经营管理职能的人员。根据《德意志联邦共和国企业委员会法》的规定,该法不适用于按其职位或根据任职合同享有下列权限的高级职员:有权自行雇用或解雇工行或作坊中工作的职工,有代理权或经理权,主要执行自行负责的任务,这些任务对企业的维持和发展甚为重要,鉴于他们具有特殊的经营和知识,因而长期地委

---

〔1〕 《加拿大劳工标准法》(1965年),第2条第3款。
〔2〕 《劳动基准法》(1984年),第一章第2条第1款。
〔3〕 台湾地区"最高法院"81年度台上字第347号。
〔4〕 王益英:《外国劳动法和社会保障法》,中国人民大学出版社2001年版,第72页。

托给他们。[1]

我国现行规定是对劳动者作了扩大化解释的，按照我国现行劳动法律法规的规定，除私营企业主外，其他的企业高层管理人员，包括企业厂长、经理，也要与企业或者企业的上级主管部门签订"劳动合同"，成为我国劳动法倾斜保护的对象，在劳动法上被视为普通劳动者而适用劳动法，未加区分地实行无差别的保护。然而这种无视其身份属性特殊性的错位适用，引致公司高管人员劳动法保护的困局——高管离职时索取百万天价经济补偿金，公司老总索要加班补偿的争议频发，而其他如人事经理等中层管理人员的劳动者身份更是极少受到质疑，工会内部资方代表担任工会主席职务现象几乎已经习以为常。更有甚者，劳动法对公司管理人员的一致保护，还造成了公司可以解聘《公司法》上的高管人员，却无法解雇《劳动法》上的高管人员的怪异现象，严重影响了公司法上管理层制衡机制效用的发挥，即便是《劳动合同法》的颁布也未缓解这种现象。新法对经济补偿金设置封顶限制后，上层管理人员索要双倍工资的案件又逐年剧增。管理人员具有的特殊职能，使其兼具"裁判员"和"运动员"的身份，而在不同层级的管理人员中，这两重身份比重的不同又使得他们在劳动关系内部的强弱势地位产生不同，从而也将影响到劳动法对其适用的程度。作为应当以保护劳动关系中的弱势劳动者为使命的劳动法，在调整公司管理人员时，则显现出极为不和谐的一面。

立法上应依据不同层级管理人员的职能差异而将三个层次管理人员分别作出以下定位，高层管理人员应原则上排除劳动法保护，低层管理人员应原则上适用劳动法保护，而中层管理人员则可以通过具体标准设置，适当降低劳动法的保护力度。但同时还应注意我国的特殊国情：①由于我国公司法中规定，董事、监事中应有一定比例的职工董事、职工监事。因此，对于职工董事、职工监事，仅限于在罢免或辞去职工董事或监事的职位时，可排除适用劳动法的规定，而适用公司法的规定。当涉及其职工身份的权利义务，还应当适用劳动法的规定。需要说明的是，罢免或辞去职工董事或监事的职位，并不意味着双方劳动关系的解除。②国有独资公司和国有控股公司中的董事、监事和高级管理人员，必须根据《企业国有资产法》等法律政策的相关规定执行，并不必然适用劳动法的规定。（参见案例1-4、1-5、1-6）

案例1-4　　　　案例1-5　　　　案例1-6

2. 童工是不是劳动法上的劳动者。有观点认为童工是劳动法上的劳动者，应给

---

[1]　董保华：《十大热点事件透视—劳动合同法》，法律出版社2007年版，第96～97页。

予劳动法保护。[1]童工是一种不合格劳动者，国际劳工公约和各国劳动法都将其纳入劳动法的保护范围之内。我国2002年《禁止使用童工规定》第10条规定，童工患病或者受伤的，用人单位应当负责送到医疗机构治疗，并承担治疗期间的全部医疗和生活费用。童工伤残或死亡的，……用人单位应当一次性的对伤残的童工、死亡童工的直系亲属给与赔偿，赔偿金额按照国家工伤保险的有关规定计算。2010年《工伤保险条例》第66条规定，……用人单位不得使用童工，用人单位使用童工造成童工伤残、死亡的，由该单位向童工或者童工的近亲属给予一次性赔偿，赔偿标准不得低于本条例规定的工伤保险待遇。具体办法由国务院社会保险行政部门规定。……前款规定的童工或者童工的近亲属就赔偿数额与单位发生争议的，按照处理劳动争议的有关规定处理。同年的《非法用工单位伤亡人员一次性赔偿办法》第8条规定："伤残职工或者死亡职工的近亲属、伤残童工或者死亡童工的近亲属就赔偿数额与单位发生争议的，按照劳动争议处理的有关规定处理。"这表明，童工虽为不合格的劳动者，但是作为劳动力的实际供给者，劳动法对其合法权益依然予以保护，不仅赋予童工实体上的劳动权利，也赋予其提起劳动争议的权利。即童工与用人单位之间的争议也被认定为一种劳动争议，属于劳动争议受案范围。由此可见，童工基于劳动力的实际给付与用人单位形成了事实上的劳动关系，也在劳动法的调整范围之内。

3. 达到退休年龄的农村务工人员是不是劳动法上的劳动者。随着我国人口老龄化程度及社会人口流动的加快，越来越多的农村剩余劳动力涌入到城市中，同时随着企业用工荒现象的出现，越来越多的企业招用按法律规定已经达到退休年龄的农村务工人员。国家统计局数据显示，2014年全国农民工总量为27 395万人，50岁以上的农民工占17.1%，人数已超过4680万。如果把41~50岁这个年龄段也算上的话，那这个年龄段的比例是26%，乘起来的话就是7000万，40岁以上所有人都加在里面的话，那也就是近1.2亿人。[2]但是双方之间到底形成的是一种什么法律关系呢，司法实践中还存在很大的分歧，法律关系的认定直接关系到退休农民工的切身利益和权益保护。[3]

第一种观点认为，用人单位招用超过法定退休年龄的人员不管是进城农民工还是城镇退休职工，只要达到法定退休年龄就不能形成劳动关系。提出此观点的依据是《中华人民共和国劳动合同法实施条例》第21条规定："劳动者达到法定退休年

---

〔1〕 侯玲玲、王全兴："劳动法上劳动者概念之研究"，载《云南大学学报（法学版）》2006年第1期；李海明："论劳动法上的劳动者"，载《清华法学》2011年第2期；董保华、邱婕："劳动合同法的适用范围应作去强扶弱的调整"，载《中国劳动》2006年第9期。

〔2〕 "染黑头发，靠吃肉补体力"，载 http://difang.gmw.cn/newspaper/2015－05/03/content_106344952.htm.

〔3〕 "高龄农民工调查：有人为获打工资格靠吃肉补体力"，载 http://news.xinhuanet.com/politics/2015－05/02/c_127756352.htm；"西安超65岁环卫工集体被解雇当街痛哭流涕"，载《华商报》2015年8月8日。

龄的，劳动合同终止。"即是说劳动者一旦达到法定退休年龄时，就必须退出劳动岗位。其在达到法定退休年龄后为用人单位所进行的劳动活动，不再属于《劳动法》调整的范围，而是属于民事法律规范调整的范围。例如江苏省高院、江苏省劳动仲裁委出台的《关于审理劳动争议案件的指导意见》明确规定，用人单位招用已达到法定退休年龄的人员，双方形成的用工关系按照雇佣关系处理。第二种观点是，用人单位与达到法定退休年龄的人员形成的到底是劳动关系还是劳务关系与劳动者退休后是否享受养老保险待遇或领取退休金密切相关，这种观点已经被《最高人民法院关于审理劳动争议案件适用法律若干问题的解释（三）》所确认，其第7条规定："用人单位与其招用的已经依法享受养老保险待遇或领取退休金的人员发生用工争议，向人民法院提起诉讼的，人民法院应当按劳务关系处理。"但是，令人遗憾的是本司法解释对未能享受养老保险待遇或领取退休金的人员与用人单位形成什么法律关系并未作出明确的规定。第三种观点倾向于认为退休人员与用人单位形成的仍是劳动关系。2007年7月5日，最高人民法院行政审判庭在《关于离退休人员与现工作单位之间是否构成劳动关系以及工作时间内受伤是否适用〈工伤保险条例〉问题的答复》（［2007］行他字第6号）中指出："根据《工伤保险条例》第2条、第61条等有关规定，离退休人员受聘于现工作单位，现工作单位已经为其缴纳了工伤保险费，其在受聘期间因工作受到事故伤害的，应当适用《工伤保险条例》的有关规定处理。"2010年3月17日，最高人民法院行政审判庭又在《关于超过法定退休年龄的进城务工农民因工伤亡的，应否适用〈工伤保险条例〉请示的回复》（［2010］行他字第10号）中指出："用人单位聘用的超过法定退休年龄的务工农民，在工作时间内、因工作原因伤亡的，应当适用《工伤保险条例》的有关规定进行工伤认定。"可以看出最高院行政审判庭的批复倾向于把退休人员与用人单位形成的关系认定为劳动关系。

农民工作为一个特殊的社会群体，对于和用人单位的法律关系不能简单地一概而论，应该综合考虑退休农民工当前所处的现状和面临的困境。首先，虽然我国一直沿用相关法规中关于退休年龄的规定，但是，退休年龄仅仅是一个法律上的概念，由于农村的现实，很大一部分农民工仅仅是在法律概念上退休，现实生活中，他们仍然要自食其力，从事着很重的体力劳动，他们仍然具有很强的劳动能力。其次，由于社会保障体系不健全，农村很多劳动者虽然达到了法定的退休年龄，但是很大一部分退休人员既不能享受养老保险待遇也不能领取退休金。根据相关法律规定，劳动者在达到法定退休年龄时，依法享有养老保险待遇或者退休金的权利，用人单位或者国家有义务为他们提供这种保障。但是由于种种原因他们没有享受到这种权利，假如将这些退休后未能享受相关待遇的人员与用人单位认定为简单的劳务关系是对他们权利的双重伤害。最后，由于进城农民工法律意识普遍较为薄弱，在用工过程中，有些单位可能为了逃避其义务，很少与这些劳动者签订劳动协议，很少明确劳动者的工作内容、报酬、医疗、劳动保护待遇等权利、义务关系。在这种情况下，用人单位就有理由和借口随时终止用工关系，这些人员的权益就无法得到保障。

案例1-7

劳动法的目的就是保障劳动者的合法权益。只有将他们之间的用工关系认定为劳动关系，才能更好地保障这些劳动者的合法权益。只有将退休的进城农民务工人员与用人单位之间的用工关系认定为劳动关系，才符合劳动法律的立法目的和精神，也更符合客观事实。[1]（参见案例1-7）

4. 其他。主要有：在校生的"劳动者"身份认定；学徒的"劳动者"身份认定；家政服务人员的"劳动者"身份认定；志愿者的"劳动者"身份认定；等等。[2]

二、"雇主"

(一)"雇主"的劳动法含义

"雇主"，在我国被称作用人单位，是我国对劳动法律关系中与劳动者相对的一方主体的独特的称呼。在我国，用人单位既包括中国境内的企业、民办非企业单位、个体经济组织、国家机关、事业单位、社会团体、依法成立的会计师事务所、律师事务所等合伙组织和基金会等。随着我国劳动关系市场化程度越来越高，劳动关系的雇佣特征越来越明显，尽管劳动法并未认可"雇主"概念，但无论是理论界还是实务界，社会各界已越来越接受和认可"雇主"这一概念。

[探究]

在美国，雇主是"直接或间接的为了与雇员相对应的雇佣方的利益而行事的任何人"。可见其范围相当宽泛。在决定某主体是否为《公平劳动标准法案》的雇主时，关键在于所谓的雇主对其工人是否有控制的权力。美国法上的雇主包括实际控制公司雇佣事务的个人。英国劳动法将雇主定义为，在雇佣合同（contract of service）的基础上，雇用一个以上的个人、合伙组织、企业或非企业组织。这个定义不是很有帮助，必须结合雇佣合同（contract of service）和服务合同（contract for service）的区分标准才能确定雇主。因英国雇佣关系和我国一样也包括两个范畴：雇佣合同关系（相当于我国的劳动合同关系）和服务合同（contract for service）关系（相当于我国的劳务合同关系）。英国法认为，当个人和雇主依照雇佣合同提供劳动，就形成雇佣关系；依照服务合同提供劳动，就是劳动服务关系。在英国法中，只有雇员才能获得社会保险、雇佣权益保护、雇主在清算过程中的工资保护、由普通法上雇主的注意义务所产生的利益，以及依照健康和安全立法所应当得到的保护。此外，服务合同下的独立经营者

〔1〕 "过法定退休年龄继续工作的关系定性"，载 http://www.jsfy.gov.cn/11yj/gdjc/2012/12/0615350 6400.html.

〔2〕 主要参见谢增毅："劳动关系的内涵及雇员和雇主身份之认定"，载《比较法研究》2009年第6期；李国平、孙洋："论兼职大学生的劳动法保护"，载《劳动保障世界》2013年第10期；金久超："市妇联提交议案，呼吁——〈劳动法〉应当'管'上保姆"，载《文汇报》2011年1月16日；陈文军、陈海挑："志愿者的劳动法保护"，载《人民司法》2010年第13期。

(individual contractor) 和雇佣合同下的雇员（employee），在税收方面适用不同标准。这些规定和我国类似，劳动关系纳入劳动法的调整范围，劳务关系属于民法的调整范围。在德国，雇主的概念需要通过雇员来定义，雇员的劳动合同另一方当事人是雇主。雇主可能是自然人、法人，也可能是商事合伙。我国台湾地区对雇主的定义也颇具启发意义。在我国台湾，劳动契约当事人一方为雇主，一方为受雇人。我国台湾地区"劳动基准法"第2条第2款规定，雇主谓雇用劳工之事业主、事业经营之负责人或代表事业主处理有关劳动事务之人。从该概念可以得知，不仅法人得为雇主，自然人亦得为雇主。法人包括私法人和公法人。雇主地位法律上最主要意义在于对受雇人之"劳务请求权"以及"指示命令权"。然而，劳务请求权与指示命令权可以分属不同之人行使，例如事业主有劳务请求权，事业经营之负责人有指示命令权，而事业经营之负责人又对事业主有服从义务。[1]

（二）雇主认定的一些特殊情形

1. 自然人可否成为雇主。"一方面，我国职业雇佣化程度非常低。另一方面，我国劳动法尚处于成长阶段，基本的雇佣关系，也就是规范企业与其雇员之间劳动关系的调整尚存在诸多瑕疵。在现阶段，将自然人作为劳动法上之雇主将使目前尚未成熟的劳动法理论更加难以应付。"因为就整体而言，我国劳动合同的签订和落实还有很多不到位的地方，自然人用工类劳动关系复杂多变，将其纳入规制，执行起来非常困难，这样既损害法律的权威性，又难以保障当事人权益的充分实现。所以，我国劳动法并不适宜直接引入"自然人"雇主概念，但是我国将劳动法上的责任主体由用人单位扩大至个人责任并无法律障碍。应当规定用人单位法定代表人等高管人员与用人单位承担连带责任。可借鉴我国台湾地区的"劳动基准法"第81条的第1款、第2款规定，法人之代表人、法人或自然人之代理人、受雇人或其他从业人员，因执行业务违反本法规定，除依本章规定处罚行为人外，对该法人或自然人并应处规定的罚金或罚锾。但法人之代表人或自然人对于违反之发生，已尽力为防止行为者，不在此限。[2]所以，应将《劳动合同法》的"法律责任"和《劳动保障监察条例》的"法律责任"部分进行相应修改。

2. 非法用工单位是不是劳动法上的用人单位。非法用工单位是一种不合格用人单位，在《劳动合同法》出台前，非法用工单位与劳动者形成的社会关系一律被机械地视为劳务关系，被排除在劳动法适用之外。这些单位尽管事实上仍在用工，但其中的劳动者就不再受到劳动法保护。这些用工主体虽是非法的，但其中的劳动者

---

〔1〕 主要参考谢增毅："劳动关系的内涵及雇员和雇主身份之认定"，载《比较法研究》2009年第6期；李坤刚："论劳动关系中雇主之界定——以英国劳动法为视角"，载《云南大学学报（法学版）》2007年第3期。

〔2〕 我国台湾地区"劳动基准法"（2008年修订）第81条。

其实是合法的，应享受劳动法保护。《劳动合同法》第93条规定："对不具备合法经营资格的用人单位的违法犯罪行为，依法追究法律责任；劳动者已经付出劳动的，该单位或者其出资人应当依照本法有关规定向劳动者支付劳动报酬、经济补偿、赔偿金；给劳动者造成损害的，应当承担赔偿责任。"2010年《工伤保险条例》第66条规定："无营业执照或者未经依法登记、备案的单位以及被依法吊销营业执照或者撤销登记、备案的单位的职工受到事故伤害或者患职业病的，由该单位向伤残职工或者死亡职工的近亲属给予一次性赔偿，赔偿标准不得低于本条例规定的工伤保险待遇。……前款规定的伤残职工或者死亡职工的近亲属就赔偿数额与单位发生争议的，……按照处理劳动争议的有关规定处理。"2010年《非法用工单位伤亡人员一次性赔偿办法》第2条规定："本办法所称非法用工单位伤亡人员，是指无营业执照或者未经依法登记、备案的单位以及被依法吊销营业执照或者撤销登记、备案的单位受到事故伤害或者患职业病的职工，或者用人单位使用童工造成的伤残、死亡童工。

案例1-8

前款所列单位必须按照本办法的规定向伤残职工或者死亡职工的近亲属、伤残童工或者死亡童工的近亲属给予一次性赔偿。"这表明，非法用工单位虽为不合格的用人单位，但是作为劳动力的实际使用者，劳动法对其应依然适用。由此可见，非法用工单位与劳动者形成了事实上的劳动关系，也在劳动法的调整范围之内。（参见案例1-8）

［探究］

　　如果非法用工单位的"劳动者"知道其是从事非法活动，如何处理？

　　3. 用人单位的劳动法差别适用。改革开放后，我国中小企业发展非常迅速。中小企业在我国经济社会发展中发挥非常巨大的作用，中小企业占中国企业数量的98%以上，为中国新增就业岗位贡献是85%，占据新产品的75%，发明专利的65%，GDP的60%，税收的50%，所以不管是对就业还是创新，还是经济发展都非常重要，但中小企业面临很多问题，大多数中小企业，仍然免不了3年内亏损倒闭的命运。这是一个世界性的问题，中小企业的问题实际上是大问题，因为小企业的问题关系到企业生死。根据工商总局的数据显示，2011年我国以个人独资企业等形式登记的企业大概有1100万家，另外以个体户登记的企业有3600万家，合在一起有将近5000万家。2013年我国个体工商户达到4564.1万户，资金总额约2万亿元，远远超过1978年仅有的14万个体户。[1]我国将个人独资企业、个体经济组织等作为雇主，劳动者与之建立劳动关系，适用劳动法。但是，完全让其与企业事业单位同样适用劳动法存在值得商榷之处。应该是在承认其雇主地位的同时，对其实行特殊政策，来支持与扶持中小企业。未来我国可以借鉴非全日制用工制度，在签订书面合

---

　　〔1〕 "马骏：中小企业占中国企业数量的98%以上"，载 http://finance. sina. com. cn/hy/20120426/100211929864. shtml；"工商总局：我国个体户首破4000万户半数在东部"，载 http://www. cqn. com. cn/news/cjpd/675031. html.

同，劳动合同解除的条件和程序、经济补偿金等方面对中小企差别适用。

[探究]

　　世界上几乎每个国家的劳动立法，对中小企业都有这样或那样的免除条款。德国劳动立法区别对待的细节繁多，但基本规律是，对大企业严，对中小企业松。尽管德国制定了严格的解雇保护制度，要求雇主在解雇雇员时必须具备正当事由并遵守正当程序，但其解雇保护法对小企业实行豁免。德国《不当解雇保护法》（Protection Against Unfair Dismissal Act）不适用于雇员 10 人以下的雇主。立法机关对小企业实行豁免的主要意图是希望帮助小企业创造新的就业。立法机关认为，如果雇主和雇员的关系更加灵活，雇主会更愿意雇用工人。在美国，基本上所有联邦一级的劳动立法，对小企业都是免除的。比如，美国联邦法律规定了雇员由于家庭和个人健康原因有休假的权利，但法律同时规定，如果一个地方雇员人数少于 50 人，且同一企业在 120 公里（75 英里）范围内没有其他雇员，即可不执行该法律。印度联邦立法要求解雇员工需经政府批准，但此法对雇员 100 人（有时是 300 人）以下的大多数企业都实行免除。[1]

三、劳动者团体与用人单位团体

　　劳动者团体，即工会与工会联盟，是劳动者依法成立的自治性、自我利益保护的组织。雇主团体，在国外一般称为雇主协会，是由雇主依法组成，旨在代表和维护雇主利益，并致力于调整雇主与雇员以及雇主与工会之间关系的团体。在劳动法中，雇主团体与劳动者团体相对应，在利益上二者既相互协调，又相互对立，通过协商、沟通、斡旋、谈判，帮助化解劳动关系存在的矛盾，其目的在于形成对等的集体劳动关系，使得雇主面对的并非个别的劳动者，而是作为一个整体的劳动者团体，从而改变雇主对劳动者的绝对强势地位，实现对劳动者的保护。

　　我国计划经济时期的劳动关系长期是一种"国家化劳动关系"。这种劳动关系的最大特点是，劳动关系采用行政调节，使得劳动关系的调节结构中，不存在独立于国家之外的社会力量，工会是作为国家的附庸，成为国家机关的一部分，更谈不上雇主团体。国家和社会实际上是完全重合的，个人、社会被抽象于国家之中，几乎毫无独立性可言。随着中国特色社会主义的建设，中国的市民社会的发育日益完善，国家与社会之间出现了结构分化，社会空间经历了一个从无到有，从嬴弱到较为强大的过程，个人、社会对国家的依附性明显降低，相对独立的社会力量逐步形成。就劳动关系领域而言，劳动者、雇主、社会团体开始具有独立人格，工会、雇主组织等民间社会组织化程度日益增强，逐渐成为成为劳动关系的一方主体，[2]从根本

---

〔1〕　主要参考谢增毅："劳动关系的内涵及雇员和雇主身份之认定"，载《比较法研究》2009 年第 6 期；王一江："新劳动法不应'一刀切'"，载《中国电子商务》2008 年第 3 期。

〔2〕　郭捷等：《劳动法学》，高等教育出版社 2014 年版，第 68~70 页。

上改变了劳动关系"国家化"的特征。

[探究]

在我国，工会可以分为：全国总工会、地方总工会、产业工会与基层工会四种形式。我国《工会法》没有规定行业工会，只规定了产业工会。中华全国总工会是工会的最高领导机关；各省（直辖市）、市（县）级地方总工会是工会的地方领导机关；全国和地方的产业工会，是本部门或产业工会的领导机关；基层工会建立在企业、事业单位、机关、社会团体中的工会组织。中华全国总工会领导地方总工会和各产业工会全国组织；地方总工会领导下级总工会和产业工会地方组织；铁路、民航两个产业工会全国组织对所属地方产业工会实行系统领导，但须尊重地方总工会的意见；其他产业工会全国组织与地方总工会对所属地方产业工会实行产业和地方双重领导，直辖市和大中城市的地方总工会主要通过同级产业工会对基层工会实行领导；小城市和县总工会，除建立市、县产业工会外，则直接领导基层工会。我国的雇主团体类型：中国企业联合会、中国企业家协会为代表的全国性雇主团体、各类非公有制企业的雇主团体、不分所有制的雇主团体、各地由雇主自发成立的民间的雇主团体。

在集体劳动关系领域，社会力量主要有代表雇主一方的雇主团体，代表劳动者一方的工会组织，其作用主要体现在三方原则、集体谈判和形成集体合同以及雇主和劳动者利益冲突的解决上。就劳动关系三方原则而言，各级人民政府劳动行政部门应当会同同级工会和雇主团体，建立劳动关系三方协商机制，即建立一种平等对话的机制，共同研究解决劳动关系方面的重大问题。就集体合同而言，社会力量之间形成集体劳动关系，工会组织代表劳动者和雇主或其组织进行有关劳动条件和待遇方面的协商、谈判，甚至罢工，目的是形成高于劳动基准的劳动条件等。同时，对雇主和劳动者利益纠纷，工会在依法的基础上，积极介入，形成一种劳动关系的相对平衡。

[探究]

1. 在国内外有关工会作用的研究中，还存在着不同的观点。有学者认为，工会的垄断地位阻碍了劳动力市场的正常运转。对此，笔者不以为然。《中国青年报》、腾讯网新闻中心 2006 年对 4747 位员工雇佣状况进行的联合调查表明：超过 70% 的员工认为"工会是绝对必要的，但作用还没有完全发挥出来"。2007年 4～5 月，浙江大学劳动保障和公共政策研究中心"理顺劳动关系、创建和谐企业"课题组，在浙江省实施企业和职工问卷调查，结果表明，工会确实起到了改善劳动关系的作用。[1]

---

〔1〕 姚先国、李敏、韩军："工会在劳动关系中的作用—基于浙江省的实证分析"，载《中国劳动关系学院学报》2009 年第 1 期。

2. 罢工现象作为集体合同争议的一种激烈形式，近年来在我国各个地方时有发生，直接影响到经济社会发展。路透社称，根据一家劳工组织的数据，中国今年迄今的罢工总数增长近1/3，创下自全球金融危机以来最大增幅。目前中国没有对罢工、停工和抗议总数的准确统计，但中国劳工通讯组织（China LaborBulletin）表示，仅2014年3月就发生119起。中国劳工通讯是一家总部位于香港的劳动者权利组织。[1]2014年5月4日，广东东莞最大鞋厂——裕元鞋厂几千名员工因质疑厂方以临时工标准为工作十多年的员工购买社保，与员工签订无效劳动合同等欺瞒行为进行抗议。

尽管近年来我国的市场化工会组织和雇主组织得到了飞速发展，但从总体上看，其目前正在形成和完善的过程中。这就要求我们要参照国际劳工组织、国际工会组织、国际雇主组织的有关规定完善有关市场化工会组织和雇主组织的法律法规，使市场化工会组织和雇主组织的成立和活动规范化和法制化。我国的市场化工会组织和雇主组织的发展方向，应当是既符合现代国际通行规则又具有中国特色。简单地概括，就是应当在市场化工会组织和雇主组织的代表性、独立性、宗旨、职能、与其成员之间的权利义务、组织体制、组织原则等方面着力规范。当前需要强调市场化工会组织和雇主组织是代表劳动者和雇主利益的组织，协调劳动关系是其基本职能（但目前我国许多雇主组织章程并未将劳资协商作为其重要内容）。同时要协调我国雇主组织多元化体制和工会一元化体制的冲突。

[探究]

　　　之所以强调雇主组织，原因在于，工会组织和雇主组织是一个矛盾统一体，实际上是一个问题的两个方面，面对良好的雇主组织，工会组织的作用才能充分发挥。

四、劳动服务主体

劳动服务主体，是为劳动者和用人单位服务，并接受政府宏观监督的主体，属于市场中介组织。劳动服务主体通过为劳动者与用人单位提供相应的服务来获取相关的利益和实现促进劳动关系发展的目的。它作为一种劳动法主体，与劳动者和用人单位之间是劳动服务关系，并接受政府宏观监督。劳动服务主体依其不同职能可分为就业服务机构、职业培训服务机构、职业技能鉴定机构、劳动保护服务机构、社会保险服务机构等。随着我国市场经济的深入发展，市场中介的作用越来越大，劳动服务主体的作用必然会进一步扩大。

[探究]

　　　一部分劳动服务主体实际上是与劳动行政主体竞合的。例如，公共就业服

---

〔1〕 "王亚煌：中国进入罢工高发期"，载《中国经营报》2014年4月18日。

务机构等。

五、政府

劳动法中的政府，主要是政府劳动行政主体。劳动行政主体是指依法享有相关劳动行政职权，从事劳动行政管理活动，独立承担法律后果的行政组织。根据我国法律的规定，劳动行政主体主要分为三类：①专门行使劳动行政职权的国家劳动行政机关，即劳动行政主管机关。我国《劳动法》第9条规定："国务院劳动行政部门主管全国劳动工作。县级以上地方人民政府劳动行政部门主管本行政区域内的劳动工作。"中央的劳动行政机关即国务院下设的人力资源社会保障部，其主要职责（只是涉及其中的劳动行事务）是：在国务院的领导下，一是拟订人力资源和社会保障事业发展规划、政策，起草人力资源和社会保障法律法规草案，制定部门规章，并组织实施和监督检查。二是拟订人力资源市场发展规划和人力资源流动政策，建立统一规范的人力资源市场，促进人力资源合理流动、有效配置。三是负责促进就业工作，拟订统筹城乡的就业发展规划和政策，完善公共就业服务体系，拟订就业援助制度，完善职业资格制度，统筹建立面向城乡劳动者的职业培训制度，牵头拟订高校毕业生就业政策，会同有关部门拟订高技能人才、农村实用人才培养和激励政策。四是统筹建立覆盖城乡的社会保障体系。统筹拟订城乡社会保险及其补充保险政策和标准，组织拟订全国统一的社会保险关系转续办法和基础养老金全国统筹办法，统筹拟订机关企事业单位基本养老保险政策并逐步提高基金统筹层次。会同有关部门拟订社会保险及其补充保险基金管理和监督制度，编制全国社会保险基金预决算草案，参与制定全国社会保障基金投资政策。五是负责就业、失业、社会保险基金预测预警和信息引导，拟订应对预案，实施预防、调节和控制，保持就业形势稳定和社会保险基金总体收支平衡。六是会同有关部门拟订机关、事业单位人员工资收入分配政策，建立机关企事业单位人员工资正常增长和支付保障机制，拟订机关企事业单位人员福利和离退休政策。七是会同有关部门拟订农民工工作综合性政策和规划，推动农民工相关政策的落实，协调解决重点难点问题，维护农民工合法权益。八是统筹拟订劳动、人事争议调解仲裁制度和劳动关系政策，完善劳动关系协调机制，制定消除非法使用童工政策和女工、未成年工的特殊劳动保护政策，组织实施劳动监察，协调劳动者维权工作，依法查处重大案件等。[1]地方的劳动行政机关是指设于各地方省市县的劳动与社会保障厅、局。地方的劳动行政机关的主要工作便是在劳动法及行政法所规定的职权范围内主管本辖区内的劳动工作。在行使劳动行政职权的过程中，地方劳动行政机关不仅要受劳动与社会保障部的业务领导，而且要受地方政府的领导。②兼有劳动行政管理职能的其他行政机关，如卫生、安全生产监督管理部门、工商、税务、财政、教育等行政机关等。③经过法律授权承

---

〔1〕　具体参见第十一届全国人民代表大会第一次会议批准的国务院机构改革方案和《国务院关于机构设置的通知》（国发〔2008〕11号）。

担行政职能的机构，如公共就业服务机构、社会保险经办机构和劳动安全卫生检测机构等社会机构在法律授权的范围内作为行政主体行使职权，也具有劳动行政主体的资格。

[探究]

1. 政府有广义与狭义之分。广义的政府包括中央与地方全部的立法、行政、司法机关。狭义的政府仅指国家各级行政机关。劳动法上的政府是否可作广义理解？

2. 转型时期政府在劳资关系中的角色。国内有学者对海内外专家的研究成果作了系统的梳理，将政府在劳资关系中扮演着的角色概括为五种，简称为"五 P"角色，即：①劳动者基本权利的保护者（Protector）；②集体谈判与雇员参与的促进者（Promoter）；③劳动争议的调停者（Peace-maker）；④就业保障与人力资源的规划者（Planner）；⑤公共部门的雇佣者（Public sector employer）。[1]

六、"三方机制"

"三方机制"也称为三方性原则。三方是指劳方、资方以及政府。劳动关系从社会劳动看，是涉及劳、资、政府三方之间的关系。三方协商原则的具体运用表现为三方协商机制。"它以市场经济为基础，以民生制度为依据，以合作、共赢为基本出发点，构建了政府与劳方、资方共同管理和处理劳动关系的活动平台。"[2]1960 年，国际劳工组织通过《（行业和国家级别）协商建议书》（第 113 号），对三方协商机制的总目标提出以下要求："这种协商与合作的总目标应是促进公共当局与雇主组织和工人组织之间以及这些组织之间的相互了解和良好关系，以求发展总体经济或发展其中某些部门，改善劳动条件和提高生活水平。"这一要求概括了三方性原则的内涵，即三方性是国家、雇主和工人三方的有组织和有目的的共同行为，是通过地位对等的协商、谈判及其他的各种合作性手段和形式来实现目的的，具有法律的合规定性和程序上的正当性。合作的目的在于促进相互了解，实现劳资双赢和社会、经济的发展。国际劳工组织于 1976 年又通过了《（国际劳工标准）三方协商公约》（第 144 号）及《（国际劳工组织活动）三方协商建议书》（第 152 号）。第 144 号公约要求已经签署该公约的成员国承诺在政府、雇主和工人代表之间，就促进履行国际劳工标准事项进行有效协商。第 152 号建议书建议将开展三方协商的领域扩大到国际劳工标准以外的更为广泛的国际劳工组织活动领域。

"三方机制"是国际工人运动促进的结果。工业革命后，大量的无产阶级在利益上形成与资本家的对立。但是国家对劳资之间的矛盾解决机制采取了自由放任政策，

---

[1] 李炳安、向淑青："转型时期政府在劳资关系中的角色"，载《党政干部论坛》2007 年第 6 期。
[2] 常凯主编：《劳动关系学》，中国劳动社会保障出版社 2009 年版，第 326 页。

主要依靠劳动契约的履行和救济。因而劳资矛盾一方面并未显现于国家层面，但另一方面，国家层面隐藏着巨大的危机。19世纪40年代末，工人阶级在马克思主义指引下，开始统一行动。并通过施压政府改善劳动条件。1890年，西方国家举行了第一次由各国政府代表参加的讨论劳动事务的国际会议。1898年，在瑞士工人联合会的倡议下，13个国家的工人组织代表在苏黎世举行了劳动保护首届国际代表会议。1901年，由工人组织、学者和政府的代表在瑞士成立了国际劳动立法协会。1919年，在美国劳联的推动下，国际劳工组织成立。三方性原则，体现着政府民主制度的理念和发展。政府制定劳动条件的法律，合理吸纳工人组织和雇主组织的意见，是对劳资自治的修正。提倡劳资合作，社会共赢，将劳资关系纳入经济基础，并将政府从全能型政府逐步过渡到有限型政府、服务型政府中来，实现政府治理和社会治理的有机结合。另外，三方机制原则的目的，也在于追求法律制度的社会性和效率性。所谓社会性，是指劳动条件的标准制定必须符合社会经济发展需求，其正当性价值是由社会的需求来决定的。所谓效率性，是指劳动条件的制定能够实现劳资双赢，而不仅仅是对国家有利。

"三方机制"首先表现在国际劳工组织的组织结构上，即它的所有机构都是由政府、雇主和工人组织三方面的代表组成。这种三方结构在联合国系统的各个国际组织中是独一无二的。比如，出席国际劳工大会的各国代表团由4名代表组成，其中2名政府代表、1名雇主代表、1名工会代表。理事会由56名有表决权的正理事组成，其中政府代表28名，雇主和工人代表各14名。国际劳工局的工作人员的组成也遵循三方性原则。国际劳工组织的其他会议，如地区会议和部门会议也都体现了三方性原则。另外，三方性原则还体现在国际劳工组织的议事规则中。

"三方机制"是通过三方协商机制实现的。三方协商机制的组织机构分为国家一级的三方协商与组织机构、产业一级的三方协商与组织机构、地方一级的三方协商与组织机构。国家一级的协商是通过由三方成员共同成立的委员会来完成。主要协商有关参加国际劳工大会事宜和批准或履行国际劳工公约或国际劳工建议书的相关建议，国家有关劳动关系立法及政策，实施劳工标准的方式、步骤和方案等。总之，全国性的劳动标准及立法是国家一级协商的主要内容。产业级协商由政府的产业部门、产业的雇主协会和产业工会进行。主要协商本产业的劳动标准及实施。地方级的三方协商由地方政府劳动和相关经济部门、地方雇主协会、地方工会来完成。主要协商本地区劳动就业领域社会经济政策的制定和立法。

"三方机制"还被改造性地运用于劳动仲裁和劳动司法的组织机构中。在部分市场经济国家，劳动仲裁庭往往由雇主代表、雇员代表以及一名中立的仲裁员构成，形成相互制约、相互平衡的利益结构。而在部分市场经济国家，由于普遍设立的劳动法庭（法院），其法庭审判法官也是由雇主推荐的法官、工会推荐的法官以及一名中立的职业法官构成。我国劳动争议仲裁制度已经体现了这样一种利益均衡下的"三方机制"。

"三方机制"得到了西方市场经济国家的普遍认同，已成为世界多数国家劳动法的一个重要原则。在"三方机制"中，工会作为社会力量，自然而然代表劳动者利益，政府作为国家力量，进行适当的干预，有限度地介入劳动关系，并且积极推动劳动关系双方的合作，从而充分调动各方的积极性，达到相互的协调和平衡。其结果必然改变雇主对于劳动者的绝对优势，达到比较优越的劳动条件和比较优厚的劳动待遇，这样，就形成了工人组织、雇主与政府三方协商对话与合作的劳动关系调整机制，从而实现对劳动者的倾斜保护。

"三方机制"最早是由国际劳工组织在 1919 年通过的《国际劳动组织章程》中提出的，为缓解劳资间社会矛盾激化而采用的措施，其实施效果也非常明显。之后，西方各国劳动法均引进了这一制度，成为调整劳动关系的基本机制。从活动内容上看，是政府、雇主和工人组织之间在平等的基础上，共同处理所有涉及劳动关系的活动，如劳动立法、政策的制定、就业、劳动标准、社会保险、劳动争议处理以及对产业行动的规范与防范等。就全国性质的三方组织形式而言，多数欧洲国家是经济社会委员会（或理事会），例如法国的经社委员会由 200 人组成，雇主和工会代表各 45 人，另有政府、其他社团代表和有关专家。近年来，欧洲等地区还出现了跨国性"三方机制"，例如欧盟委员会、欧洲工联和欧洲雇主组织三方通过举行洲际协商谈判和签订相应协议调节全欧劳动关系问题，这类地区跨国性三方机制的出现是地区经济一体化发展的结果，也是应对经济全球化挑战的需要。日本的三方机构称为"产业劳动恳谈会"，加拿大的"国家劳资关系委员会"，苏联、东欧国家在苏联解体和东欧剧变后，也普遍建立起了国家一级的三方性机构。例如，俄罗斯的三方机构是"调节社会劳动关系三方委员会"，一些东欧国家建立了"全国利益调解（或协调）委员会"，[1]"三方机制"在发展中国家也得到发展。在一些国家还有就某一问题或事项而设立的专业性组织，如澳大利亚的"全国职业安全与卫生委员会"，新加坡的"全国工资理事会"。我们以"三方机制"在劳动争议处理上的体现为例说明。例如，美国仲裁机构，虽分为特设仲裁机构和常设仲裁机构，但均由政府、雇主和工人组织三方人员构成。建立专门的劳动司法机构，当属德国最为历史悠久。1848年 1 月 2 日，德国普鲁士各邦陆续成立了独立的工厂法庭。1869 年，德意志帝国国会通过立法将工厂法庭改为工商法庭。1901 年，德国在 2 万人以上的城市设立工商法庭。法庭由劳资双方各选一名代表与另外一位超然中立人士组成。1926 年，成立了专门的劳动法院。1953 年 9 月 3 日，德国颁布《劳动法院法》，经过实践，于 1979年修订后重新公布。《劳动法院法》既是一部劳动法院组织法，又是一部审理劳动争议案件的程序法。在劳动法院自成体系的德国，共设有基层劳动法庭 123 个，州劳动法庭 19 个，联邦劳动法庭 1 个。其中，基层劳动法庭为初审法庭，州劳动法庭为上

---

〔1〕 "国外三方机制与工会（中）关于三方机制的主体、机构和活动"，载《工人日报》2005 年 8月 19 日。

诉法庭，联邦劳动法庭为终审法庭。[1]德国的基层、州劳动法院法庭由 1 名职业法官和 2 名名誉法官组成，名誉法官来自雇员和雇主，各 1 人。联邦劳动法院法庭一般由 3 名职业法官（1 名为首席法官）和 2 名名誉法官组成。名誉法官来自雇员和雇主，各 1 人。同时名誉法官在审理案件中有与职业法官一样的权力。日本的三方性质的劳动委员会，委员由政府任命，组成人员由雇主、工会和公益组织如大学、研究所、新闻界三方同数组成，由公益组织代表担任委员长。劳动者一方委员由工会推荐，雇主一方由雇主团体推荐。而在普通法院中设立劳动法庭的法国，约有 1000 多个基层法院，27 个上诉法院，1 个最高法院。法院内设各种专门法庭，自然包含了劳动法庭。劳动法庭分布广、数量多，劳工法庭，均由职业法官、工会和雇主组织选派的名誉法官所组成。

我国的三方性原则的机制建立较晚，尚处于探索的阶段。三方协商机制在中国呈现出"政府主导发展、快速跳跃式发展"的特点。[2]

[相关资料]

2015 年 4 月 8 日，中国政府网公布《中共中央国务院关于构建和谐劳动关系的意见》。该《意见》提出：

1. 目标任务是：加强调整劳动关系的法律、体制、制度、机制和能力建设，加快健全党委领导、政府负责、社会协同、企业和职工参与、法治保障的工作体制，加快形成源头治理、动态管理、应急处置相结合的工作机制，实现劳动用工更加规范，职工工资合理增长，劳动条件不断改善，职工安全健康得到切实保障，社会保险全面覆盖，人文关怀日益加强，有效预防和化解劳动关系矛盾，建立规范有序、公正合理、互利共赢、和谐稳定的劳动关系。

2. 健全协调劳动关系三方机制。完善协调劳动关系三方机制组织体系，建立健全由人力资源社会保障部门会同工会和企业联合会、工商业联合会等企业代表组织组成的三方机制，根据实际需要推动工业园区、乡镇（街道）和产业系统建立三方机制。加强和创新三方机制组织建设，建立健全协调劳动关系三方委员会，由同级政府领导担任委员会主任。完善三方机制职能，健全工作制度，充分发挥政府、工会和企业代表组织共同研究解决有关劳动关系重大问题的重要作用。

第六节 劳动法的产生、发展与趋势

劳动法是人类社会发展到一定阶段的产物，劳动法的产生与发展有着深刻的经济、社会和政治原因，甚至文化原因，同时也是法律自身发展的必然结果。现代意

---

〔1〕 李贤华："劳动争议诉讼的司法模式选择"，载《人民法院报》2013 年 4 月 26 日。
〔2〕 常凯主编：《劳动关系学》，中国劳动社会保障出版社 2009 年版，第 340～341 页。

义的劳动法起源于 19 世纪初期的"工厂立法"。自由资本主义时期，劳动法有了一定的发展，垄断资本主义时期，劳动法得到广泛而迅速的发展，当代西方市场经济国家劳动法呈现出新特点。

一、劳动关系被视为私（民）法的调整对象

由于近代市民社会市场经济的本质规律性以及由此决定的私人利益本位的私（民）法的基本地位的确立，使得对劳动者的"平等"保护这一法律观念得以产生，而这一法律观念是建立在把劳动关系视为私（民）法的调整对象的基础上。

[探究]

1. 以交换为中心的市场经济体系构成了市民社会最基本、最重要的组成部分，市场原则构成了市民社会本质最基础、最根本的规定。首先，近代市民社会完全是市场经济的产物。市场经济以市场作为基础性资源配置手段，在价值规律这只"看不见的手"的自发自生作用下调节社会生产，鼓励竞争，推动经济社会发展。其次，市场经济规定了近代市民社会的本质。近代市民社会的一切活动或本质活动就是物质利益攫取，"物质利益攫取"用通俗的话语讲，就是"市场经济就是金钱经济"，而物质利益的攫取，必然要通过市场经济，通过市场，市民社会所有外在的使用价值和内在的价值得以交换，从而使资源得以配置，物质交往方式得以实现。最后，平等、自由、竞争等自主性品格完全是发散性的市场基因扩展的产物。市场经济是交换经济，而交换必然要求市场主体间地位和机会的平等，不管是自然人、还是企业等法人或组织，每个市场主体在市场活动中都是独立自主地自我判断，自我选择，自我行为，自我负责。因此市场本能地反对政府的过多的干预，在这种情况下，市场主体的平等意识、自由意识、竞争意识等市民社会的自主性品格就最终得以确立。

2. 因为市场经济的物质利益攫取性的本质，使得以私人利益为本位的私（民）法的作用在近代市民社会表现得淋漓尽致，私（民）法在近代市民社会获得了极佳的"生存"条件，近代私（民）法三大原则——私有财产权神圣不可侵犯、契约自由和过失责任得以确立。

对劳动关系性质的认识有一个历史的过程，在前资本主义时期的罗马法时期，在政治上，大部分人的自由身份被强行剥夺，可以说大部分劳动都是强制劳动。可是，由于当时商品生产的简单发展，近现代意义的自由劳动关系一定范围内存在于自由民和平民之间。这种劳动关系被视为租赁关系，这种租赁关系对应的是与对物的租赁相对的对人租赁，租赁标的为劳动力，劳动关系消灭后，就直接恢复劳动力。中世纪日耳曼法时期，随着封建制的建立，近现代意义的自由劳动关系不复存在，由于社会成员之间存在着封建依附关系，日耳曼法摈弃了罗马法以债权法的契约关系规范劳动关系的做法，而视这种劳动关系为身份关系。日耳曼法认为劳动力的给付与受领并非单纯的债权债务关系，特别是从劳动地位的取得来看，其具有更为明

显的身份性。在英国，此时把雇佣关系也视为身份关系，认为类似亲子间监护关系，遵循与处理亲子关系相同原则。

[探究]

1. 在后来的资产阶级民法典《法国民法典》中可以清晰地看到，《法国民法典》承袭罗马法的传统，将雇佣合同称为"劳动力租赁"。"租赁契约，可以分为两种：物的租赁契约和劳动力租赁契约。"（第 1700 条规定）劳动关系被视为租赁关系，是简单商品经济时代的产物，视为租赁关系比起强迫性的丧失人身自由的奴隶依附劳动来说，明显是一种历史进步，但劳动力与劳动者人身须臾不可分离，其毕竟不是一般的租赁物，把劳动力视为租赁标的物并不科学。

2. 劳动关系被视为较为强烈的人身依附关系，是中世纪封建时代自然经济的产物，应该说是与商品经济背道而驰的，所以，伴随着 12～15 世纪开始的适应商品经济的罗马法的复兴（以西欧国家为代表），日耳曼法固有的劳动人身依附关系观念被复兴的罗马法的劳动租赁观念（《法国民法典》）所取代，进而劳动租赁观念被劳动买卖观念所替代（《法国民法典》依然例外）。[1]

时间跨入到了资本主义时期，伴随商品生产的发达，市场经济的形成，生产资料和劳动力作为极为重要的生产要素并构成市场的组成部分，表明劳动力已成为特殊商品，资本主义国家已经承认劳动者对自己劳动力这一特殊商品的所有权，可以和作为生产资料所有权者的资本家之间建立平等、自由的交换关系，这种交换关系就是资本家作为雇主、劳动者作为雇工的雇佣关系，其最基本的表现就是劳动者自由出卖劳动力而取得维持生存的工资，资本家通过支付工资而取得劳动力的使用权，尽管其背后是资本增值关系，但表面上依然是平等自由的商品交换关系。这种平等自由的商品交换关系在法律上被视为平等关系和经济财产关系，因而就当然成为私（民）法的调整对象，劳动关系被视为纯债权关系，遵循私法自治原则。

在这种背景下，1804 年法国颁布了世界上首部资产阶级民法典《法国民法典》，这个法典在继承罗马法传统的基础上，将近代政治自由主义的平等自由思想和法国特别是英国古典经济学的"自由放任"（Laissez-faire）、"看不见的手"（invisible hand）的经济学语言转化为法律语言，那就是私法上的"意思自治""契约（合同）自由"，并旗帜鲜明地提出了私有财产权神圣不可侵犯和过失责任另外两大近代民法基本原则。值得指出的是，意思自治原则，在《法国民法典》中得到了充分的反映，成为《法国民法典》的精髓，"成为自由资本主义时期法国民法制度赖以建立的最重要的一块基石，在长达百年的时间内，被奉为神圣的、不可动摇的法律准则。"[2]这在其他国家也不例外，例如，美国著名历史学家布鲁克斯·亚当斯根据自己研究结

---

〔1〕　黄越钦：《劳动法新论》，中国政法大学出版社 2003 版，第 86 页。

〔2〕　尹田："契约自由与社会公正的冲突与平衡"，载《民商法论丛》第 2 卷，法律出版社 1994 年版，第 256 页。

果甚至断言："美国的文明建立在契约自由的基础之上。"[1]在劳动关系的民法典规定上，近代各国民法典都把劳动者和雇佣者当作抽象掉了各种能力和财力等的抽象的个人。[2]把他们当作平等的主体来同样对待，两者之间的经济实力、社会势力、信息来源等差别没有被当成问题，民法典是不知道农场主、手工业者和工场主、企业主、劳动者等之间区别的，而只知道他们是完完全全的法律主体，只是"人"，而且是绝对自由的人。[3]因此，近代自由资本主义时期各国民法制度都把雇佣关系作为一种"平等""自由"的纯债权关系来加以规定，把劳动关系视为纯私（民）法的调整对象。当然，我们还得承认，德国民法典、瑞士民法典等有一些对劳动者利益倾斜保护的规定，但毕竟还是把劳动关系视为平等自由的债权关系（契约关系）的。

二、劳动法产生的直接动因：工人运动

到了自由资本主义时期，由于资本主义国家把资本家作为雇主、劳动者作为雇工的雇佣关系认为是平等自由的商品交换关系，在法律上被视为纯债权关系，[4]当然成为私（民）法的调整对象，遵循私法自治原则，资产阶级国家对于劳动关系采取了"自由放任"的不干预政策。尤其是18世纪工业革命以后，随着大工业的兴起，资产阶级的势力大大加强，而劳动者，由于没有生产资料，在失业和饥饿的胁迫下，不得不接受资本家规定的任何苛刻劳动条件。资本家为了最大限度地获取剩余价值，加大了对工人的压榨，由此引出了种种社会恶劣现象：利用经济手段强制把工作日延长到14小时甚至18个小时，工作日长度远远超过了工人生理极限，同时工资非常低，大量雇用女工和童工。1835年，在英国棉纺织厂21.9万个工人中，13岁以下的儿童占4.9万人，13岁至18岁的少年占6.6万人，成年妇女占6.7万人，很多怀孕女工为了不被克扣工资或无端解雇，不得不堕胎，或在机器旁分娩，而产后一个星期就要上班。[5]其结果是工人阶级的境遇十分悲惨，极大地损害了工人的健康权和生命权，伤亡事故和职业病经常发生，"事实上切断手指、工厂楼梯上沾染鲜血的事早已是司空见惯。"[6]死亡率激增，工人的平均寿命日趋缩短。"根据1840年的调查，利物浦工人的平均寿命只有15岁，曼彻斯特工人的孩子57%以上不到5岁就死亡。"[7]"陶工、磨工车间粉尘飞扬，火柴制造车间到处都是磷毒，漂白厂干

---

〔1〕　转引自［美］伯纳德·施瓦茨：《美国法律史》，王军等译，中国政法大学出版社1990年版，第134页。

〔2〕　［日］星野英一：《私法中的人》，王闯译，中国法制出版社2004年版，第35页。

〔3〕　参见［德］拉德布鲁赫：《法学导论》，米健、朱林译，中国大百科全书出版社1997年版，第66页。

〔4〕　黄越钦：《劳动法新论》，中国政法大学出版社2003年版，第5页。

〔5〕　"英国工业革命的进程及其后果"，载《经济日报》2007年3月14日。

〔6〕　［法］西蒙娜·薇依·扎根：《人类责任宣言绪论》，徐卫翔译，三联书店2003版，第44～45页。

〔7〕　"英国工业革命的进程及其后果"，载《经济日报》2007年3月14日。

燥室温度高达华氏90～100度……工人们在没有任何劳保设施的条件下，每天高强度地工作十几个小时，许多人患上了职业病——肺病、哮喘病、肝脏病、风湿病、肾病、支气管炎，往往只工作几年或十几年就未老先衰或死亡，棉纺织业在英国90年的历史中，经历了三代人，却吞没了九代纺纱工。"[1]"被生产的轰隆声震晕了的工人阶级一旦稍稍清醒过来，就开始进行反抗"。所以，工人们为了捍卫自己的生存，就自发地组织起来，起初，工人们主要只是为争取出卖劳动力的有利条件、为改善工人劳动条件、生活条件而向工厂主进行的经济斗争，包括以破坏机器为手段反对工厂主压迫和剥削的自发工人运动（在历史上把破坏机器运动叫作"卢德运动"，因为一个名叫卢德的工人是捣毁机器的首创者）和团结起来的经济罢工。后来逐渐演变成自觉的政治斗争。政治斗争包括政治罢工、议会斗争、武装起义等方式。回顾历史我们会发现，19世纪发生了许多波澜壮阔的国际工人运动：1831年和1834年的法国里昂工人起义、1836年开始的英国宪章运动、1844年德意志西里西亚纺织工人起义成为19世纪30～40年代欧洲著名三大工人运动，这些工人运动呈现出政治运动的新特点，表明无产阶级作为独立的政治力量登上了历史舞台。里昂工人起义具有鲜明的政治性质，提出了建立民主共和国的政治目标，口号是"不共和毋宁死！"英国宪章运动以争取普选权、国会改革为中心内容举行全国范围的集会和示威游行。德意志西里西亚工人起义"一开始就恰好做到了法国和英国工人在起义结束时才做到的事，那就是意识到无产阶级的本质"。[2]此后还有"现代社会中两大对立阶级间的第一次伟大战斗"[3]1848年的法国工人六月起义、产生人类历史上第一个无产阶级政权——巴黎公社的1871年的巴黎公社革命，1886年5月1日，芝加哥二十多万工人为争取实行8小时工作制而举行全国性的大罢工，等等。所有这些工人运动矛头直指资本主义制度和打碎资产阶级的国家机器，严重地动摇了资产阶级统治，工人运动使资产阶级认识到，工人最基本生存条件的满足，是资本主义发展的需要，也是资本主义利益之所在。所以，资产阶级为了自己的根本利益，开始不得不关注劳动等问题，并运用行政和法律手段进行调节，对劳动者倾斜保护。俾斯麦型社会保险模式也许能最清楚说明这一问题。当时的德国工人运动在马克思主义指导下，不断高涨，在这种背景下，俾斯麦出于对社会主义及工人运动的恐惧而非表面上的对工人阶级的关心，深信有必要改善无产者的社会处境，想通过接受工人阶级要求来收买工人阶级，打压社会主义及工人运动，通过"立法和行政"手段除掉工人运动的老根，保证工人最低生存条件，希望这样做能消除社会关系紧张原因，[4]维护统治阶级的利益。俾斯麦决定采用劳资合作和国家干预的社会法学派的观点，对工

---

〔1〕　康瑞华："发达国家的工人运动与生态运动"，载《史学理论研究》2006年第2期。
〔2〕　［德］马克思、恩格斯：《马克思恩格斯全集》第1卷，人民出版社1972年版，第483页。
〔3〕　［德］马克思、恩格斯：《马克思恩格斯全集》第1卷，人民出版社1972年版，第415页。
〔4〕　［德］迪特尔·拉夫：《德意志史》，波恩国际出版社，1985年版，第63～166页；转引自林嘉主编：《劳动法与社会保障法》，中国人民大学出版社2009年版，第313页。

人阶级斗争采取"胡萝卜加大棒"的政策，进行了一些让步："我们只指出一点，俾斯麦能够实行改良，就是因为他越出了改良主义的范围"。[1]俾斯麦时期的 1883 年制定了世界第一部《疾病保险法》，1884 年制定了《工人灾害赔偿法》，1889 年制定了《伤残和养老保险法》，形成了现代世界上第一个比较完整的社会保险法律体系。但是俾斯麦是这样道明他立法的目的："社会保险是一种消除革命的投资，一个期待养老金的人是最安分守己的，也是最容易被统治的。"这句话最后被写进 1881 年 11 月德皇威廉一世发布的《黄金诏书》。

[探究]

1. 马克思主义反对只搞经济斗争。因为经济斗争不能根本废除雇佣劳动制度。马克思指出，经济斗争"只是在反对结果，而不是在反对产生这种结果的原因；只是在阻挠这种下降的趋势，而不是在改变这一趋势的方向，只是在用止痛剂，而不是在除病根。"[2]

2. 俾斯麦是认可马克思关于资本主义存在问题的分析的，但不同意其"革命"的解决方式，他主张改良。但我们得承认马克思对俾斯麦政策的实施具有重大的影响的。

3. 大企业的'家长制'传统和维护自身生产秩序的考虑，也积极推动政府出台相关措施，这些都为（德国）社会保险制度的诞生创造了独特的社会背景和内外部因素。[3]

进入到垄断资本主义阶段，在资本主义国家特别是在发达资本主义国家，随着资产阶级统治方式的转变，工人运动发展经历了一个曲折和反复的过程。在一战期间和二战结束之初的众多资本主义国家，每年都发生成百上千次的、动辄每次都有数十万、数百万人甚至上千万人参加的、轰轰烈烈、声势浩大的大规模罢工和游行示威，"据统计，从 1919 年到 1939 年的 20 年中，在资本主义国家中参与罢工的总人数有 7400 万，从 1945 年到 1959 年的 15 年中，参加罢工斗争的总人数已达 1.5 亿，而 1960 年到 1970 年的 10 年中，参加罢工的总人数更达 3.6 亿"[4]。有力地促进了世界上第一个社会主义国家由理想变成现实，并由一国变为多国。但进入到 20 世纪 80 年代以来，发达国家工人运动的形势渐趋缓和，工人阶级反抗资产阶级的斗争浪潮逐渐回落。例如，1970 年美国和英国的罢工次数分别为 5716 次、3906 次，罢工人数分别为 330.5 万人、18 万人，罢工工作日分别为 6641.4 万天、109.8 万天。1993

---

〔1〕［苏联］列宁：《列宁全集》第 18 卷，"资产阶级和改良主义"，人民出版社 1984 年版，第 533 页。

〔2〕［德］马克思、恩格斯：《马克思恩格斯选集》第 2 卷，人民出版社 1972 年版，第 203 页。

〔3〕郑功成：《社会保障学》，中国劳动社会保障出版社 2005 年版，第 51~52 页。

〔4〕高放：《社会主义的过去、现在和未来》，北京出版社 1982 年版，第 286 页。

年分别降到 35 次、211 次，36.4 万人、3.85 万人，398.1 万天和 6.4 万天。[1]20 世纪 70 年代后，工会组织率与罢工数量同时下降。其中，最为关键的事件发生在 1980年，当时的里根总统宣布联邦空中交通管制人员罢工非法，解雇了罢工工人，并吊销了他们的空中交通管制人员从业执照。学术界认为，联邦政府对此次罢工的反应标志着政府开始站在雇主一边反对罢工。值得一提的是，冷战结束的 20 世纪 90 年代以来，全球化加速发展，主张恢复古典自由主义的右翼保守自由主义大行其道，工人对资本的依附程度加深，实际收入下降，工人运动潜潮涌动，重新崭露头角，工人运动在一定程度得以复兴。例如，2010 年 10 月 12 日，法国再度举行全国性跨行业大罢工，抗议政府期望推行的退休制度改革。（2010 年 9 月 7 日和 23 日，法国就已经两度举行全国性的跨行业大罢工。）[2]2010 年 12 月 15 日，希腊总工会组织该年以来该国工会组织的第七次大罢工。新一轮大罢工强烈抗议政府在失业率上升的情况下依然实行紧缩的财政政策，并且推进劳动制度改革。[3]2013 年 3 月 28 日，华人首富李嘉诚旗下和黄集团的香港国际货柜码头公司（简称 HIT）的码头外判工人，因过去十几年间工资有减无增，工作环境恶劣且存在极高的人身危险，合约条款不合理，在葵青货柜码头发起罢工及抗议行动。本次罢工由香港职工会联盟（简称"职工盟"）组织职工盟成立于 1990 年 7 月，目前已有超过 80 个属会，代表会员超过 17 万人，是香港第二大劳工组织。罢工一直持续了 40 余天，最终加薪 9.8% 的。[4]期间，不断有外国工会派人"声援"香港罢工。其中包括：澳大利亚海事工会共 8 名代表、国际运输工人联盟主席、两名荷兰码头工会代表赴港声援。[5]2015 年 9 月 2 日印度发生全国范围大罢工，公交、城市建筑、银行、家庭服务和其他主要服务行业的数百万人参与了罢工，使民众生活受到不同程度影响，经济损失估计达几十亿美元。这是印度总理莫迪执政以来遭遇的最大规模罢工。组织罢工的工会要求政府不要进行有损劳工权益的劳工法改革，并要求提高社会保险和最低工资保障、减少私有化、加大对国有机构的投入、控制物价和增加就业等。[6]

　　20 世纪初以来尤其是二战以来的工人运动发展尽管经历了一个曲折和反复的过程，且工人运动出现了一些新的特点，比如运动主要局限在经济领域，且以对话、谈判、比较随意的罢工和游行示威等方式为主，要求进行政治变革的工人运动很少见，等等。但毋庸置疑的是，19 世纪以来包括劳动者权利确立并改善的资本主义国家的政治、经济和社会生活的进步，都是与工人阶级的斗争分不开的，尽管这种进

---

〔1〕 吴忠明："深化阶级分析的理论与方法"，载《社会科学研究参考资料》2002 年第 9~10 期。

〔2〕 "法国再度举行全国性跨行业大罢工"，载《北京日报》2010 年 10 月 13 日。

〔3〕 "希腊举行全国性大罢工国内运输瘫痪报纸将停刊"，载《中国日报》2010 年 12 月 16 日。

〔4〕 "香港码头工人罢工结束接受外判商加薪 9.8% 方案"，载《中国日报》2013 年 5 月 7 日。

〔5〕 "外国工会赴香港支持码头罢工令劳资纠纷变复杂"，载《环球时报》2013 年 5 月 6 日。

〔6〕 "印度大罢工考验莫迪改革决心"，载 http://news. xinhuanet. com/world/2015 - 09/05/c_11164639 33. htm.

步是不自觉地进行的。俾斯麦的观点"……劳工，……一旦这个阶级起来造反，国家绝不可能维持安全稳定的政治体系"[1]也许最能说明问题。

[探究]

1. 谈谈你对下述观点的认识：工人运动的低潮，正从一方面说明了工人的权利得到了一定程度的保护。

2. 自由主义其内部可划分为右翼与左翼、保守与激进，以及处于二者之间的中间派，一般来说，右翼、保守更强调形式自由，而左翼、激进更偏向强调实质平等，但是二者这些差别，并未影响自由主义的基本原则：强调个人自由和平等。

3. "法国人的随意罢工，更像是一种文化。'就像下雨天一样，抗议示威是法国首都日常生活的常规特色。'加拿大新闻记者让－伯努瓦·纳多在《六千万法国人不可能错》一书中如是说。"[2]

4. 19世纪末、20世纪初以来的资本主义生产关系的最重要变化，都直接或间接是受阶级斗争的形势驱动的。如果撇开了阶级斗争的因素，人们很难解释推动资本主义生产关系的最重要变化的原因。

5. 发达国家采取一些改良和改善措施，在一定程度上缓和劳资冲突，把工人运动引向经济领域并限制在经济斗争范围内。

三、劳动法发展趋势[3]

20世纪末以来，世界格局发生了深远的转变，如苏东瓦解、冷战结束、经济（进而政治、文化）全球化、工业化向信息化快速发展、贫富差距拉大和两极分化加深，失业和贫困化加剧，社会条款之争、强资本、弱劳工问题日益突出等，这一切使得劳动法的发展面临诸多冲击、挑战与机遇。

[探究]

苏联、东欧等社会主义国家以及我国计划经济时期劳动法的指导思想并非"倾斜保护"劳动者，而是一种基于理想的平等（实际结果是平均主义）保护属于纯粹的公法性质而极大区别于劳动法的公、私法融合的社会法性质。

（一）当代西方市场经济国家劳动法特点及发展趋势

1. 劳资关系相对缓和。19世纪工业革命以来劳资间阶级斗争、劳资冲突相对缓

---

〔1〕　［美］理查德·隆沃思：《全球经济自由化的危机》，生活·读书·新知三联书店2002年版，第136页。

〔2〕　"国际观察：法国罢工现象更像一种文化"，载《南方日报》2006年3月29日。

〔3〕　主要参引黄越钦：《劳动法新论》，中国政法大学出版社2003年版，第6～10页；常凯：《劳动法学》，高等教育出版社2011年版，第65～67页；郭捷等：《劳动法学》，高等教育出版社2014年版，第48～51页；常凯："劳动关系的集体化转型与政府劳工政策的完善"，载《中国社会科学》2013年第6期。

和，逐渐形成以"合作"为本质的劳资关系体制，劳、资、政三方合作共同提升劳动条件和劳动待遇。

2. 劳资关系以社会保障体系为基础。第二次世界大战以来，依托社会保障体系，解决劳动问题，成为普遍的发展趋势。尤其是 21 世纪全球化与信息化的时代中，高度竞争、变动巨大的劳资关系，使得社会保障体系的建立成为劳资关系和谐发展的首要前提。

3. 经济全球化对劳动法的发展形成冲击和挑战。在全球化的时代环境中，不但国际经济竞争激烈，国内市场也向世界开放。全球经济一体化带来的资本、劳动力的跨国、跨地区流动，对过去以国内为基础范围的各国劳资关系，形成诸多冲击和挑战，各国劳动立法无法回避这些问题。例如，经济全球化导致劳方力量弱化。经济全球化下，资本的跨国界流动导致劳动者处于劣势，资本处于优势地位。发达国家的高工资和高福利导致其劳动力成本过高，资本向发展中国家转移，从而使发达国家的失业率上升，政府放松规制，而接受资本的国家，也被要求保持较低的劳动标准，否则投资方就以撤资要挟。这种局面导致发展中国家劳动法的发展往往受到资本的抑制和政府的忽略，令劳动立法的进程更加艰难。在这种局面下，劳方的力量不断下降。进而使得劳工组织也成为社会条款与国际贸易挂钩的积极鼓吹者。

[探究]

美国劳联—产联 [美国最大的劳工组织——劳动工人联合会和产业工人联合会（AFL—CIO，简称劳联—产联）] 认为，在经济全球化的情况下，由于 WTO 没有强制实施最低劳动标准，导致工人在全球市场遭到盘剥。保护劳工权利的最有效的办法，是通过全球贸易体制来奖励或惩罚某个产品。[1]国际劳工组织在 1998 年通过的《关于工作中基本原则和权利宣言》中明确提出，"不得将劳工标准用于贸易保护主义之目的，并且本《宣言》及其后续措施中的任何内容不得被援引或被以其他方式用于此种目的；此外，无论如何不得因本《宣言》及其后续措施而对任何国家的比较利益提出异议。"

4. 信息化造成结构性影响。信息化的推进，劳动者的劳动场所更加分散、工作时间更为灵活，雇佣关系逐渐复杂，深刻影响劳资关系的组成与结构，工会的组织动员方式、劳资关系的运行规则、劳动合同制度上，形成较明显的变化，松散而自由的劳资关系成为信息化时代常见的形态。

[探究]

1. 近年来，非标准工作时间呈现出常态化发展趋向，在以"利伯维尔场经济"著称的美国表现尤为明显，且对其第一大产业部门——服务业的劳动者的劳动条件造成极大的负面影响。进入 21 世纪以来，随着美国主导经济全球化、

---

〔1〕 许玉红："劳工标准与国际贸易挂钩的南北分歧与发展趋势"，载《商业时代》2013 年第 22 期。

美国"工作"大量外包给劳动力成本低下的发展中国家、美国服务业的迅速兴起并在 GDP 的比重越来越高（而服务部门又是最缺少工会组织的部门），美国的工作时间越来越背离"标准工作日""标准工作周"，雇佣合同的标准工作时间被瓦解了，工作时间越来越非标准化、越来越不可预测。已引起美国劳动法学家的热切关注。[1]

2. 2014 年的世界劳动力临时化程度的调查报告指出：在所有被调查的 75 个国家和地区中，香港仍然是世界上劳动力临时化程度最高的地区，美国紧随其后，中国由 2013 年的第 16 位要升为第 3 位。[2] 就中国而言，中国就业制度发生了巨大变化，表现为由原来的计划经济性质的行政安置过渡为劳动合同就业制度，甚至由原来的"铁饭碗"变成极端化的就业的非正规化和短期化。

另外，放松劳动法的管制政策、工会的组织动员遇到难题，在西方国家劳动法实践中已经成为现实。

[探究]

1. 在当代尤其是 20 世纪 90 年代以来，一些国家特别是英美法系中的美国等国家甚至是大陆法系中的德国等国家，无论是理论界还是实务界，又开始主张对劳动关系放松管制。"增加弹性""放松管制"成为劳动立法的关键词汇，甚至一些发展中国家亦是如此，例如印度总理辛格（Manmohan Singh）2010 年 11 月 23 日就敦促放松劳动法管制，实施更加灵活的劳动法。[3]

然而，总体上看，无论怎样"放松管制"，"倾斜保护原则"的底线是各个国家都坚守的。正如曾于 2012 年 7 月来中国社科院演讲的美国著名劳动法学家、纽约大学法学院教授 Cynthia Estlund 指出："……在过去的 60 多年里，'随意（解雇）'原则被大大的消解了，特别是不当解雇实际上被摧毁了。"[4]

2. 在美国，20 世纪 80 年代以来，由于多种复杂因素的影响，工会会员人数不断下降，影响力迅速衰退。例如，美国《纽约时报》2010 年 1 月 21 日报道：美国劳工局例行报告中指出，2009 年美国工会的会员数量急剧减少到 1470 万人，工

〔1〕 Kalleberg, Arne. 2012. "Job quality and precarious work: Controversies, clarifications, and challenges", *Work and Occupations* 39 (4): 427~48; Yang Cao, Beth A. Rubin. "2014. Market transition and the deinstitutionalization of standard work hours in post—socialist China" *Industrial & Labor Relations Review*.

〔2〕 2014《HIGHEST CONTINGENT WORKFORCE ENGAGEMENT FOUND IN HONG KONG, THE UNITED STATES AND CHINA, MANPOWER GROUP REPORTS—SURVEY RESULTS》Daily Document Update: HR Compliance Library.

〔3〕 "印度总理敦促放松劳动法"，载《世华财讯》2010 年 11 月 23 日。

〔4〕 Cynthia L. Estlund, "Wrongful Discharge Protections In An AT-WILL World", *Texas Law Review*, 1996 (6).

会密度为 11.9% ，该数据是美国自 20 世纪二三十年代以来最低水平。[1]新数据表明这一趋势还在延续，美国 2013 年工会成员总人数是 1450 万人，工会密度为 11.3%[2]。

多数美国集体劳动关系法学者认为，相较于其他发达的西方国家，自里根政府以来，美国集体劳动关系法违反了核心国际劳动权利，更多强调雇主的权利，缺乏对劳动者组织权的充分保护，反而更限制了劳动者采取集体行动权的能力。这是美国工会的衰落的主要原因之一。截至 2012 年底，全美 24 个州已经通过限制工会权利的法律。[3]

（二）我国劳动法发展趋势

1. 《劳动法》的出台过程及其完善。从新中国成立到 1952 年底为国民经济恢复时期。为完成国民经济恢复时期的中心任务——继续完成新民主主义革命遗留问题和恢复国民经济，依据当时起着临时宪法作用的《共同纲领》的有关规定，国家制定了一些重要的劳动法律、法规，使新中国的劳动立法（包括劳动政策）有了一个良好的开端。

1953 年，我国进入了第一个五年计划的经济建设时期。1954 年 9 月第一届全国人民代表大会第一次会议通过了《中华人民共和国宪法》。1954 年《宪法》对调整劳动关系的基本原则作了规定，主要体现在《宪法》的第 91～93 条和第 100 条，如劳动者有劳动的权利、休息的权利，在年老、疾病或者丧失劳动能力的时候，有获得物质帮助的权利、遵守劳动纪律的义务。这些规定为当时我国劳动立法提供了宪法依据，对于我国劳动立法的发展具有重要的指导意义。这一时期，以《宪法》为依据，制定了许多重要的劳动法规。

从 1957 年到 1976 年，是我国劳动立法处于低谷的时期。1956 年，我国对生产资料私有制的社会主义改造基本完成，由新民主主义社会进入到社会主义社会。9 月，在党的"八大"上，我党正确地提出了新形势下国家进行经济建设的主要任务：由解放生产力变为在新的生产关系下保护和发展生产力，全党要集中力量去发展生产力。并且指出，要加快制定系统的比较完备的法律法规。1956 年劳动部成立了劳动法起草小组，1957 年初起草《中华人民共和国劳动法》的准备工作开始。但是此后不久，这种努力就遭到"反右"扩大化和"大跃进"的破坏。第一次起草《劳动法》的准备工作被迫停顿下来，其他劳动法规的制定也停滞不前。1960 年到 1962 年的国民经济调整期间以及此后几年的正常发展时期，劳动立法工作才有所进展。

"文化大革命"时期，极"左"思潮泛滥，采取法律虚无主义，例如，"文化大

〔1〕 "美国工会工人成员数降至 70 多年来最低"，载 http://intl. ce. cn/specials/zxgjzh/201101/24/t20110124_22167064. shtml.

〔2〕 "世界各国工会概览"，载《华闻周刊》2014 年 2 月 13 日。

〔3〕 张君荣："美国告别强硬工会时代"，载《中国新闻周刊》2013 年 1 月 29 日。

革命"取消劳动法律职业，取消劳动法学高等教育、"砸烂公、检、法"、宣扬"无法无天"，劳动法律概念荡然无存，劳动法律制度成为"白纸一张"，使新中国成立初期初步发展的劳动法律制度近乎损失殆尽、已有的劳动法律、法规也得不到贯彻实施。

从 20 世纪 70 年代末 80 年代初我国以经济建设为中心的改革开放时期开始，随着中国经济发展发生的令人振奋的天翻地覆的丰硕成果，我国认识到经济现代化建设必须与国际社会接轨，而要实现接轨，法制建设必不可少。因此，与经济发展紧密相关我国的法制改革和建设才逐渐正式进入国家议程，我国竭尽全力建立具有中国特色社会主义性质的法律体系，以保证我国社会主义市场经济的可持续发展。我国的劳动法制建设，也出现了一个蓬勃发展的局面。尤其是 1982 年的《宪法》对劳动方面作了多项原则性规定，为制定具体的各项劳动法制度提供了依据。

1978 年 12 月，邓小平在十一届三中全会的预备会议上指出应该集中力量制定 10 部法律，劳动法就是其中之一。根据这一指示，1979 年初，第二次起草劳动法的工作启动，但由于当时对外开放刚刚起步，引进外资和国有企业改革也刚刚开始，劳动制度改革处于萌芽阶段，现实中劳动力市场并不存在，在 20 世纪 80 年代，很多问题还难以达成共识，尽管当时的劳动总局会同中华全国总工会和有关国务院部门以及部分专家学者，经过数次研究讨论，修改近 30 次，于 1983 年提出了《中华人民共和国劳动法（草案）》，尽管经呈报国务院讨论通过，但未能进入全国人大常委会立法议程，起草工作再次中断约 10 年时间。随着劳动制度改革的逐步深入。劳动法立法的必要性和可能性被有关部门和社会各界越来越接受，迅速纠正"野生动物保护有法，而人无劳动法"的局面势在必行。1990 年，国务院成立了《劳动法》起草领导小组，第三次劳动法的起草工作正式启动，1991 年《中华人民共和国劳动法（草案）》提出，但未能提交国务院常务会议审议。直到 1992 年 2 月邓小平"南巡讲话"首次提出"市场经济"这个原则，并形成建设具有中国特色的社会主义市场经济目标后，《劳动法》的出台就此加快了步伐，走出了困境。又经过几次修改，1994 年《中华人民共和国劳动法（草案）》提交国务院常务会议审议通过，提请全国人大常委会审议，经过进一步广泛征求意见修改后，1994 年 7 月 5 日，全国人大常委会第八次会议审议通过《中华人民共和国劳动法》，于 1995 年元月 1 日生效实施。[1] 1994 年 8 月，劳动部发布《关于贯彻实施〈劳动法〉的意见》的通知提出："还必须制定与之配套的《就业促进法》《劳动合同法》《工资法》《安全生产法》《劳动保护法》《职业技能开发法》《社会保障法》《劳动争议处理法》《劳动监察法》等单项法律和法规，形成完善的劳动法律体系"。

---

〔1〕 任扶善："新中国劳动立法的发展"，载《首都经济贸易大学学报》2000 年第 1 期；赵辉、万静："劳动法治三十年：构建和谐的旅程"，载《法制日报》2008 年 8 月 30 日；鲁哲："《劳动法》制定：南方谈话指明方向"，载《新民晚报》2009 年 9 月 12 日。

历经三次启动，修改 30 余次，跨度几十年，足见《劳动法》来之不易，也凸显出《劳动法》在我国的伟大意义。

《中华人民共和国劳动法》是我国第一部劳动法典，它确立了我国社会主义市场经济条件下劳动力市场的基本法律原则，为保护劳动者的合法权益，稳定劳动关系，开展劳动法对外交流与合作提供了法律保障。

为了有效地贯彻执行《劳动法》，劳动与社会保障部（原劳动部）先后制定了一系列配套劳动规章。

2001 年，经过无数轮谈判，我国终于加入世界贸易组织（WTO）［实际上，更准确的提法应是恢复我国在世界贸易组织（WTO）中的合法地位］，更进一步加速了我国经济主体及其活动的多元化，加速了我国市场开放的步伐，提高了我国应对各种外部世界挑战的能力。为了实现我国对世界贸易组织法制建设方面的相关最低承诺，我国发起了广泛而深刻的法制体系改革，进行了大规模的废止、修改具有严重计划经济色彩的不适合现实情况的法律，尤其制定新的适应社会主义市场经济发展的法律的活动，极大地推进了我国法制及法治进程，我国劳动立法也不例外，可以说，伴随着我国加入世界贸易组织（WTO），我国劳动关系越来越市场化，越来越复杂，迫切需要进一步加强劳动立法，这已经成为理论界和实务界的"共识"。

2001 年 10 月 27 日第九届全国人民代表大会常务委员会第二十四次会议通过了《中华人民共和国工会法》的修正案、同年，第九届全国人民代表大会常务委员会第十四次会议通过了《中华人民共和国职业病防治法》、2002 年 6 月 29 日第 9 届全国人民代表大会常务委员会第 28 次会议通过了《中华人民共和国安全生产法》、2002 年 9 月 18 日国务院第 63 次常务会议通过了《禁止使用童工规定》、2003 年 4 月 16 日国务院第 5 次常务会议通过了《工伤保险条例》、2003 年 12 月 30 日劳动和社会保障部第 7 次部务会议通过了《集体合同规定》、2004 年 10 月 26 日国务院第 68 次常务会议通过了《劳动保障监察条例》、最终于 2007 年，迎来了我国劳动立法的"大丰收"年、"正向拐点"。

［探究］

"大丰收"年实际上是当时党的十六大和十六届三中全会、四中全会提出的构建"和谐社会"战略任务在劳动法领域的必然体现。当然，我们必须清醒地认识到，劳动立法只是构建"和谐社会"万里长征的第一步，除了劳动立法，重要的是要加强劳动执法和司法，形成全社会遵守劳动法的良好氛围。

2007 年是我国劳动立法中的一个里程碑，在这一年，先后通过了三部重要的劳动法律，分别是：2007 年 6 月 29 日第十届全国人民代表大会常务委员会第二十八次会议通过了《劳动合同法》、2007 年 8 月 30 日第十届全国人民代表大会常务委员会第二十九次会议通过了《就业促进法》、2007 年 12 月 29 日第十届全国人民代表大会常务委员会第三十一次会议通过了《劳动争议调解仲裁法》、2010 年 10 月 28 日第十一届全国人民代表大会常务委员会第十七次会议通过了《社会保险法》。这四部法律分别完善了我国的劳动合同法律制度、就业促进法律制度、劳动争议处理法律制度和社会保险法律制度，标志着我国已经初步建立了适应社会主义市场经济体制需要的劳动法律体系，2010年以来，新出台的法律法规主要有：①《工伤保险条例》修订并实施（2011年1月1日起施行）；②《刑法修正案（八）》2011年2月增设拒不支付劳动报酬罪；③最高人民法院《关于审理拒不支付劳动报酬刑事案件适用法律若干问题的解释》（2013年1月23日起施行）；④最高人民法院《关于审理劳动争议案件适用法律若干问题的解释（四）》（2013年2月1日起施行）；⑤《劳动合同法》修订并实施（2013年7月1日起施行）；⑥《劳务派遣暂行规定》（2014年3月1日起施行）；⑦《城乡养老保险制度衔接暂行办法》（2014年7月1日起施行）；⑧《关于建立统一的城乡居民基本养老保险制度的意见》（2014年2月1日起施行）；⑨《社会救助暂行办法》（2014年5月1日起施行）；⑩《全国人民代表大会常务委员会关于修改〈中华人民共和国安全生产法〉的决定》（2014年12月1日起施行）；⑪《关于进一步做好为农民工服务工作的意见》（2014年9月12日起施行）；⑫《人力资源社会保障部关于修改〈就业服务与就业管理规定〉的决定》（2015年2月1日起施行）；⑬《关于机关事业单位工作人员养老保险制度改革的决定》（2014年10月1日起施行）；⑭《关于构建和谐劳动关系的意见》（2015年3月21日起施行）；⑮《关于全面实施城乡居民大病保险的意见》（2015年7月28日起施行）等。

《劳动法》及配套劳动法律、法规的制定以及党中央、国务院的系列决定，标志着我国劳动立法的加强，加速了我国社会主义市场经济体制下的有中国特色的社会主义劳动法律体系的发展与完善。

［探究］

1. 我国劳动法的薄弱环节。尽管不断进步，且成就非凡，但理论界实务界公认的中国劳动法最薄弱的环节在于其实施和实际操作，亦即"文本劳动法"和"行动劳动法"的巨大鸿沟和尖锐冲突，2007年前，可以说是一种"主动"的法律不执行，其原因在于为了经济发展。可喜的是，这一问题已得到认识，并不断在改进着。

2. 同样令人担忧的是法治的实践。严格遵守和执行实定法的观念不仅未能巩固，并且在各种政治效果、社会效果的要求下，法律在不断地向政治和现实妥协，司法实务甚至在弃守"依法裁判"的底线。

2. 我国劳动法发展趋势。从个别劳动关系规范调整逐步转向集体劳动关系规范调整，是市场经济国家劳动关系调整发展的一般轨迹。以个别劳动关系调整为基础，以集体劳动关系调整为主线，则是各国劳动法的通常做法。

2008年《中华人民共和国劳动合同法》的颁布实施，标志我国市场化的劳动关系初步形成。但这并没有最终完成劳动关系的市场化转型，因为由《劳动合同法》所规制和确认的劳动关系还是一种个别劳动关系。而必须进一步形成集体劳动关系，才能完成市场化劳动关系的转型。从个别劳动关系向集体劳动关系转变，是市场经济条件下劳动关系调整的客观要求。《劳动合同法》的颁布和实施，是我国劳动关系集体化转型的契机和新起点。《劳动合同法》在中国劳动法治史上发挥着承前启后的作用。它的颁布实施，标志着中国劳动关系的个别调整在法律建构上已经初步完成，同时，开启了劳动关系集体调整的新起点，并为劳动关系的集体调整提供了法律基础。《劳动合同法》实施后所发生的一系列集体劳动争议和劳工集体行动，特别是2010年夏季发生的以"南海本田事件"为代表的外企工人的"停工潮"，成为中国劳动关系集体化转型的标志性事件。（参见案例1-9）

案例1-9

与我国劳动关系发展趋势相适应，我国劳动法的重点也应由对个别劳动关系的法律调整转向对集体劳动关系的法律调整，2010年一年就发生了300余起集体停工事件，据中华全国总工会统计的一组数据显示，2013年1月至8月，全国共发生120多起围绕工资纠纷、规模在百人以上的集体停工事件，发生在19个省、规模在30人以上的有270多起。[1]根本原因是我国目前缺乏调整集体劳动关系的重要的法律规范，应尽早将集体劳动关系法制定提上日程。市场经济条件下的劳动法的核心权利"劳动三权"，即"团结权、集体谈判权和争议权"为基础的集体劳动权利体系，也应得到国家和社会的足够重视，从而使我国劳动法得以系统化、全面化。

[探究]

1. 现代劳动法的重要制度均是以"劳动三权"的确立为基础的，如为了保障团结权和集体谈判权的实施，法律规定了"不当劳动行为"及其救济措施。对团结权、集体谈判权和争议权的行使，法律规定了民事免责或刑事免责的保护措施；对谈判达成的集体协议，法律赋予其相应的拘束力，规定了集体协议制度，以保障集体劳动权利的落实。在现代西方市场经济国家，无论是劳动法律制度和实务，还是观念和理论，都是以"劳动三权"为基础的集体劳动关系的调整展开的。[2]

2. 针对常凯教授的发表在《中国社会科学》2013年第6期的《劳动关系的集体化转型与政府劳工政策的完善》一文中的观点，游正林教授在《中国社会科学》2014年第3期的《对中国劳动关系转型的另一种解读——与常凯教授商榷》一文中就《劳动关系的集体化转型与政府劳工政策的完善》文中的两个基本观点与常凯教授商榷，并对我国劳动关系的转型现象作另一种解读并提出：①常凯所谓的"从个别劳动关系到集体劳动关系"的转型（或曰"集体化转型"）至少在美国就没有成为"一种历史进程"。②我国的劳动关系并没有出现"集体化转型"。事实上，《劳动合同法》实施以后我国也一直没有进行相关的制

〔1〕 毛欣娟、张可："县域群体性事件特点及成因分析"，载《河南财经政法大学学报》2014年第2期。

〔2〕 程延园："'劳动三权'：构筑现代劳动法律的基础"，载《中国人民大学学报》2005年第2期。

度建设，因此，至少在制度层而上，常凯所谓的"劳动关系的集体化转型"至今仍无从谈起。③我国劳动关系没有出现"集体化转型"，并不意味着我国的劳动关系没有发生转型。近十余年来，在各级党委和政府的大力调控下，我国私营企业的劳动关系（或曰劳资关系）一直在转型，其基本特征是党和政府的力量和影响逐渐深入私营企业，致使私营企业劳动关系的处理方式发生了根本性的变化。党和政府的一系列调控措施使得党和政府的力量和影响逐渐地、直接地进入私营企业，并日益影响私营企业劳动关系的运行。这些影响可进一步概括为四个方面：一是引导、激励、督促资方及其代理者遵守有关的法律法规并落实相关政策，善待处于弱势地位的劳工。在一定程度上，党和政府的调控起到了抑制资方力量的作用。二是在企业里建立由党领导的工会，其基本任务是共谋企业发展，而不像某些西方国家的工会那样承担着牵制甚至对抗资方（管理方）权威的功能。三是努力在企业内部创建一种和谐的劳资关系，强调劳资合作，而非劳资对立。四是尽力预防劳动纠纷，一旦出现劳动纠纷，则及时、就地化解之。这些影响虽然是温和地逐渐深入企业的，然而，它们所产生的累积作用已使私营企业劳动关系的处理方式发生了根本性变化（或曰转型）。虽然很难用一个词来概括这种转型，但可以肯定的是，已并不是常凯所谓的"集体化转型"。[1]

[深入思考]
1. 劳动关系的结构及特征。
2. 个别劳动关系的从属性。
3. 劳动关系的调整机制。
4. 劳动者生存利益。
5. 劳动法"倾斜保护原则"。
6. 劳动者分层。
7. 劳动法产生、发展的法律意义及发展趋势。

---

[1]　游正林："对中国劳动关系转型的另一种解读——与常凯教授商榷"，载《中国社会科学》2014年第3期。

第二章　就业促进法律制度

■ 本章导读

本章的逻辑主线是：就业促进是什么？为什么就业促进？怎样就业促进？本章的重点是就业促进目标、方针、责任主体和主要措施。难点是对充分就业和政府是就业促进的最主要责任主体的深刻理解。

就业促进是国家采取的帮助公民实现劳动就业的一系列措施的总称。就业促进关系属于"前劳动关系"。就业促进的目标是实现充分就业，方针是市场导向的"劳动者自主择业、市场调节就业、政府就业促进"。就业促进是国家的基本职责，其实践基础在于：就业促进一直是国际组织尤其是国际劳工组织关注的核心问题；促进就业成为各国政府实施国内政策的"第一要务"。其理论基础在于：就业权的限定性。这部分内容主要体现在第一节中。

西方政府就业促进经历了一个从"无为"到"有为"的演变过程。美国罗斯福政府出台的"新政"，拉开了政府干预市场以及劳动力市场的序幕。此后，西方各国政府在就业问题上着力协调劳动力市场与就业促进政策之间的关系，合理地寻找到就业促进政策与劳动力市场运行之间的最佳结合点，采用"两手——市场和政府政策——并重"的办法来就业促进。现代西方政府已经形成了较为完整的行为框架体系，西方政府就业促进的行为有鲜明特点。我们应在充分认识一些前提性问题基础上形成我国政府就业促进的政策框架体系。在这一框架体系中，就业服务与就业管理在促进劳动力供求均衡、减少劳动力市场摩擦、降低劳动力交易成本等方面发挥着重要功能。维护公平就业，禁止就业歧视，是劳动力市场建设的重大课题，二者构成就业促进的主要内容。这部分内容主要体现在第一节、第二节、第三节以及第四节中。

第一节　就业促进：国家在就业问题上的基本职责

一、就业促进是各国政府的"法定责任"：事实层面

（一）国际劳工组织与就业促进

近年来，国际劳工组织每年发表的《全球就业趋势报告》（从 2015 年起，报告名称改为《世界就业和社会展望报告》），针对全球性就业困境，呼吁各国采取具有

积极意义的就业促进措施。国际劳工组织于2015年1月20日发表了《世界就业和社会展望－2015年趋势》，该报告指出，全球劳动力市场在经过连续几年的危机状况之后，美国、日本等国有所好转外，还没有明显的复苏迹象，欧元区以及拉丁美洲，甚至中国、俄罗斯等新兴经济体的就业形势还有所恶化。2014年的失业人数为2.01亿，2015年失业人数预计将增加300万，更令人忧心的是，世界失业率将在未来5年仍然攀升，这一数字在2019年将达到2.12亿，在2019年，将需要创建2.8亿个工作岗位，才能应对全球就业缺口。青年、特别是青年妇女继续不成比例地遭受失业的影响，年龄在15~24岁的人比其他成年人的失业可能性高出3倍，这些人群的失业率占13%。报告呼吁各国采取积极劳动力市场改革措施，大力促进就业解决就业问题，特别是青年和妇女等弱势就业人群的失业问题。[1]

[探究]

就业主体单纯指劳动法上的劳动者吗？

[相关资料]

1. 实际上，就业促进一直是国际组织尤其是国际劳工组织关注的核心问题。所有这些就业促进法律政策的内容可以简要概括如下：通过反周期的扩张性宏观经济政策来提高有效需求消灭周期性失业。这主要表现在：着力利用经济结构政策、财政税收政策、货币、信贷政策等宏观经济社会政策促进就业，通过实行城乡统筹的就业政策来消灭市场分割性失业。这主要表现在禁止就业歧视、维护就业公平上，通过采取有效的就业服务、职业教育和培训措施来使摩擦性失业、结构性失业降到最低的水平（但不可能消灭）。这主要表现在：建立多层次就业服务体系，发展多种专业性职业中介机构等社会化服务组织，全方位提供就业服务；面向全体劳动者发展职业教育和职业培训；其他就业促进行为，主要包括：提高对就业困难群体的扶持能力、推动就业灵活化、以完善的社会保障促进就业、加强对就业权益保障监督检查、增加对突发性失业采取的应急措施等。

2. 国际劳工组织规定的通用就业标准，是在日内瓦召开的两次国际劳工统计学会（分别在1954年和1957年）上规定的，根据这个标准，凡是在规定的年龄之上具有下列情形的，都属于就业人员：①正在工作中，即在规定的时间内正在从事有报酬或者收入职业的人；②有职业但临时没有工作的人。如由于疾病、事故、劳动争议、休假、旷工或气候不良、机件损坏、故障等原因而临时停工的人；③雇主和个体经营者，或者正在家庭经营企业或农场而不领取报酬的家庭成员，在规定的时间内从事正常工作时间的1/3以上的人。劳动就业的范围，一般只包括国民经济各部门所使用的劳动力，从事家务劳动、参加义

〔1〕"劳工组织报告：未来五年全球失业率将会继续攀升"，载 http://news.xinhuanet.com/world/2015-01/21/c_127405948.htm。

务劳动或以工代赈劳动，进行生产自救的人员，以及在军队服役的军人、在学校学习的学生等，不包括在劳动就业人员的范围内，不是就业促进的对象。1982年10月召开的第13届国际劳工统计大会通过的《关于经济活动人口、就业、失业和不充分就业统计的决议》规定，就业包括有薪就业和自主就业两种形式。有薪就业是指在统计期内从事某种有酬工作的，无论该劳动报酬是采取现金还是实物的形式。如果劳动者在统计期内暂时不在工作岗位上，但是和该工作岗位有一种正式的附属关系，在临时状态结束后可以回去工作的，同样属于就业统计范围之内。自主就业是指人们在统计期内从事为赢得利润或者家庭利益的某种工作。雇主、个体经营者、生产合作社成员、不领取报酬的家庭工人以及为家庭消费而从事生产的人都属于自主就业的范围。[1]

3. 失业是就业的对称。1982年，在国际劳工组织召开的国际劳工统计大会上，给失业下了标准定义，失业是指在调查期内达到一定年龄（通常指16周岁）并满足以下条件者：①没有工作，即未被雇用也未自谋职业者；②目前可以工作，即可被雇用或自谋职业者；③正在寻找工作，即在最近特定时期（一般为1个月）已经采取明确步骤寻找工作或自谋职业者。当前，世界上绝大多数国家将失业定义为：在进行调查之前的4个星期内寻找过工作或期待着工作，并且能在两个星期内开始工作但现在（本星期）没有工作的人。只有同时具备"有劳动能力""有就业要求"和"目前没有工作"三个条件的人才能成为失业者。

（二）就业促进在美国、英国的最新发展

1. 美国：国际劳工组织认可的2014年度就业促进效果较好的国家。就连一向标榜自己绝对奉行"利伯维尔场经济"的美国，在就业促进方面也是不遗余力的。

[探究]

1. 利伯维尔场模式，又称"盎格鲁－萨克逊"模式，又称"新美国模式"，是指80年代里根和撒切尔夫人发动新保守主义革命后发展起来的经济模式。是以市场经济为导向，以个人主义和自由主义为基本理论依托，尤其突出自由竞争。强调劳动力市场的流动性，劳动者享受有限的法定劳动所得和社会福利。公司注重短期目标的实现，证券市场在公司投融资中起着举足轻重的作用。该模式的特征在20世纪七八十年代随着英国的撒切尔夫人上台执政和美国总统里根当选、推行"撒切尔主义"和"里根经济学"而更趋强化。在经济上其主张削减赋税、自由竞争、放松管制、私有化和鼓励个人财富的积聚。

与利伯维尔场模式对应的是"莱茵模式"。"莱茵模式"是指莱茵河流经的国家，即瑞士、德国、荷兰等西欧国家，也包括斯堪的纳维亚国家所奉行的经

---

〔1〕　转引自周长征：《劳动法原理》，科学出版社2004年版，第235页。

济模式。欧元区的国家属于这个模式的范畴。

2. 在美国的政治经济生活中，所谓自由主义，不过就是赤裸裸的"丛林主义""社会达尔文主义"（"市场经济"必然是弱肉强食的原始丛林），"市场经济不相信眼泪"，这一点充斥在美国的各个细胞，政客自不必说，甚至是普通老百姓也是自觉不自觉、自愿或者被迫认可。只不过在美国国内，"丛林主义"——还有一些社会保障等粉饰，在国际上"丛林主义"——"霸权主义"则是毫不遮掩、原形毕露。共和党、民主党无不如此，只是程度上有所差别。

美国在 2008 年国际金融危机中失去了 800 万个就业岗位，对此，促进就业成为奥巴马政府实施国内政策的"第一要务"。美国总统奥巴马 2009 年 12 月 8 日宣布促进就业方案，美国政府将一揽子举措，三管齐下。一是把促进中小企业发展当作促进就业的首要措施。因为，实证表明，中小企业最能容纳就业，中小企业，虽然生产经营规模不及大企业，但却对就业市场起到至关重要的决定性作用，这就需要对中小企业采取减税、奖励和信贷优惠措施等；二是加大投资力度，通过投资拉动就业，创造更多就业岗位，这包括桥梁、道路等基础设施建设以及新能源等节能领域的投资；三是通过向失业者提供失业保险，发挥失业保险促进就业的"正向"功能，同时尽力通过对企业援助款项等措施来保证企业尽量减少裁员。[1]2010 年 3 月 10 日，美国国会参议院通过了总额高达 1490 亿美元的失业救助法案，延长失业保险和失业者医疗保险，法案还安排了 300 亿美元用于为企业尤其是中小企业税收减免等，被视为美国政府促进就业、发展经济的最新举措。[2]奥巴马表示，"美联储主席不仅是美国最重要的经济决策者之一，他或者她也是世界上最重要的决策者之一。而这个人在我不再担任总统之后还将继续留任。所以这个决定，和最高法院的任命一样，可能是我作为总统做出的最重要的决定。"他同时表示，采取何种方式促就业将决定美联储新主席，促进就业策略是美联储新主席的两个最重要的"法定责任"之一，就业促进是确定美联储主席人选的关键。[3]此后，当选为美联储新主席也是首位女主席的珍妮特·耶伦公开承诺把促进就业、推动经济复苏作为自己主席任上的"第一要务"。[4]

这些措施的实施，效果是极为明显的，使得美国成为国际劳工组织认可的 2014 年度就业促进效果较好的国家。[5]

---

〔1〕 "奥巴马公布促进就业一揽子计划"，载 http://news. xinhuanet. com/world/2009 - 12/09/content_12614015. htm.

〔2〕 李瑞红："国外如何促进就业"，载《学习时报》2012 年 4 月 30 日。

〔3〕 "奥巴马：促就业策略将决定美联储新主席"，载 http://finance. takungpao. com. hk/hgjj/q/2013/0810/1819200. html.

〔4〕 "美联储首位女主席耶伦：就业为第一要务"，载 http://news. sina. com. cn/w/2013 - 10 - 10/090328394070. shtml.

〔5〕 "世界就业和社会展望——2015 年趋势"，载 http://www. ilo. org/beijing/what-we-do/publications/WCMS_339166/lang-zh/index. htm.

2. 英国：就业促进保障就业率持续增加。英国政府在 2004 年 9 月设立了英国大学生创业促进委员会（后来升级改称为"英国创业教育中心"），英国创业教育中心每年为超过 100 所高校的大学生进行创业辅导，并且为高校毕业生创业提供项目贷款，支持鼓励大学生自主创业。除了鼓励在校生外，英国政府针对已经走出校园的青年求职者推出相关就业促进计划。例如，英国政府在 2010 年推出的"失业青年实习计划"，帮助 19 岁以上的失业青年到指定的高等职业培训学院参加职业技能培训，为期三个月的培训期间学院不但支付学生往返路费，而且提供午餐补贴。[1]英国首相卡梅伦于 2011 年 2 月 17 日提出了被称作是自英国社会福利体系建立以来的最大一次改革福利政策改革法案。实行积极的失业保险政策，要求调整社会福利政策，优化劳动力配置，使有工作能力的失业者积极求职，接受职业指导和培训，尽力上岗工作等，否则，将取消失业保险金。[2]在 2013 年 3 月，英国政府决定从 2015 年开始，逐渐削减企业税率至 20%，同时对有新招工的企业减免雇主的保险费用。这些措施的实施，效果是极为明显的。2015 年 3 月 18 日，英国国家统计局数据显示，英国的失业人数不断减少，目前的就业率保持在 73.3%，是国家统计局自 1971 年开始统计以来的最高纪录。[3]

[探究]

美国 1946 年制定了《就业法》，该法案明确宣布，政府有责任"为那些能够工作、愿意工作和正在工作的人，提供有益的就业机会（包括自行就业，从而促进最大限度的就业、生产和购买力），联邦政府应负责协调和利用自己的一切计划、职能和资源"来帮助实现"最大限度就业"。1962 年通过了《人力开发与培训法案》，1973 年通过了《全国就业与培训法》，1998 年通过了《劳动力投资法》和《就业训练合作法》，2002 年通过的《行业调整改革法案》中，要求对那些受到产业结构调整影响的工人提供一定的财政援助。美国还建立了失业率和膨胀率期望指标体系，作为制定政策的参考。英国在 1973 年通过了《就业和训练法》，建立人力服务委员会，把劳动力市场上所有的就业服务机构联合起来，共同为政府解决失业问题承担责任。1980～1999 年间，英国政府还修改并通过《就业法》《就业关系法》《性别歧视法》。[4]

---

〔1〕 "英国青年就业：扶上马送一程，"载 http://news. xinhuanet. com/world/2013 –06/18/c_116188662. htm.

〔2〕 "英首相卡梅伦提福利政策改革法案"，载 http://news. ifeng. com/world/detail – 2001 – 02/18/4736888_0. shtml? _from_ralated.

〔3〕 "英国：就业率达 44 年来最高年轻人失业率居高不下"，载 http://world. people. com. cn/n/2015/0318/c1002 – 26714370. html.

〔4〕 参见刘刚："论我国促进就业的法律对策——高度重视运用法律手段解决就业问题"，载《中国物价》2003 年第 3 期。

二、就业促进是各国政府的"法定责任"：理论层面

（一）就业促进是各国政府的"法定责任"的理论基础：就业权的限定性

不同的社会经济形态，就业权有着不同的性质。过去社会主义国家和我国计划经济时期的就业权的性质是一种"完全就业权"，市场经济条件下的就业权是"限定性就业权"。所谓"完全就业权"，是指劳动者享有要求国家和社会必须负担劳动者就业的完全责任或义务的权利。这种"完全"实际上就是国家在劳动者就业上的"统包统配""行政安置"。这反映在强调实现事实上全面就业的思想观念之中，使就业权变成人人有获得工作的权利。所谓"限定性就业权"，是指在市场经济条件下，有劳动意欲和能力的劳动者应当首先通过个人自主性努力在用人单位获得就业机会，若不能实现，就可以请求国家和社会承担相应促进或保障就业的责任和义务（除摩擦性失业和那种没有就业意欲的人外）的权利。具体而言，在市场经济条件下，劳动者的就业首先应当建立在劳动力市场机制的基础上，亦即首先应靠劳动者自己以个人的手段与方法通过个人自主性努力在用人单位获得就业机会，国家不再直接通过行政手段安置劳动者就业。但是，当劳动者通过自主努力，仍无法实现就业时，国家和社会就应当承担起相应地促进或保障就业的责任和义务（除摩擦性失业和那种没有就业意欲的人外）。这种责任和义务首先表现为政府要通过发展经济和完善就业政策，努力创造各种条件，扩大和提供劳动者就业机会，但在不能提供劳动机会的时候，劳动者享有要求国家提供相当的生活费用的请求权（失业救济权）。其次表现为为了确保劳动者自主获得合适就业机会，应该提供公费的就业服务和职业培训等。

（二）就业权限定性理论溯源

就业权限定性理论发展于日本。然而在日本，无论是宪法学家还是劳动法学者并没有直接讨论就业权的限定性，只是从就业权的上位概念——生存权和劳动权进行阐述，相关理论的代表人物均为日本著名法学家：小林直树、石井照久、沼田稻次郎等。小林直树教授在《生存权理念的展望》中对生存权进行了分类：一为"完全的生存权"，指国民能按各尽其能、各取所需的原则来分配生活资料的生存权；二为"原本的生存权"，是指《魏玛宪法》所规定的那种保障最低生活的生存权；三为"社会主义的生存权"。在这里，第一类生存权应指的是共产主义生存权；第二类代表的是资本主义生存权；第三类是介于共产主义和资本主义之间的社会主义生存权，本来"完全的生存权"应该是社会主义宪法的生存权之目标，但社会主义宪法实际在立法上已将生存权确立为"完全的生存权"。也就是说，资本主义宪法对生存权保障时，是以私有财产权和私有财产制度为基础，通过对资本主义自由权的修正，通过保障最低生活，最终达成对全体公民经济生活的保障，所以资本主义的生存权只是一种不完全（限定性）的权利。而共产主义以及"现实的共产主义"——社会主义（计划经济时期的社会主义）是通过消灭私有财产制度建立生产资料公有制，实际上通过国家来保障全体公民的经济生活，因此是一种"完全的生存权"。石井照久教授在1948年提出了"完全劳动权"和"限定劳动权"的理论。所谓"完全劳动

权"，是指"对于一切有劳动的意欲和能力的人，都必须提供劳动机会的权利"。所谓"限定劳动权"，是指"具有劳动的意欲和能力，却无法在私营企业就业之时，可以要求国家提供劳动机会，若不能实现，就可以请求国家支付给相当生活费的权利"。另外，沼田稻次郎教授在《团结权拥护论》中在论述团结权时涉及"完全劳动权"和"限定劳动权"。[1]

[探究]

考察就业权限定性理论渊源时，我们应注意以下三个方面：①在日本，一是劳动权与教育权、环境权一道共同组成生存权的最基本结构；二是所谓的劳动权基本上是从狭义上使用的，指宪法规定的"勤劳的权利"，即国家对劳动者只是帮助寻找适当的劳动机会，劳动权实际上就是就业权。也正是基于这两个原因，我们认为直接可从生存权限定性和劳动权限定性引导出就业权限定性。②日本学者在讨论生存权和劳动权限定性时，是肯定资本主义制度的经济秩序的，亦即以肯定资本主义市场经济为前提的。③日本学者视野中的"完全的生存权""完全劳动权"指的是计划经济时期的社会主义，是与当今实行市场经济的社会主义是两个不同的范畴，在性质与要求上都是不同的。

我国台湾地区著名劳动法学者黄越钦认为，完全劳动权的主张"系站在共产主义之立场而出发，其权利之内容为工作以及报酬，其权利人为国民，主张对象为国家"。"……故完全劳动权的实现几无可能。"[2]常凯教授亦主张在市场经济条件下，将就业权定位于"限定性就业权"。他认为，"完全劳动权"在理论上虽然已经超越"劳动商品性"之弊，使劳动者直接与国家建立起某种社会劳动关系，但事实证明，这种制度结果是社会劳动效率低下。[3]

（三）就业权限定性的实践基础是市场经济

日本学者在讨论生存权和劳动权限定性时，是以肯定资本主义市场经济为前提的。而我国从20世纪90年代初开始建立社会主义市场经济体制，这也是我国社会主义经济改革的最终目标。诚然，社会主义原则和资本主义原则是一个矛盾体，但是，只要我国实行市场经济，就要按市场经济的规则运行（尽管社会主义原则和市场经济的规则的协调是一种两难痛苦的抉择）。

市场经济社会的经济运动是自律性地展开的，"国家的任务仅仅在于排除对这种秩序的干扰，而对所有自治（律）性领域，国家则不应该加以干涉，其真谛是要求国家在所有的国民自由（治）领域不作为，排除公共权力对自治性领域的干涉，确

---

〔1〕 转引自常凯："论市场经济下劳动就业权的性质及其实现方式——兼论就业方式转变中的劳动就业权保障"，载《中国劳动》2004年第6期。

〔2〕 黄越钦：《劳动法新论》，中国政法大学出版社2003年版，第57页。

〔3〕 常凯："论市场经济下劳动就业权的性质及其实现方式——兼论就业方式转变中的劳动就业权保障"，载《中国劳动》2004年第6期。

保自治主体的能动性与创造性的充分发掘与发挥"。在市场经济中，就要承认和确立市场机制是推动生产要素流动和促进资源优化配置的基本运行机制，一切经济活动直接或间接地处在市场关系中。劳动力市场作为最基本的市场要素之一，对劳动力资源的配置和优化起着基础作用，正是市场这只"看不见的手"的作用，才使就业（劳动）关系基本上处于正常运转之中。"市场机制"这种经济学语言转化为法律语言就是宪法上的"自由权"和民法上的"意思自治"。就业权所体现的就业关系本质上是一种市场关系（私法关系），应首先适用民法上的"意思自治"原则。用人单位作为劳动力市场主体的另一方，其首要的权利能力就是拥有用人自主权，以此实现活劳动与物化劳动的最佳结合。同时，劳动者对劳动力的所有权表明了劳动力的拥有与使用属于劳动者个人领域，劳动者何时、何地、被何人使用劳动力是劳动者自主决定的事。这也就决定了在市场经济前提下，就业机会的提供与取得都是按市场机制的要求进行的。换言之，劳动者首先应该以个人的手段与方法通过个人自主性努力在用人单位获得就业机会。这实际上体现了"限定性就业权"的一个层面的性质，即自由权性质。

但是，当劳动者通过自身努力，仍无法实现就业时，国家和社会就应当承担起相应的促进就业的责任和义务，除摩擦性失业和那种没有就业意欲的人外。这是因为，市场经济条件下，劳动力的使用必须与社会生产资料相结合才能实现，而最为普遍的结合形态是劳动者与他人（用人单位）的生产资料相结合。但这种结合并不必然实现，市场经济的实践表明，市场并不能当然完全实现社会资源的最佳配置，其根本原因在于纯粹的市场机制调节存在着内在障碍，具有自发性、盲目性和滞后性等明显的弱点和消极作用，往往很难实现社会资源的整体上的合理配置。正如美国著名经济学家、诺贝尔经济学奖获得者保罗·萨缪尔森所说："当今没有什么东西可以取代市场来组织一个复杂的大型经济。问题是，市场既无心脏，也无头脑，它没有良心，也不会思考，没有什么顾忌。所以，要通过政府制定政策，纠正某些由市场带来的经济缺陷"。只要发展市场经济，失业现象就不可避免。劳动力作为一种社会资源出现供求动态性不平衡是一种必然的市场现象，市场经济理论和实践证明失业是一种正常现象，是劳动力市场的必然结果，是市场经济固有的产物。失业并非是失业者个人懒惰造成的（除去自愿性失业）。为了保持经济的有效运行，甚至需要让失业率维持在某个水平上，这个正常的失业率亦可称为"自然失业率"。所以，我们不能把工作机会的获得仅仅归属于劳动者个人的自主性努力，所以国家和社会就应当在劳动者不能通过个人自主努力自由获得工作的情况下，承担相应的责任。这种责任和义务就表现为就业促进。这实际上体现了"限定性就业权"的另一个层面的性质，即社会权性质。[1]

---

〔1〕　本部分详细内容可参见穆随心："试论就业权的限定性"，载《甘肃政法学院学报》2006年第3期。

[相关资料]

1. 失业的危害性也决定了就业促进是政府的基本职责。国际劳工组织题为《全球就业议程》报告的开篇语为："工作是人们生活的核心。不仅是因为世界上很多人依靠工作而生存，它还是人们融入社会、实现自我以及为后代带来希望的手段。这使得工作成为社会和政治稳定的一个关键因素。"它所表达的思想在今天无疑特别贴切、正确。对个人和家庭来讲，就业是保障劳动者实现其生存权的根本途径，失业的代价就是收入的减少和生活水平的下降，劳动者的身心健康受到摧残，成为劳动者的人生痛苦。对于社会来讲，过高的失业率还会对社会的稳定产生极为不利的影响包括将会产生各种病态或畸形的社会现象，诸如赤贫、失业者自信心、自尊心丧失、家庭破裂、自杀、对政府不满、犯罪乃至暴乱、社会政治动荡等。就经济而言，美国经济学家阿瑟·奥肯于1971年在《繁荣的政治经济学》中提出：超出自然失业率1%的失业率将产生2%的GDP缺口，从而严重影响经济发展。奥肯定理是根据美国20世纪60年代的统计资料得出的，是一个经验统计公式，不一定适用于其他国家，也不一定适用于美国的其他时期。但它指出的失业率与实际GDP增长率反方向变动的关系是普遍存在的。[1]

2. 美国《社会科学与医学》杂志刊登的一项研究表明，担心失业有害身心健康，而且"怕失业"对健康的危害其实远远大于失业本身。美国密歇根大学研究结果发现，一直害怕失业的人，他们既为工作难保而忧心忡忡，同时心存侥幸，但又不知道应该采取什么措施应对，所以面临的心理压力会更大。不仅总体健康状况最差，抑郁程度也比一度失业的人更严重，这种长期不稳定感对健康的威胁甚至超过了吸烟或高血压。[2]

三、就业促进目标、方针

市场经济条件下，就业的实质主要指的是劳动者的劳动力与雇主提供的生产资料的一种"他我"结合，"他"指的是雇主的生产资料，"我"指的是劳动者的劳动力。劳动者的就业应当首先建立在劳动力市场机制的基础上，亦即首先应靠劳动者自己以个人的手段与方法通过个人自主性努力在雇主处获得就业机会。市场经济社会的经济运动是自律性地展开的，但是，市场经济的实践表明，市场并不能当然完全实现社会资源的最佳配置，其根本原因在于纯粹的市场机制调节存在着内在障碍，具有自发性、盲目性和滞后性等明显的弱点和消极作用，往往很难实现社会资源的整体上的合理配置。所以，我们不能把工作机会的获得仅仅归属于劳动者个人的自

---

〔1〕 参见拉纳比·雷·乔德利："拥有工作：'社会和政治稳定的一个关键因素'"，载《劳工世界》2002年第2期。转引自周长征：《劳动法原理》，科学出版社2004年版，第76页。

〔2〕 "经常担心失业对身心的危害大于真正失业"，载 http://news.xinhuanet.com/health/2009 - 09/05/content_11999071.htm.

主性努力，国家和社会就应当在劳动者不能通过个人自主努力自由获得工作的情况下，承担相应的责任。[1]这种责任和义务就表现为就业促进。

就业促进是指国家采取的帮助公民实现劳动就业的一系列措施的总称。这些措施总体上可概括为，[2]"国家通过促进经济和社会发展，创造就业条件，扩大就业机会"或"县级以上人民政府通过发展经济和调整产业结构、规范人力资源市场、完善就业服务、加强职业教育和培训、提供就业援助等措施，创造就业条件，扩大就业"。[3]

（一）就业促进的目标

就业促进的目标是实现充分就业。但充分就业绝不是完全消除失业。

充分就业这个概念自 20 世纪 30 年代的大萧条以后，在经济学中逐渐被普遍使用。20 世纪 70 年代以来，按照现代经济学理论，根据失业的具体原因和特点，失业一般包括自愿失业和非自愿失业，且非自愿失业是失业的绝对主流。非自愿失业一般包括摩擦性失业、结构性失业、周期性失业（需求不足失业、凯恩斯失业）、市场分割性失业（以二元劳动力市场型为代表）等，把充分就业理解为消灭了周期性失业、市场分割性失业的就业状态。在这种状态下，摩擦性失业、结构性失业和自愿失业仍将存在。主要由摩擦性失业、结构性失业引起的失业率就是自然失业率。摩擦性失业产生的原因是人们因为职业市场的信息是不完全的以及有职位空缺的雇主和寻找工作的人互相之间都要花时间去寻找产生的在工作和进出劳动力之间的持续流动过程。结构性失业是由于工作类型与寻找工作的人的不匹配所产生的。这种不匹配可能与个人的技能、学历、地理位置、观念或年龄相关。在结构性失业情况下，往往会出现"失业与空位"并存的现象。

[探究]

小李大学毕业近一年才在一家纺织公司找到工作，然而刚刚工作一年，就因为纺织行业不景气再次失业。就在小李第二次失业的同时，小李所在地区的市场需要的专业服务人员岗位却缺少大量合适的从业人员。该案例中，小李第一次失业属于摩擦性失业，第二次失业属于结构性失业。

现代经济学家把主要由摩擦性失业、结构性失业引起的失业率称为自然失业率。1968 年，在美国经济学年会（AEA）的就职演说中，弗里德曼首次正式提出了著名的"自然失业率"假说（与此同时，1968 年，美国哥伦比亚大学经济学家菲尔普也提出"自然失业率"理论）。自然失业率的概念一经正式提出，经济学者便展开了激烈的争论，他们或者质疑从失业当中分解出自然失业的价值何在，或者怀疑自然失业率是否可以被精确地测量。例如，美国马萨诸塞—阿默斯特大学政治经济研究所

---

〔1〕 参见［日］大须贺明：《生存权论》，林洁译，法律出版社 2001 年版，第 12～16 页。
〔2〕 我国《劳动法》第 10 条。
〔3〕 我国《就业促进法》第 5 条。

两所长之一、经济学教授罗伯特·波林在美国《挑战》双月刊 1999 年第 6 期（上）以"阶级冲突和'自然失业率'"为题撰文指出，事实证明所谓"自然失业率"理论并不准确，甚至是错误的。但之所以仍被欧美各国政府所采纳，是因为它给压榨劳工的紧缩政策提供了依据，反映了阶级力量对比的变化对工会运动与劳资关系的影响，"自然失业率论"是掩饰阶级剥削的理论。但多数经济学家已经承认了这一概念的有效性，且被欧美各国政府奉为圭臬。[1]但是，我们在运用自然失业率概念时，必须明确：首先，自然失业率本质上是个动态概念。其次，自然失业率绝不是自然的，自然失业率不是一个固定的永远不变的常数，劳动力构成、结构变化率、信息流以及其他影响劳动力流动性的因素的变化，将会导致自然失业率的变化。在不同国家和不同时期具有不同的自然失业率的具体数据。最后，自然失业率并不是最优失业率。自然失业率有令人不安的不断提高的趋势，自然失业率很可能高于最优失业率，即高于净经济福利最大时的失业水平。所以，我们应采取措施使自然失业率降到最优的自然失业率的水平。[2]

所以，我们可进一步将充分就业定义为：充分就业就是指消灭了周期性失业、市场分割性失业而存在最优的自然失业率和自愿失业的就业状态。这种状态下消灭了周期性失业、市场分割性失业，但存在最优的摩擦性失业、结构性失业，同时自愿失业也是存在的。所以，各国政府就业促进的主要任务就是：①通过反周期的扩张性宏观经济政策来提高有效需求，扩大就业机会来消灭周期性失业。②（二元劳动力市场型国家）通过实行城乡统筹的就业政策，建立健全城乡劳动者平等就业的制度，引导农业富余劳动力有序转移就业来消灭市场分割性失业。③通过采取有效的就业服务、职业教育和培训措施来使摩擦性失业、结构性失业降到最优的水平（达到最优的自然失业率的水平）。

（二）就业促进方针

我国就业促进方针是市场导向的"劳动者自主择业、市场调节就业、政府就业促进"[3]。这有三层涵义：一是明确"劳动者自主择业"，充分调动劳动者就业的主动性和能动性，促进他们发挥就业潜能和提高职业技能，依靠自身努力，自谋职业和自主创业，尽快实现就业；二是明确"市场调节就业"，充分发挥人力资源市场在促进就业中的基础性作用。通过市场职业供求信息，引导劳动者合理流动和就业；

〔1〕　转引自郭懋安："'自然失业率'论是掩饰阶级剥削的理论"，载《国外理论动态》2000 年第 12 期；曾湘泉、于泳："中国自然失业率的测量与解析"，载《中国社会科学》2006 年第 4 期。

〔2〕　参见［英］约翰·伊特韦尔、［美］默里·米尔盖特、彼得·纽曼：《新帕尔格雷夫经济学大词典》（第 3 卷）"自然失业率"（nature rate of unemploymen）词条，经济科学出版社 1992 年版，第 655～656 页；［美］萨缪尔森、诺德豪斯：《经济学》，杜月升等译，中国发展出版社 1992 年版，第 349～350 页。

〔3〕　我国《就业促进法》第 2 条规定："国家把扩大就业放在经济社会发展的突出位置，实施积极的就业政策，坚持劳动者自主择业、市场调节就业、政府促进就业的方针，多渠道扩大就业。"

通过用人单位自主用人和劳动者自主择业，实现供求双方相互选择；通过市场工资价位信息，调节劳动力的供求；三是明确"政府促进就业"，充分发挥政府在促进就业中的重要职责，通过发展经济和调整产业结构，实施积极就业政策，扩大就业机会；通过规范人力资源市场，维护公平就业；通过完善公共就业服务和加强职业教育和培训，创造就业条件；通过提供就业援助，帮助困难群体就业；等等。

市场导向的就业促进方针，便于应对日益严峻的就业形势，使社会经济发展走向良性轨道。这种就业方针是市场经济的内在的必然的产物，它要求通过培育和发展劳动力市场，以市场机制为配置劳动力资源的基础性调节手段，用人单位自主用人，劳动者自主就业，促进劳动者和用人单位相互选择，实现劳动力合理流动。从而实现劳动力在竞争中最优化配置，不断提高劳动力自身素质，从总体上充分利用和开发劳动力资源。在充分发挥市场在劳动力资源配置中的基础性作用的基础上，政府尽力消除劳动力市场的缺陷，担当起就业促进的职责。

第二节　政府就业促进行为

一、西方政府就业促进的一般行为

（一）西方政府就业促进的历史变迁

自产业革命以来的西方自由资本主义时期，当时流行的西方古典经济理论一直信奉亚当·斯密"看不见的手"（Invisible hand）原理和萨伊"供给自己创造自己的需求"（Supply creates its own demand）定律，认为劳动力市场机制能够发挥神奇的提高配置劳动力资源效率的作用，只要让劳动力市场充分发挥其作用，大规模的失业是不可能存在的。因为，劳动力市场与商品市场没有什么区别，劳动供给大于劳动需求就会迫使实际工资水平的下降，直到供求均衡时为止。所以，只要实际工资变化是无下界的，那么失业人口是可以通过工资向下的充分运动而得到消除的。因此，政府对劳动力市场的任何干预都是有害的，进而，就业问题没有被先行工业化的各国政府纳入自己的工作范围。

1929 年开始的西方世界经济大萧条，导致了社会总需求急剧下降，企业纷纷倒闭，失业率空前高涨，这时劳动的实际工资再下降对治理失业都无济于事。长时间的经济停滞和社会动荡，彻底动摇了上述市场自动调节而达到均衡的信条，动摇了人们对古典经济学的信任，要求政府出面干预的呼声越来越高。这时凯恩斯建立在有效需求概念基础上的宏观经济学就应运而生。凯恩斯理论认为引起失业的根本原因是周期性的经济萧条，而不是因为劳动的实际工资高于劳动力市场出清的均衡水平。对这类失业的治理就不是通过实际工资水平的调整所能解决的，政府应通过反周期的扩张性宏观经济政策来提高有效需求，促进就业。1933 年，美国罗斯福政府出台"新政"拉开了政府干预市场以及劳动力市场的序幕。

二战以后，就业问题逐渐成为各国政府社会、经济政策的一个重要着眼点。

1973 年第一次石油危机之后，二战期间和战后 30 多年来的"黄金发展时期"结束，主要资本主义国家相继进入了所谓"滞涨"阶段，导致国内经济萎靡不振，失业率居高不下。凯恩斯主义由于对此无能为力而受到严重挑战，西方经济学界又有一股向古典的自由放任主义复归的思潮。在就业问题上，上述自然失业率的概念的提出，就是这一背景的产物。此后，自然失业率概念的应用，在全世界产生了深远的影响，在 20 世纪 80 年代，美国和西欧特别是里根和撒切尔政府全面地在就业问题上接受了自然失业率概念并加以应用，反对凯恩斯主义在就业问题上的"全面""过多""过细"和"过分"的国家干预。甚至进入 90 年代，当民主党在美国掌权、工党在英国执政、社会民主党在西欧多国赢得了选举时，这些政府仍然如此。此外，许多发展中国家政府也纷纷效仿。

但是，现实经济生活中的情况是错综复杂的，尽管在理论上摩擦性失业、结构性失业（自然失业），周期性失业（凯恩斯失业）和市场分割性失业（以二元劳动力市场型为代表）等的概念十分清楚且这种区分在失业理论的发展上具有重要的意义，但在实际中要区别这几个类型并不容易，在现实经济当中，人们越来越感觉到这些种类的失业实际上是共存的。尤其是 20 世纪 80 年代以来的最新研究显示，这些种类的失业现象不仅并存于一个经济当中，而且它们之间是相互影响甚至相互转化的，这些种类的失业的边界实际上并不是很清晰，并且现实劳动力市场的很多特征也为这种转化提供了条件。因此，西方国家的政府在治理失业问题时，越来越倾向认为劳动力市场的失业是一种混合失业，对付现实生活中越来越复杂的失业现象，需要许多新的治理失业的思路，除了采用凯恩斯的宏观经济政策之外，还应该全方位地启动所有的政策措施，尤其是采用能降低自然失业率的政策等。所有这一切，必然要求西方各国政府在就业问题上的积极态度，着力协调劳动力市场与就业促进政策之间的关系，合理地寻找到就业促进政策与劳动力市场运行之间的最佳结合点，采用"两手—市场和政府政策—并重"的办法来治理失业。[1] 所以，政府就业促进依然是西方国家社会、经济政策的一个极为重要组成部分，把就业作为经济社会发展的基本优先目标。

（二）西方政府就业促进的行为框架体系

在就业促进的过程中，现代西方政府已经形成了较为完整的行为框架体系。由于各国劳动力市场在特定的国情下存在着各自的特点，再加上各自不同的历史和文化背景，西方政府组织失业者再就业的行为也就既有共性，又有不同点。本书仅涉及共性方面。

---

〔1〕 参见袁志刚：《失业经济学》，上海三联书店、上海人民出版社 1997 版，第 174～175 页；曾湘泉主编：《劳动经济学》，中国劳动社会保障出版社、复旦大学出版社 2005 年版，第 346 页；〔英〕约翰·伊特韦尔、〔美〕默里·米尔盖特、彼得·纽曼：《新帕尔格雷夫经济学大词典》（第 4 卷）"结构性失业"（structual unemploymen）词条，经济科学出版社 1992 年版，第 573～575 页；丁冰：《当代西方经济学流派》，北京经济学院出版社 1993 年版，第 161～162 页。

1. 着力利用宏观经济社会政策就业促进。宏观经济政策，包括经济结构政策、财政、税收政策、货币、信贷政策、科技政策、投资政策等，对就业促进具有举足轻重的作用。现代西方政府无不利用宏观经济政策以影响就业。我们仅以经济结构调整为例说明。在经济结构调整方面，主要表现为：一是大力发展服务业，特别是以信息产业为代表的新兴服务业，西方国家从事第三产业的人员已成为就业结构中的主体。这种情况自20世纪90年代末以来更为明显。二是积极推动传统产业改造更新、升级换代。三是鼓励、扶持中小企业发展，扩大就业和再就业工作岗位。四是在经济结构调整中，政府出巨资发展新兴经济，发展培训和就业服务，帮助下岗失业工人实现再就业。

2. 建立面向全体劳动者的职业技能培训制度，加强创业培训和再就业培训。为了提高失业者再就业的能力，西方各国政府十分注重对失业者进行技术再培训。这一措施抓住了结构调整和技术进步对劳动力素质要求日益提高这一基本趋势，在劳动力供给的劳动力质量提高上下了功夫，不仅成为提高再就业率的前提，而且也成为促进技术进步，提高劳动生产率的有效途径。

3. 建立多种就业服务体系，发展各种专业性职业中介和社会化服务组织，全方位提供就业服务和职业指导。为了帮助失业者尽快再就业，西方国家从上到下建立了多种就业服务机构。多数求职者，包括新进入劳动力市场的青年、失业者、特困群体是通过国家或私人职业介绍和指导而融入劳动力市场中去的。这些服务机构是连接劳动力供需双方的中介和桥梁，为劳动力供给方和需求方相互联系提供信息和条件，是劳动力市场运转的主要载体。

4. 变被动提供救济为积极主动就业促进。大量实证研究认为，在发达国家特别是西欧地区，造成失业率居高不下的一个重要原因在于以提供收入支持为主的消极劳动力市场政策。因此，许多政府先后开始转变政策重点，强调失业保险在帮助失业人员重新就业方面的功能，对失业保险增加了新的内容，从被动提供丰厚的失业救济转向援助再就业的积极措施。这种积极的劳动力市场政策首先在瑞典实行，随后为英、法、德、日以及美、加等国所效仿。

5. 强化政府就业促进职能，提高对就业困难群体的扶持能力。在劳动力市场上，青年、妇女、大龄失业者、长期失业者、残疾人员等由于其就业或再就业比别的群体困难，往往被视为不利群体。政府的就业政策难点和重点在很大程度上是针对不利群体的。他们需要特别的就业援助和特殊的就业促进措施，较为普遍的做法，一是创办公益性工作岗位，许多国家政府投入了大量资金来实施公共就业工程，为就业困难群体，尤其是长期失业者和青年失业者提供临时就业机会。二是给予就业补贴。补贴措施大致分为两类：减免企业的社会负担和直接补贴工资。

6. 其他就业促进行为。主要包括以下几点：推动就业灵活化，扩大就业渠道；维护劳动力市场秩序，消除就业歧视，保障平等就业权利；加强对就业权益保障的监督检查；对突发性失业采取的应急措施等。

（三）西方政府就业促进的行为特点

1. 西方政府就业促进经历了一个从"无为"到"有为"的演变过程。如何对待就业，百年来，各国政府经历了一个从"不干预"到把它作为经济社会发展的基本优先目标的演变过程，就业促进在国家经济社会发展中的重要地位不断提升。

2. 西方政府就业促进政策旨在有效配置劳动力资源、实现社会公平。市场经济条件下，就业促进实际就是政府对劳动力市场的干预，那么，如何处理劳动力市场与政府的关系、使干预度恰到好处，以达到既提高经济效益又兼顾社会公平的目的，成为各国政府一直努力探索的最终目标。劳动力市场的目的就是要提高对劳动力资源的配置效率，进而调动劳动者和用人单位的生产积极性，提高整个社会的劳动生产率，为社会创造更多的财富，政府实施就业促进行为的目的就是要力求最佳"自然失业率"，尽力消除劳动力市场往往不能从整体上实现社会资源的合理配置的缺陷，以维持现存社会的公平和政治稳定。因此，西方各国政府在就业问题上越来越倾向采用"两手—市场和政府政策—并重"的办法。在充分发挥市场在劳动力资源配置中的基础性作用的基础上，就业促进成为政府的当然职责，形成"劳动者自主择业、市场调节就业、政府就业促进"的就业促进方针。

3. 西方政府就业促进有着发达坚实的经济学就业理论和实践基础。就业问题首先是一个经济问题，其次才可能成为社会、政治问题，所以，遵循经济发展规律，从经济学源头解决就业问题必然成为政府就业促进的一个前置性条件。在这方面，西方政府有着得天独厚的优势。西方国家的市场经济是自然发展的，经过几百年地历练，市场经济体制已臻完美，在此平台上的政府干预、就业促进也就理所当然的较为得心应手。但毋庸置疑的是，西方政府就业促进有着发达坚实的经济学就业理论和实践基础。为了找出"失业问题出现的根本原因及解决失业问题的基本对策"，西方许多经济学家都结合就业问题的实际，在"实证分析"的基础上，经过深入的探索和思考，创立了形形色色的西方就业理论。由于所处的社会历史背景、研究问题的角度、方式、方法等的不同，他们得出的结论和解决失业问题的办法也不尽相同。但是，各流派在探索失业原因时，由于能从社会化大生产和现代市场经济中存在的共性问题出发，因而得出了许多有益的结论。值得指出的是，这些结论的科学性和针对性是很强的。上文所探讨的"西方政府就业促进的行为框架体系"就是西方发达坚实的经济学就业理论和实践基础的自然产物。[1]

4. 西方政府就业促进是通过主动的失业治理政策和被动的失业治理政策进行的。主动的失业治理政策是建立在对失业成因的理论分析基础上的，认为失业主要原因是劳动力市场发生功能性障碍和宏观经济活动水平太低，既然能找到失业原因，那

---

〔1〕 例如，结构失业的特点表明了政府可通过下列行为减少结构失业：其一是政府对培训项目的提供或资助。其二是通过提供再次安置津贴鼓励失业者流动，走出经济不景气地区。其三是通过提供给长期失业者的公共服务工作等。

么就可以通过修复劳动力市场的调节功能、提高宏观经济的活动水平等手段来就业促进。被动的失业治理是建立在这样信念上：在市场经济的条件下，要彻底消除失业现象是不可能的，而且一个社会的就业机会是既定的，难以改变的。因此政府对失业问题能够做的就是事后的失业保障和失业救济工作，建立起一套完善的失业保障体系，使失业者能维持基本的生活水准，达到社会公平的目的。事实上，就业水平是可以通过各种措施改善的（上文我们在这方面已经进行了论证），所以，主动的就业政策是当代世界各国政府实施的就业政策的主体。但主动的就业政策无论有多大的成效，仍不可能完全消除失业，主动的失业治理政策只能改善失业，却不能从根本上医治好这一社会顽疾，每个社会总是会存在不同比例的失业人数，对于这些失业人数我们就要对他们进行失业保障和失业救济，因此比较合理的说法应该是这两种政策措施都重要，它们之间的关系不是非此即彼的选择关系，而是一种互补关系。每种政策措施都有自己的局限性和片面性。都需要对方作为自己的补充。就主动政策来说，不可能解决所有的失业问题，因此需要被动的政策作为事后的辅助。就被动的政策措施，如果没有主动的治理政策，失业人数可能会不断地上升，最后使得被动政策难以为继。[1]基于此，西方政府就业促进就是通过主动的失业治理政策和被动的失业治理政策有机配合进行的。

5. 西方政府就业促进的行为是在法律的框架内进行的。用法律手段促进就业是许多国家政府的成功经验，立法已成为世界各国就业促进最普遍的手段，西方政府就业促进的行为是在法律的框架内进行的。

二、我国政府就业促进的政策框架体系

政府就业促进离不开各国国情，各国政府就业促进行为在不同时期、同一时期的不同阶段都有其自身特点。尽管如此，随着世界经济全球化的发展和中国社会主义市场经济的不断完善，中西方在市场经济方面存在的共性也不容否认。所以，建构我国政府就业促进行为框架体系时，要注意借鉴西方政府就业促进的成功经验，同时也要注意依据我国现阶段特殊国情，尽可能做到一般和特殊、当前和长远的统一。

（一）建立就业促进工作协调机制

我国的就业任务十分繁重，就业群体多种多样，就业促进工作涉及社会方方面面，需要多个部门齐抓共管。为了加强对就业工作的领导和统筹协调，国务院建立了由十几个成员单位组成的就业工作部级联席会议制度，各地也建立了相应的协调机制，对合力推进就业工作发挥了积极作用。《就业促进法》在总结实践的基础上，通过法律形式进一步明确了这一协调机制的工作任务和作用。①国务院建立全国就业促进工作协调机制，研究就业工作中的重大问题，协调推动全国的就业促进工作，并明确由国务院劳动行政部门具体负责全国的就业促进工作。②省、自治区、直辖

---

〔1〕　参见袁志刚：《失业经济学》，上海三联书店、上海人民出版社 1997 版，第 194～196 页。

市人民政府根据就业促进工作的需要，建立就业促进工作协调机制，协调解决本行政区域就业工作中的重大问题。③县级以上人民政府有关部门按照各自的职责分工，共同做好就业促进工作。

（二）建立就业工作目标责任制度

县级以上人民政府把扩大就业作为经济和社会发展的重要目标，纳入国民经济和社会发展规划，并制定就业促进的中长期规划和年度工作计划。各级人民政府和有关部门应当建立就业促进的目标责任制。县级以上人民政府按照就业促进目标责任制的要求，对所属有关部门和下一级人民政府进行考核和监督。

（三）建立较完整的就业促进的政策支持体系

产业政策、财政政策、税收政策、金融政策等政策支持体系的建立，对就业促进具有举足轻重的作用。现代西方政府无不利用政策支持体系促进就业。

《就业促进法》规定的政策支持体系。为了建立就业促进的长效机制，《就业促进法》将经过实践检验行之有效的积极的就业政策上升为法律规范，并按照就业促进的工作要求，以第2章专章的形式规定了较完整的政策支持体系。包括七个方面：①实行有利于就业促进的产业政策。明确规定县级以上政府统筹协调产业政策与就业政策。鼓励各类企业在法律、法规规定的范围内，通过兴办产业或者拓展经营，增加就业岗位。国家鼓励发展劳动密集型产业、服务业，扶持中小企业，鼓励、支持、引导非公有制经济发展，扩大就业机会，增加就业岗位。在安排政府投资和确定重大建设项目时，应当发挥投资和重大建设项目带动就业的作用，增加就业岗位。国家发展国内外贸易和国际经济合作，拓宽就业渠道。②实行有利于就业促进的财政政策。明确规定国家加大资金投入，改善就业环境，扩大就业。县级以上人民政府应当根据就业状况和就业工作目标，在财政预算中安排就业专项资金用于就业促进工作。就业专项资金用于职业介绍、职业培训、公益性岗位、职业技能鉴定、特定就业政策和社会保险等的补贴，小额贷款担保基金和微利项目的小额担保贷款贴息，以及扶持公共就业服务等。审计机关、财政部门应当依法对就业专项资金的管理和使用情况进行监督检查。③实行有利于就业促进的税收政策。明确规定国家鼓励企业增加就业岗位，扶持失业人员和残疾人就业，对符合法定条件的企业和人员依法给予税收优惠。具体包括：吸纳符合国家规定条件的失业人员达到规定要求的企业；失业人员创办的中小企业；安置残疾人员达到规定比例或者集中使用残疾人的企业；从事个体经营的符合国家规定条件的失业人员；从事个体经营的残疾人；国务院规定给予税收优惠的其他企业、人员。同时，对从事个体经营的失业人员和残疾人免除行政事业性收费。④实行有利于就业促进的金融政策。明确规定增加中小企业的融资渠道；鼓励金融机构改进金融服务，加大对中小企业的信贷支持，并对自主创业人员在一定期限内给予小额信贷等扶持。⑤实行统筹就业政策。其一，实行城乡统筹的就业政策。明确规定国家实行城乡统筹的就业政策，建立健全城乡劳动者平等就业的制度，引导农业富余劳动力有序转移就业。县级以上地方人民政府推进小城镇建设和加快县域经济发展，引导农业富余劳动力就地就近转移就业；在制定小城镇规划时，将本地区农业富余劳动力转移就业作为重要内容。县级以上地方人民政府引导农业富余劳动力有序向城市异地转移就业；劳动力输出地和输入地人民政府应当互相配合，改善农村劳动者进城就业的环境和条件。其二，实行区域统筹的就业政策。国家支持区域经济发展，鼓励区域协作，统筹协调不同地区就业的均衡增长；支持民族地区发展经济，扩大就业。其三，实行群体统筹的就业政策。各级人民政府统筹做好城镇新增劳动力、农业富余劳动力转移就业和失业人员就业工作。当前，要统筹做好下岗失业人员、大学生、复转军人、残疾人、农民工等群体的就业工作。⑥实行有利于灵活就业的劳动和社会保险政策。明确规定各级人民政府采取措施，逐步完善和实施与非全日制用工等灵活就业相适应的劳动和社会保险政策，为灵活就业人员提供帮助和服务。⑦实行失业保险就业促进政策。明确规定失业保险制度保障基本生活和就业促进的功能，并要求加强对大规模失业的预防、调节和控制。

[探究]

　　对《就业促进法》规定的政策支持体系的简评。《就业促进法》"政策支持"全章的14条中，一大半属于政策宣示性的，能直接感受到的具体条款只有5条。建议对这些条款的内容具体化。如果有些条款难以具体化，可以进行归纳、合并、简化，把主要内容移到第一章总则中去。

（四）维护公平就业　禁止就业歧视

参见本章第四节内容。

（五）加强就业服务和管理

参见本章第三节内容。

（六）大力发展职业教育和开展职业培训

教育水平的高低与就业率呈正相关关系，教育水平越高，则就业率就越高。教育分为普通教育和职业教育及培训，普通教育是基础教育，普通教育是按照科学体系的内在逻辑来发展的，侧重于理论知识的完整和严谨，服务指向的是推动科学进步，从而深化人类对外部世界的认识。就就业而言，职业教育及培训的作用更为直接。在整个教育事业中，职业教育、职业培训是和经济基础、和生产活动、和生产力发展的需要贴得最近最紧的部门，侧重于生产和操作的实际需要，服务指向是推动科学转化为现实的生产力。[1]发展职业教育和职业培训，不仅是适应我国产业结构优化升级、提升自主创新能力的需要，将人口压力转变为人力资源优势，从而提升企业乃至整个国民经济的创新能力和竞争力的重要途径，更是提高劳动者的就业能力，扩大就业、提高就业质量的必由之路。

----

〔1〕　中国就业促进会副会长陈宇教授专访："破解'就业难'的现实选择——陈宇谈职业教育"，载《四川日报》2007年1月29日。

[相关资料]

《国家中长期教育改革和发展规划纲要（2010～2020年）》第14条明确指出要大力发展职业教育。发展职业教育是推动经济发展、促进就业、改善民生、解决"三农"问题的重要途径，是缓解劳动力供求结构矛盾的关键环节，必须摆在更加突出的位置。

《就业促进法》以第五章专章的形式明确了国家、企业、劳动者和各类职业培训机构在职业教育和培训中的职责及作用，通过职业技能培训提高劳动者的素质，以适应人力资源市场的需求，从而促进其实现就业和稳定就业。包括五个方面：①明确职业教育和培训的总方针。国家依法发展职业教育，鼓励开展职业培训，促进劳动者提高职业技能，增强就业能力和创业能力。②规定了各级人民政府在加强职业教育和培训方面的职责。包括六个方面：其一，县级以上人民政府应当根据经济社会发展和市场需求，制定并实施职业能力开发计划；其二，县级以上人民政府应当加强统筹协调，鼓励和支持各类职业院校、职业技能培训机构和用人单位依法开展就业前培训、在职培训、再就业培训和创业培训，鼓励劳动者参加各种形式的培训；其三，县级以上地方人民政府和有关部门应当根据市场需求和产业发展方向，鼓励、指导企业加强职业教育和培训；其四，国家采取措施建立健全劳动预备制度，县级以上地方人民政府应当对有就业要求的初高中毕业生实行一定期限的职业教育和培训，使其取得相应的职业资格或者掌握一定的职业技能；其五，地方各级人民政府应当鼓励和支持开展就业培训，帮助失业人员提高职业技能，增强其就业能力和创业能力。失业人员参加就业培训的，按照有关规定享受政府培训补贴；其六，地方各级人民政府应当采取有效措施，组织和引导进城就业的农村劳动者参加技能培训，鼓励各类培训机构为进城就业的农村劳动者提供技能培训，增强其就业能力和创业能力。③规定了企业在加强职业教育和培训方面的职责。企业应当按照国家有关规定提取职工教育经费，对劳动者进行职业技能培训和继续教育培训。企业违反本法规定，未提取或未足额提取职工教育经费，或者挪用职工教育经费的，由劳动行政部门责令改正，并依法给予处罚。④规定了职业教育和培训机构在加强职业教育和培训方面的职责。职业院校、职业技能培训机构应当与企业密切联系，实行产教结合，为经济建设服务，培养实用人才和熟练劳动者。⑤按照《劳动法》和《职业教育法》中对建立职业资格证书制度的规定。职业资格证书制度是我国劳动就业制度的一项重要的内容，是一种特殊形式的就业准入制度，其需要通过考试的形式才能够拥有。要获得职业技能资格证书，必须通过职业技能资格鉴定。而所谓职业技能鉴定，是指按照国家规定的职业技能标准或任职资格条件，通过政府劳动行政部门认定的考核鉴定机构，对劳动者的技能水平或职业资格进行客观、公正、科学规范的评价与认证的活动。一般而言，职业技能鉴定包括技术业务理论（应知）和操作技能（应会）两项内容，将国家职业资格分为初级技能国家职业资格（五级）、中级技能国家职业资格（四级）、高级技能国家职业资格（三级）、技师国家职业资格

（二级）、高级技师国家职业资格（一级），并实行逐级考核鉴定。针对目前实践中存在的"逢岗必证、逢证必考"的滥用职业资格证书制度问题，规定了国家只对从事涉及公共安全、人身健康、生命财产安全等特殊工种的劳动者，实行职业资格证书制度，具体办法由国务院规定。

（七）建立健全就业援助制度

政府的就业促进政策难点和重点在很大程度上是针对就业困难群体的，他们需要特别的就业援助和特殊的就业促进措施。

《就业促进法》以第六章专章的形式明确规定各级人民政府建立健全就业援助制度。包括四个方面：①明确了就业援助的对象。是指因身体状况、技能水平、家庭因素、失去土地等原因难以实现就业，以及连续失业一定时间仍未能实现就业的就业困难人员。就业困难人员的具体范围，由省、自治区、直辖市人民政府根据本行政区域的实际情况规定。②明确了就业援助的措施。其一，各级人民政府建立健全就业援助制度，采取税费减免、贷款贴息、社会保险补贴、岗位补贴等办法，通过公益性岗位安置等途径，对就业困难人员实行优先扶持和重点帮助。其二，地方各级人民政府加强基层就业援助服务工作，对就业困难人员实施重点帮助，提供有针对性的就业服务和公益性岗位援助；鼓励和支持社会各方面为就业困难人员提供技能培训、岗位信息等服务。其三，政府投资开发的公益性岗位，应当优先安排符合岗位要求的就业困难人员。被安排在社区公益性岗位工作的，按照国家规定给予岗位补贴。其四，各级人民政府采取特别扶助措施，促进残疾人就业，并要求用人单位应当按照国家规定安排残疾人就业。③特别规定了对城市零就业家庭的就业援助。其一，县级以上地方人民政府采取多种就业形式，拓宽公益性岗位范围，开发就业岗位，确保城市有就业需求的家庭至少有一人实现就业。其二，规定街道、社区公共就业服务机构在就业援助中的具体职责。④规定了对就业压力大的特定地区的扶持。国家鼓励资源开采型城市和独立工矿区发展与市场需求相适应的产业，引导劳动者转移就业。对因资源枯竭或者经济结构调整等原因造成就业困难人员集中的地区，上级人民政府应当给予必要的扶持和帮助。

[探究]

2012年7月12日陕西省第十一届人民代表大会常务委员会第30次会议修正的《陕西省就业促进条例》规定的就业困难人员的具体范围为：①法定劳动年龄内的家庭人员均处于失业状况的城市居民家庭成员；②距法定退休年龄10年以内的登记失业人员；③连续失业1年以上的登记失业人员；④毕业后超过半年未实现首次就业的大中专院校毕业生；⑤失去土地的被征地农民；⑥失业的残疾人；⑦未就业的城镇退役军人和军烈属；⑧需要抚养未成年人的单亲家庭失业人员；⑨省人民政府确定的其他就业困难人员。

《就业服务与就业管理规定》第五章又对"就业援助"做了进一步细化和完善。

第三节　就业服务与就业管理

从世界各国的实践来看，就业服务与就业管理在促进劳动力供求均衡、减少劳动力市场摩擦、降低劳动力交易成本等方面发挥着重要功能。各国都将建立并不断完善就业服务与就业管理体系作为政府的重要职责。我国也是如此，随着积极就业政策的实施，我国就业服务与就业管理取得了较大成效：统一规范灵活的人力资源市场基本形成，人力资源市场管理制度逐步统一；覆盖城乡的公共就业和人才服务体系进一步健全，全部街道、乡镇和城市 95% 以上的社区设立基层劳动就业服务平台；公共就业和人才服务信息网络建设加快，基本实现全国互联互通。然而，我国就业服务与管理工作仍面临繁重的任务。为了完善就业服务与就业管理体系，《就业促进法》以第 4 章专章的形式规定"就业服务与管理"，《就业服务与就业管理规定》又对《就业促进法》第 4 章进一步细化和完善，2012 年 1 月，国务院《国务院关于批转促进就业规划（2011～2015 年）的通知》（国发〔2012〕6 号）又对大力完善就业服务与就业管理提出了具体要求。这些法律法规明确规定建立并不断完善就业服务和管理体系是政府的重要职责。

一、劳动者求职和用人单位招用

（一）劳动者求职

1. 劳动者求职的条件。劳动者进入人力资源市场求职，必须符合一定条件。劳动者年满 16 周岁，有劳动能力且有就业愿望的，可凭本人身份证件，通过公共就业服务机构、职业中介机构介绍或直接联系用人单位等渠道求职。

2. 劳动者求职所享有的权利。劳动者求职依法所享有的权利包括：①平等就业权。劳动者就业，不因民族、种族、性别、宗教信仰等不同而受歧视。农村劳动者进城就业享有与城镇劳动者平等的就业权利，不得对农村劳动者进城就业设置歧视性限制。②自主择业权。劳动者只要符合一定条件就可以自由进入人力资源市场求职，依靠自身努力，自谋职业和自主创业，尽快实现就业。③就业保障权。各级劳动保障行政部门应当会同有关部门，简化程序、提高效率，为劳动者自主创业、自谋职业提供便利和相应服务的权利。

3. 劳动者求职应承担的义务。劳动者求职依法应承担的义务包括：①劳动者求职时，应当如实向公共就业服务机构或职业中介机构、用人单位提供个人基本情况以及与应聘岗位直接相关的知识技能、工作经历、就业现状等情况，并出示相关证明。②劳动者应当树立正确的择业观念，提高就业能力和创业能力。国家鼓励劳动者在就业前接受必要的职业教育或职业培训，鼓励城镇初高中毕业生在就业前参加劳动预备制培训。国家鼓励劳动者自主创业、自谋职业。

（二）用人单位招用

1. 用人单位招用的条件。用人单位进入人力资源市场招用劳动者，必须符合一定条件。用人单位必须是在中华人民共和国境内的企业、个体经济组织、民办非企业单位等组织以及招用与之建立劳动关系的劳动者的国家机关、事业单位、社会团体。

2. 用人单位招用所享有的权利。用人单位招用依法所享有的权利主要是自主用人权，用人单位可以通过委托公共就业服务机构或职业中介机构等合法途径自主招用人员。同时，用人单位招用时享有各级劳动保障行政部门和有关部门提供便利和相应服务的权利。

3. 用人单位招用应承担的义务。用人单位招用依法应承担的义务包括以下几点：①向劳动者提供平等的就业机会和公平的就业条件。例如，劳动者就业，不因民族、种族、性别、宗教信仰等不同而受歧视。②提供真实招用信息。用人单位委托公共就业服务机构或职业中介机构招用人员，或者参加招聘洽谈会时，应当提供招用人员简章，并出示营业执照（副本）或者有关部门批准其设立的文件、经办人的身份证件和受用人单位委托的证明。招用人员简章应当包括用人单位基本情况、招用人数、工作内容、招录条件、劳动报酬、福利待遇、社会保险等内容以及法律、法规规定的其他内容。③如实告知义务。用人单位招用人员时，应当依法如实告知劳动者有关工作内容、工作条件、工作地点、职业危害、安全生产状况、劳动报酬以及劳动者要求了解的其他情况。用人单位应当根据劳动者的要求，及时向其反馈是否录用的情况。④劳动者的个人资料保密义务。用人单位应当对劳动者的个人资料予以保密。公开劳动者的个人资料信息和使用劳动者的技术、智力成果，须经劳动者本人书面同意。⑤其他义务。主要包括不得扣押被录用人员的居民身份证和其他证件、特种工种应当依法招用持相应工种职业资格证书的人员、招用外国人不违反国家有关规定等。

[相关资料]

2013 年 2 月实施的《最高人民法院关于审理劳动争议案件适用法律若干问题的解释（四）》（法释［2013］4 号）第 14 条规定，外国人、无国籍人未依法取得就业证件即与中国境内的用人单位签订劳动合同，以及香港特别行政区、澳门特别行政区和台湾地区居民未依法取得就业证件即与内地用人单位签订劳动合同，当事人请求确认与用人单位存在劳动关系的，人民法院不予支持。持有《外国专家证》并取得《外国专家来华工作许可证》的外国人，与中国境内的用人单位建立用工关系的，可以认定为劳动关系。

二、建立健全公共就业服务体系

公共就业服务是政府公共服务的重要内容。发展公共就业服务是政府的重要职责，对促进劳动力供求均衡、建立灵活有效的人力资源市场，促进求职人员，特别是帮助就业困难群体就业具有重要作用。

（一）公共就业服务机构

公共就业服务机构是政府设立的专门为劳动者和用人单位提供就业服务的公益

性机构，公共就业服务机构使用全国统一标识。《就业促进法》第35条和《就业服务与就业管理规定》第24条规定，县级以上劳动保障行政部门统筹管理本行政区域内的公共就业服务工作，根据政府制定的发展计划，建立健全覆盖城乡的公共就业服务体系。公共就业服务机构根据政府确定的就业工作目标任务，制定就业服务计划，推动落实就业扶持政策，组织实施就业服务项目，为劳动者和用人单位提供就业服务，开展人力资源市场调查分析，并受劳动保障行政部门委托经办促进就业的相关事务。

公共就业服务机构不得从事经营性活动。公共就业服务机构举办的招聘会，不得向劳动者收取费用。公共就业服务机构为用人单位提供的服务，应当规范管理，严格控制服务收费。确需收费的，具体项目由省级劳动保障行政部门会同相关部门规定。

（二）公共就业服务机构的服务内容

1. 为劳动者提供的服务。公共就业服务机构应当免费为劳动者提供以下服务：①就业政策法规咨询；②职业供求信息、市场工资指导价位信息和职业培训信息的发布；③职业指导和职业介绍；④对就业困难人员实施就业援助；⑤办理就业登记、失业登记等事务；⑥其他公共就业服务。

[相关资料]

《就业服务与就业管理规定》第7章完善了就业登记、失业登记制度。明确了就业登记的执行机构、登记证、登记程序和登记内容。明确了失业登记的地点和执行机构，失业人员的权利和义务，失业登记的人员范围，以及注销失业登记的情形。

2. 为用人单位提供的服务。公共就业服务机构应当积极拓展服务功能，根据用人单位需求提供以下服务：①招聘用人指导服务；②代理招聘服务；③跨地区人员招聘服务；④企业人力资源管理咨询等专业性服务；⑤劳动保障事务代理服务；⑥为满足用人单位需求开发的其他就业服务项目。公共就业服务机构从事劳动保障事务代理业务，须经县级以上劳动保障行政部门批准。

（三）公共就业服务机构的其他服务

例如，公共就业服务机构在劳动保障行政部门的指导下，建立失业预警制度；组织实施劳动力资源调查和就业、失业状况统计工作；公共就业服务机构应当针对特定就业群体的不同需求，制定并组织实施专项计划；县级以上公共就业服务机构建立综合性服务场所，集中为劳动者和用人单位提供一站式就业服务，街道、乡镇、社区公共就业服务机构建立基层服务窗口，开展以就业援助为重点的公共就业服务，等等。

[相关资料]

近年来，宁波市劳动保障部门不断加大基层平台建设力度，推进城乡统筹就业。目前，基层劳动保障服务机构已覆盖全市城乡，建立起了三级机构四级服务网络体系，为劳动保障服务提供了有力的保证。全市 62 个街道、90 个乡镇、456 个社区已全部建立了基层劳动保障服务站（室），行政村的建室率达到68.7%，劳动保障基础服务全面延伸到社区乡村。[1] 这里的宁波市基层劳动保障服务机构就属于街道、乡镇、社区公共就业服务机构建立的基层服务窗口。

（四）公共就业服务机构的信息化建设

1. 县级以上劳动保障行政部门和公共就业服务机构应当按照劳动保障信息化建设的统一规划、标准和规范，建立完善人力资源市场信息网络及相关设施。

公共就业服务机构应当逐步实行信息化管理与服务，在城市内实现就业服务、失业保险、就业培训信息共享和公共就业服务全程信息化管理，并逐步实现与劳动工资信息、社会保险信息的互联互通和信息共享。

2. 公共就业服务机构应当建立健全人力资源市场信息服务体系。

公共就业服务机构应当完善职业供求信息、市场工资指导价位信息、职业培训信息、人力资源市场分析信息的发布制度，为劳动者求职择业、用人单位招用人员以及培训机构开展培训提供支持。

3. 县级以上劳动保障行政部门应当按照信息化建设统一要求，逐步实现全国人力资源市场信息联网。

其中，城市应当按照劳动保障数据中心建设的要求，实现网络和数据资源的集中和共享。省、自治区应当建立人力资源市场信息网省级监测中心，对辖区内人力资源市场信息进行监测。劳动保障部设立人力资源市场信息网全国监测中心，对全国人力资源市场信息进行监测和分析。

（五）公共就业服务机构的能力建设

1. 公共就业服务机构应当加强职业指导工作。公共就业服务机构应当配备专（兼）职职业指导工作人员，向劳动者和用人单位提供职业指导服务。职业指导工作人员经过专业资格培训并考核合格，获得相应的国家职业资格证书后方可上岗。公共就业服务机构应当为职业指导工作提供相应的设施和条件，推动职业指导工作的开展，加强对职业指导工作的宣传。

[相关资料]

　　职业指导是为帮助人们选择并准备从事一项适合自己的职业的过程。目前，发达国家的职业指导比较好地满足了社会需求和个人需求，形成了比较合理的工作程序和方法。职业指导一般要经过以下程序：①与求职者面谈，了解其性格、能力和择业意向；②分析和指导其优缺点，推荐岗位；③帮助求职者修改简历；④传授其面试技巧，以便雇主更好地了解其能力；⑤必要时，建议求职

---

〔1〕 "为建设最具幸福感城市添砖加瓦——浙江省宁波市劳动保障工作亮点展示"，载《中国劳动保障报》2010 年 9 月 25 日。

者参加某些培训课程。我国职业指导方面起步较晚，《就业服务与就业管理规定》第24～28条对其作了较详细规定。

2. 公共就业服务机构应当不断提高服务的质量和效率。公共就业服务机构应当加强内部管理，完善服务功能，统一服务流程，按照国家制定的服务规范和标准，为劳动者和用人单位提供优质高效的就业服务。公共就业服务机构应当加强工作人员的政策、业务和服务技能培训，组织职业指导人员、职业信息分析人员、劳动保障协理员等专业人员参加相应职业资格培训。公共就业服务机构应当公开服务制度，主动接受社会监督。

（六）公共就业服务机构的经费

公共就业服务经费纳入同级财政预算。各级劳动保障行政部门和公共就业服务机构应当根据财政预算编制的规定，依法编制公共就业服务年度预算，报经同级财政部门审批后执行。公共就业服务机构可以按照就业专项资金管理相关规定，依法申请公共就业服务专项扶持经费。公共就业服务机构接受社会各界提供的捐赠和资助，按照国家有关法律法规管理和使用。公共就业服务机构为用人单位提供的服务，应当规范管理，严格控制服务收费。确需收费的，具体项目由省级劳动保障行政部门会同相关部门规定。

三、规范对职业中介机构的管理

国外职业中介机构一般可分为两类：一类为隶属于劳动行政部门的"公立"职业中介机构，为所有劳动者免费服务，对企业也基本是免费的。公立职业中介机构的经费有稳定的来源，一般来自国家财政拨款、失业保险基金、社会保险税等，许多国家公立职业介绍机构的工作人员属于国家公务员，需要通过公务员统一考试，合格后才能上岗，在发达国家，公共就业服务部门已成为执行政府就业政策和劳动力市场调整计划的主体。另一类为"私营"职业介绍机构，各国都比较谨慎地限制其开办，如日本，规定允许私营职业介绍所从事的职业介绍只限于29种专业性很强的职业，美国要经过州政府批准。我国的职业中介机构也可分为两类：一类就是上文的公共就业服务机构，另一类就是本文的"职业中介机构"。显然，这里的"职业中介机构"属于经营性职业中介机构，我国的《就业促进法》《就业服务与就业管理规定》中的"职业中介机构"就属于经营性职业中介机构。《就业服务与就业管理规定》第45条第2款规定："本规定所称职业中介机构，是指由法人、其他组织和公民个人举办，为用人单位招用人员和劳动者求职提供中介服务以及其他相关服务的经营性组织。"

对职业中介机构的管理主要包括：对职业中介机构的市场准入规制、对职业中介机构市场行为的规制、对职业中介机构服务内容的规制、对职业中介机构的监督管理等。

第四节　维护公平就业，禁止就业歧视

反对就业歧视，维护就业平等，是政府在就业促进工作中的基本职责之一，是就业促进的主要内容。

一、公平就业与禁止就业歧视的意义

公平就业与禁止就业歧视实际上是一个问题的两个方面。公平就业主旨是劳动者在就业机会面前人人平等，这是公平就业的积极意义。公平就业的消极意义，就是必须禁止就业歧视。就两者关系而言，公平就业必然要求禁止就业歧视，只要禁止就业歧视，公平就业就能实现。现实中存在一种根深蒂固的需要纠正的观念和做法，即认为选择劳动者是用人单位的用人自主权，何况就业歧视并不减少就业总量。例如，歧视女性，但与此同时意味着职位最终由男性所获。实际上，就业歧视从大的方面讲，违背了市场的供求规律和竞争规律，造成宝贵的社会人才资源的极大浪费，甚至不可避免的引起社会紧张，导致社会不满和社会动荡，影响社会和谐，已经涉及社会正义问题。从小的方面来说，就业歧视使得与工作相关的个人的能力成为就职的非第一位的因素，影响了劳动者的公平竞争，极易使劳动者输在起点上，使遭受就业歧视的一部分劳动者失去了适合其职业发展的机会，导致经常性的就业压力感、受挫感增加，最终也损害了用人单位选才、用才的效果。我国就业歧视已成为不容忽视的社会问题。（参见案例2-1）

案例2-1

[相关资料]

2011年2月全国妇联发布的《女大学生就业创业状况调查报告》显示，91.9%的被访女大学生感受到用人单位的性别歧视。2015年1月，中共中央宣传部委托新华通讯社主办的半月谈网调查表明，95%被访者希望出台《反就业歧视法》。[1]

二、域外反就业歧视立法和实践

西方国家的反就业歧视法律大多已经比较系统、完善。加拿大1995年颁布了《就业平等法》。英国1975年颁布了《性别歧视法》，1995年颁布了《残疾歧视法》和《就业平等法》，2010年4月通过了统一的反歧视基本法《平等法》。2006年8月，德国对现有大量反歧视法律法规进行统一编纂，形成了反歧视基本法《一般平等待遇法》。欧盟共同就业政策的四项支柱之一就是平等的就业机会，目前，欧盟已经将就业目标与社会平等的主流政策付诸实践[2]等。这里有必要强调一下反就业歧

---

〔1〕　"95%被访者希望出台反就业歧视法"，载 http://www.banyuetan.org/chcontent/zc/dcfx/2015115/122818.html.

〔2〕　杨雪：《欧盟共同就业政策研究》，中国社会科学出版社2004年版，第83页。

视立法和实践较为成熟的国际劳工组织的做法和美国的做法。

（一）国际劳工组织反就业歧视立法和实践

2003 年 6 月在日内瓦召开的国际劳工大会第 91 届会议发表了专门针对世界各地形形色色就业歧视的《工作中平等的时代》的报告，报告明确指出："消除工作中的歧视是社会正义的核心，是国际劳工组织的中心任务。它加强为所有男女创造体面劳动这一理念，这个理念的基础是为在正规或非正规经济中工作或者寻求工作和谋生的所有劳动者、雇主和自雇者提供平等的机会。消除歧视是任何可行的脱贫和经济可持续发展战略的一个必不可少的组成部分"。[1] 这足见国际劳工组织对反就业歧视的重视。

[相关资料]

　　体面劳动是国际劳工组织所有 4 个战略目标的共同核心：促进工作中的权利、就业、社会保护和社会对话。

1944 年 6 月第 26 届国际劳工大会通过的《费城宣言》即《关于国际劳工组织的目标和宗旨的宣言》（现在为《国际劳工组织章程》组成部分）明确指出："全人类不分种族、信仰或性别都有权在自由和尊严、经济保障和机会均等的条件下谋求物质福利和精神发展。"[2]

工作中的平等是国际劳工组织通过和促进的国际劳工标准的永恒主题，是 8 个核心公约，包括 1930 年《强迫劳动公约》（第 29 号）、1948 年《结社自由和保护组织权利公约》（第 87 号）、1949 年《组织权利和集体谈判公约》（第 98 号）、1951 年《男女工人同工同酬公约》（第 100 号）、1957 年《废除强迫劳动公约》（第 105 号）、1958 年《（就业和职业）歧视公约》（第 111 号）、1973 年《最低年龄公约》（第 138 号）和 1999 年《最有害形式童工劳动公约》（第 182 号）中 2 个公约的主题，即 1958 年《（就业和职业）歧视公约》（第 111 号）和 1951 年《同酬公约》（第 100 号），这 2 项公约是属于获得批准最多的国际劳工组织公约。[3]

1958 年《（就业和职业）歧视公约》（第 111 号）及其附属建议书（第 111 号）要求发展一项促进平等的国家政策，规定"各国应建立和实施一项促进就业与职业机会均等和待遇平等，消除歧视的国家政策。……国家根据特有国情确定发展哪些措施，促进机会和待遇平等"。[4]

1958 年《（就业和职业）歧视公约》（第 111 号）及其附属建议书（第 111 号）还对"就业歧视"进行了定义，规定歧视为"基于种族、肤色、性别、宗教、政治见解、民族血统或社会出身等原因，具有取消或损害就业或职业机会均等或待遇平

---

[1]　《工作中平等的时代》的报告"序言"第 4 点。

[2]　参见《费城宣言》第 2 条（"2"a）。

[3]　《工作中平等的时代》的报告"序言"第 5 点。

[4]　1958 年《（就业和职业）歧视公约》（第 111 号）及其附属建议书（第 111 号）第 3 条。

等作用的任何区别、排斥或优惠"。同时进一步规定："有关成员国经与有代表性的雇主组织和工人组织……协商后可能确定的"其他原因的歧视。[1]1958年《（就业和职业）歧视公约》（第111号）及其附属建议书（第111号）第1条（1b）最后指出："不构成歧视的措施包括基于一项特定工作内在要求的措施，意在保障国家安全的措施，特殊的保护（如针对男女健康的特殊需要）或援助措施（如肯定行动和援助措施）。"[2]

1998年6月通过的《工作中的基本原则和权利宣言及其后续措施》再次肯定了消除与就业和职业有关的歧视的章程原则，从而确认了通过促进待遇和机会平等，禁止劳动世界歧视的普遍共识。国际劳工组织对公约和建议书的执行的监督，实际上是没有也不可能是强制性的，这些监督手段是"软"手段，主要是靠道德劝说、公开事实真相和谴责、提供技术专长帮助、外交活动和对话来使成员国遵守。

[相关资料]

8个核心劳工公约中，美国只承认了2个，包括英、法、德等在内的所有的欧盟成员国和俄罗斯都批准了全部8个核心国际劳工公约，日本批准了6个，我国和印度批准了4个，国际劳工组织也只能通过非强制手段督查其承认。[3]

2003年6月国际劳工组织在《工作中平等的时代》的报告中明确指出："假如要使人类的尊严和个人自由、社会正义和社会凝聚力的价值不仅仅只限于正式的宣言，消除工作中的歧视是至关重要的。"该报告是遵循《国际劳工组织关于工作中的基本原则和权利宣言及其后续措施》的要求而汇编的，审议了已被确认并在国家和国际一致受到正式谴责的工作中各种形式的歧视。报告也列举了各种最新的政策和实际对策，目的是为就业和职业歧视的消除动员更大程度的支持。[4]

（二）美国反就业歧视立法和实践

美国反就业歧视的法律主要包括：1963年《同工同酬法》、1964年《民权法案》第七章、1967年《雇用年龄歧视法》、1978年《怀孕歧视法》、1990年《残障人士法案》、1991年《民权法案》等。其中1964年《民权法案》第七章对《同工同酬法》作了进一步完善，《雇用年龄歧视法》在1978年经国会修改，1964年《民权法案》第七章是美国反就业歧视的法律的中心，1991年《民权法案》对1964年《民权法案》第七章、《残障人士法案》以及《就业年龄歧视法案》进行了修正，特别是在1964年《民权法案》第7章补偿性损害赔偿的基础上增加了惩罚性损害赔偿的规定。这些法律对就业歧视的构成及分类（主要以成文法与判例法并用的方式规定

---

〔1〕1958年《（就业和职业）歧视公约》（第111号）及其附属建议书（第111号）第1条（1a）。

〔2〕1958年《（就业和职业）歧视公约》（第111号）及其附属建议书（第111号）第1条（1b）。

〔3〕《工作中平等的时代》的报告"序言"第6点。

〔4〕国际劳工局局长报告：《工作中平等的时代》。本报告可在国际劳工局因特网址上查询 http://www.ilo.org/declaration。

什么是就业歧视)、就业歧视抗辩（"真正职业资格"和针对妇女等特定群体的保护性的"积极歧视"，后者对应《（就业和职业）歧视公约》的"不构成歧视的措施"）、就业歧视救济（补偿性损害赔偿和惩罚性损害赔偿）、反就业歧视的工作机构"EEOC"等作了具体明确、操作性极强的规定，有力地打击了美国劳动力市场上的就业歧视现象，维护了就业公平。

[相关资料]

　　"EEOC"，即"Equal Employment Opportunity Commission"（"EEOC"），亦即平等就业机会委员会，1965 年 7 月依据 1964 年《民权法案》第七章设立的准政府机构，全权负责反就业歧视工作。

在《解放黑人奴隶宣言》发表近 100 年后的美国社会，亦即 20 世纪五六十年代以前，美国种族歧视仍然根深蒂固，并未得到有效改观，除了教育、房屋、交通等方面存在明显的种族隔离，在就业方也存在大量直接种族歧视，更不需要说间接种族歧视了。黑人一般从事"笨""脏""苦""累"的劳动职业，平均工资只有白人的 1/3 到 1/2，而且失业比例很高。

20 世纪五六十年代，美国就业歧视尤其是针对以黑人为主的有色人种就业歧视是极其盛行的，"花样繁多"，种族歧视、年龄歧视、性别歧视、宗教信仰歧视等无所不在。在美国 20 世纪五六十年代的包括"妇女运动""黑人运动"等重大社会运动的压力下，美国政府制定了严格的法律，并采取切实措施保证法律实施。经过四五十年的努力，如今美国的就业歧视问题得到有效解决，尽管还存在一定的间接的"隐形就业歧视"，但直接的公开的就业歧视已销声匿迹，就业越来越平等与公正。

[相关资料]

　　1. 如今，美国雇主最害怕的官司之一就是"就业歧视"的官司。美国旧金山高等法院一个陪审团 2015 年 3 月 27 日作出裁定，原华裔女合伙人鲍康对其公司提起的性别歧视诉讼败诉，不支持鲍康求偿 1600 万美元。对此，当地法律界和实务界人士认为，该诉讼无论胜负，都将会对男性主导的硅谷产生巨大影响。[1]

　　2. 2004 年 4 月美国公平就业委员会查处的"巴博汽车销售公司歧视穆斯林员工案"至今仍然是一个典型的隐性就业歧视案。就职于巴博汽车销售公司的 7 名员工，因为是阿富汗人并信仰伊斯兰教，在 2000 年 6 月到 12 月期间即"9·11"事件之前，被许多同事称为"恐怖分子"。公平就业委员会经调查认定，巴博汽车销售公司伤害他人自尊，违反《民权法案》，必须赔偿 7 名穆斯林员工 55

---

〔1〕 "美国硅谷华裔女高管性别歧视案求偿无果"，载 http://world. huanqiu. com/hot/2015 - 03/6037225. html.

万美元。[1]

进入 21 世纪以来，美国在批准国际劳工公约方面处于停顿状态，直到目前美国只批准了 8 个核心国际劳工公约中的两个，即《禁止和立即行动消除最恶劣形式的童工劳动公约》和《废除强迫劳动公约》，而与反就业歧视直接相关的核心公约1951 年的《男女工人同工同酬公约》（第 100 号）、1958 年的《（就业和职业）歧视公约》（第 111 号）都没有被批准。国际劳工公约核心的《消除对妇女一切形式歧视公约》也没有被批准，与反就业歧视关系密切的《经济、社会、文化权利国际公约》等核心的国际人权公约同样也没有被批准。没有批准的理由是其他 6 个核心国际劳工公约与美国的联邦或者州劳动法律有直接冲突。本书认为，是由于根深蒂固的美国劳动法的"反工会"性。例如，美国劳动法律对工人罢工权限制明显，直接影响1948 年《结社自由和保护组织权利公约》（第 87 号）、1949 年《组织权利和集体谈判公约》（第 98 号）的批准。而至于对反就业歧视核心国际劳工公约的不批准，多数是涉及立法技术问题，当然也涉及美国劳动法的"反工会"性，例如，基于工会会员身份的歧视。在此不予展开阐述。

[探究]

美国劳动法之所以具有"反工会"性，在于美国整个社会奉行的"自由主义"实际上是单个人的个体自由，是"单子化"的自由，这种自由强调的是个人自我判断、自我行为、自我负责，某种意义上就是推崇社会生活的"丛林主义"，必然反对通过社会集体力量干预"单子化"的自由。所以，美国是目前世界上市场自由化程度最高的国家，甚至从负面可以说，美国是实行社会生活的"丛林主义"最彻底的国家，这就是奉行"单子化"自由主义的必然结果。

实际上，尽管 1951 年的《男女工人同工同酬公约》（第 100 号）、1958 年的《（就业和职业）歧视公约》（第 111 号）没有被批准，但是，美国《反就业歧视法》的基本框架和核心内容是和这两个核心国际劳工公约一致的，甚至一些具体的法律规定是核心国际劳工公约的进一步深化。例如，美国《反就业歧视法》提出的"BFOQ"（Bona Fide Occupational Qualification，"真正职业资格"）就是对《（就业和职业）歧视公约》（第 111 号）中第 1 条第 2 款的"不构成歧视的措施"的"升华"。

[相关资料]

1. "真正职业资格"，允许雇主在特殊行业的劳动者求职和雇佣时，按照行业正常生产经营要求而依据性别、年龄、宗教信仰、种族等特征对劳动者进行的合理而且必需的选择，这种选择不构成歧视性的，可以构成对 1964 年《民权法案》第 7 章规定的就业歧视的抗辩受到法律保护。例如，医院妇产科的医护人员可以要求必须是女性，天主教学校的教师必须信仰天主教、重体力劳动者

[1]　王忻："美国有没有就业歧视"，载《环球时报》2004 年 5 月 24 日。

必须有年龄要求等。[1]

2. 我国台湾地区"性别工作平等法"规定："雇主对求职者或受雇者之招募、甄试、进用、分发、配置、考绩或升迁等，不得因性别而有差别待遇。但工作性质仅适合特定性别者，不在此限。"这一条款中"不在此限"的例外情况，实际上就是美国的"真正职业资格"标准。香港地区的《性别歧视条例》中也明确列举了"真正职业资格"，包括正常生产经营必须由男性或女性担任工作等七种情形，且规定了举证责任倒置的原则。

[探究]

实践中"真正职业资格"是非常难以精确化、固定化的，需要随着时代的发展而不断充实。否则，"真正职业资格"极有可能成为用人单位实施就业歧视行为的托辞，给法律适用带来困难。

三、我国反就业歧视立法和实践

为了维护劳动者的平等就业权，反对就业歧视，《就业促进法》对公平就业作出了规定，包括八个方面：①明确政府维护公平就业的责任。劳动者依法享有平等就业和自主择业的权利。劳动者就业，不因民族、种族、性别、宗教信仰等不同而受歧视。各级人民政府应当创造公平就业的环境，消除就业歧视，并制定政策和采取措施对就业困难人员给予扶持和援助。②规范用人单位和职业中介机构的行为。在人力资源市场中，用人单位和职业中介机构的行为往往影响和决定着劳动者的就业机会和就业权利的实现。依法规范他们的行为，对维护劳动者平等就业权至关重要。因此，《就业促进法》规定，用人单位招用人员、职业中介机构从事职业中介活动，应当向劳动者提供平等的就业机会和公平的就业条件，不得实施就业歧视。③保障妇女享有与男子平等的劳动权利。用人单位招用人员，除国家规定的不适合妇女的工种或者岗位外，不得以性别为由拒绝录用妇女或者提高对妇女的录用标准。同时，对用人单位录用的劳动合同内容作了法律规定。④保障各民族劳动者享有平等的劳动权利。用人单位招用人员，应当依法对少数民族劳动者给予适当照顾。⑤保障残疾人的劳动权利。各级人民政府应当为残疾人创造就业条件，用人单位招用人员，不得歧视残疾人。⑥保障传染病病原携带者的平等就业权。用人单位招用人员，不得以其是传染病病原携带者为由拒绝录用。同时对其不能从事的工作作了法律限制。⑦保障进城就业的农村劳动者的平等就业权。农村劳动者进城就业享有与城镇劳动者平等的劳动权利，不得对农村劳动者进城就业设置歧视性限制。⑧规定了劳动者受到就业歧视时的法律救济途径。劳动行政部门应当对本法实施情况进行监督检查，建立举报制度，受理对违反本法行为的举报，并及时予以核实处理（当然包括就业歧视处理）。违反本法规定，实施就业歧视的，劳动者可以向人民法院提起诉讼。

---

[1] 载 http://www.businessdictionary.com/definition/bona-fide-occupational-qualifications-BFOQ.html.

[相关资料]

反就业歧视的法律规范包括《宪法》《劳动法》《妇女权益保障法》《残疾人保障法》及其他相关规定。

[探究]

《就业促进法》在反对就业歧视规定方面尚待完善的一些问题：①对于就业歧视没有明确的定义和范围界定。②忽略了对政府歧视行为作禁止性规定。③没有规定对受歧视者的赔偿标准、赔偿的方式等。④没有规定举证责任倒置。⑤没有规定如何应对、打击隐性歧视。[1] 另外，我国城乡统筹就业，是反就业歧视的主要领域，《就业促进法》明确规定，国家实行城乡统筹的就业政策，建立健全城乡劳动者平等就业的制度，引导农业富余劳动力有序转移就业。县级以上地方人民政府推进小城镇建设和加快县域经济发展，引导农业富余劳动力就地就近转移就业。在制定小城镇规划时，将本地区农业富余劳动力转移就业作为重要内容。县级以上地方人民政府引导农业富余劳动力有序向城市异地转移就业。劳动力输出地和输入地人民政府应当互相配合，改善农村劳动者进城就业的环境和条件。但《就业促进法》在城乡统筹就业的规定中政策宣示性的内容较多，而规范性的内容较少。

[深入思考]

1. 自然失业率。
2. 就业权的限定性。
3. 西方政府就业促进的行为特点。
4. 公共就业服务性质界定。
5. 隐性就业歧视。

---

〔1〕 郭捷等：《劳动法学》，高等教育出版社2014年版，第193~196页。

第三章　劳动合同法律制度

■ 本章导读

　　本章的逻辑主线是：劳动合同是什么？劳动合同法律制度的法律意义是什么？劳动合同法律制度的构成以及与传统民商事合同的区别是什么？本章的重点是充分理解劳动合同是相对于传统民商事合同的"特殊合同"、我国劳动合同的形式、劳动合同的解除和劳务派遣合同的立法及实践。难点是劳动合同与劳务合同的区别、劳动合同的无效、解除条件和劳务派遣合同的"雇主责任"。

　　劳动合同是劳动关系双方当事人确立、变更、终止劳动权利义务关系的协议，是劳动关系的基本法律形式。劳动合同法律制度具有不同于劳动基准、集体合同制度的显著特点，是劳动法在微观层次调整劳动关系的实现途径。这部分内容主要体现在第一节中。

　　劳动合同法律制度的构成主要包括劳动合同的形式和内容、订立、法律效力、履行、变更、解除与终止。由于劳动合同是相对于传统民商事合同的"特殊合同"，这使得劳动合同法律制度整体上呈现出与传统民商事合同法律制度不同之处。其主要体现在约定责任（任意法责任）的限定和法定责任（强制法责任）的强化上，前者主要表现在劳动合同法明确规定，禁止适用违约金、保证金等约定违约责任形式，尤其是禁止对劳动者适用违约金、保证金等责任形式；后者主要表现在国家以强制法形式对劳动合同的形式、内容、订立、法律效力以及履行、变更、解除与终止时所进行的一些法律责任的规定，这些强制法律责任规定实际上是带有基准法性质的，而不属于劳动合同的违约责任，其典型表现就是劳动合同解除或终止时的经济补偿金并不是一概不适用于因无效劳动合同形成的事实劳动关系，这点明显区别于民商事的私法合同的相关规定。这部分内容主要体现在第二节至第七节中。

第一节　劳动合同概述

一、劳动合同的概念及特征

（一）劳动合同的概念

　　劳动合同，亦可称为劳动契约。在西方国家，一般沿用传统立法概念，称为雇佣合同或雇佣契约。"劳动契约乃劳动关系之核心，一切劳动关系均建立在劳动契约之上，并由此展开。"[1]在资本主义早期阶段，劳动条件是通过市场机制决定的，劳动合同在本质上属于私法上的契约，而没有把劳动合同看作一种特殊的契约形式。19 世纪末 20 世纪初，历史步入垄断资本主义时期后，"特殊合同说"得以产生发展。

　　我国对劳动合同的定义可分为学理定义和立法定义。从学理上定义，可概括为：劳动合同是劳动关系双方当事人确立、变更、终止劳动权利义务关系的协议。这个概念强调了劳动合同中劳动权利义务关系的广泛性，既包括以劳动合同形式来产生权利义务关系，也包括对权利义务关系的变更和终止。从立法上定义，我国《劳动法》规定："劳动合同是劳动者与用人单位确立劳动关系、明确双方权利和义务的协议。"这个定义强调了劳动合同与权利义务之间的紧密关联性，通过立法引导双方当事人，使其明确要使其劳动关系产生预期的法律效力，必须签订劳动合同。

[探究]

　　1. 域外劳动合同定义。在域外，无论是成文法还是不成文法国家一般都不存在立法上的劳动合同定义，基本上都是由学界和实务界形成的认识。现代的劳动合同在本质上已经不属于私法上的契约关系，而是具有社会法性质。劳动合同的缔约、解约规则、条款要受到国家法律广泛的法定强制性标准的干预。例如，劳动合同要受到劳动基准、集体合同的约束以及解除的限制、解除时的经济补偿等。

　　2. 在资本主义国家早期，劳动合同只是私法上的契约，契约关系中的当事人都被当作抽象掉了各种能力和财力等的抽象的人。

　　19 世纪末 20 世纪初历史步入垄断资本主义时期后，出现了"特殊合同说"。"特殊合同说"认为劳动合同不属于民法中的典型合同，已形成一种特殊合同。然而，何为"特殊合同"，各国学理和立法上又有不同主张。1971 年修改的瑞士债法（最近的修改是 1999 年），直接将雇佣合同称为劳动合同（这是民法典中正式以"劳动合同"取代"雇佣合同"的创举，标志着落伍的雇佣合同概念从此在民法中消失）。需要指出的是，瑞士债法虽然用劳动合同制度替代了雇佣合同制度，但雇佣合同制度仍然是民法体系的组成部分。

劳动合同作为劳动者和用人单位确立劳动关系的基本法律形式，是稳定劳动关系，保障劳动过程的平稳运行，维护劳动者和用人单位的合法权益，促进经济发展和社会进步的重要手段。这是因为：①以劳动合同作为建立劳动关系的基本形式，是世界各国普遍的做法，也是建立和完善我国社会主义市场经济体制的客观要求；②劳动过程是非常复杂，也是千变万化的，不同行业、不同单位和不同劳动者在劳动过程中的权利义务各不相同，国家法律、法规只能对共性问题作出原则性的规定，而不可能对当事人的权利义务进行具体规定。这就要求双方当事人依法签订劳动合

〔1〕　黄越钦：《劳动法新论》，中国政法大学出版社 2003 年版，第 6 页。

同，明确相互的权利和义务；③劳动合同是双方当事人履行义务，享受权利的依据，一旦发生劳动争议，则是劳动争议调解委员会、仲裁委员会及法院处理劳动争议的依据。

（二）劳动合同的特征

劳动合同除具有一般合同如平等性、自愿性、目的性的特征外，还具有如下主要特征：

1. 主体的特定性。劳动合同的主体一方为用人单位，另一方为劳动者。在这里的用人单位，是指具有用人权利能力和用人行为能力，通过招工或招聘行为雇用或聘用劳动者的用人主体，包括各种性质的企业、个体经济组织、特定范围劳动用工关系下的国家机关、事业单位以及社会团体、民办非企业单位、依法成立的会计师事务所、律师事务所等合伙组织和基金会等。劳动者，是指具有劳动权利能力和劳动行为能力并被用人单位雇用的自然人。因此，各种社会组织与社会组织之间，社会组织与个体经济组织之间，自然人与自然人之间，因含有劳务性质而签订的合同都不是劳动合同。即使签订了所谓的"劳动合同"，也不属于劳动法上的劳动合同，并且不属于劳动法调整的范围。

2. 较强的法定性。劳动合同首先是双方当事人在平等、自愿的基础上缔结的，具体的劳动权利与劳动义务允许双方当事人协商议定。但由于劳动关系的人身从属性特征，使得劳动者签订劳动合同时，也可能成为附属性一方而丧失独立意志。所以，劳动合同双方当事人在缔结劳动合同、确定劳动权利义务时，不得违背国家法律和行政法规的规定，如为了切实保障劳动者的合法权益，在工时休假制度、最低工资待遇、劳动保护条件、社会保险待遇等方面，国家法律均有基准规定，这就要求当事人的意志不得违背国家意志，在国家法律、法规许可的范围内确定具体的劳动权利和义务，以形成劳动合同关系。另外，由于集体合同具有劳动基准法的效力，劳动合同也不得违背集体合同的规定。劳动合同的法定性表明了以合同形式建立的劳动关系与一般民事关系之间的差别。民商法的意思自治原则，使其所调整的民商事合同均建立在当事人意思自治的基础上，当事人间权利义务的确立，鲜有国家意志的强力干预。

3. 劳动合同往往涉及第三人的物质利益。劳动者的配偶、父母及子女均不是合同当事人，但劳动合同的某些条款或履行结果都与劳动合同发生着紧密联系。如劳动者子女的就学问题，劳动者家属的住房问题及其他特殊困难等；劳动者因生育、年老、患病、工伤、残废、死亡等原因，部分或全部、暂时或永久地丧失劳动能力的时候，用人单位不仅要对劳动者本人给予一定的物质帮助，而且对劳动者所供养的直系亲属也要给予一定的物质帮助；对工资的衡量无论是双方协商工资或国家规定的最低工资，都包含着对劳动者家庭成员基本生活费用的要求；等等。

4. 合同履行中劳动者主体的从属性。在劳动合同的履行中，劳动者必须加入用人单位的组织中去，成为用人单位的普通一员。劳动者必须服从用人单位的劳动纪律和规章制度，接受用人单位的管理和监督，这种从属性是社会化大生产决定的，法律只是对这种从属性进行了确认。但必须明确的是，这种从属性必须是法律许可限度内的从属性。也就是说，用人单位对劳动者的管理和监督，用人单位依据劳动纪律和规章制度对劳动者的支配，必须具有合法性。禁止任何违法的对劳动者的管理和支配。

5. 劳动合同的目的在于劳动过程的实现，而不单纯是劳动成果的给付。劳动过程是一个相当复杂的过程，有的劳动直接创造价值；有的劳动在于实现价值；有的劳动则是间接地帮助创造或实现价值；有的劳动成果当时就能衡量；有的劳动成果将来才能看到。比如，对劳动者的职业培训也是劳动过程的一个重要组成部分，劳动者在接受培训期间，不但不创造价值，而且单位还要为他们支付相当的学费，但只要他们完成了学习任务，就实现了该阶段的劳动过程。因此，劳动合同的目的在于劳动过程的实现。当然，这一特征并不排除劳动合同对劳动成果的要求。

二、劳动合同的种类

根据不同的标准可对劳动合同进行多种分类，其中具有法律意义的分类主要有：

（一）以合同期限为标准的分类

劳动合同可分为有固定期限的劳动合同、无固定期限的劳动合同和以完成一定的工作为期限的劳动合同。这种分类，是世界各国对劳动合同的普遍立法通例。我国《劳动法》《劳动合同法》及其配套法规也采取了这种分类。

有固定期限的劳动合同，也称为定期劳动合同，是指双方当事人在劳动合同中约定一个明确的合同期限，期限届满可以依法续订，否则就终止双方的权利义务关系的劳动合同种类。这种劳动合同种类往往参考或依据用人单位的性质、工作的特点、劳动者的履历等诸多因素来规定。有固定期限劳动合同的优点是适用范围广，应变能力强，既能保持劳动关系的相对稳定，又能促进劳动力的合理流动，缺点是容易产生劳动合同短期化，影响劳动关系的和谐稳定。无固定期限的劳动合同，也称为不定期劳动合同，是指用人单位与劳动者约定无确定终止时间的劳动合同。不定期劳动合同关系比定期合同关系更稳定。由于不定期劳动合同对劳动者的就业保护具有一定程度上的优势，尤其是就防止用人单位在使用完劳动者的"黄金年龄段"后不再使用劳动者而言，不定期劳动合同的保护更有效。因此，许多国家和地区在立法中将此类合同作为常规性合同，放在较高的地位，并通过立法规范来保护一定范围内的劳动者。《劳动合同法》第14条对无固定期限合同作了全面的规定：用人单位与劳动者协商一致，可以订立无固定期限劳动合同。有下列情形之一，劳动者提出或者同意续订、订立劳动合同的，除劳动者提出订立固定期限劳动合同外，应当订立无固定期限劳动合同：①劳动者在该用人单位连续工作满10年的；②用人单位初次实行劳动合同制度或者国有企业改制重新订立劳动合同时，劳动者在该用人单位连续工作满10年且距法定退休年龄不足10年的；③连续订立二次固定期限劳动合同，且劳动

案例3-1

者没有本法第39条和第40条第1项、第2项规定的情形，续订劳动合同的。用人单位自用工之日起满1年不与劳动者订立书面劳动合同的，视为用人单位与劳动者已订立无固定期限劳动合同。（参见案例3-1）

[探究]

1. 我国台湾地区的"劳动基准法"规定，只有临时性、短期性、季节性即特定性的工作，才能订立定期劳动合同。凡有继续性的工作，都应当订立不定期劳动合同；德国规定，定期劳动合同最长期限不得超过5年，定期劳动合同如第二次续订，就要订立不定期劳动合同；比利时规定，定期劳动合同期满后当事人继续履行合同的，定期劳动合同自动转化为不定期劳动合同。

2. 《劳动合同法》为了改变我国目前劳动合同普遍短期化的缺陷，鼓励当事人订立长期合同，加大了用人单位订立无固定期限合同的义务（第14条）。这种立法思路在目前我国背景下无可厚非，但仔细分析条文，则会发现存在漏洞。目前只能通过司法解释对第14条第3款进行扩大解释，以弥补这一重大漏洞。[1]

3. 《劳动合同法》的出台，引发了理论界与实务界关于无固定期限劳动合同的大讨论、大争辩。其实，"无固定期限劳动合同"并非"铁饭碗""终身制"。只要出现劳动合同法规定的情形，不论用人单位，还是劳动者，都有权依法变更、解除劳动合同。

以完成一定工作为期限的劳动合同，是指双方当事人把完成某一项工作或劳动任务作为劳动关系的存续期间，约定任务完成后合同即自行终止的劳动合同。虽然其期限长短要视工作的进展情况而定，然而，因为一项工作最终是要完成的，而且完成的时间一般也是可以大致预期的。因此，以完成一定的工作为期限的合同，本质上仍然是一种有固定期限的合同，同时，此类合同不存在续订问题。它一般适用于铁路、公路、桥梁、水利、建筑以及工作无连续性的特定项目中，比如，"工程筹备期间""农副产品收购期间""旅游团滞留期间"等，均可能成为劳动合同的有效期限。

（二）以就业方式为标准的分类

根据就业方式的不同来分类，劳动合同可分为全日制劳动合同、非全日制劳动合同、劳务派遣合同。

全日制劳动合同就是依据国家法定劳动时间的规定，从事全日制工作的合同。《劳动合同法》从法律层面上对非全日制用工合同作出了与全日制用工合同不同的特别规范：一是对非全日制用工作了定义。规定非全日制用工，是指以小时计酬为主，劳动者在同一用人单位一般平均每日工作时间不超过4小时，每周工作时间累计不超过24小时的用工形式。二是规定从事非全日制用工的劳动者可以与一个或者一个

---

〔1〕 谢增毅："对《劳动合同法》若干不足的反思"，载《法学杂志》2007年第6期。

以上用人单位订立劳动合同；但是，后订立的劳动合同不得影响先订立劳动合同的履行。而全日制用工劳动者只能与一个用人单位订立劳动合同。三是规定非全日制用工双方当事人可以订立口头协议。而全日制用工的，应当订立书面劳动合同。四是规定非全日制用工双方当事人不得约定试用期。而全日制用工的，除以完成一定工作任务为期限的劳动合同和 3 个月以下固定期限劳动合同外，其他劳动合同可以依法约定试用期。五是规定非全日制双方当事人任何一方都可以随时通知对方终止用工；终止用工，用人单位不向劳动者支付经济补偿。而全日制用工的，双方当事人应当依法解除或者终止劳动合同；用人单位解除或者终止劳动合同，应当依法支付经济补偿。六是规定非全日制用工不得低于用人单位所在地人民政府规定的最低小时工资标准。而全日制用工劳动者执行的是月最低工资标准。七是非全日制用工劳动报酬结算周期最长不得超过 15 日。而全日制用工的，工资应当至少每月支付一次。[1] 劳务派遣合同是指劳务派遣单位（用人单位）和受派遣劳动者签订劳动合同后，将受派遣劳动者派遣至劳务派遣接受单位（用工单位），在劳务派遣关系中，受派遣劳动者和劳务派遣单位签订劳动合同，劳务派遣单位和实际用工单位签订劳务派遣协议。劳务派遣单位（用人单位）违反法律规定的，给受派遣劳动者造成损害的，劳务派遣单位与接受派遣劳动者单位（用工单位）承担连带赔偿责任。

[探究]

在我国非全日制劳动合同制度下可以形成"双重劳动关系"。非全日制劳动合同之劳动者一方可以与一个或者一个以上用人单位订立劳动合同；但是，后订立的劳动合同不得影响先订立的劳动合同的履行。用人单位招用与其他用人单位尚未解除或者终止劳动合同的劳动者，给其他用人单位造成损失的，应当承担连带赔偿责任。我国对于非全日制劳动的法律界定是"一般平均每日工作时间不超过 4 小时，每周工作时间累计不超过 24 小时"，但并未明确处于每日工作 4 小时以上 8 小时以下，每周工作 24 小时以上 44 小时以下的工作形态是否属于全日制劳动，这就使得非全日制劳动与全日制劳动之间存有了灰色地带。应当说，判定是否属于全日制劳动，并不宜单单依据时间上的计算标准。然而，对于非全日制劳动合同制度的法理梳理可谓复杂，此类劳动合同制度在产业发达国家和地区亦建立不久，尚未形成通行法理抑或成熟经验。在构建非全日制劳动制度时，如何能够兼顾非全日制劳动合同的灵活用工优势，与对劳动者利益的合理保障、如何协调并合理定位非全日制劳动合同与全日制劳动合同制度，值得深思。[2]

（三）按照用人单位的所有制性质进行的分类

按照用人单位的所有制性质进行分类，劳动合同可分为国有单位劳动合同、集

---

〔1〕　参见《〈中华人民共和国劳动合同法〉宣传提纲》。
〔2〕　郭捷等：《劳动法学》，高等教育出版社 2014 年版，第 218 页。

体单位劳动合同、私营企业劳动合同、外商投资企业劳动合同、个体经济组织劳动合同等。在我国现阶段，还有必要按照用人单位的所有制性质不同对劳动合同进行分类，但其意义已大大降低。

（四）按照劳动合同的存在形式进行的分类

按照劳动合同的存在形式进行分类，劳动合同可分为书面劳动合同、口头劳动合同等。

另外，还可按劳动者的岗位性质、劳动者的国籍等标准进行不同的分类。

三、劳动合同的作用

劳动合同是劳动者和用人单位确立劳动关系的基本法律形式。它对于实现法律对劳动关系的调整，保障劳动过程的平稳运行，维护劳动者和用人单位的合法权益，加强企业的规范化运作，促进经济发展和社会进步，都具有重要的作用。

（一）劳动合同是实现劳动者劳动权的法律形式

劳动权的基本精神在于劳动者享有劳动的自由和平等的工作机会，任何组织和个人不得非法妨碍、阻止甚至剥夺劳动者的劳动权利。劳动合同的基础是平等，双方当事人在劳动力市场上平等选择，自由行使各自的权利。劳动合同是选择双方确立权利义务关系的法律形式，劳动合同一经签订，用人单位就负有保证实现劳动权利的法定和约定义务，劳动者也必须按劳动合同的约定，全面履行劳动义务。非经法律规定，用人单位不得解除劳动合同，否则，将承担相应法律责任。

（二）劳动合同是维护双方当事人合法权益的重要手段

在我国《劳动合同法》中，劳动关系双方当事人的权利义务主要通过劳动合同来实现，并赋予了劳动合同较高的法律地位。要求用人单位与劳动者确立劳动关系，应当签订劳动合同。其立法目的在于权利义务的规范化、明确化，防止用人单位的不当解雇、违反约定支付劳动报酬和提供劳动保护条件。同时，在劳动者违约或非法辞职的条件下，追究其法律责任。另外，通过劳动合同，可以约束双方当事人的行为，保障劳动关系的稳定。

（三）劳动合同是用人单位提高劳动生产率的重要措施

劳动合同体现了双方当事人平等的选择权。作为用人单位，招收录用劳动者的目的，在于利润的最大化。因此，实现人力资源的最佳配置，就成为用人单位的重要任务。在现代劳动力产权制度下，用人单位可以通过劳动合同的期限、工作岗位、劳动报酬、劳动纪律、合同约定终止条件以及培训、保密、企业年金等条款，结合劳动者的学历、履历、技能以及身体状况，实现人尽其才。用人单位和劳动者均享有依法订立、变更、解除、终止劳动合同的权利，劳动者能进能出，可以促进劳动力流动，从而提高企业劳动生产率。

[相关资料]

2007年，中国政府颁布了《劳动合同法》并宣布该法从2008年1月1日起开始生效。在法律生效九个半月之后，中国政府在2008年9月18日公布了与该法配套的《劳动合同法实施条例》（以下简称《实施条例》）。实际上，从《劳动合同法》问世到现在，关于它的讨论就一直没有停止过。德国之声记者就此采访了汉堡大学国际比较劳动与产业关系研究所主任罗夫．盖夫肯博士（Dr. Rolf Gefken）。

　　罗夫·盖夫肯博士认为，《实施条例》将重点放在了如何使《劳动法》本身得到精确的执行上。至于这一点在现实中是否真能实现，则是另外一个问题，但是这种努力是明显的。我们需要的不单单是一部法律，而是这部法律在现实中能够运作起来。中国在这方面还需要走一段我们曾经花了很长时间才走过的路。但是，中国在这方面做出的努力仍然值得我们肯定。[1]

（四）劳动合同有利于防止和减少纠纷

　　劳动合同的效力就在于其对双方当事人均具有约束力。劳动合同一经签订，双方当事人必须全面地、亲自地履行合同。任何违约行为，均须承担相应的法律责任。任何权利的享有，均以承担和履行义务为前提。劳动合同的法律属性，可以有效地防止和减少劳动争议的发生，保证劳动关系的顺畅有序进行。在现实生活中，存在大量的事实劳动关系，由于没有签订劳动合同，劳动关系处在一种松散状态。任意辞退和随意离职的发生，引起大量劳动争议，给劳动关系双方均带来一定程度的烦恼和损失，也在一定程度上影响了经济秩序和社会的稳定。

第二节　劳动合同的形式和内容

一、劳动合同的形式

我国《劳动合同法》《劳动合同法实施条例》对劳动合同的形式有以下规定：

（一）劳动合同应当采用书面形式

《劳动合同法》第10条明确规定："建立劳动关系，应当订立书面合同。"

［探究］

1.《劳动合同法》第10条第1款的"建立劳动关系，应当订立书面劳动合同"的规定虽然对应着一定的法律后果，但书面形式已不再同劳动合同效力挂钩，而是作为劳动合同生效的必要条件，即"要件主义"。

2. 2013年2月《最高人民法院关于审理劳动争议案件适用法律若干问题的解释（四）》规定，如果用人单位与劳动者口头协商变更劳动合同，变更后的劳动合同内容不违法并且已经实际履行超过一个月的，将被认定为合法有效。

---

〔1〕"德国专家谈中国劳动合同法：雇员权利与产业升级"，载 http://www.fjhrss.com/info-read.asp?id=2302.

（二）未在建立劳动关系的同时订立书面劳动合同的情况的处理

形成劳动关系，就应当签订书面劳动合同，形成劳动关系而没有签订书面劳动合同的，按以下原则处理：

1. 用人单位自用工之日起即与劳动者建立劳动关系（用人单位与劳动者在用工前订立劳动合同的，劳动关系自用工之日起建立）。即使用人单位没有与劳动者订立劳动合同，只要存在用工行为，该用人单位与劳动者之间的劳动关系即建立，劳动者即享有劳动法律规定的权利。《劳动合同法》规定引起劳动关系产生的法律事实是用工，其目的是保护事实劳动关系中劳动者的权益，并不是肯定用人单位不与劳动者订立劳动合同的行为。（参见案例3-2）

案例3-2

2. 已建立劳动关系，未同时订立书面劳动合同的，如果在自用工之日起一个月内订立了书面劳动合同，其行为即不违法。自用工之日起一个月内，经用人单位书面通知后，劳动者不与用人单位订立书面劳动合同的，用人单位应当书面通知劳动者终止劳动关系，无需向劳动者支付经济补偿，但是应当依法向劳动者支付其实际工作时间的劳动报酬。（参见案例3-3）

案例3-3

3. 用人单位未在用工的同时订立书面劳动合同，与劳动者约定的劳动报酬不明确的，新招用的劳动者的劳动报酬按照集体合同规定的标准执行；没有集体合同或者集体合同未规定的，实行同工同酬。

4. 用人单位自用工之日起超过一个月不满一年未与劳动者订立书面劳动合同的，应当依《劳动合同法》第82条的规定向劳动者每月支付两倍的工资，并与劳动者补订书面劳动合同；劳动者不与用人单位订立书面劳动合同的，用人单位应当书面通知劳动者终止劳动关系，并依照《劳动合同法》第47条的规定支付经济补偿。这里规定的用人单位向劳动者每月支付两倍工资的起算时间为用工之日起满一个月的次日，截止时间为补订书面劳动合同的前一日。

［探究］

双倍工资应该支付到何时，《劳动合同法实施条例》出台前学界也有争议。此次《劳动合同法实施条例》出台，明确了双倍工资最多可支付11个月，用人单位向劳动者每月支付双倍工资的起算时间为用工之日起满一个月的次日，截止时间为补订劳动合同的前一日。自用工之日起满一年仍未签订劳动合同的，自用工之日起满一个月的次日至满一年的前一日都应支付双倍工资，满一年的当日就变为已经签订了无固定期限合同。

案例3-4

5. 用人单位自用工之日起满一年未与劳动者订立书面劳动合同的，自用工之日起满一个月的次日至满一年的前一日应当依照《劳动合同法》第82条的规定向劳动者每月支付两倍的工资，并视为自用工之日起满一年的当日已经与劳动者订立无固定期限劳动合同，应当立即与

劳动者补订书面劳动合同。(参见案例3-4)

(三) 非全日制用工劳动合同形式

根据《劳动合同法》第69条规定,非全日制用工的劳动合同既可以是书面形式,也可以是口头协议形式。之所以这样规定,是因为非全日制用工具有复杂性、多样性的用工特点,这类劳动关系以口头协议形式确立,较为直接、简便、快速。

二、劳动合同的内容

劳动合同的内容,是指劳动者与用人单位通过平等协商而约定的具体的劳动权利义务的条款。我国《劳动合同法》对劳动合同的内容规定为两部分,即必备条款和可备条款。必备条款,也称法定条款,是法律规定劳动合同必须协商而载明的条款,它体现了当事人意志与国家意志的有机结合,集中反映了劳动关系的本质和运行规律。可备条款,是法律规定双方当事人可协商约定的条款,它体现了当事人的意志,是对劳动关系运行的积极补充。必备条款和可备条款具有统一性。

(一) 必备条款

《劳动合同法》第17条第1款规定劳动合同应当具备以下必备条款:用人单位的名称、住所和法定代表人或者主要负责人,劳动者的姓名、住址和居民身份证或者其他有效身份证件号码,劳动合同期限,工作内容和工作地点,工作时间和休息休假,劳动报酬,社会保险,劳动保护、劳动条件和职业危害防护,法律、法规规定应当纳入劳动合同的其他事项。具体如下:

1. 用人单位的名称、住所和法定代表人或者主要负责人。这一项内容的目的是为了明确劳动合同中用人单位一方的主体资格。

2. 劳动者的姓名、住址和居民身份证或者其他有效证件号码。这一项内容的目的是为了明确劳动合同中劳动者一方的主体资格。

3. 劳动合同期限。劳动合同期限,指合同的有效期间,即劳动权利义务关系的存续期限。劳动合同的期限分为有固定期限、无固定期限和以完成一定的工作为期限3种,由双方当事人协商选择采用。

4. 工作内容和工作地点。工作内容,是指劳动者应为用人单位提供的劳动,包括工作岗位与工作任务和要求。这是劳动者履行劳动合同的主要义务,须在合同中加以明确规定。劳动合同中必须订明工作岗位,即劳动者进入用人单位后担任何种工作或职务。这与法律规定的有关解除劳动合同的条件密切相关。至于要求完成的工作任务或劳动定额,应视用人单位的具体情况,有必要的加以具体规定;不宜具体规定的,作出原则性的规定即可。工作地点是劳动合同的履行地,是劳动者从事劳动合同中所规定的工作内容的地点,劳动者有权在与用人单位建立劳动关系时知悉自己的工作地点。

5. 工作时间和休息休假。工作时间是指劳动者用来完成其所担负的工作任务的时间。工作时间包括工作时间的长短、工作时间方式的确定,劳动合同约定的工作时间,应当遵守劳动法及相关法律法规的规定。休息休假是指劳动者按规定不必进行工作，而自行支配的时间。休息休假是每个国家的公民都应享受的权利，用人单位与劳动者在约定休息休假事项时应当遵守劳动法及相关法律法规的规定。

6. 劳动报酬。按约定向劳动者支付报酬，是用人单位的一项基本义务。这里的劳动报酬是指劳动者参加社会劳动，按约定标准，从用人方取得的劳动收入。劳动者的劳动报酬主要以货币的形式实现，其中工资是劳动报酬的基本形式，奖金与津贴也是劳动报酬的组成部分。在劳动合同中要求明确规定工资标准或工资的计算办法，工资的支付方式，奖金、津贴的获得条件及标准。在确定工资条款时要特别注意，工资的约定标准不得低于当地最低工资标准，也不得低于本单位集体合同中规定的最低工资标准。

7. 社会保险。社会保险一般包括医疗保险、养老保险、失业保险、工伤保险和生育保险。社会保险由国家强制实施，因此成为劳动合同不可缺少的内容。

8. 劳动保护、劳动条件和职业危害防护。劳动保护，是指用人单位为了保障劳动者在劳动过程中的身体健康与生命安全、预防伤亡事故和职业病的发生，而采取的有效措施。在劳动保护方面，凡是国家有标准规定的，用人单位必须按国家标准执行，劳动合同的约定只能高于国家标准，而不得低于国家标准；国家没有规定标准的，劳动合同中的约定标准以不使劳动者的生命安全受到威胁、身体健康受到侵害为前提条件。劳动者有特别要求，经用人单位协商同意的，亦应在合同中写明。劳动条件，是指劳动者完成劳动任务的必要条件。[1]用人单位在保证提供必要的劳动条件下，才能要求劳动者完成所给付的劳动任务，因此，劳动条件也是劳动合同中不可缺少的内容。特别是劳动过程需要对劳动条件有特别要求的，双方当事人应在合同中明确具体地加以规定，以避免劳动纠纷的发生，同时也有利于用人单位生产、经营及管理计划的实现。

[探究]

　　《劳动合同法》规定的劳动合同必备条款与《劳动法》有关规定相比，有较大变化：一是增加了部分必备条款；二是取消了部分必备条款。

(二) 可备条款

可备条款，也称约定条款，是指在必备条款之外，双方当事人根据具体情况，在协商一致的基础上确定的条款。缺乏可备条款，不影响劳动合同的成立，但可备条款对弥补必备条款的不足，全面实现劳动过程，具有一定的积极意义。《劳动合同法》第17条第2款规定："劳动合同除前款规定的必备条款外，用人单位与劳动者可以约定试用期、培训、保守秘密、补充保险和福利待遇等其他事项。"这里所规定的"试用期、培训、保守秘密、补充保险和福利待遇"都属于可备条款。

1. 试用期条款。试用期是用人单位和劳动者为相互了解、选择而依法约定的考

---

〔1〕 这里的劳动条件是狭义的劳动条件，广义劳动条件一般包括工资、工时、休息休假、劳动安全卫生等。

察期。试用期多规定于初次就业、新上岗劳动者的劳动合同中。约定试用期的目的，在于考察劳动者是否符合录用条件，用人单位所介绍的劳动条件是否符合实际情况，从而使劳动者和用人单位在试用期限内对彼此的情况作进一步的了解，并根据实际情况和法律规定作出是否履行或解除劳动合同的决定。约定试用期限应遵守以下规定：①试用期包含在劳动合同期限内。劳动合同仅约定试用期的，试用期不成立，该期限为劳动合同期限。②同一用人单位与同一劳动者就同一岗位只能约定一次试用期。③试用期最长不得超过 6 个月。《劳动法》规定，试用期最长不得超过 6 个月。《劳动合同法》的第 19 条前 3 款规定："劳动合同期限 3 个月以上不满 1 年的，试用期不得超过 1 个月；劳动合同期限 1 年以上不满 3 年的，试用期不得超过 2 个月；3 年以上固定期限和无固定期限的劳动合同，试用期不得超过 6 个月。同一用人单位与同一劳动者只有约定一次试用期。以完成一定工作任务为期限的劳动合同或者劳动合同期限不满 3 个月的，不得约定试用期。"（参见案例 3 – 5）

　　试用期的法律意义，表现在合同的解除、最低工资的保护等若干方面。具体表现为：规定在试用期中，除劳动者有本法第 39 条和第 40 条第 1 项、第 2 项规定的情形外，用人单位不得解除劳动合同，用人单位在试用期解除劳动合同的，应当向劳动者说明理由；劳动者在试用期内提前 3 日通知用人单位，可以解除劳动合同；劳动者在试用

案例3–5

期的工资不得低于本单位相同岗位最低档工资的 80% 或者不得低于劳动合同约定工资的 80%，并不得低于用人单位所在地的最低工资标准；等等。（参见案例 3 – 6）

　　2. 服务期条款。服务期条款是指双方当事人约定，由用人单位提供其专项培训待遇的劳动者，必须为用人单位服务满约定的期限，期限内不得单方解除劳动合同的条款。用人单位约定劳动者履行服务期义务的前提是单位为劳动者提供了专项培训待遇，否则就是对劳动者的法定单方劳动合同解除权的不当限制。

案例3–6

　　《劳动合同法》第 22 条规定："用人单位为劳动者提供专项培训费用，对其进行专业技术培训的，可以与该劳动者订立协议，约定服务期。劳动者违反服务期约定的，应当按照约定向用人单位支付违约金。违约金的数额不得超过用人单位提供的培训费用。用人单位要求劳动者支付的违约金不得超过服务期尚未履行部分所应分摊的培训费用。用人单位与劳动者约定服务期的，不影响按照正常的工资调整机制提高劳动者在服务期期间的劳动报酬。"《劳动合同法实施条例》第 16 条规定："劳动合同法第 22 条第 2 款规定的培训费用，包括用人单位为了对劳动者进行专业技术培训而支付的有凭证的培训费用、培训期间的差旅费用以及因培训产生的用于该劳动者的其他直接费用。"《劳动合同法实施条例》第 17 条规定："劳动合同期满，但是用人单位与劳动者依照《劳动合同法》第 22 条的规定约定的服务期尚未到期的，劳动合同应当续延至服务期满；双方另有约定的，从其约定。"《劳动合同法实施条例》第 26 条规定，用人单位与劳动者约定了服务期，劳动者依照《劳动合同法》第

法》的第86条明确规定，劳动合同依法被确认无效，给对方造成损害的，有过错的一方应当承担赔偿责任。《劳动合同法》第90条明确规定，劳动者违反本法规定解除劳动合同，或者违反劳动合同中约定的保密义务或者竞业限制，给用人单位造成损失的，应当承担赔偿责任。（参见案例3-11）

对于约定由用人单位承担的违约金，《劳动合同法》没有作出禁止性规定。

案例3-11

此外，现实生活劳动岗位的复杂性和多变性，使得劳动合同的条款不可能千篇一律，法律对劳动合同条款的规定也不可能穷尽，当事人也可以根据自身情况和特殊需求，约定劳动合同的条款，这些条款在不违反法律精神和原则的前提下，均受法律保护，对双方当事人具有同样的约束力。

第三节　劳动合同的订立

劳动合同的订立，是指劳动者和用人单位经过相互选择和平等协商，就劳动合同条款达成协议，从而确立劳动关系和明确相互权利义务的法律行为。

一、订立劳动合同的原则

《劳动合同法》第3条规定，订立劳动合同，应当遵循合法、公平、平等自愿、协商一致、诚实信用的原则。

（一）合法原则

合法原则，亦称遵守国家法律、行政法规的原则，它是劳动合同有效的前提条件。这一原则的具体要求是：①劳动合同的当事人必须具备法定资格。也就是说，劳动合同的当事人要有劳动权利能力和劳动行为能力。用人单位作为劳动合同的一方当事人，必须以单位的名义与劳动者签订合同，而不能以单位内部的职能科室或党、团、工会组织的名义签订合同。劳动者成为劳动合同的当事人（除法律特别规定者外）必须年满16周岁且具有劳动能力。对未达到法定年龄的特殊劳动者，必须履行法定审批手续。②劳动合同的内容必须合法。劳动合同的双方当事人在确定具体的劳动权利义务时，不得违背国家有关法律、法规的规定。例如，《劳动合同法》第19条规定，劳动合同期限3个月以上不满1年的，试用期不得超过1个月。在这种情况下即使双方在合同中约定了1个月以上的试用期，也是违反法律规定的，该条款将被视为无效。对此，用人单位应承担由此而产生的法律责任。③劳动合同的形式要合法，除非全日制用工外，劳动合同需要以书面形式订立，这是劳动合同法对劳动合同形式的要求，否则，用人单位要承担不订立书面合同的法律后果。

（二）公平原则

公平原则是指劳动合同的内容应当公平、合理。就是在符合法律的强制性规定的前提下，劳动合同双方当事人之间的权利义务要公平合理，大体上平衡。公平原则是社会公德的体现，将公平原则作为劳动合同订立的原则，可以防止劳动合同当事人尤其是用人单位滥用优势地位，损害劳动者的权利，有利于保护劳动合同双方当事人的合法权益，维护和平衡当事人之间的利益。

（三）平等自愿、协商一致原则

订立劳动合同，首先应当遵循平等自愿、协商一致的原则。所谓平等，是指双方当事人的法律地位平等，这既是民事法律关系成立的有效条件，也是劳动法律关系确立的基本原则。合同关系的成立，以当事人双方在平等的法律地位上经过协商一致为根本条件，任何一方都不得以地位、权势、经济实力等因素把自己的意志强加于对方。劳动合同的当事人一方是用人单位，一方是劳动者个人，双方具有极强的隶属性特征，劳动者必须服从于用人单位劳动过程中的支配和管理，但在订立劳动合同时，不存在谁命令谁、谁服从谁的问题。所谓自愿，是指劳动合同的订立，完全出于合同当事人的意愿，任何一方不得强制对方接受某种条件，第三人也不得干涉劳动合同的订立。自愿原则要求，订立合同时对对方的选择和合同内容的协商，必须具有当事人的自由意志，包括选择合同当事人、选择合同内容、选择合同变更、解除或终止的条件等等。协商一致，是指在订立劳动合同的过程中，劳动合同订立与否、劳动合同内容如何，应当在双方当事人以协商的方式达成一致意见的基础上确定。平等是自愿的前提，自愿是平等的体现，是平等原则在确立劳动关系时直接推导出的结果，没有平等，自愿就是一句空话。而协商一致是平等自愿的唯一表达形式，在意见分歧的情况下，只有通过协商达成的统一，才能真正体现平等自愿。

（四）诚实信用原则

诚实信用原则要求当事人在订立、履行合同，以及劳动合同终止后的全过程中，都要诚实，讲信用，相互协作。例如，《劳动合同法》第 8 条的规定，用人单位招用劳动者时，应当如实告知劳动者工作内容、工作条件、工作地点、职业危害、安全生产状况、劳动报酬，以及劳动者要求了解的其他情况；用人单位有权了解劳动者与劳动合同直接相关的基本情况，劳动者应当如实说明。诚实信用是合同法的一项基本原则，也是劳动合同法的一项基本原则，更是一项社会道德原则。将诚实信用原则作为指导劳动合同当事人订立合同、履行合同的行为准则，有利于保护劳动合同当事人的合法权益，更好地履行合同义务。如果劳动合同没有约定或约定不明确而法律又没有规定的，可以根据诚实信用原则进行解释。

二、订立劳动合同的程序

劳动合同的订立程序，是指通过订立劳动合同，建立劳动法律关系的过程，包括签订合同的步骤和方式。它既能保障合同签订的正常进行，也是合同内容合法化、完备化的重要措施。我国法律目前还没有对劳动合同的签订程序作出规定，但是根据实践经验和客观需要，订立劳动合同主要应经过要约与承诺两个基本阶段。

（一）要约

要约，是指劳动合同的一方当事人向另一方当事人提出的订立劳动合同的建议。要约人可以是用人单位，也可以是劳动者。要约的内容应当包括：订立劳动合同的愿望，订立劳动合同的条件，以及要求对方考虑答复的期限。其中订立合同的条件必须明确具体，以便对方当事人进行考虑、衡量和选择，然后决定是否签订合同。

实践中，在劳动合同的要约行为实施之前，要做大量的准备工作（此环节应定性为要约邀请），如用人单位招用劳动者，首先要向社会公布招收简章，以便符合基本要求的劳动者进行报名，然后经过全面考核，在择优录用的基础上确定应招人员并发出要约。还有的是通过广告媒介或劳动力市场中的中介机构寻找特定对象，然后实施要约行为。

订立劳动合同的要约，同样也是一种法律行为，会对要约人产生一定的法律约束力。要约人在要约有效期内不得随意撤销要约，也不得拒绝受要约人的有效承诺。

（二）承诺

承诺，是指受要约人对劳动合同的要约内容表示完全的同意和接受，即受要约人对要约人提出的劳动合同的全部内容表示赞同，而不是提出修改，或者部分同意，或者有条件的接受。当然，订立劳动合同的过程也是一个要约邀请——反要约邀请——要约——反要约——再要约——直至承诺的反复协商取得一致意见的过程。

劳动合同的承诺，也是一种法律行为。一般情况下，要约一经承诺，写成书面合同，经双方当事人签名盖章，合同即告成立。依法成立的劳动合同，从合同成立之日或者合同约定生效之日起就具有法律效力。

实践中劳动合同的签订程序多为：首先，用人单位拿出书面合同草案；其次，用人单位介绍符合相关条件的内部劳动规章制度（用人单位在签订劳动合同时，应向劳动者公示劳动规章制度的内容，对一些重要规定，应予以专门提示，最终以合同附件的形式订为合同的重要内容。但在具体操作时，劳动合同中，一般只列明劳动规章制度的名称、文号以及劳动者承诺遵守劳动规章制度的相关内容）；再次，经与劳动者协商达成一致意见（允许双方对劳动合同草案提出修改和补充）；最后，双方签字盖章，合同即告成立。

此外，有些劳动合同（如涉外劳动合同），国家行政法规或地方性法规要求备案的，应当按规定向劳动行政主管部门备案后，劳动合同才发生法律效力。

［相关资料］

在我国实践中，存在一种颇值得讨论的操作，即根据原国家教委颁布的《普通高等学校毕业生就业工作暂行规定》，大学生就业需要与用人单位签订《高校毕业生就业协议书》。该种就业协议书的法律性质是什么、当事人双方各自有什么样的权利义务值得研究。[1]

三、在劳动合同的订立过程中应当注意的问题

（一）劳动合同当事人的先合同义务

《劳动合同法》的第 8 ~ 9 条规定了劳动合同当事人的先合同义务，主要有：

---

〔1〕 郭捷等：《劳动法学》，高等教育出版社 2014 年版，第 219 ~ 221 页。

①用人单位如实向劳动者说明岗位用人要求、工作内容、工作时间、劳动报酬、劳动条件、社会保险、职业危害及其后果、职业病防治措施和待遇、规章制度等情况。有些地方立法还要求这种说明应采用书面形式或者在劳动合同中写明。②订立劳动合同，用人单位不得以任何形式向劳动者牟取不正当利益，不得向劳动者收取抵押金、抵押物、定金或者其他财物，不得强迫劳动者集资入股，也不得扣押劳动者的身份证等证件。③劳动者应当如实向用人单位提供本人身份证和学历、就业状况、工作经历、职业技能、健康状况等证明。[1]④用人单位必须尊重劳动者的个人隐私权，不可以任意询问劳动者与应聘工作无关的个人情况，而且对因为招聘而获悉的劳动者个人信息，负有保密的义务。

（二）先订立劳动合同后建立劳动关系问题

用人单位与劳动者在用工前订立劳动合同的，劳动关系自用工之日起建立。其劳动合同期限、劳动报酬、试用期、经济补偿金等，均从用工之日起计算。

第四节　劳动合同的法律效力

一、劳动合同的成立与生效

（一）劳动合同的成立

劳动合同的成立是指劳动合同的缔约双方当事人因意思表示一致而达成合意的客观状态。劳动合同的成立需要具备三个要件：①双方当事人作出完整的意思表示；②当事人的意思表示以订立劳动合同为目的，并能产生相应的法律后果；③当事人的意思表示须一致。其中基本要件是双方意思表示一致。如果当事人约定了成立的特殊条件或期限，则劳动合同于该条件或期限成就时成立。

（二）劳动合同的有效（生效）

劳动合同的有效（生效）是指依法成立的劳动合同，对当事人双方产生法律约束力。在各国立法中，劳动合同有效要件通常散见于具体的合同法规范，而无集中性规定。从理论上归纳，一般而言，劳动合同的有效（生效）须符合下列条件：①合同的主体必须合法；②合同的内容和形式必须合法；③订立合同的程序必须合法；④当事人的意思表示必须真实。

对比劳动合同的成立要件和有效（生效）要件，我们会发现：劳动合同的成立并不完全等同于劳动合同的有效（生效），依法成立的劳动合同为有效合同，绝大多数劳动合同的成立与生效是同时发生的，也有一些劳动合同因未依法成立而推迟生效或无法有效（生效），这里的"依法"的"法"是指强制法和任意法皆可。

劳动合同有效（生效）后对当事人双方产生的法律约束力具体表现为：①当事人双方必须亲自全面履行劳动合同所规定的义务（并同时享受权利），否则，当事人

---

〔1〕 参见王全兴、侯玲玲："劳动合同法的地方立法资源述评"，载《法学》2005 年第 2 期。

必须依法承担相应责任；②合同的变更和解除都必须遵循法定的条件和程序，任何一方当事人都不得擅自变更和解除合同，否则，当事人必须依法承担相应责任；③当事人双方因劳动合同发生争议，必须以法定方式处理。

二、劳动合同的无效

（一）无效劳动合同的概念

无效劳动合同，是指当事人违反法律、法规或违背平等、自愿原则签订的对当事人全部或部分不产生法律约束力的劳动合同。

签订劳动合同是一种法律行为，它是劳动法律关系产生的重要法律事实。订立劳动合同应当遵循平等自愿、协商一致的原则，不得违背法律、行政法规的规定。只有当订立劳动合同的行为符合《劳动法》《劳动合同法》的规定及有关法律规范时，才能受到国家法律的保护，产生当事人期望的法律后果。否则，将导致合同无效。

（二）无效劳动合同的确认

按照《劳动法》第18条和第35条、《劳动合同法》第26条的规定，以下劳动合同为无效劳动合同：

1. 违反法律、行政法规强制性规定的的劳动合同。国家的法律、行政法规是国家利益和人民利益的集中体现，也是为全社会主体一致遵行的行为规范。这就要求当事人在订立劳动合同时，必须遵循合法原则。否则，所签合同不仅得不到法律的保护，反而会受到法律的追究。违反合法原则的具体情况主要包括：①主体资格不合法。如劳动者一方达不到法定就业年龄，不具有劳动权利能力和劳动行为能力而订立的劳动合同。②内容不合法。凡是与国家法律、行政法规相矛盾、相抵触的条款，均属无效条款。如违反工时休假制度、安全卫生标准、最低工资标准等规定的劳动合同条款，均属内容不合法。再如，一些劳动使用者在劳动合同中规定"工伤概不负责""社会保险自理"，或者规定女性劳动者在合同期内不得结婚或者生育。有些黑社会组织雇人行凶杀人、贩毒走私、从事赌博、色情陪侍或生产毒品等有损社会善良风俗的行业，此类劳动合同显然都违反了社会公共利益，应当归于无效。

案例3-12

2. 以欺诈、胁迫的手段或者乘人之危，使对方在违背其真实意思的情况下订立或者变更的劳动合同。欺诈，是指一方当事人故意隐瞒事实真相或制造假象，使对方当事人在上当受骗的情况下表示愿意，如用人单位提供虚假的劳动条件和劳动待遇信息，劳动者提供假证件、假文凭等。胁迫，是指一方当事人以暴力或其他手段相威胁，强迫对方当事人与自己订立合同，如用人单位以限制人身自由的手段、拖欠工资的方式等迫使劳动者与其订立或续订劳动合同。乘人之危，是指行为人利用他人的危难处境或紧迫需要强迫对方接受某种明显不公平的条件并作出违背其真意的意思表示。采取欺诈、胁迫、乘人之危等手段签订的劳动合同，违背了平等自愿、协商一致的订立劳动合同的原则，是一种严重违法的行为，对此类劳动合同，不仅要宣告无效，而且应追究过错方当事人的法律责任。（参见案例3-12）

3. 用人单位免除自己的法定责任、排除劳动者权利的劳动合同无效。如有的劳动合同规定："发生工伤事故，单位概不负责""不享受星期天休假"等，均属于用人单位免除自己的法定责任、排除劳动者权利因而无效的条款。

无效劳动合同，按其无效程度，可以分为全部无效和部分无效两种。全部无效是指合同整体无效，包括两种情况：一是劳动合同的内容全部不符合国家法律、法规的要求；二是尽管劳动合同中只有部分内容无效，但无效部分足以影响其他部分的效力，导致全部无效的后果。部分无效是指劳动合同中某些条款违反国家法律、行政法规的规定，但并不影响其他条款的履行，只需认定该项条款无效，其余条款仍为有效。如劳动合同中的工资标准低于最低工资标准或低于集体合同中规定的标准，就属于部分无效的情况。

无效劳动合同的确认机关，必须是劳动争议仲裁委员会或人民法院。我国《劳动法》第18条第3款规定："劳动合同的无效，由劳动争议仲裁委员会或者人民法院确认。"《劳动合同法》第26条第2款规定："对劳动合同的无效或者部分无效有争议的，由劳动争议仲裁机构或者人民法院确认。"其具体操作程序是，应首先由劳动仲裁委员会确认，在当事人不服劳动争议仲裁委员会的确认而依法提起诉讼的条件下，才由人民法院确认。

（三）无效劳动合同的处理

对无效劳动合同的处理，法律有特殊的要求和规定。对于无效民事合同的处理，一般采用返还财产、赔偿损失和追缴国库等方式，而无效劳动合同中，由于劳动者用以交换的劳动力的特殊性（劳动力支出后就不可回收），所以，对劳动者实施的劳动行为和所得的物质待遇不可能采取返还办法处理，并且对处于事实劳动关系中的劳动者应当依法予以保护。所以，只能根据无效劳动合同的特点采取相应的处理措施。

1. 《劳动法》第18条第2款规定："无效的劳动合同，从订立的时候起，就没有法律约束力。确认劳动合同部分无效的，如果不影响其余部分的效力，其余部分仍然有效。"《劳动合同法》第27条规定："劳动合同部分无效，不影响其他部分效力的，其他部分仍然有效。"

2. 对于已经履行的部分，即劳动者付出了劳动的，应得到相应的报酬和有关待遇。《劳动合同法》第28条规定，劳动合同被确认无效，劳动者已付出劳动的，用人单位应当向劳动者支付劳动报酬。劳动报酬的数额，参照本单位相同或者相近岗位劳动者的劳动报酬确定。

3. 赔偿损失。《劳动合同法》第86条又作了如下规定"劳动合同依照本法第26条规定被确认无效，给对方造成损害的，有过错的一方应当承担赔偿责任。"（参见案例3-13、3-14、3-15）

案例3-13　　　　　案例3-14　　　　　案例3-15

[探究]

1. 《劳动合同法》规定了过于宽泛的无效劳动合同的法定事由，同时在劳动合同无效后果的处理上，该法对已经发生的劳动权利义务采用的是合同相对无效的处理方式，即将已经发生的权利义务规定为可变更的权利义务，而对合同被确认无效后劳动关系的处理，则将劳动关系是否继续维持规定为当事人的一种权利。这样一种制度安排，从价值角度考量，缺乏正当性；从规范角度考量，缺乏合理的逻辑。因此，有必要运用法律解释学所提供的工具，赋予该法相关规定以更合理且合乎逻辑的含义。

2. 王全兴教授、董保华教授等对劳动合同的无效也做了精到论述，尽管二者有观点不一之处。[1]

第五节　劳动合同的履行、变更与终止

一、劳动合同履行的概念

劳动合同履行是指合同当事人双方履行劳动合同所规定的义务的法律行为。它不仅表现了合同当事人双方订立合同的最终目的，也是衡量合同效力强弱的标准：完全履行了合同，表明了合同的约束力达到最高，不完全履行合同或不履行合同，则会形成合同的消极责任即违约责任或赔偿责任。因此，劳动合同的履行，是劳动合同的核心问题。

二、劳动合同履行的原则

1. 全面履行原则。指的是劳动合同双方当事人在任何时候，均应当履行劳动合同约定的全部义务。《劳动合同法》第29条规定，用人单位与劳动者应当按照劳动合同的约定，全面履行各自的义务。

2. 合法原则。指的是劳动合同双方当事人在履行劳动合同过程中，必须遵守法律法规，不得有违法行为。《劳动合同法》着重强调了三个方面，一是规定用人单位

---

〔1〕　董保华："口头劳动合同的效力研判：评劳动争议司法解释草案中的口头形式变更书面合同"，载《政治与法律》2012年第12期；董保华、李干："谈最高人民法院劳动争议司法解释四的理念转变"，载《中国劳动》2013年第5期；王全兴、黄昆："劳动合同效力制度的突破和疑点解析"，载《法学论坛》2008年第2期；谢增毅："对《劳动合同法》若干不足的反思"，载《法学杂志》2007年第6期；许建宇："我国无效劳动合同立法的成绩、缺失与重构"，载《中国劳动》2011年第11期。

应当按照劳动合同约定和国家规定及时足额支付劳动报酬。用人单位拖欠或者未足额支付劳动报酬的，劳动者可以依法向当地人民法院申请支付令，人民法院应当依法发出支付令。二是规定用人单位应当严格执行劳动定额标准，不得强迫或者变相强迫劳动者加班。用人单位安排加班的，应当按照国家有关规定向劳动者支付加班费。三是规定劳动者对用人单位管理人员违章指挥、强令冒险作业有权拒绝，不视为违反劳动合同；对危害生命安全和身体健康的劳动条件，有权对用人单位提出批评、检举和控告。[1]

三、特殊情形下劳动合同的履行

1. 规定用人单位变更名称、法定代表人、主要负责人或者投资人等事项，不影响劳动合同的履行。

2. 规定用人单位发生合并或者分立等情况，原劳动合同继续有效，劳动合同由承继其权利义务的用人单位继续履行。

在用人单位变更名称、法定代表人、主要负责人，或者用人单位发生合并、分立等情况时，由于劳动合同必备条款中的用人单位名称、法定代表人、主要负责人等内容发生了变更，用人单位与劳动者应当从形式上变更劳动合同，但是，没有从形式上变更劳动合同的，原劳动合同也应当继续履行。

另外，还有两种劳动合同履行的特殊情形值得注意，一是对于劳动合同中内容不明确的条款，应依法确定其具体内容，然后予以履行。二是劳动者在一定条件下还应履行约定之外的劳动给付。

[相关资料]

我国台湾地区现行的"劳动契约法"规定，劳动者于其约定之劳动给付外，无给付其他附带劳动义务，但有紧急情形或其职业上有特别习惯时，不得拒绝其所能给付之劳动。我国《劳动法》第42条也有类似规定。

四、劳动合同的变更

劳动合同的变更，指的是在劳动合同履行期间，劳动合同双方当事人协商一致后改变劳动合同的内容。劳动合同的变更，仅限于劳动合同内容的变化，而不可能是主体的变更。《劳动合同法》规定了劳动合同变更的一般原则，其第35条规定，用人单位与劳动者协商一致，可以变更劳动合同约定的内容。也就是说，协商一致原则是劳动合同变更的一般原则。《劳动合同法》也规定了劳动合同变更的形式，其第35条规定，变更劳动合同，应当采用书面形式。变更后的劳动合同文本由用人单位和劳动者各执一份。

此外，需要注意的是，对于工会主席、副主席的岗位用人单位不能随意调动，我国《工会法》规定，工会主席、副主席任期未满时，不得随意调动其工作。因工

---

〔1〕　参见《〈中华人民共和国劳动合同法〉宣传提纲》。

作需要调动时，应当征得本级工会委员会和上一级工会的同意。

[探究]

根据《最高人民法院关于审理劳动争议案件适用法律若干问题的解释（四）》（法释〔2013〕4号）规定，如果用人单位与劳动者口头协商变更劳动合同、变更后的劳动合同内容不违法并且已经实际履行超过1个月的，将被认定为合法有效。

五、劳动合同的终止

劳动合同的终止，是指劳动合同的自行失效，不再执行。劳动合同的终止在法理上有广义和狭义之分，狭义的终止是指劳动合同依法或依约定的条件自行消灭，狭义的终止不包括合同的解除；广义的终止则包括劳动合同的解除（依法提前终止劳动合同的法律效力）。根据我国《劳动法》《劳动合同法》及相关规定，劳动合同终止不包括劳动合同解除。一般意义上所指的终止是狭义的合同终止。

《劳动法》规定，劳动合同期满或者当事人约定的劳动合同终止条件出现，劳动合同即行终止。也就是说，《劳动法》规定的劳动合同终止包括两类：一类是法定终止，即劳动合同因期满而终止；另一类是约定终止，即劳动合同因当事人约定的终止条件出现而终止。在《劳动法》的实施中，一些用人单位随意与劳动者约定劳动合同终止条件，并据此终止劳动合同，使无固定期限劳动合同提前消灭，不能真正起到维护劳动者就业稳定权益的作用；同时，对于劳动者退休、死亡或者用人单位破产等情形下，劳动合同如何处理，法律没有作出规定。为了更好地维护劳动者合法权益，《劳动合同法》调整了《劳动法》关于劳动合同终止的规定内容：一是取消了劳动合同的约定终止，规定劳动合同只能因法定情形出现而终止。也就是说，劳动合同当事人不得约定劳动合同终止条件；即使约定了，该约定也无效。二是增加了劳动合同法定终止的情形，即劳动合同终止的法定情形除劳动合同期满（包括固定期限劳动合同期满，以及以完成一定工作任务为期限的劳动合同因该工作任务完成而期满）外，还包括：①劳动者开始依法享受基本养老保险待遇的；②劳动者死亡，或者被人民法院宣告死亡或者宣告失踪的；③用人单位被依法宣告破产的；④用人单位被吊销营业执照、责令关闭、撤销或者用人单位决定提前解散的；⑤法律、行政法规规定的其他情形。三是增加了终止劳动合同的限制情形。在《劳动合同法》施行之前，为了保护劳动者的权益，国家规定在下列情形下，即使劳动合同期限届满，用人单位也不得终止劳动合同：①《工会法》第18条规定，基层工会专职主席、副主席或者委员自任职之日起，其劳动合同期限自动延长，延长期限相当于其任职期间；非专职主席、副主席或者委员自任职之日起，其尚未履行的劳动合同期限短于任期的，劳动合同期限自动延长至任期期满。但是，任职期间个人严重过失或者达到法定退休年龄的除外。②原劳动部《关于贯彻执行〈中华人民共和国劳动法〉若干问题的意见》（劳部发〔1995〕309号）规定，除劳动法第25条规定的情形（即在试用期间被证明不符合录用条件的；严重违反劳动纪律或者用人单位规章制度的；严重失职，营私舞弊，对用人单位利益造成重大损害的；被依法追究刑事责任的）外，劳动者在医疗期、孕期、产期和哺乳期内，劳动合同期限届满时，用人单位不得终止劳动合同。劳动合同的期限应自动延续至医疗期、孕期、产期和哺乳期期满为止。③《工伤保险条例》规定，劳动者在本单位患职业病或者因工负伤并被确认丧失劳动能力的，或者大部分丧失劳动能力且劳动者没有提出终止劳动合同的，用人单位不得与劳动者终止劳动合同。④《职业病防治法》规定，用人单位对未进行离岗前职业健康检查的劳动者不得终止与其订立的劳动合同；在疑似职业病病人诊断或者医学观察期间，不得终止与其订立的劳动合同。《劳动合同法》除延续《工会法》《职业病防治法》等以上规定外，还补充规定，劳动者在本单位连续工作满15年，且距法定退休年龄不足5年的，即使劳动合同期满，用人单位也不得与劳动者终止劳动合同。[1]

[探究]

1.《劳动合同法》以开始依法享受基本养老保险待遇作为劳动合同终止的事由，客观上产生了一个问题：如果劳动者已经达到法定退休年龄，却不能享受养老保险待遇，劳动合同是否终止？《劳动合同法实施条例》第21条规定，劳动者达到法定退休年龄的，劳动合同终止。该条规定就上述问题给出了一个答案，即劳动者只要达到法定退休年龄，即使没有享受基本养老保险，其与用人单位的劳动合同也终止。

2.《最高人民法院行政审判庭关于超过法定退休年龄的进城务工农民因工伤亡的，应否适用〈工伤保险条例〉请示的答复》（［2010］行他字第10号）中认为："用人单位聘用的超过法定退休年龄的务工农民，在工作时间内、因工作原因伤亡的，应当适用《工伤保险条例》的有关规定进行工伤认定"。2008年6月广东省高级人民法院与广东省劳动争议仲裁委员会联合下发的《关于适用劳动争议调解仲裁法、劳动合同法若干问题的指导意见》第17条规定："用人单位招用已达法定退休年龄但未享受养老保险待遇或退休金的人员，双方形成的用工关系可按劳动关系处理。"

3.《最高人民法院关于审理劳动争议案件适用法律若干问题的解释（三）》（法释［2010］12号）第7条规定："用人单位与其招用的已经依法享受养老保险待遇或领取退休金的人员发生用工争议，向人民法院提起诉讼的，人民法院应当按劳务关系处理。"2004年江苏省高级人民法院《关于审理劳动争议案件若干问题的意见》第4条规定："劳动者办理退休手续后又被其他单位聘用，与实际用人单位发生的争议，不属于劳动争议，应作为雇佣合同纠纷予以受理。"2009年江苏省高级人民法院、江苏省劳动争议仲裁委员会《关于审理劳动争议

[1]　参见《〈中华人民共和国劳动合同法〉宣传提纲》。

案件的指导意见》第 3 条规定："用工单位招用已达到法定退休年龄的人员，双方形成的用工关系按雇佣关系处理。"1997 年劳动部办公厅对《关于实行劳动合同制度若干问题的请示》的复函第 2 项规定，对被再次聘用的已享受养老保险待遇的离退休人员，其聘用协议可以明确工作内容、报酬、医疗、劳动保护待遇等权利义务关系，其协议解除应当按照双方约定办理，未约定的，应当协商解决，不能依照劳动法第 28 条执行，即不能享受经济补偿金待遇。

　　4. 2003 年上海市劳动和社会保障局发布的《关于特殊劳动关系有关问题的通知》中规定，退休返聘的，被视为具有"特殊劳动关系"，适用劳动法上的工作时间规定、劳动保护规定、最低工资规定。

第六节　劳动合同的解除

劳动合同的解除直接关系到劳动者的前途与生活来源，也关系到用人单位的生产秩序与工作秩序，是一件极为严肃的事情。因此，《劳动法》从第 24 条到第 32 条，对解除劳动合同的条件和程序作了较全面的规定，《劳动合同法》从第 36 条到第 43 条，也作了基本一致的规定（但经济性裁员变化较多）。

一、劳动合同解除的概念与类型

（一）劳动合同解除的概念

劳动合同的终止在法理上有广义和狭义之分，狭义的终止不包括合同的解除；广义的终止则包括劳动合同的解除。根据我国《劳动法》《劳动合同法》及其相关规定的体例，劳动合同的解除并不包含在劳动合同的终止范围之内，而是一项单列的制度。劳动合同的解除，是指劳动合同签订以后，尚未履行完毕之前，由于一定事由的出现，提前终止劳动合同的法律行为。

（二）劳动合同解除的分类

劳动合同的解除依不同标准具有不同分类。其中，有法律意义的分类主要包括下述几种：按照合同解除的方式不同，可分为双方解除和单方解除；按照合同解除条件的依据是法规还是合同，可分为法定解除和协议解除；按照导致合同解除的原因中是否含有对方当事人过错的不同，可分为有过错解除和无过错解除。这几种分类可以交叉使用。

一般情况下，劳动合同的双方解除，也可称为协议解除，单方解除也可称为法定解除，单方解除或法定解除中又可进一步分为过错解除和无过错解除。我国《劳动法》《劳动合同法》对劳动合同解除采取了双方解除或协议解除、过错性辞退、非过错性辞退、经济性裁员（非过错性辞退的一种特例）以及劳动者辞职的立法技术分类。其中，过错性辞退、非过错性辞退、经济性裁员属于用人单位的单方解除，劳动者辞职属于劳动者的单方解除。

劳动合同的双方解除，也可称为协议解除。是指双方当事人在平等自愿的基础上，通过诚信协商，从而达成解除劳动合同的协议。双方解除一般是指任何一方均无法定解除权，但又存在解除合同的客观理由，而完全按合同协商的一般程序所进行的解除。它是合同自由的表现。

劳动合同的单方解除，是指一方在享有单方解除权的条件下而按照法定程序对合同进行的解除。由于单方解除是一方享有解除权，而解除权直接来源于法律的规定，因此，单方解除的条件和程序较为严格。

过错解除，即由于对方当事人的过错行为而导致劳动合同解除。它包括劳动者因用人单位有重大过错而辞职和用人单位因劳动者有重大过错而辞退。过错解除包括用人单位的即时辞退和劳动者即时辞职。过错解除的条件应当由立法规定。无过错解除，即在对方当事人无重大过错行为的情况下单方解除劳动合同。无过错解除包括用人单位非过错性辞退、经济性裁员和劳动者的预告辞职。

二、劳动合同解除的条件和程序

在劳动立法中，对协议解除和预告辞职一般不规定条件，而对即时辞退、预告辞退、裁员和即时辞职，则分别规定其特有的必备条件。

（一）劳动合同的双方解除

《劳动法》第 24 条和《劳动合同法》第 36 条规定，经劳动合同当事人协商一致，劳动合同可以解除。劳动合同是双方当事人在自愿的基础上订立的，当然也允许自愿协商解除，而不问要求解除的理由或原因。只要一方提出解除的要求，另一方表示同意即可。

一般来讲，经双方协商解除劳动合同的，双方当事人之间便不会发生劳动争议。但用人单位应注意按法律、法规规定，给劳动者办理劳动合同的解除手续，社会保险的转移手续，及给予经济补偿（前提是用人单位首先向劳动者提出解除劳动合同协议）。（参见案例 3 – 16）

（二）用人单位单方解除劳动合同

用人单位单方面解除劳动合同在《劳动法》颁布之前名义上有除名、开除、辞退之分，《劳动法》颁布后则统一于解除（辞退）名下。用人单位单方解除劳动合同，必须符合法定条件和按照法定程序进行。用人单位单方面解除劳动合同又可以分为以下几类：

案例3-16

1. 过错性辞退。过错性辞退也可称为惩戒解雇、过错性解雇、即时辞退，指用人单位可以不必依法提前预告而立即解除劳动合同的行为。

《劳动合同法》第 39 条的规定，适用过错性辞退的情况如下：①在试用期间被证明不符合录用条件的；②严重违反用人单位的规章制度的；③严重失职，营私舞弊，给用人单位造成重大损害的；④劳动者同时与其他用人单位建立劳动关系，对完成本单位的工作任务造成严重影响，或者经用人单位提出，拒不改正的；⑤因本法第 26 条第 1 款第 1 项规定的情形致使劳动合同无效的；⑥被依法追究刑事责任的。

另外，有关劳动规章还规定，劳动者被劳动教养的，用人单位也可作出即时辞退的决定。用人单位在劳动者有上列情况之一出现时，有权解除劳动合同，而无须征得他人的意见，不必履行特别的程序，更不存在经济补偿问题。

《劳动合同法实施条例》第19条第2～7款进行了细化：②劳动者在试用期间被证明不符合录用条件的；③劳动者严重违反用人单位的规章制度的；④劳动者严重失职，营私舞弊，给用人单位造成重大损害的；⑤劳动者同时与其他用人单位建立劳动关系，对完成本单位的工作任务造成严重影响，或者经用人单位提出，拒不改正的；⑥劳动者以欺诈、胁迫的手段或者乘人之危，使人单位在违背真实意思的情况下订立或者变更劳动合同的；⑦劳动者被依法追究刑事责任的。

[探究]

1. 关于用人单位的过错性辞退，应注意以下问题：①以试用不合格对劳动者作出的辞退，必须是在试用期届满后，而且，必须是有证据表明劳动者不符合录用条件，并必须由用人单位对此提出合法有效的证明。②严重违反劳动纪律和用人单位规章制度。此处的劳动纪律应从广义理解，包括我国法律确认的劳动纪律、行业行政主管部门的劳动纪律和守则、公约等。③严重失职，营私舞弊，对劳动力使用者利益造成重大损害的。此种情况下。必须是劳动者既存在着失职行为，同时又给用人单位造成了重大损害后果，二者缺一不可。对依照刑法处以管制、拘役、宣告缓刑者，以及被免予刑事处罚者，虽然立法规定可予辞退，但是在这些情况下，劳动者仍有履行劳动合同的行为自由，并且，保留其劳动关系更有利于本人的改造。所以在实践中，一般可不予辞退。

2. 对"因本法第26条第1款第1项规定的情形致使劳动合同无效的"规定，我国劳动法学者有诸多理解。

2. 域外国家和我国台湾地区惩戒解雇的理论与实践。《劳动法》第25条、《劳动合同法》第39条、《劳动合同法实施条例》第19条第2～7款规定了雇主的惩戒解雇权。然而，现实中雇主随意性滥用惩戒解雇权、侵害劳动者合法权益的现象屡禁不止。这种现象的存在，脱离不了我国经济社会发展阶段、法律文化背景等，但是，其中一个直接的重要原因就是，我国现行劳动立法对雇主行使惩戒解雇权的事由与要件（手段）规定过于概括，判定标准不明，使得作为雇主对行使惩戒解雇权的事由与要件（手段）的重要概念的自由裁量度过大，导致随意性滥用惩戒解雇权现象的发生。如何禁止雇主惩戒解雇权的滥用，域外国家以德、日、美为代表和我国台湾地区有着较为成熟的理论与实践。其中，德、日和我国台湾地区奉行比例原则，美国则是正当原则。

3. 非过错性辞退。非过错性辞退也可称为用人单位"预告解除""预告辞退"，是指劳动者虽无过错，但由于客观情况发生了变化或劳动者患病、非因公伤残等，用人单位在采取弥补措施无果的情况下，法律赋予用人单位在履行特定程序后解除劳动合同的权利。

根据《劳动合同法》第40条的规定，有下列情形之一的，用人单位提前30日以书面形式通知劳动者本人或者额外支付劳动者一个月工资后，可以解除劳动合同〔额外支付的工资应当按照该劳动者上1个月的工资标准确定（《劳动合同法实施条例》第20条）〕：①劳动者患病或者非因工负伤，在规定的医疗期满后不能从事原工作，也不能从事由用人单位另行安排的工作的；②劳动者不能胜任工作，经过培训或者调整工作岗位，仍不能胜任工作的；③劳动合同订立时所依据的客观情况发生重大变化，致使劳动合同无法履行，经用人单位与劳动者协商，未能就变更劳动合同内容达成协议的。（参见案例3-17）

案例3-17

[相关资料]

1. 国家劳动和社会保障部劳动工资司副司长董平12日在深圳点击查看深圳及更多城市天气预报时表示，很多单位和企业采用的"末位淘汰制"是没有法律依据的，《劳动合同法》中企业解除合同的情形中没有包括"末位淘汰制"。

2. 通过《劳动合同法》的规定，我们看到，劳动者在开始患病时，法律为保护劳动者，规定在一定的时间期限之内，用人单位是不能与劳动者解除或终止劳动关系的。这个"一定的时间期限"就是医疗期。而在过了法定的医疗期之后，虽然劳动者个人没有过失，但是法律赋予了用人单位可以根据一定的法律程序单方与劳动者解除或者终止劳动合同的权利，这也是《劳动合同法》所规定的三种员工非过失性解除的情形之一。关于医疗期计算的规定，国家与地方有所不同。

4. 经济性裁员。经济性裁员，顾名思义，即因经济性原因，使企业濒临破产，被人民法院宣告进入法定整顿期间，或因生产经营发生严重困难，达到当地政府规定的严重困难企业标准而难以正常经营的状况下，通过裁员从而达到增效目的。它是预告辞退或无过错辞退的一种特殊形式。用人单位裁减人员往往涉及多个劳动者主体，事关重大，所以必须严明法定条件和法定程序。《劳动合同法》第41条作了新的规定：①修改了用人单位裁减人员的规定：《劳动合同法》一方面强化了对用人单位与符合条件的劳动者订立无固定期限劳动合同的要求，另一方面考虑到用人单位调整经济结构、革新技术以适应市场竞争的需要，放宽了用人单位在确需裁减人员时进行裁减人员的条件：一是增加了用人单位可以裁减人员的法定情形。《劳动法》规定，用人单位只有在濒临破产进行法定整顿期间或者生产经营状况发生严重困难，确需裁减人员的，才可以裁减人员。《劳动合同法》除延续《劳动法》以上规定外，增加了两种用人单位可以裁减人员的情形：其一，企业转产、重大技术革新或者经营方式调整，经变更劳动合同后，仍需裁减人员的；其二，其他因劳动合同订立时所依据的客观经济情况发生重大变化，致使劳动合同无法履行的。二是放宽了用人单位裁减人员的程序要求。《劳动法》规定，用人单位裁减人员的，都应当提前30日向工会或者全体职工说明情况，听取工会或者职工的意见，并向劳动行政部门报告。《劳动合同法》将《劳动法》以上规定内容调整为,用人单位需要裁减人员20人以上或者裁减不足20人但占企业职工总数10%以上的,才应当按照以上规定的程序执行;裁减人员不足20人且占企业职工总数不足10%的,无需按照以上规定的程序执行。与此同时,为了降低裁减人员对劳动者工作和生活的影响,《劳动合同法》与《劳动法》相比,补充规定了用人单位在裁减人员中应当承担的社会责任:一是补充规定了裁减人员时,应当优先留用下列人员:其一,与本单位订立较长期限的固定期限劳动合同的;其二,与本单位订立无固定期限劳动合同的;其三,家庭无其他就业人员,有需要扶养的老人或者未成年人的。二是细化了关于用人单位裁减人员后,在6个月内录用人员的,应当优先录用被裁减人员的规定,即规定:用人单位在6个月内重新招用人员的,应当通知被裁减的人员,并在同等条件下优先招用被裁减的人员。②增加了用人单位提前30日以书面形式通知劳动者解除劳动合同以及裁减人员的限制情形:根据《劳动法》规定,即使具备用人单位提前30日以书面形式通知劳动者可以解除劳动合同以及裁减人员的一般情形,但是如果劳动者有下列情形之一的,用人单位也不得与劳动者解除劳动合同:其一,患职业病或者因工负伤并被确认丧失或者部分丧失劳动能力的;其二,患病或者负伤,在规定的医疗期内的;其三,女职工在孕期、产期、哺乳期的;其四,法律、行政法规规定的其他情形。另外,《职业病防治法》规定,用人单位对未进行离岗前职业健康检查的劳动者不得解除与其订立的劳动合同;在疑似职业病病人诊断或者医学观察期间,不得解除与其订立的劳动合同。《劳动合同法》除延续《劳动法》《职业病防治法》以上规定外,还补充规定了一种情形,即劳动者在本单位连续工作满15年,且距法定退休年龄不足5年的。[1]

案例3-18   (参见案例3-18)

(三) 劳动者单方解除劳动合同

劳动者单方解除劳动合同,分为即时辞职和预告辞职两种类型。

1. 即时辞职。与法律规定的用人单位即时辞退相适应,劳动者在法定条件下,也享有即时解除权。《劳动合同法》第38条规定了允许即时辞职的几种情形:①未按照劳动合同约定提供劳动保护或者劳动条件的;②未及时足额支付劳动报酬的;③未依法为劳动者缴纳社会保险费的;④用人单位的规章制度违反法律、法规的规定,损害劳动者权益的;⑤因本法第26条第1款规定的情形致使劳动合同无效的;⑥法律、行政法规规定劳动者可以解除劳动合同的其他情形。⑦用人单位以暴力、威胁或者非法限制人身自由的手段强迫劳动者劳动的,或者用人单位违章指挥、强令冒险作业危及劳动者人身安全的,劳动者可以立即解除劳动合同,不需事先告知用人单位。需要特别说明的是,以上①至⑥项的解除,虽然劳动者有单方面的解除权,但是在其行使这一权利时,有通知用人单位的义务,即明确告知用人单位其基

---

〔1〕 参见《〈中华人民共和国劳动合同法〉宣传提纲》。

于以上的理由解除劳动合同。如果劳动者不履行告知义务，会给用人单位组织劳动和正常的生产经营带来困难。只有对符合⑦项条件的，依照《劳动合同法》的明确规定，劳动者才可以不辞而别。

2. 预告辞职。预告辞职也称为劳动者预告解除。我国《劳动法》第31条规定："劳动者解除劳动合同，应当提前30日以书面形式通知用人单位。"《劳动合同法》第37条规定，劳动者提前30日以书面形式通知用人单位，可以解除劳动合同。劳动者在试用期内提前3日通知用人单位，可以解除劳动合同。其基本含义是：①预告辞职没有任何法定理由，也就是说劳动者可以以任何理由向单位提出要求解除劳动合同。②通知后超过30日（在试用期内为3日），劳动者可以向用人单位提出办理解除劳动合同手续，用人单位应予办理，不得以人事档案或扣发工资等相要挟、阻挠。

［探究］

关于我国现行预告辞职制度，还存在较多争议，主要有：①现行规定并不一定适用特殊行业、特殊劳动者。②我国《劳动法》第31条、《劳动合同法》第37条将劳动者的一般预告辞职无区别地适用于所有的劳动合同有违国际通行做法。

三、劳动合同解除的法律后果

劳动合同的解除，意味着双方当事人之间劳动权利义务结束的同时，在双方当事人之间产生了新的权利义务关系（附随权利义务关系）。这些权利义务关系是基于已经解除的劳动合同关系而产生的，但是其内容是法律规定的，而不是约定的。

（一）用人单位的义务

合同解除后，用人单位负有以下几方面的义务：

1. 支付经济补偿金的义务。劳动合同解除的经济补偿，是指用人单位在协议解除劳动合同或者非过错性辞退、经济性裁员情况下，按照法律的规定，支付给劳动者的补偿金。关于经济补偿金的性质，通说认为，经济补偿金不是对过去贡献的补偿，也不是对未履行部分的违约补偿，而是对用人单位行使法定解除权利导致劳动者失去工作岗位的一种帮助，经济补偿金应更多地体现公平。

（1）经济补偿范围。依照《劳动合同法》第46条的规定，有下列情形之一的，用人单位应当向劳动者支付经济补偿：①劳动者依照本法第38条规定解除劳动合同的；②用人单位依照本法第36条规定向劳动者提出解除劳动合同并与劳动者协商一致解除劳动合同的；③用人单位依照本法第40条规定解除劳动合同的；④用人单位依照本法第41条第1款规定解除劳动合同的；⑤除用人单位维持或者提高劳动合同约定条件续订劳动合同，劳动者不同意续订的情形外，依照本法第44条第1项规定终止固定期限劳动合同的；⑥依照本法第44条第4项、第5项规定终止劳动合同的；⑦法律、行政法规规定的其他情形。

[探究]

1. 劳动者依照《劳动合同法》第38条规定解除劳动合同，其原因是用人单位存在违反工资支付、社会保险等方面的法律规定的行为，损害了劳动者的合法权益。增加规定在这种情形下劳动者提出解除劳动合同的，用人单位也必须支付经济补偿，一则可以督促用人单位遵守有关工资支付、社会保险等方面的法律规定，二则可以防止用人单位故意违法，逼迫劳动者提出解除劳动合同，以规避支付经济补偿。

2. 规定固定期限劳动合同期满终止也应当支付经济补偿金，可以消除用人单位减少解雇成本的动机，以经济手段引导用人单位与劳动者订立长期或者无固定期限劳动合同。

3. 法律、行政法规规定的其他情形如《劳动合同法实施条例》第22条规定，以完成一定工作任务为期限的劳动合同因任务完成而终止的，用人单位应当依照劳动合同法第47条的规定向劳动者支付经济补偿。

4. 《最高人民法院关于审理劳动争议案件适用法律若干问题的解释（四）》（法释〔2013〕4号）第13条进一步规定，劳动合同法施行后，因用人单位经营期限届满不再继续经营导致劳动合同不能继续履行，劳动者请求用人单位支付经济补偿的，人民法院应予支持。

（2）经济补偿金的支付标准。《劳动合同法》第47条规定，经济补偿按劳动者在本单位工作的年限，每满1年支付1个月工资的标准向劳动者支付。6个月以上不满1年的，按1年计算；不满6个月的，向劳动者支付半个月工资的经济补偿。劳动者月工资高于用人单位所在直辖市、设区的市级人民政府公布的本地区上年度职工月平均工资3倍的，向其支付经济补偿的标准按职工月平均工资3倍的数额支付，向其支付经济补偿的年限最高不超过12年。[1]本条所称月工资是指劳动者在劳动合同解除或者终止前12个月的平均工资。《劳动合同法实施条例》第27条明确规定，《劳动合同法》第47条规定的经济补偿的月工资按照劳动者应得工资计算，包括计时工资或者计件工资以及奖金、津贴和补贴等货币性收入。劳动者在劳动合同解除或者终止前12个月的平均工资低于当地最低工资标准的，按照当地最低工资标准计算。劳动者工作不满12个月的，按照实际工作的月数计算平均工资。

[探究]

1. 《最高人民法院关于审理劳动争议案件适用法律若干问题的解释（四）》（法释〔2013〕4号）第5条进一步规定，劳动者非因本人原因从原用人单位被安排到新用人单位工作，原用人单位未支付经济补偿，劳动者依照劳动合同法第38条规定与新用人单位解除劳动合同，或者新用人单位向劳动者提出解除、

------

〔1〕 这一规定的目的是避免过于加重用人单位的人工成本，同时合理调节高收入劳动者的收入水平。

终止劳动合同，在计算支付经济补偿或赔偿金的工作年限时，劳动者请求把在原用人单位的工作年限合并计算为新用人单位工作年限的，人民法院应予支持。

2.《最高人民法院关于审理劳动争议案件适用法律若干问题的解释（四）》（法释〔2013〕4号）第13条进一步规定：劳动合同法施行后，因用人单位经营期限届满不再继续经营导致劳动合同不能继续履行，劳动者请求用人单位支付经济补偿的，人民法院应予支持。

3.《劳动合同法实施条例》第27条规定仅将货币性收入纳入计算的范围内，将非货币性收入排除在外，从实际情况看计算的范围偏窄。

2. 违法解除劳动合同的经济赔偿。劳动合同解除的经济赔偿，是指劳动合同当事人违反劳动法有关劳动合同解除的规定，而应支付给受损害方的赔偿金。劳动合同解除的补偿和赔偿功能不同。经济补偿在于人道性帮助，经济赔偿在于对违法者责任的确认和受损者的救济。因此，经济补偿只产生于用人单位支付给解除劳动合同的劳动者，而经济赔偿的赔偿主体既可能是用人单位，也可能是劳动者。

［探究］

综观劳动法律法规，可以发现我国现有法律对劳动者给用人单位造成损失的赔偿责任问题的规定是不明确的。

经济赔偿金的支付标准为：依照《劳动合同法》第48条，用人单位违反劳动合同法规定的条件解除或者终止劳动合同，劳动者享有选择权，可以要求用人继续履行劳动合同，如果用人单位能够履行的，应当继续履行；如果劳动者不要求继续履行劳动合同或者劳动合同已经不能继续履行的，用人单位应当依照本法第87条规定支付赔偿金，即应当依照本法第47条规定的经济补偿标准的2倍向劳动者支付赔偿金。《劳动合同法实施条例》第25条明确规定，用人单位违反劳动合同法的规定解除或者终止劳动合同，依照劳动合同法第87条的规定支付了赔偿金的，不再支付经济补偿。赔偿金的计算年限自用工之日起计算。同时，在《劳动合同法》第85条还规定，解除或者终止劳动合同，未依照本法规定向劳动者支付经济补偿的，责令用人单位按应付金额50%以上100%以下的标准向劳动者加付赔偿金。

［探究］

《最高人民法院关于审理劳动争议案件适用法律若干问题的解释（四）》（法释〔2013〕4号）第12条进一步规定：建立了工会组织的用人单位解除劳动合同符合劳动合同法第39条、第40条规定，但未按照劳动合同法第43条规定事先通知工会，劳动者以用人单位违法解除劳动合同为由请求用人单位支付赔偿金的，人民法院应予支持，但起诉前用人单位已经补正有关程序的除外。

另外，我国《工会法》第52条的规定，用人单位不得因为劳动者参加工会活动而与之解除劳动合同，或者因为工会工作人员履行职责而与之解除劳动合同。对于违反《工会法》第52条的不当解除劳动合同行为，劳动行政部门可以责令用人单位恢复被解雇劳动者的工作，补发因不当解除合同而损失的工资，或者责令用人单位按年收入的 2 倍给付赔偿。

3. 其他义务。在解除劳动关系后，用人单位依照《劳动合同法》及《劳动合同法实施条例》等的有关规定，应当向劳动者支付经济补偿的，补偿金在办结工作交接时支付。用人单位应当在解除或者终止劳动合同时，出具解除或者终止劳动合同的证明，并在 15 日内为劳动者办理档案和社会保险关系转移手续。用人单位出具的解除、终止劳动合同的证明，应当写明劳动合同期限、解除或者终止劳动合同的日期、工作岗位、在本单位的工作年限。用人单位对已经解除或者终止的劳动合同的文本，至少保存 2 年备查。

（二）劳动者的义务

主要有：①结束并移交工作事务。《劳动合同法》第 50 条第 2 款规定，劳动者应当按照双方约定，办理工作交接。②违法解除劳动合同的经济赔偿。《劳动合同法》第 90 条规定，劳动者违反本法规定解除劳动合同，或者违反劳动合同中约定的保密义务或者竞业限制，给用人单位造成损失的，应当承担赔偿责任等。

第七节　劳务派遣合同立法

一、《劳动合同法》修改及其配套：对劳务派遣的新规范

（一）《劳动合同法》修改：针对劳务派遣

劳务派遣作为我国建立劳动力市场机制实践过程中出现的一种新的用工形式，已逐渐产生和发展起来。然而，自 2008 年《劳动合同法》实施以来，劳务派遣呈现出"非正常繁荣"景象："劳务派遣在'千夫所指'中'独领风骚'，虽近乎'人人喊打'，发展却'如日中天'，无所不派，不派不灵，'欣欣向荣'，一派'繁荣'景象。"[1]我国派遣员工数量呈"井喷式"增长，其占国内职工总数的比例远远高于国外 2% ~ 3% 的平均水平。劳务派遣在我国的畸形发展，严重损害了劳动者利益。

[相关资料]

据"劳动力派遣业者国际联合会（CIETT）"的统计数据显示，2004 年被派遣劳动者占全体就业人员的比例最高为英国，达 5%，其他主要国家如美国为 1.93%，德国为 1%，法国为 2.1%，澳大利亚为 1.38%，日本为 1.3%，韩国为 0.34%。据美国的职业雇主组织全国联合会（National Association of Professional Employer Organizations，NAPEO）公布的统计数据，通过 2005 年、2007 年和最近的 2012 年三个年份比较，美国被派遣劳动者的人数比较稳定，均在 2% 以下，几乎无变化。2010 年 10 月日本厚生劳动省公布的 2009 年度派遣劳动者数量调

---

[1]　刘文华："我国劳务派遣规制必须解决的几个具体问题"，载《2012 年南京大学法学院第二届劳务派遣的发展与法律规制学术研究会会议材料》，第 49 页。

查结果显示，2009 年日本被派遣劳动者的人数低于 2%。

为此，2012 年 12 月 28 日，全国人大常委会公布修改《劳动合同法》的决定，在这份劳动合同法修改案里的 15 个条款全部是关于劳务派遣的规定，可以说这次《劳动合同法》修改，实际上就是对劳务派遣的新规范，就是要使劳务派遣回归其作为劳动用工补充形式的定位，把派遣用工数量控制在合理范围内。修改包括四个方面：一是将劳务派遣公司的法定注册资本由 50 万元提高到 200 万元，并且增加了经营劳务派遣业务的行政许可制度；二是细化了被派遣劳动者享有与用工单位的劳动者同工同酬的权利的规定；三是明确宣示，"劳动合同用工是我国的企业基本用工形式。劳务派遣用工是补充形式，只能在临时性、辅助性或者替代性的工作岗位上实施。""临时性工作岗位是指存续时间不超过 6 个月的岗位；辅助性工作岗位是指为主营业务岗位提供服务的非主营业务岗位；替代性工作岗位是指用工单位的劳动者因脱产学习、休假等原因无法工作的一定期间内，可以由其他劳动者替代工作的岗位。""用工单位应当严格控制劳务派遣用工数量，不得超过其用工总量的一定比例，具体比例由国务院劳动行政部门规定。"四是加大了处罚力度，将罚款由"1000 ~ 5000"提高至"5000 ~ 1 万"，并且规定"未经许可，擅自经营劳务派遣业务的，由劳动行政部门责令停止违法行为，没收违法所得，并处违法所得 1 倍以上 5 倍以下的罚款；没有违法所得的，可以处 5 万元以下的罚款"。

（二）《劳动合同法》修改配套制度：进一步深化对劳务派遣的规范

2013 年 6 月 20 日，人力资源社会保障部第十次部务会审议通过了《劳务派遣行政许可实施办法》（人力资源和社会保障部令第 19 号，以下简称《实施办法》），决定自 2013 年 7 月 1 日起施行。2013 年 12 月 20 日，人力资源社会保障部第二十一次部务会审议通过了《劳务派遣暂行规定》（人力资源和社会保障部令第 22 号，以下简称《暂行规定》），决定自 2014 年 3 月 1 日起施行。《实施办法》和《暂行规定》是规范劳务派遣的重要规章，它们的颁布实施，对于进一步规范劳务派遣用工行为，明确劳务派遣单位、用工单位和被派遣劳动者三方的权利义务，维护被派遣劳动者的合法权益，促进企业健康发展，构建和发展和谐稳定的劳动关系具有重要意义。依据新修订的《劳动合同法》《劳动合同法实施条例》等法律法规，《实施办法》对劳务派遣行政许可的主管机关及许可原则、审批和处理流程、监督检查及法律责任等各方面作出了明确规定，《暂行规定》主要对适用范围，劳务派遣用工比例，劳动合同的订立、履行、解除和终止，跨地区劳务派遣的社会保险，法律责任以及用工比例调整过渡期等作了具体规定。

全国人大常委会 2014 年 8 月 31 日表决通过关于修改《安全生产法》的决定。新《安全生产法》明确规定使用劳务派遣人员的生产经营单位应将现场劳务派遣人员纳入本单位从业人员统一管理，履行安全生产保障责任。

可以说，《实施办法》和《暂行规定》极大地完善了我国劳务派遣法律制度，我们以《暂行规定》为例具体说明：

1. 明确《暂行规定》的适用范围。《暂行规定》第 2 条规定，劳务派遣单位经营劳务派遣业务，企业（以下称用工单位）使用被派遣劳动者，适用本规定。依法成立的会计师事务所、律师事务所等合伙组织和基金会以及民办非企业单位等组织使用被派遣劳动者，依照本规定执行。

2. 明确劳务派遣用工比例及其过渡期。《暂行规定》第 4 条规定，用工单位应当严格控制劳务派遣用工数量，使用的被派遣劳动者数量不得超过其用工总量的 10%。前款所称用工总量是指用工单位订立劳动合同人数与使用的被派遣劳动者人数之和。计算劳务派遣用工比例的用工单位是指依照《劳动合同法》和《劳动合同法实施条例》可以与劳动者订立劳动合同的用人单位。

[相关资料]

机关事业单位编制外用工问题将随着改革的不断深化和法律的不断完善逐步加以妥善解决，本规定没有将其使用劳务派遣用工纳入适用范围。外国企业常驻代表机构和外国金融机构驻华代表机构等使用被派遣劳动者的，以及船员用人单位以劳务派遣形式使用国际远洋海员的，不受临时性、辅助性、替代性岗位和劳务派遣用工比例的限制。

为使劳务派遣用工数量较多的用工单位能够平稳地将用工比例降至规定比例，最大限度地减少对企业生产经营、劳动者就业和劳动关系的影响，《暂行规定》第 28 条规定，用工单位在本办法施行前使用被派遣劳动者数量超过其用工总量 10% 的，应当制定调整用工方案，于本办法施行之日起 2 年内降至规定比例。但是，《全国人民代表大会常务委员会关于修改〈中华人民共和国劳动合同法〉的决定》公布前已依法订立的劳动合同和劳务派遣协议期限届满日期在本办法施行之日起 2 年后的，可以依法继续履行至期限届满。用工单位应当将制定的调整用工方案报当地人力资源社会保障行政部门备案。用工单位未将本规定施行前使用的被派遣劳动者数量降至符合规定比例之前，不得新用被派遣劳动者。

3. 明确辅助性岗位确定程序。为增强新修订劳动合同法关于辅助性岗位规定的操作性，防止用工单位在辅助性岗位上滥用劳务派遣，《暂行规定》第 3 条第 3 款规定，用工单位决定使用被派遣劳动者的辅助性岗位，应当经职工代表大会或者全体职工讨论，提出方案和意见，与工会或者职工代表平等协商确定，并在用工单位内公示。

4. 明确同工同酬的要求。《暂行规定》在新修订劳动合同法所规定的用工单位应当对被派遣劳动者与本单位同类岗位的劳动者实行相同的劳动报酬分配办法的基础上，又增加了一些新的规定。《暂行规定》第 9 条规定，用工单位应当按照《劳动合同法》第 62 条的规定，向被派遣劳动者提供与工作岗位相关的福利待遇，不得歧视被派遣劳动者。在社会保险权益方面，《暂行规定》第 18 条规定，劳务派遣单位跨地区派遣劳动者的，应当在用工单位所在地为被派遣劳动者参加社会保险，按照用工单位所在地的规定缴纳社会保险费，被派遣劳动者按照国家规定享受社会保险待遇。《暂行规定》第 19 条规定，劳务派遣单位在用工单位所在地设立分支机构的，由分支机构为被派遣劳动者办理参保手续，缴纳社会保险费。劳务派遣单位未在用工单位所在地设立分支机构的，由用工单位代劳务派遣单位为被派遣劳动者办理参保手续，缴纳社会保险费。

5. 明确工伤处理。《暂行规定》第 10 条规定，被派遣劳动者在用工单位因工作遭受事故伤害的，劳务派遣单位应当依法申请工伤认定，用工单位应当协助工伤认定的调查核实工作。劳务派遣单位承担工伤保险责任，但可以与用工单位约定补偿办法。被派遣劳动者在申请进行职业病诊断、鉴定时，用工单位应当负责处理职业病诊断、鉴定事宜，并如实提供职业病诊断、鉴定所需的劳动者职业史和职业危害接触史、工作场所职业病危害因素检测结果等资料，劳务派遣单位应当提供被派遣劳动者职业病诊断、鉴定所需的其他材料。

6. 明确规定跨地区劳务派遣的社会保险。为防止劳务派遣单位侵害被派遣劳动者的合法权益，实现跨地区被派遣劳动者与用工单位职工的"同工同保"，《暂行规定》第 18 条规定，劳务派遣单位跨地区派遣劳动者的，应当在用工单位所在地为被派遣劳动者参加社会保险，按照用工单位所在地的规定缴纳社会保险费，被派遣劳动者按照国家规定享受社会保险待遇。《暂行规定》第 19 条规定，劳务派遣单位在用工单位所在地设立分支机构的，由分支机构为被派遣劳动者办理参保手续，缴纳社会保险费。劳务派遣单位未在用工单位所在地设立分支机构的，由用工单位代劳务派遣单位为被派遣劳动者办理参保手续，缴纳社会保险费。

7. 明确派遣劳动者退回劳务派遣单位的情形及处理。为保障被派遣劳动者的就业稳定性，防止用工单位无正当理由随意退回被派遣劳动者，《暂行规定》第 12 条第 1 款在劳动合同法第 65 条第 2 款的基础上进一步明确了用工单位可以退回劳动者的情形。①用工单位有劳动合同法第 40 条第 3 项、第 41 条规定情形的；②用工单位被依法宣告破产、吊销营业执照、责令关闭、撤销、决定提前解散或者经营期限届满不再继续经营的；③劳务派遣协议期满终止的。

但是，《暂行规定》第 13 条规定了例外情形：被派遣劳动者有劳动合同法第 42 条规定情形的，在派遣期限届满前，用工单位不得依据本规定第 12 条第 1 款第 1 项规定将被派遣劳动者退回劳务派遣单位；派遣期限届满的，应当延续至相应情形消失时方可退回。

被派遣劳动者被用工单位退回后，劳务派遣单位应区分情形依法妥善处理与被派遣劳动者的劳动关系。《暂行规定》第 15 条规定，被派遣劳动者因本规定第 12 条规定被用工单位退回，劳务派遣单位重新派遣时维持或者提高劳动合同约定条件，被派遣劳动者不同意的，劳务派遣单位可以解除劳动合同。被派遣劳动者因本规定第 12 条规定被用工单位退回，劳务派遣单位重新派遣时降低劳动合同约定条件，被派遣劳动者不同意的，劳务派遣单位不得解除劳动合同。但被派遣劳动者提出解除劳动合同的除外。《暂行规定》第 16 条规定，劳务派遣单位被依法宣告破产、吊销营业执照、责令关闭、撤销、决定提前解散或者经营期限届满不再继续经营的，劳动合同终止。用工单位应当与劳务派遣单位协商妥善安置被派遣劳动者。

此外，《暂行规定》第 12 条第 2 款规定，在被派遣劳动者退回后无工作期间，劳务派遣单位应按照不低于所在地人民政府规定的最低工资标准，向其按月支付报酬。

8. 明确遏制用人单位"假外包，真派遣"。《劳动合同法》修改决定公布后，有的劳务派遣单位和用工单位采取劳务承揽、业务外包的方式应对法律对劳务派遣的规制。为防止这种规避法律责任的行为，切实维护被派遣劳动者的合法权益，《暂行规定》第 27 条明确规定，用人单位以承揽、外包等名义，按劳务派遣用工形式使用劳动者的，按照本规定处理。这一规定将有效遏制用人单位"假外包，真派遣"的现象。

二、域外主要国家和地区劳务派遣发展法律规制及简析

（一）国际劳工组织对劳务派遣的规制

国际劳工大会 1933 年通过的《收费职业介绍所公约》（第 34 号公约）规定，"凡批准了该公约的成员国，应当在 3 年内取缔以营利为目的的收费职业介绍所"。1949 年《收费职业介绍所公约》（第 96 号公约）有所缓和，将逐步取消还是进行规制的选择权交给各成员国，而实际上，大多数成员国选择了取消营利性收费职业介绍机构的做法。1997 年《私营就业机构公约》（第 181 号公约），首次承认了劳务派遣机构的合法地位，同时也为各成员国对劳务派遣关系的法律规制提供了一个基本框架。"第 181 号公约"要求成员国政府（通过法律和惯例）对劳务派遣机构严格监管：①对劳务派遣机构实行许可或认证制度；②限制其业务范围，即禁止它为某些经济部门、行业或岗位提供劳务派遣；③切实保护劳工的所有权益（列举了包括工资待遇、工作条件、社会保障、劳动保护、事故或职业病赔偿和生育保护在内的 10 项需要保护的权益）；④为劳务派遣机构和用工单位具体分派各自的雇主责任；⑤禁止以任何形式向劳动者收费。这标志着国际劳工组织对劳务派遣用工方式的关注由用工形式向被派遣劳动者实体劳动权利保护的转变。2006 年，为了"与隐蔽的雇佣关系（假外包、真派遣）做斗争"，国际劳工组织通过了《雇佣关系建议书》和一项关于雇佣关系的决议：①界定了隐蔽雇佣关系，即当"雇主以一种掩盖着某人作为雇员的真实法律地位的方式不把他或她当作一个雇员对待时，就产生了隐蔽的雇佣关系"，这"包括使用掩盖真实法律地位的其他形式的合同安排的其他关系"；②指出了隐蔽雇佣关系的不良后果，即雇主因恶意规避法定用工义务而采用的合同安排会"产生剥夺劳动者应享有的保护的后果"；③提出了从隐蔽雇佣关系中，确定（辨别）真实雇佣关系存在的原则，即"主要以与劳动者从事劳动并获得酬报的相关事实作指导，而不论在各方当事人之间可能商定的任何合同性或其他性质的相反安排中的关系特点"，并指导性地提出了确定（辨别）真实雇佣关系存在的一些具体方法。《雇佣关系建议书》建议成员国政府，将下列"界定雇佣关系存在的具体指标"写入本国法律和法规中。如果符合以下若干特征，即可以界定为存在真实雇佣关系：

①劳动者的工作是根据另一方的指令并在其控制下进行的；该工作涉及将该劳动者纳入企业的组织之中；该工作完全或主要是为另一人的利益履行的；该工作必须由该劳动者亲自完成；该工作是在下达工作之一方指定或同意的特定工作时间内或工作场所完成的；该工作有一定的持续时间并有某种连续性；该工作要求劳动者随叫随到；该工作要求下达工作之一方提供工具、物料和机器等事实。②（下达工作之一方）定期向劳动者支付报酬；这种报酬构成劳动者唯一或主要收入来源这一事实；以食物、住房或交通便利等实物形式付酬；对每周休息和每年的节假日等权利的承认；支付劳动者为履行工作所付的差旅费用；或劳动者没有财务风险。[1]

（二）以美国为代表的普通法法系国家劳务派遣发展及规制概况

以美国为代表的普通法法系国家对劳务派遣总体上采取相对宽松、自由放任的态度。与英国一样，美国对劳务派遣用工的适用范围以及派遣期限也没有任何限制性规定，联邦政府一级没有出台专门的、统一的法律规范，但联邦和各州都有一些成文法和判例法的相应规定，对劳务派遣的规制也同样可以做到"有法可依"，"较好"[2]地保护了被派遣劳动者的合法权益。在美国，由于劳务派遣用工形式的用工灵活性有可以极大提高劳动力市场的分工程度和专业化水平的积极作用，使得劳务派遣的合理性也得到联邦政府和各州的明确承认。尽管如此，劳务派遣用工依然只是传统用工形式的补充，处于次要地位，所占比例仍然很小。据美国职业雇主组织全国联合会（National Association of Professional Employer Organizations，NAPEO）公布的最新统计数据，2012 年在职业雇佣组织就业的劳工仍然为 200 万 ~300 万人。并且近年来的数据表明：美国被派遣劳动者的人数比较稳定，几乎无变化，劳务派遣整体上处于平稳发展态势。

[相关资料]

美国阿拉巴马州 2006 年通过的《职业雇主组织登记法》就明确肯定了劳务派遣用工方式的积极作用，《职业雇主组织登记法》明确指出："劳务派遣是阿拉巴马州新兴的产业，职业雇主组织为雇主提供了越来越多的机会以开发满足人事需要且效率更高的方式，并且为雇员提供了某些如果没有职业雇主组织就可能无法获得的雇员福利"。这一法案到目前（2015 年 9 月）为止依然生效。[3]

〔1〕　国际劳工大会 2006 年雇佣关系建议书（第 198 号建议书）。

〔2〕　这里之所以用引号引，其只是表明在美国被派遣劳动者的合法权益能够和用工单位的自雇劳动者一样被"平等"保护，但并不意味美国被派遣劳动者和用工单位的自雇劳动者就得到劳动雇佣法（需要指出的是，在美国，劳动法（labor law）和雇佣法（Employment law）是专有术语。劳动法指的是处理工会和雇主及其组织之间关系的法律，对应的是我国劳动法中的集体劳动关系法，雇佣法指的是处理劳动者个体和雇主之间关系的法律，对应的是我国劳动法中的个别劳动关系法。这一点，在我国目前劳动法翻译文献中常常被不加区别）上很好的保护。

〔3〕　Section 2，Alabama Professional Employer Organization Registration Act，Ap2 proved by the Governor March 13，2006.

总的来说，美国的劳务派遣的法律规制的"特色"体现在以下几个方面：

1. 部分州的劳务派遣行政审批和日常监管。美国大多数州并未要求劳务派遣单位必须进行行政许可，但是即便如此，仍有少部分州的雇佣法律要求劳务派遣单位在开业前必须向州登记，依法申请行政许可，未经许可，任何单位和个人不得经营劳务派遣业务。而且对申请经营劳务派遣业务规定了相当严格的条件。事实上，美国劳务派遣单位的平均规模都是非常大的，这一点我国的劳务派遣单位是望尘莫及的。除了设立审批外，美国上述各州主管机关对劳务派遣单位的日常监管也同样到位，涉及劳务派遣单位名称、经营场所、法定代表人或者注册资本改变、分立、合并、需要延续行政许可有效期等，应当向许可机关提出变更申请，并进行年度审查。这些都有利于主管机构对派遣机构进行持续监管，有利于维护派遣劳动者的基本权利。

[相关资料]

1. 在美国，专业从事劳务派遣业务的机构被称为职业雇佣组织（professional employment organizations，简称 PEOs）、雇佣租赁公司（employment leasing company）、派遣企业（dispatching firm）、租赁代理机构（leasing agency）或者直接雇主（immediate employer），接受劳务派遣业务的用工机构被称为客户公司（client companies）、用人企业（user firm）或者接受雇主（recipient employer）。但是，为了和我国《劳动合同法》术语一致，我们把专业从事劳务派遣业务的机构统一称为"劳务派遣单位"，把接受劳务派遣业务的用工机构统一称为"用工单位"。

2. 佛罗里达州在该州商务和职业监管部（Department of Business and Professional Regulation）下面专门设立了劳务派遣委员会（Board of Emp loyee Leasing Company）专门负责监管劳务派遣单位，该委员会有发布规则的权力。该州对劳务派遣单位设立和相关事项的审批非常严格。[1]

2. "雇主责任"的落实。美国大多数州通过"雇主责任"的落实，在很大程度上阻止用工单位企图规避劳动雇佣法上的雇主义务和责任而采取劳务派遣用工，这主要表现在"共同雇主责任"及"排他和不替代责任（Exclusivity and Vicarious Liability）"两种"二位一体"紧密联系的责任形式上。

[相关资料]

我国近年来的劳动法翻译中，都将"Exclusivity and Vicarious Liability"这一责任翻译为"排他和替代责任（Exclusivity and Vicarious Liability）"，这是生硬直译的结果，并不能充分体现这一责任的本质意义，相反，容易引起歧义，所以，笔者认为翻译时加上"不"最好。

---

〔1〕 具体内容可以参见佛罗里达州州议会（The Florida Legislature）官方网站。

　　"共同雇主责任"是指，在理论上，劳务派遣单位与用工单位均为被派遣劳动者的雇主，在劳动雇佣法律上都必须对被派遣劳动者承担雇主责任。"共同雇主责任"的法理基础是"双重劳动关系说"，[1]该主张认为被派遣劳动者有两个雇主，被派遣劳动者与劳务派遣单位和用工单位都存在劳动关系。劳务派遣单位毫无疑问是直接雇主，必须承担雇主对被派遣劳动者的全部法定义务。大部分州法规定劳务派遣单位必须支付被派遣劳动者的工资，除此外，大部分州法规定劳务派遣单位有义务为被派遣劳动者支付工伤保险和失业保险以及其他雇员福利的费用。但是，并不是所有州都是同样规定，例如新墨西哥州的法律规定，如果劳务派遣单位没有为被派遣劳动者支付失业保险费用，则用工单位有义务承担失业保险费用。明尼苏达州的法律规定由用工单位支付派遣工人的失业保险费，但前提是用工单位50%以上的雇员必须为被派遣劳动者。这里最重要的是，在什么情况下，用工单位作为"共同雇主"？尽管大部分州法认为劳务派遣单位和被派遣劳动者存在直接雇佣关系，通常要求劳务派遣单位承担支付被派遣劳动者工资以及工伤保险和失业保险费用的义务，而用工单位通常并不对被派遣劳动者的工资及工伤保险和失业保险承担连带责任。但是符合某些特定条件时，用工单位可能被认定为和劳务派遣单位构成共同雇主，从而单独承担或者和劳务派遣单位连带承担责任，这些情形是：不正当劳动行为、就业歧视、最低工资、工作时间和休息休假及加班、加点费用、职业安全和卫生等方面雇主的劳动基准义务和责任。这些情形充分体现了"谁控制和指挥、谁负责"的原则，构成了认定用工单位是否为共同雇主的标准：用工单位是否对被派遣劳动者实施了"重要控制"，是否参与了招聘、雇佣条款及条件等雇佣内容的决定。例如，工伤保险和失业保险这些基本社会保险之外的一些保险，如职工忠诚保险、雇主责任保险法律关系中，就将用工单位认为是"雇主"，单独承担保险责任。

　　"排他性和不替代责任"，美国许多州都有"排他性和不替代责任"的规定，即劳务派遣单位和用工单位互相不为对方的行为或疏忽承担替代责任。例如，根据新罕布什尔州的法律规定，被派遣劳动者在用工单位实施的普通责任保险、职工忠诚保险以及雇主责任保险中，应被视为用工单位的雇员。在劳务派遣单位实施的上述保险中，除非保险或者保证合同另有规定，被派遣劳动者不被视为劳务派遣单位的雇员，伊利诺斯州、缅因州的法律也有类似的规定。[2]用工单位不必承担有关招聘、劳务派遣合同订立、变更、解除、终止等生产经营过程以外的应由劳务派遣单位独立承担的责任，劳务派遣单位和用工单位应在不正当劳动行为、就业歧视、最低工资、工作时间和休息休假及加班、加点费用、职业安全和卫生等涉及生产经营过程的劳动基准方面承担连带义务和责任。

---

〔1〕 可以参照德国《规范经营性雇员转让法》（2005 年修订）。
〔2〕 谢增毅："美国劳务派遣的法律规制及对我国立法的启示"，载《比较法研究》2007 年第 6 期；"规制劳务派遣的国际经验"，载 http://www.chinareform.net/special_detail.php? id=85.

[探究]

　　"排他和不替代责任" 实际上是 "共同雇主责任" 的细化，它决定了在何种情形下，劳务派遣单位和用工单位各自独立承担责任和连带承担责任，可以说，"排他性和不替代责任" 和 "共同雇主责任" 实际上完全是一个问题的两个方面，是 "二位一体" 紧密联系的责任形式。

　　3. 通过反就业歧视法律来保证被派遣劳动者平等待遇。美国联邦政府和各州法律并没有明确地专门规定包括 "同工同酬" 在内的被派遣劳动者的平等待遇，但这并不妨碍被派遣劳动者的平等待遇的实现，其原因在于被派遣劳动者和用工单位自雇雇员的平等待遇完全有完备的就业歧视法律来保障。

　　美国联邦政府和各州制定了严格的反就业歧视法律，并采取切实措施保证反就业歧视法律实施。自 20 世纪 60 年代始，经过四五十年的努力，如今美国的就业歧视问题得到有效解决，尽管还存在一定程度的间接的 "隐形就业歧视"，但直接的公开的就业歧视已销声匿迹。如今，在美国雇主最害怕的官司之一就是 "就业歧视" 的官司。当然，在被派遣劳动者诉求平等待遇的诉讼中，完全可以适用上文的 "共同雇主责任" 及 "排他和不替代责任"，被派遣劳动者可将劳务派遣单位和用工单位作为共同被告，诉其承担连带责任，从而获得充分权利救济。司法实践中，这样的判例很是常见，其中最典型的一个案例就是被派遣劳动者把其劳务派遣单位——Peak公司（美国最著名的劳务派遣单位之一）和用工单位——大众公司（Volkswagen）（世界最著名的汽车公司之一）作为共同被告告上法庭，得到了法院的支持。[1]

　　（三）以日本为代表的大陆法法系国家劳务派遣发展及规制概况

　　与德国一样，日本曾经基于 "劳动力不是商品" 原则，绝对禁止劳务派遣用工，在 20 世纪 70 年代后期，从实务界到理论界开始慢慢承认这一用工方式，但对其弊端始终心怀戒备，这主要体现在 1986 年 7 月颁发施行的《劳务派遣法》中，对劳务派遣的适用范围以及派遣期限作了严格限制规定，此后于 1990 年、1996 年、1999 年、2003 年和 2010 年先后进行了五次修订，前年（2014 年）又准备修改[2]，故已形成了专门的、统一的法律规范，并且在判例法中也有相应体现，使得劳务派遣的规制可以做到 "有法可依"，较好地保护了被派遣劳动者的合法权益。在日本，同样由于劳务派遣用工形式的用工灵活性和可以极大提高劳动力市场的分工程度和专业化水平的积极作用，使得劳务派遣合理性逐渐得到明确承认，尽管如此，劳务派遣用工依然只是传统用工形式的补充，处于次要地位，所占比例仍然很小。2010 年 10 月日本厚生劳动省公布的 2009 年度派遣劳动者数量调查结果显示，2009 年日本劳务派遣

---

　　〔1〕 Magnuson v. Peak Technical Services, Inc., 808 F. Supp. 500 – Dist. Court, ED Virginia 1992, Employee Responsibilities and Rights JournalMarch 1996, Volume 9, Issue 1, pp. 1~21.

　　〔2〕 可参见日本厚生劳动省官方网站 "労働者派遣法が改正されました" 报道。笔者不懂日语，是通过日本厚生劳动省官方网站的英文版进入的。还可以参见 "日本两大在野党商议联合应对国会对抗安倍政权"，载 http://www.chinanews.com/gj/2014/10 – 09/6659412.shtml.

的渗透率（全日制工作员工中所占派遣员工的比例）是 2005 年后的首次减少，低于 2%。

[探究]

日本尽管整体上属于大陆法系，但由于其与美国的"亲密"关系，近年来实际上采用了许多美国的法律规定，包括判例法。

总的来说，日本的劳务派遣的法律规制的"特色"体现在以下几个方面：

1. 不断放松和取消对劳务派遣适用范围和期限的规制。首先，不断放松和取消对劳务派遣适用范围和期限的规制是市场经济的客观需求，原因在于上述劳务派遣用工形式的用工灵活性和可以极大提高劳动力市场的分工程度和专业化水平的积极作用。其次，不断放松和取消对劳务派遣适用范围和期限的规制是理论支持的结果，日本学者马渡淳一郎是这一理论的代表，他提出，"需要（求人）和供给（求职）的当事者之间直接的相对交易，是市场活动原始发展阶段的方法。与之相对，劳动者派遣业通过提供与短期租赁相关的多样服务，能够更加合理地适应市场发展的需要。……劳动者派遣业与其他同类产业一样具有作为'利用权'（租赁）产业普遍的性质，所以如果没有特别正当的理由，原则上应该予以承认，而不是限制、禁止其营业。"[1]

[相关资料]

以日本《劳务派遣法》立法修改为例，1986 年颁布《劳务派遣法》之前劳务派遣用工方式是被绝对禁止的，1986 年颁布的《劳务派遣法》，通过采取正面列表方式允许对 13 种工作可以劳务派遣，此后又增加了 3 项工作种类，至 1996 年修法以前达到 16 种，但始终没有放开制造业使用劳务派遣用工方式。经过 1996 年修法，日本允许对 26 种工作可以劳务派遣。1999 年对该法大幅修改，对劳务派遣的工种限制采取负面反向列举的方式，在"法无禁止皆可"的原则下，禁止在港口运输、建筑业、制造业、医疗业、保安服务业等行业进行劳务派遣。2003 年第四次修订《劳务派遣法》时，劳务派遣禁止范围进一步缩小，允许制造业、医疗业进行劳务派遣，除了制造业外，劳务派遣的期限从 1 年延长至 3 年，2007 年把制造业劳务派遣的期限也延长到了 3 年。总的来说，日本通过多次修法，不断放松对劳务派遣适用范围和期限的规制，对被派遣劳动者作的限制实现了从"原则禁止"至"原则自由"的转变。[2]

2. 禁止"登录型"劳务派遣立法趋向明显。依照《劳务派遣法》的规定，日本对劳务派遣划分为"登录型"和"常雇型"两种。

"登录型"劳务派遣，又称"一般劳务派遣"，是指劳务派遣单位与被派遣劳动

---

[1] [日] 马渡淳一郎：《劳动市场法的改革》，田思路译，清华大学出版社 2006 版，第 77 页。

[2] 平力群："日本劳务派遣制度改革及其问题"，载《日本研究》2010 年第 2 期。

者之间没有固定劳动合同，被派遣劳动者只是在劳务派遣单位"登记并记录在案"，劳务派遣单位通过数据库等方式找到合适的用工单位后，同被派遣劳动者签订与劳务派遣合同相同期限的劳动合同，并进行劳务派遣。显然，被派遣劳动者和劳务派遣单位之间的劳动关系只有在该被派遣劳动者受劳务派遣单位派遣在用工单位从事劳动期间才存在。在两次或多次劳务派遣之间的等待劳务派遣期间，劳务派遣单位与"登录型"被派遣劳动者之间不签订劳动合同，不存在劳动关系，劳务派遣单位不需要向"登录型"被派遣劳动者支付工资等福利待遇。

　　"常雇型"劳务派遣，又称"特定劳务派遣"，是指劳务派遣单位与被派遣劳动者之间签订劳动合同（主要是无固定期限合同），劳务派遣单位与被派遣劳动者形成劳动关系，劳务派遣单位对被派遣劳动者进行劳务派遣，被派遣劳动者和劳务派遣单位之间的劳动关系不但在该被派遣劳动者受劳务派遣单位派遣在用工单位从事劳动期间存在，而且在两次或多次劳务派遣之间的等待劳务派遣期间，劳务派遣单位与"常雇型"被派遣劳动者之间也存在劳动关系，因此，劳务派遣单位在等待劳务派遣期间需要向"常雇型"被派遣劳动者支付工资等福利待遇。

　　很显然，"登录型"被派遣劳动者的劳动保障比起"常雇型"被派遣劳动者更加不稳定，企业一旦遇到经营困难，首先解雇的是"登录型"被派遣劳动者。所以，日本《劳务派遣法》对"登录型"劳务派遣单位实行更加严格的审查和日常监管制度，如对"常雇型"劳务派遣单位实施备案登记制，而对"登录型"劳务派遣单位实行严格的许可证制度，需获得卫生、劳动和福利部门颁发的执照。即便如此，劳务派遣尤其是"登录型"劳务派遣在日本的名声仍差强人意，由于其经常被滥用，社会舆论整体对于劳务派遣行业不满，媒体、学者、实务界的批判声音不绝于耳。实际上，日本社会废除"登录型"劳务派遣的努力确实起到了作用，2010年《劳务派遣法》修改时就对"登录型"劳务派遣中的极端形式——"日雇派遣"（以1天为单位缔结劳动合同，并将劳动者派遣至用工单位）进行了禁止。

　　[相关资料]

　　　　"日本经济团体联合会"在2011年12月底召开的日本国会会议上提出了废除"登录型劳务派遣"的议案，尽管由于日本雇主联合会的"日本经营者团体联盟"的强烈对抗而未能通过，但"日本经济团体联合会"表示决不放弃。[1]

　　3."一重劳动关系"基础上的"雇主责任"。与美国劳务派遣"双重劳动关系说"不同，日本在雇佣劳动法理上跟随德国等大陆法系的国家的理论，只承认劳务派遣的"一重劳动关系"，即认为在劳务派遣单位、用工单位和被派遣劳动者三者法律关系中，劳务派遣单位与被派遣劳动者之间形成劳动关系，而用工单位与被派遣劳动者之间只是"指挥""命令"关系，不存在劳动关系。[2]这一点，也在法律上明

〔1〕李庆："日本〈劳务派遣法〉修改及工会对策"，载《上海工运》2012年第7期。
〔2〕周长征：《劳动派遣的发展与法律规制》，中国劳动社会保障出版社2007版，第194页。

确体现，日本《劳务派遣法》规定，日本劳务派遣形成一重劳动关系，用工单位与被派遣劳动者之间不存在劳动关系，用工单位只负责指导和监督被派遣劳动者的劳动，[1]但是日本《劳务派遣法》又认为劳务派遣用工具有特殊性，所以将"雇主责任"在劳务派遣单位和用工单位之间进行了划分，劳务派遣单位作为雇主，对被派遣劳动者承担主要和基本法律责任，而与劳动过程直接相关的"雇主责任"，如不正当劳动行为、就业歧视、最低工资、工作时间和休息休假及加班、加点费用、职业安全和卫生等涉及生产经营过程的劳动基准方面用工单位也要承担连带义务和责任。

[探究]

　　显然，日本"一重劳动关系"基础上的"雇主责任"与美国"双重劳动关系说"基础上的"共同雇主责任""排他性、不可替代性责任"基本上殊途同归，这也再一次证明两大法系经常"条条大路通罗马"。

4. 鼓励建立相对固定的劳动关系。为了防止为满足雇主的弹性用工和劳工弹性就业的需要而产生的劳务派遣僭越、取代传统的劳动关系，日本《劳动者派遣法》提出了劳务派遣单位有保障被派遣劳动者从有期雇佣到无期雇佣转换的努力义务，尽力促进劳务派遣合同向直接雇佣合同转化，推动被派遣劳动者在用工单位直接雇佣，而设置向直接雇佣转化的条件，例如，超出法定的适用条件及持续期间、虚假派遣、变相派遣、违法派遣时，被派遣劳动者与派遣机构之间的劳动合同直接转化为被派遣劳动者与用工单位之间的劳动合同。其推动直接雇佣的立法目的极其明显，目的是建立相对固定的劳动关系。

[相关资料]

　　2015 年 4 月 8 日，中国政府网公布《中共中央、国务院关于构建和谐劳动关系的意见》。该《意见》指出：

　　全面实行劳动合同制度。贯彻落实好劳动合同法等法律法规，加强对企业实行劳动合同制度的监督、指导和服务，在用工季节性强、职工流动性大的行业推广简易劳动合同示范文本，依法规范劳动合同订立、履行、变更、解除、终止等行为，切实提高劳动合同签订率和履行质量。依法加强对劳务派遣的监管，规范非全日制、劳务承揽、劳务外包用工和企业裁员行为。指导企业建立健全劳动规章制度，提升劳动用工管理水平。全面推进劳动用工信息申报备案制度建设，加强对企业劳动用工的动态管理。

[深入思考]

1. 劳动合同是相对于传统民商事合同的"特殊合同"。

2. 劳动合同与劳务合同的区别。

---

〔1〕　薛孝东："国内外劳务派遣立法比较"，载《中国劳动》2005 年第 6 期。

3. 劳动合同的无效。

4. 惩戒性解雇。

5. 劳务派遣合同的"雇主责任"。

6. 《劳动合同法》对中国经济尤其是对中国的劳动市场的影响。

7. 劳动合同法律制度是劳动法微观层次调整劳动关系的实现途径。

第四章　集体合同法律制度

■ 本章导读

　　本章的逻辑主线是：集体合同是什么？集体合同法律制度的法律意义是什么？集体合同法律制度的构成是什么？本章的重点是充分理解集体合同何以能弥补劳动基准法、劳动合同的不足和我国集体合同法律制度的完善。其中，我国集体合同法律制度的完善是本章难点。

　　从完整意义上讲，集体合同法律制度是劳动法对"劳动三权"（即团结权、集体谈判权和争议权）的确认和保障的法律制度。集体合同法律制度作为一种中观层次的劳动关系调整机制，具有承上启下的作用，在弥补劳动基准法、劳动合同的不足的同时，又可以形成三者相互促进，成为调整劳动关系的重要机制。这部分内容主要体现在第一节中。

　　我国的集体合同法律制度构成主要包括：工会及用人单位团体制度；集体协商（集体谈判）、集体合同订立、内容、履行、变更、解除与终止制度；不当劳动行为制度。在我国的集体协商制度中，劳资双方协商时的谈判性比较模糊、作为"劳动三权"载体的工会和用人单位（雇主）团体尚在成熟过程中，缺乏集体争议权的确认和保障制度，这些都是我国集体合同法律制度的完善重点和方向。这部分内容主要体现在第二节至第六节中。

第一节　集体协商和集体合同概述

一、集体协商的概念

　　集体协商，亦称集体谈判。集体谈判是国际劳动组织使用的概念，根据国际劳工组织1981年通过的154号公约《促进集体谈判公约》第2条规定，"集体谈判是指包括所有在一名雇主、一个雇主群体或者是一个以上的雇主组织同一个或多个工人组织之间进行的谈判"。集体谈判的内容包括：①决定劳动条件和就业期限；②调整雇主和工人之间的关系；③调整雇主或者他们的组织同一个或者多个工人组织之间的关系。集体协商是我国使用的概念，根据2004年1月20日劳动和社会保障部发布的《集体合同规定》，集体协商是指用人单位与本单位劳动者根据法律、法规、规章的规定，就劳动报酬、工作时间、休息休假、劳动安全卫生、职业培训、保险福利等事项进行商谈，并签订集体合同的行为。用人单位与本单位职工签订集体合同或专项集体合同，以及确定相关事宜，应当采取集体协商的方式。可见，我国集体协商制度限定的范围较窄，集体协商仅仅是在一个企业内部进行；而集体谈判则可在各个层次展开，也可在多个层次同时展开，一方是一个工会组织或多个工会组织的联合，另一方是企业雇主或一个行业、一个地区、几个地区甚至国家范围内雇主的群体。

[探究]

1. 从完整意义上讲，集体合同法律制度是劳动法对"劳动三权"（即团结权、集体谈判权和争议权）的确认和保障的法律制度，这在现代西方市场经济国家已形成共识。无论是劳动法律制度和实务还是观念和理论，都是以"劳动三权"为基础的集体劳动关系的调整展开的。但是我们对此一直是回避的，而且我们现在的一个思维，就是单纯地只提集体谈判，前面不提工人的团结的问题，后面不谈工人的争议的手段的问题，所以我们应该从更深层的问题来解释这个问题。[1]

2. 我国在法律和法规中一般不使用集体谈判的概念，而一直使用集体协商和平等协商的概念，并将集体协商与集体合同放在一起进行规定，而平等协商则有时限于集体合同无关事项（狭义）、有时包括集体合同有关事项（广义）。目前只有深圳的地方立法使用了集体谈判或谈判的语词。应该统一术语，按照《集体合同规定》、参照深圳地方立法，将集体谈判与集体协商作为同一概念，并且以集体谈判取代集体协商；将狭义的平等协商用于非谈判事项，包括民主管理、规章制度、争议处理等，并且以劳资协商替代之；将广义的平等协商以商谈（negociation）替代之，包括集体谈判事项。[2]

3. 2007 年 6 月 29 日通过的《劳动合同法》第 53 条规定，在县级以下区域内，建筑业、采矿业、餐饮服务业等行业可以由工会与企业方面代表进行集体协商，订立行业性集体合同，或者订立区域性集体合同。

二、集体合同的概念

集体合同，亦称团体协议、集体协议。关于集体合同的概念，国际劳工组织有一个明确的界定，代表了国际通行的做法。1951 年国际劳工组织第 91 号建议书《集体合同建议书》第 2 条第 1 款规定："以一个雇主或一群雇主，或者一个或几个雇主组织为一方，一个或几个有代表性的工人组织为另一方，如果没有这样的工人组织，则根据国家法律和法规由工人正式选举并授权的代表为另一方，上述各方之间缔结

---

〔1〕 摘选自《劳工三权与集体劳动关系法律规制学术研讨会实录（上）》，常凯教授在中国人民大学 2011 年 1 月 16 日 "劳工三权与集体劳动关系法律规制学术研讨会"上的发言。

〔2〕 刘诚："论集体谈判权主体"，载《工会理论研究》2013 年第 2 期。

的关于劳动条件和就业条件的一切书面协议，称为集体合同。"在我国，对集体合同的定义可分为学理定义和立法定义。从立法上定义，《集体合同规定》第 3 条规定：集体合同是指"用人单位与本单位职工根据法律、法规、规章的规定，就劳动报酬、工作时间、休息休假、劳动安全卫生、职业培训、保险福利等事项，通过集体协商签订的书面协议"。这个定义表明了我国立法并没有明确认可多层次集体协商主体，即我国《集体合同规定》只承认企业层次的集体合同，而不认可企业层次之外的多层次集体合同。2007 年 6 月 29 日通过的《劳动合同法》有所突破，第 53 条规定，在县级以下区域内，建筑业、采矿业、餐饮服务业等行业可以由工会与企业方面代表订立行业性集体合同，或者订立区域性集体合同。从学理上定义，可概括为：工会或劳动者代表与用人单位或其组织之间就劳动者的劳动报酬、工作时间、休息休假、劳动安全卫生、职业培训、保险福利等事项在平等协商的基础上达成的书面协议。这个概念强调了集体合同层次的多样性，即集体合同既包括企业层次的集体合同，也包括企业层次之外的多层次集体合同。集体合同的学理定义与国际劳工组织的定义是较为一致的。

三、集体合同的法律特征

（一）集体合同的主体具有特定性

集体合同的一方是用人单位或其团体，另一方是工会或劳动者代表。工会作为集体合同的一方当事人，必须代表劳动者群体的意志和利益。没有建立工会的企业，由劳动者推举代表与用人单位签订集体合同，劳动者代表作为集体合同的一方当事人，其职责与工会等同。用人单位或其团体作为集体合同的另一方当事人，从维护用人单位的整体利益出发，与工会或劳动者代表在平等的法律地位上，通过协商，取得合作，以维护稳定和谐的劳动关系。

（二）集体合同的内容侧重于维护劳动者权益的规定

集体合同是以劳动者劳动条件、生活条件为主要内容的协议。集体合同以集体劳动关系中全体劳动者的共同权利和义务为内容，可能涉及劳动关系的各个方面，也可能只涉及劳动关系的某个方面（如工资合同等）。

（三）集体合同的订立有严格的程序和形式要求

按照我国法律、法规的规定，集体合同的订立有严格的程序和形式要求。签订集体合同的程序依次为：确定协商代表；集体协商，制定草案；职工讨论，通过草案；签字上报、审查备案；即行生效、公布履行。

（四）集体合同具有较强的法定性

集体合同当事人不能自由决定是否订立集体合同、与谁订立集体合同、订立什么内容的集体合同、集体合同采取什么形式、集体合同争议处理等。我国《集体合同规定》第32条规定："集体协商任何一方均可就签订集体合同或专项集体合同以及相关事宜，以书面形式向对方提出进行集体协商的要求。一方提出进行集体协商要求的，另一方应当在收到集体协商要求之日起20日内以书面形式给予回应，无正当理由不得拒绝进行集体协商。"第56条规定："用人单位无正当理由拒绝工会或职工代表提出的集体协商要求的，按照《工会法》及有关法律、法规的规定处理。"

（五）集体合同争议类型具有特殊性

集体合同争议包括因签订而发生的争议（即集体协商争议）和因履行而发生的争议两种。我国立法规定，对因签订集体合同发生争议，当事人不能协商解决的，当事人一方或双方可以书面向劳动保障行政部门提出协调处理申请；未提出申请的，劳动行政部门认为必要时可以进行协调处理。因履行集体合同所确定的权利义务，当事人发生争议的，先由当事人协商解决；协商解决不成的，可以向劳动争议仲裁委员会申请仲裁；对仲裁裁决不服的，可以自收到仲裁裁决书之日起15日内向人民法院提起诉讼。

[相关资料]

1. "劳动三权"是确保劳动者获得与资方平等地位的基本权利，是一组权利的三个部分，三者相互配套，不可或缺，共同发挥作用。日本学者认为，"劳动三权"本身不是目的，而是确保劳动者生存的手段，但"劳动三权"相互之间有目的、手段关系，即团结权、争议权的目的均是为了集体谈判，而保障团结权未必保障争议权，因此有明示并存的必要。因此，日本宪法明确规定了保障劳动者团结权、集体谈判权及集体行动的权利。[1]

2. 劳权又是一个历史的和社会的概念。在不同的国家和时期，其法律的具体规定是不同的。劳权立法最初阶段是个别劳权立法，即以劳动者个人的劳动权利为主要内容的立法，其内容主要是工资、工时和劳动条件等劳动标准的规定。劳权立法的进一步发展是集体劳权立法，这种集体劳权的内容主要是关于工人的团结权即组织工会的权利、集体谈判的权利和罢工的权利，这些权利在国际劳动法学界又被称为"劳动三权"，在有的国家又被称为"劳动基本权"。到第二次世界大战之前，全世界除封建专制或军事独裁的国家外，几乎都颁布了承认劳动者的团结权、集体谈判权和罢工权的劳动法律。在20世纪下半叶这些权利又有了许多发展，如劳动者个人的权利除工资工时方面的规定等外，又增加了社会保障、职业培训、劳动争议处理等方面的权利。集体劳权的内容则又增加了劳动者民主参与的内容，由"劳动三权"变为"劳动四权"。劳权的内容演变趋向，是不断发展和增加。[2]

（六）集体合同具有劳动基准法的效能

集体合同对签订合同的单个用人单位或用人单位团体所代表的全体用人单位，

---

〔1〕 程延园："'劳动三权'：是构筑现代劳动法律的基础"，载《中国人民大学学报》2005 年第2 期。

〔2〕 常凯："劳权本位：劳动法律体系构建的基点和核心——兼论劳动法律体系的几个基本理论问题"，载《工会理论与实践》2001 年第6 期。

以及工会所代表的全体劳动者，都有法律效力。根据我国劳动法律、法规的规定，依法订立的集体合同对企业和企业全体劳动者具有法律约束力。《劳动法》第35条明确规定："……职工个人与企业订立的劳动合同中劳动条件和劳动报酬等标准不得低于集体合同的规定。"《集体合同规定》第6条第2款进一步规定："用人单位与职工个人签订的劳动合同约定的劳动条件和劳动报酬等标准，不得低于集体合同或专项集体合同的规定。"《劳动合同法》第55条规定："集体合同中劳动报酬和劳动条件等标准不得低于当地人民政府规定的最低标准；用人单位与劳动者订立的劳动合同中劳动报酬和劳动条件等标准不得低于集体合同规定的标准。"这就使集体合同具有劳动基准法的效力。

四、集体合同与劳动合同的关系

集体合同与劳动合同既有联系又有区别。集体合同与劳动合同都要遵循平等协商、意思表示一致、内容合法等基本原则，具有合同的一般属性；而且，它们又都是以劳动关系双方当事人的权利义务为主要内容，均受劳动法的调整。所以说，二者的联系是密切的。但是，二者也有明显的区别，主要有：

1. 主体不同。集体合同的一方是用人单位或其团体，另一方是工会或劳动者代表；而劳动合同的主体一方是用人单位，我国用人单位包括各种性质的企业、个体经济组织、特定范围劳动用工关系下的国家机关、事业单位以及社会团体、民办非企业单位、依法成立的会计师事务所、律师事务所等合伙组织和基金会等。劳动者是指被用人单位雇佣的自然人。

2. 内容不同。集体合同所约定的是涉及所有劳动者的一般劳动条件、集体协商的程序等；而劳动合同的内容只涉及劳动者的个人劳动条件，包括劳动者个人劳动报酬、工作内容、工作时间、休息休假、劳动安全卫生、保险福利等，它是对劳动者与用人单位之间确立的劳动关系的具体化。

3. 目的不同。签订集体合同的直接目的在于平衡劳动者与用人单位的力量，保护劳动者的合法权益；而劳动合同签订的直接目的在于确立劳动关系，明确用人单位与劳动者的权利、义务。

4. 形式不同。在我国，要求劳动合同采用书面形式，但非全日制劳动合同可以例外；而集体合同必须采用书面形式。

5. 适用范围不同。《劳动法》第35条规定："依法签订的集体合同对企业和企业全体职工具有约束力。"《集体合同规定》第6条第1款也规定，符合本规定的集体合同和专项集体合同，对用人单位和本单位的全体职工具有法律约束力。《劳动合同法》第54条第2款也规定："依法订立的集体合同对用人单位和劳动者具有约束力。行业性、区域性集体合同对当地本行业、本区域的用人单位和劳动者具有约束力。"而劳动合同，只对企业和签订劳动合同的劳动者本人具有约束力。

6. 效力层次不同。集体合同的法律效力一般高于劳动合同的法律效力。《劳动法》第35条明确规定，职工个人与企业订立的劳动合同中劳动条件和劳动报酬等标准不得低于集体合同的规定。《集体合同规定》第 6 条第 2 款进一步规定，用人单位与职工个人签订的劳动合同约定的劳动条件和劳动报酬等标准，不得低于集体合同或专项集体合同的规定。《劳动合同法》第 55 条规定："集体合同中劳动报酬和劳动条件等标准不得低于当地人民政府规定的最低标准；用人单位与劳动者订立的劳动合同中劳动报酬和劳动条件等标准不得低于集体合同规定的标准。"

7. 争议类型及处理方式不同。集体合同争议包括因签订而发生的争议（即集体协商争议）和因履行而发生的争议两种。对因签订集体合同发生的争议，当事人不能协商解决的，当事人一方或双方可以书面向劳动保障行政部门提出协调处理申请；未提出申请的，劳动行政部门认为必要时也可以主动进行协调处理。因履行集体合同所确定的权利义务当事人发生争议的，先由当事人协商解决，协商解决不成的，可以向劳动争议仲裁委员会申请仲裁；对仲裁裁决不服的，可以自收到仲裁裁决书之日起 15 日内向人民法院提起诉讼。同时，《劳动合同法》第 56 条规定："用人单位违反集体合同，侵犯职工劳动权益的，工会可以依法要求用人单位承担责任；因履行集体合同发生争议，经协商解决不成的，工会可以依法申请仲裁、提起诉讼。"而劳动合同争议，其处理方式包括协商、调解、仲裁和诉讼。

五、集体合同的分类

（一）综合性集体合同与专项集体合同

这是根据集体合同所规定的内容进行的分类，也是我国 2004 年《集体合同规定》对集体合同采用的一种分类方法。当事人之间就劳动报酬、工作时间、休息休假、劳动安全卫生、职业培训、保险福利等一揽子事项达成的协议，均为综合性集体合同。它所涉及的内容是综合性的集体劳动条件，比较全面。如果当事人双方仅就集体协商的某项内容达成协议的则是专项集体合同。它所涉及的内容比较单一，仅是集体劳动条件之中的某一项，或是关于劳动报酬的专项集体协议，或是关于工作时间的专项协议等。正因为是专项协议，因而就该问题一般规定得非常详细、具体，所以可操作性也非常强。一个用人单位往往可以与本单位职工签订多个专项集体合同。

[探究]

为解决职工劳动报酬偏低而建立的工资协商制度让理想照进现实了么？据中华全国总工会 2014 年的统计，目前全国已建工会组织的企业工资集体协商覆盖率达 80% 以上，重庆、大连、南京等地区甚至达到 90%。从数据上看，确实十分有成果。但各地工资集体协商工作在开展中，上级政府部门对下级地方部门的考核的核心指标只是企业签订工资集体协议"覆盖率"，换言之，即便企业什么也没做，只要在政府要求下在统一制定的合同范本上签个字，那么该企业就被当成已实施工资集体协商工作了。正如中国人民大学劳动人事学院教授常凯指出："从统计数据来看，签了多少集体合同，工资协商覆盖面多少，表面上看很有成果，但实际上这里面水分非常大，很多被政绩化了。"[1]

[相关资料]

昨日（11 月 24 日），有劳动人事专家告诉《每日经济新闻》记者，去年，由国家发改委等部委联合下发的《关于深化收入分配制度改革的若干意见》明确提出，要"积极稳妥推行工资集体协商和行业性、区域性工资集体协商"。人社部作为此项工作的主导部门，正在加快推进《工资集体协商条例》（以下简称《条例》）的制定工作。

无论如何，人社部正在推进的《条例》都将会为各地今后工资集体协商工作的开展提供原则和方向，并为最终建立企业职工的工资正常增长机制提供依据。[2]

（二）单一层次集体合同与多层次集体合同

这是根据集体合同缔约主体数量进行的分类。由企业与本单位工会组织就集体协商内容达成的协议是单一层次集体合同；多层次集体合同是指由产业工会、行业工会、地方性联合工会、全国性联合工会与用人单位或用人单位团体就集体协商内容达成的协议。现代西方国家集体合同大多为多层次集体合同。

我国《集体合同规定》只承认企业层次的集体合同，而不认可企业层次之外的多层次集体合同。但在实践中，这种情况有了变化，区域性、行业性集体协商已在实际工作中作了一些新的尝试，取得了较好的效果。《劳动合同法》第 53 条规定，在县级以下区域内，建筑业、采矿业、餐饮服务业等行业可以由工会与企业方面代表订立行业性集体合同，或者订立区域性集体合同。

（三）纲领性集体合同和具体性集体合同

这是根据集体合同的内容进行的分类。从集体合同的内容看，内容上仅作原则性、概括性规定的是纲领性集体合同；在纲领性协议的基础上达成的，以具体的细节化的条款为内容的集体合同则为具体性集体合同。一般而言，产业性、行业性等宏观层次集体合同多采用纲领性合同，而企业级用人单位与所在工会签订的多为具体性合同。具体性集体合同与纲领性集体合同相辅相成，形成多层次集体合同模式。

（四）单层管理的集体合同与多层管理的集体合同

这是根据集体合同的管理体制进行的分类。单层管理的集体合同的管理体制是指设立官方或半官方的机构统一对集体合同的运行进行宏观管理。这种体制主要在西方国家采用，如在英国由劳资关系裁判所管理，在法国由中央集体协议委员会管理，在日本由劳动事务裁决委员会管理。这些国家对集体合同的单层管理体制在现

---

〔1〕 "工资集体协商，只能'看上去很美'？"，载 http://view.news.qq.com/original/intouchtoday/n3138.html.

〔2〕 韩冰："工资集体协商条例稳步推进地方版急盼顶层设计"，载《每日经济新闻》2014 年 11 月 25 日。

代已形成了一套完整、有效的体系。在这种管理体制下的集体合同就是单层管理的集体合同。多层管理的集体合同的管理体制，主要指在我国目前由地方劳动行政部门、上级工会组织和企业主管部门联合管理集体合同，且以劳动行政部门的管理为主。在这种管理体制下的集体合同就是多层管理的集体合同。

（五）定期的集体合同、不定期的集体合同及以完成一定项目为期集体合同

这是根据合同期限的不同进行的分类，集体合同按照期限形式不同，可分为定期集体合同、不定期集体合同和以完成一定项目为期限的集体合同。各国一般采用定期集体合同，并在立法中限制其最短期限（通常规定为 1 年）和最长期限（通常规定为 3~5 年）。也有些国家还采用不定期集体合同，立法中只规定生效时间而不规定其终止时间如法国、日本等。按照惯例，这种集体合同可以随时由当事人提前一定期限通知对方终止。还有少数国家采用以完成一定项目为期限的集体合同如利比亚等。在实践中，当这种集体合同约定的工作（工程）未能在法定最长期限内完成时，一般将法定最长期限视为该集体合同的有效期限。[1]我国《集体合同规定》规定，集体合同的期限为 1~3 年，可见我国只有定期集体合同。

六、集体合同法律制度的产生与发展

集体合同法律制度起源于资本主义国家，是工人阶级为争取自由和维护自己的利益而坚持斗争的产物。在资本主义制度下，由于雇主与雇佣劳动者经济实力强弱的差异和利益上的冲突与对抗，再加上国家契约自由原则的保护，欧美资产阶级政府起初认为雇佣劳动者团体迫使工厂雇主签订团体协约有悖于"契约自由"的原则，妨碍自由竞争，因而禁止缔结集体合同。劳动契约对雇佣劳动者来讲成了不平等的条约，劳动条件苛刻，劳动待遇低下。工人们为了改善劳动条件，提高劳动待遇，集体行动起来，通过怠工、罢工等方式向雇主施加压力。雇主为了避免持续怠工、罢工造成更大的损失，便与工人代表通过集体谈判达成和解协议，以缓和劳资矛盾，解决劳资纠纷，于是产生了集体合同。英国是世界上最早出现集体协议的国家，18世纪末英国出现了雇佣劳动团体与雇主签订的集体协议。19 世纪初，在英国某些行业，由雇主协会和工会双方成立的避免发生劳资争议的机构是世界上集体谈判的雏形。到 19 世纪末，资本主义各国已普遍实行集体合同制度，但集体合同只是劳资双方的"君子协定"，不具有法律约束力，法院也不受理集体合同争议案件。20 世纪初，随着工人运动的进一步发展，特别是受十月革命的影响，资产阶级政府才开始承认集体合同，并以立法的形式加以确认。但早期的集体合同立法，内容比较简单，而且大多列入工会法、民法之中。例如，英国 1871 年制定的世界第一部《工会法》和 1875 年制定的《企业主和工人法》，率先肯定工会有与企业主签订契约的权利。新西兰 1904 年制定了有关集体合同的法律。1907 年，奥地利、荷兰制定了关于集体谈判的法律。1911 年瑞士颁布的《债务法》中，也有关于集体合同的规定。第一次

---

〔1〕 王全兴：《劳动法》，法律出版社 1997 年版，第 201 页。

世界大战以后,出现了一些较有影响的单行集体合同法或劳动法典等基本法中的集体合同专章(篇)。例如,德国在1918年发布了《劳动协约、劳动者及使用人委员会暨劳动争议调停令》,并于1921年颁布了《劳动协约法(草案)》;法国于1919年颁布《劳动协约法》,后来又将其编入《劳动法典》。随后,澳大利亚、芬兰等国家也相继颁布了集体协议法。1935年美国颁布的《劳资关系法》中也承认了工会有代表工人同雇主订立集体合同的权利。第二次世界大战以后,集体谈判与集体合同制度在西方各国得到了进一步的发展。一些国家制定和修订劳动法时,大都对集体合同作了专门规定,有些国家还制订了新的集体合同法。例如,德国于1949年制定了至今仍然有效的《集体合同法》。另外,苏联和东欧各国也建立了集体合同制度,一些第三世界国家也对集体合同作了专门规定。20世纪60年代以来,集体合同制度已普及于各市场经济国家,成为调节劳资关系的一项基本制度。它作为调整劳动关系的重要机制,目前已被国际劳工组织、世界各国广泛采用。

和早期的集体合同立法相比,现代集体合同无论是从形式还是内容上都日臻完善,对集体合同的主体、内容、形式、期限、效力、程序等都作出明确规定。集体合同立法已成为国际劳工立法的最主要内容之一。国际劳工组织制定了多项有关集体合同的公约和建议书如1949年第98号公约《组织权利和集体谈判权利公约》(八大基本国际劳工公约之一)、1951年第91号建议书《集体协议建议书》、1981年的第154号公约《促进集体谈判公约》和第163号《促进集体谈判建议书》等。

[相关资料]

我国台湾地区的"劳动三法",即"工会法""团体协约法"与"劳资争议处理法"均经历了最新修订,并于2011年5月1起正式施行。台湾地区"劳动三法"在"立法"过程中借鉴吸收了大量国际上最新的经验和理念,对与集体劳动关系密切相关的"劳工三权"(即团结权、团体协商权及争议权),作了许多新的调整和规范。

对我国而言,集体合同制度在新中国成立之前就已存在。1922年中国劳动组合书记部拟订的《劳动法案大纲》就提出"劳动者有缔结团体契约权",这是我国涉及集体合同问题的首次立法议案;在工人运动的强大压力下,1930年国民党政府公布了《团体协约法》,尽管由于各种原因该法并未真正实施,但它毕竟是旧中国第一部单项集体合同法规;在中国共产党领导的革命根据地,1931年中华工农兵苏维埃第一次全国代表大会通过《中华苏维埃共和国劳动法》,对集体合同的内容、法律效力等作了明确规定;抗战时期,陕甘宁边区总工会于1940年制定了《陕甘宁边区战时工厂集体合同暂行条例》;等等。这些法规在保证完成战时生产任务与维护工人阶级合法权益等方面发挥了积极的作用。

新中国成立初期,我国非常重视推行集体合同制度,不仅在《中国人民政治协商会议共同纲领》和《工会法》等立法中对集体合同作了规定,而且还制定了关于集体合同的专项规章——《关于私营工商企业劳资双方订立集体合同的暂行办法》,

目的在于维护私营企业、公私合营企业中雇佣劳动者的合法权益。但到 1956 年社会主义改造基本完成以后，在认识上出现了偏差，认为社会主义公有制基础上建立的劳动关系，其双方当事人根本利益是一致的，不会发生劳动争议，再加上后来法律虚无主义的影响，集体合同逐渐销声匿迹。1979 年党的十一届三中全会以后，随着全国工作重心的转移和社会主义法制的加强，集体合同制度在立法上得到了重新肯定。例如，1983 年中国工会通过的《中国工会章程》、1986 年国务院制定的《全民所有制工业企业职工代表大会条例》、1988 年国务院发布的《中华人民共和国私营企业暂行条例》和 1992 年颁布的《中华人民共和国工会法》，均作了有关工会代表劳动者与企业签订集体合同的规定，从而使一度中断的集体合同制度得以恢复。这些规定虽然没有得到充分的实施，但为集体合同制度的推行奠定了基础。1994 年的《中华人民共和国劳动法》适应社会主义市场经济条件下劳动关系法律调整的要求，将集体合同作为一项重要内容加以明确规定。《劳动法》第 33 条明确规定："企业职工一方与企业可以就劳动报酬、工作时间、休息休假、劳动安全卫生、保险福利等事项，签订集体合同……"并把集体合同置于与劳动合同并列的地位。为了规范集体协商和签订集体合同行为，依法维护劳动者和用人单位的合法权益，1994 年 12 月 5 日原劳动部又制定了《集体合同规定》，共 5 章 41 条，对集体合同的签订、审查及争议处理等作出比较具体的规定。1995 年 8 月，中华全国总工会制定了《工会参加平等协商和签订集体合同试行办法》，就工会对集体合同运行各环节的参与，规定了较详细的规则。2001 年 10 月 27 日九届全国人大常委会 24 次会议对 1992 年的《工会法》作了修正，进一步肯定了集体合同制度，这对普遍推行和健全集体合同制度，具有特别重要的意义。随着我国社会主义市场经济的深入发展，在集体协商领域出现了许多新问题，2004 年 1 月 20 日劳动和社会保障部发布了新的《集体合同规定》，并于 2004 年 5 月 1 日起正式实施。这部新的《集体合同规定》从原来的 5 章 41 条扩充为 8 章 57 条。新颁布的《集体合同规定》丰富和拓展了集体合同的内容和范围，在原有的劳动报酬、工作时间、休息休假、劳动安全与卫生等内容的基础上，增加了补充保险和福利、女职工和未成年工的特殊保护、职业技能培训、劳动合同管理、奖惩、裁员等内容，并逐条加以细化，使集体合同的内容更加具体，更具有可操作性。根据集体合同实践的需要，新颁布的《集体合同规定》增加了专项集体合同的规定，明确企业与劳动者可以就劳动关系某一方面的突出问题，进行集体协商，签订专项集体合同。在此基础上，劳动与社会保障部、中华全国总工会、中国企业联合会及中国企业家协会在 2004 年 9 月 23 日联合发布的《关于贯彻实施〈集体合同规定〉的通知》中要求要在总结经验的基础上，积极探索区域性、行业性集体协商，且区域性、行业性集体协商已在实际工作中作了一些新的尝试，取得了较好的效果。2006 年 8 月，三部门又联合颁布了《关于开展区域性行业性集体协商工作的意见》。2007 年 6 月 29 日通过的《劳动合同法》第 53 条规定，在县级以下区域内，建筑业、采矿业、餐饮服务业等行业可以由工会与企业方面代表订立行业性集体合同，或者订立区域性集体合同。2008 年以来，全国总工会先后就工会参加工资集体协商、建立集体协商指导员队伍、开展集体协商要约行动、开展行业性工资集体协商等下发指导意见。2010 年 5 月，全国总工会又联合人力资源和社会保障部、中国企业联合会/中国企业家协会下发了《关于深入推进集体合同制度实施彩虹计划的通知》，2011 年 1 月 18 日中华全国总工会印发《中华全国总工会 2011～2013 年深入推进工资集体协商工作规划》（简称三年规划）（总工发［2011］4 号），2014 年 4 月 18 日中华全国总工会印发《中华全国总工会深化集体协商工作规划（2014～2018 年）》（总工发［2011］4 号），加大推动力度。所有这一切，表明我国集体合同立法得到了进一步的完善。

[相关资料]

1.《彩虹计划》确立的目标任务是：从 2010 年到 2012 年，力争用 3 年时间基本在各类已建工会的企业实行集体合同制度。其中，2010 年集体合同制度覆盖率达到 60% 以上；2011 年集体合同制度覆盖率达到 80% 以上。对未建工会的小企业，通过签订区域性、行业性集体合同努力提高覆盖比例。集体协商机制逐步完善，集体合同实效性明显增强。

2. 三年规划明确指出：力争到 2011 年底已建工会企业工资集体协商制度覆盖率达到 60%，2013 年底达到 80%。要力争到 2013 年底全国企业法人建会率达到 90% 以上，全国企业职工入会率达到 90% 以上。目前该项三年规划已基本实现既定目标。

3. 根据全总提供最新资料显示，截至 2013 年底，全国签订集体合同 242 万份、覆盖企业 632.9 万家、覆盖职工 2.87 亿人，分别比 2010 年增长了 72.0%、159.6%、55.7%；签订工资专项集体合同 129.8 万份、覆盖企业 364.4 万家、覆盖职工 1.64 亿人，分别比 2010 年增长 113.3%、226.6%、116.5%。三年规划确定的已建工会组织企业 80% 以上建立工资集体协商制度的目标任务顺利完成。[1]

4.《中华全国总工会深化集体协商工作规划（2014～2018 年）》工作目标：①进一步巩固集体协商建制率。②不断提升集体协商质量。③逐步扩大集体协商指导员队伍规模。④加强集体协商业务培训。⑤分级分类培育一批集体协商典型。

七、集体合同法律制度的法律意义

如何保证劳动者劳动条件与劳动待遇，从宏观层次来说，国家（政府）应根据劳动关系具有从属性的特点，制定适用于全部雇主及其组织的劳动基准法来保障劳动者的劳动条件与劳动待遇。劳动基准法所规定的关于劳动者劳动条件与劳动待遇

---

［1］　潘跃："全国签订集体合同 242 万份覆盖职工 2.87 亿人"，载《人民日报》2014 年 10 月 14 日。

的标准属于最低标准，雇主可以优于但不能劣于劳动基准法所规定的标准。而按此标准对劳动者进行的保护只是劳动法律所要求的最低水平，对劳动者能否获得高于劳动基准的利益，劳动基准法却无能为力。中观层次的集体合同制度，表现为劳动者依靠集体力量，成立工会组织，以集体的形式成为劳动市场上唯一的劳动力供应者，使得雇主面对的不再是单个劳动者，而是作为集体的劳动者，通过集体协商交涉机制，改变雇主对于劳动者的绝对优势，争取比较优越的劳动条件和比较优厚的劳动待遇。通过集体合同，可以对劳动者劳动条件与劳动待遇作出高于劳动基准的约定，进而使保护劳动者的水平能够实际高于法定最低标准。世界上绝大多数国家劳动法规定，集体合同依法成立，即对双方当事人具有法律约束力，一方面，违反集体合同的一方要承担相应的法律责任；另一方面，作为微观层次的雇主与劳动者个人签订的劳动合同中的劳动条件与劳动待遇，也不得低于集体合同的规定，但完全可以高于集体合同的规定，这就使得集体合同具有劳动基准法的效能，就能抑制雇主损害单个劳动者利益的行为，切实保障劳动者合法权益的实现，与此同时，又给劳动关系双方当事人的协商、意思自治留下足够空间。因此，集体合同作为一种中观的层次，具有一种承上启下的作用，既可以弥补劳动基准法、劳动合同的不足，又可以使三者相互促进，成为确保劳动者劳动条件与劳动待遇的必要手段。

[探究]

集体合同，"它是一个很有弹性的决策方法，比立法、司法和行政都要有弹性。不仅因为集体谈判可以在不同国家之间有很大差别，也就是说，它可以运用于各种形式的政治、经济制度，而且，对于任何一个国家，它也可以满足各种产业和职业的需要"。[1] 不同类型的西方国家对集体合同的效力认识并不完全相同，主要有"契约说""法规说""君子协定说"。但绝大多数国家采纳了"契约说""法规说"的观点，认为集体合同不仅具有合同的约束力，而且这种约束力高于劳动合同。我国亦是如此。

总而言之，集体谈判和集体合同制度是一项以对等、均衡的目的调整劳动关系的重要的劳动法律制度，是协约自治模式之抗衡模式下的制度，可谓劳动法最重要的特色制度，在其他法律领域中都很难见到。集体谈判和集体合同制度目前已被世界各国、国际劳工组织广泛采用。完全可以讲，在西方发达国家市场经济中，它的作用巨大，其重要性甚至超过劳动合同制度，成为劳动法调整劳动关系的核心。[2]在劳动合同中，双方当事人并不具有平等的谈判实力，集体谈判与集体合同制度从本质上来说是为了恢复劳方与资方的实力均衡，制造典型的机会平等。换句话说，集体谈判与集体合同制度的产生，是为了修正劳动合同制度的不足。

---

〔1〕 ［英］约翰·P.温德姆勒等：《工业化市场经济国家的集体谈判》，何平等译，中国劳动出版社1994年版，第8页。

〔2〕 程延园：《集体谈判制度研究》，中国人民大学出版社2004年版，第1页。

[探究]

值得注意的是，从世界劳动法制的发展来看，劳动基准法与集体谈判和集体合同制度之间存在着一种此长彼消的态势。[1]

第二节　集体合同的订立及内容

一、集体合同的订立

（一）集体合同的订立主体

集体合同的订立主体也称为集体合同签约人、缔约人，实际上就是集体合同的订约当事人，包括劳动者方签约人和用人单位方签约人。

1. 劳动者方签约人。劳动者方签约人一般情况下为工会，但是，在没有工会的情况下，由劳动者根据本国法律或条例正式选出或委任的代表为劳动者方签约人。就工会而言，由于各国的工会组织体系模式有所不同，劳动者方的签约当事人有所不同。采用一元化模式的国家，各级工会组织都具有集体合同签约当事人的资格，采用多元化模式的国家因允许自由组织工会，不同的工会组织会产生竞争，所以，还有一个主体适格性判断程序。通常情况下，各级工会组织只有当其会员数额在一定范围内占劳动者总数的比例达到法定标准（一般不少于半数）时，才有资格成为集体合同的签约当事人。在此情况下，是否具备当事人资格须依法认定。

我国的工会体系属于一元化模式，不需要主体适格性判断程序，而是直接由法律规定。我国《集体合同规定》《工会法》等法律法规只赋予基层工会委员会以集体合同签约人资格，故原则上以基层工会为主，《劳动合同法》出台，使得行业性、区域性工会成为签约当事人。此外，如果用人单位未建立工会组织，则允许由上级工会指导职工（大会或代表大会投票过半数）推选的代表充当签约当事人。

2. 用人单位方签约人。从各国的立法看，用人单位方签约人既可以是用人单位（雇主）本身，也包括用人单位（雇主）的团体或组织。但无论何种团体或组织，其地位应与作为对方当事人的工会组织对等。依我国立法规定，与工会相对的集体合同当事人主要限于用人单位。《劳动合同法》出台，使得一些行业性、区域性用人单位（雇主）的团体或组织有可能成为签约当事人。

（二）我国集体合同订立原则

根据我国《集体合同规定》第5条规定，进行集体协商，签订集体合同或专项集体合同，应当遵循下列原则：①遵守法律、法规、规章及国家有关规定；②相互尊重，平等协商；③诚实守信，公平合作；④兼顾双方合法权益；⑤不得采取过激行为。

---

〔1〕　［美］哈罗得·伯曼编：《美国法律讲话》，陈若桓译，生活·读书·新知三联书店1998年版，第129页。

[**探究**]

　　如何理解"不得采取过激行为"？

（三）我国集体合同订立程序

集体合同必须以书面形式订立，属于要式合同，其订立程序非常严格。依照《劳动法》第 33 条、第 34 条和《集体合同规定》的规定，集体合同的签订必须经过以下步骤：

1. 确定协商代表。集体协商由双方推选代表进行。集体协商代表（以下统称协商代表）是指按照法定程序产生并有权代表本方利益进行集体协商的人员。

（1）对协商双方代表的一般规定。集体协商双方的代表人数应当对等，每方至少 3 人，并各确定 1 名首席代表。协商代表履行职责的期限由被代表方确定。用人单位协商代表与职工协商代表不得相互兼任。集体协商双方首席代表可以书面委托本单位以外的专业人员作为本方协商代表。委托人数不得超过本方代表的 1/3。首席代表不得由非本单位人员代理。协商代表应当维护本单位正常的生产、工作秩序，不得采取威胁、收买、欺骗等行为。协商代表应当保守在集体协商过程中知悉的用人单位的商业秘密。企业内部的协商代表参加集体协商视为提供了正常劳动。

协商代表应履行下列职责：①参加集体协商；②接受本方人员质询，及时向本方人员公布协商情况并征求意见；③提供与集体协商有关的情况和资料；④代表本方参加集体协商争议的处理；⑤监督集体合同或专项集体合同的履行；⑥法律、法规和规章规定的其他职责。

（2）职工一方的协商代表的产生。职工一方的协商代表由本单位工会选派。未建立工会的，由上级工会指导本单位职工民主推荐，并经本单位半数以上职工同意。职工一方的首席代表由本单位工会主席担任。工会主席可以书面委托其他协商代表代理首席代表。工会主席空缺的，首席代表由工会主要负责人担任。未建立工会的，职工一方的首席代表从协商代表中民主推举产生。工会可以更换职工一方协商代表；未建立工会的，经本单位半数以上职工同意可以更换职工一方协商代表。协商代表因更换、辞任或遇有不可抗力等情形造成空缺的，应在空缺之日起 15 日内按照本规定产生新的代表。

[**相关资料**]

1. 1995 年《工会参加平等协商和签订集体合同试行办法》规定了上级工会对集体协商的参与。

2. 劳资争议当事人作为争议行为主体的承认。我国台湾地区"劳资争议处理法"中另一个重要的成果是承认特定人数以上之劳工个人具有劳方之"劳资争议当事人"的地位，并有进行争议行为的可能。也就是说，劳方之争议当事人如尚未成立工会或未加入工会劳工，只要相同主张之劳工达 10 人以上，或受雇于雇用劳工未满 10 人之事业单位，其未加入工会之劳工具有相同主张者达 2/3 以上者，亦可作为劳资争议的当事人，并可以调整事项之争议目的发动争议行为，但是由于罢工仍受到以工会为主体和程序上的限制，非工会罢工之可能性仍有待法理上之探论和实务见解之肯定。从过去劳资争议时所发生的争议行为态样来看，由于工会组织尚未普及，或即使有意要组织工会亦恐于受到资方的打压而不敢有所作为，因此很多争议行为并非工会所发动，行为的态样上除了罢工之外尚有一时性占据职场、示威、静坐等抗议行为。从法理上而言，争议权的主体仍是劳工个人并非工会，以工会作为主体之罢工的限制仍是政策上为确保罢工所产生之脱法的现象可受到具有责任之主体即（工会）的控制而设。因此新法是否实行绝对之工会独占罢工主义的态度仍有探讨的空间，但至少除了罢工之外，作为劳方劳资争议当事人的非工会争议行为的可能性在新法中是留有空间的。[1]

对职工一方的协商代表的保护：职工一方协商代表在其履行协商代表职责期间劳动合同期满的，劳动合同期限自动延长至完成履行协商代表职责之时，除出现下列情形之一的，用人单位不得与其解除劳动合同：①严重违反劳动纪律或用人单位依法制定的规章制度的；②严重失职、营私舞弊，对用人单位利益造成重大损害的；③被依法追究刑事责任的。职工一方协商代表履行协商代表职责期间，用人单位无正当理由不得调整其工作岗位。职工一方协商代表因上述权利与用人单位发生争议的，可以向当地劳动争议仲裁委员会申请仲裁。

（3）用人单位一方代表的产生。用人单位一方的协商代表，由用人单位法定代表人指派。首席代表由单位法定代表人担任或由其书面委托的其他管理人员担任。用人单位法定代表人可以更换用人单位一方协商代表。协商代表因更换、辞任或遇有不可抗力等情形造成空缺的，应在空缺之日起15日内按照本规定产生新的代表。

2. 集体协商，形成草案。集体协商是《集体合同规定》确认的用人单位与本单位职工签订集体合同或专项集体合同，以及确定相关事宜时应当采取的方式。集体协商主要采取协商会议形式。

其一，集体协商任何一方均可就签订集体合同或专项集体合同以及相关事宜，以书面形式向对方提出进行集体协商的要求。一方提出进行集体协商要求的，另一方应当在收到集体协商要求之日起20日内以书面形式给予回应，无正当理由不得拒绝进行集体协商。其二，协商代表在协商前应进行下列准备工作：①熟悉与集体协商内容有关的法律、法规、规章和制度；②了解与集体协商内容有关的情况和资料，收集用人单位和职工对协商意向所持的意见；③拟定集体协商议题，集体协商议题可由提出协商一方起草，也可由双方指派代表共同起草；④确定集体协商的时间、地点等事项；⑤共同确定一名非协商代表担任集体协商记录员，记录员应保持中立、公正，并为集体协商双方保密。其三，集体协商会议由双方首席代表轮流主持，并按下列程序进行：①宣布议程和会议纪律；②一方首席代表提出协商的具体内容和

---

〔1〕 张鑫隆："新劳动三法对台湾工会的意义及未来的课题"，载《台湾劳工季刊》2010年第26期。

要求，另一方首席代表就对方的要求作出回应；③协商双方就商谈事项发表各自意见，开展充分讨论；④双方首席代表归纳意见。达成一致的，应当形成集体合同草案或专项集体合同草案，由双方首席代表签字。其四，集体协商未达成一致意见或出现事先未预料的问题时，经双方同意，可以中止协商。中止期限及下次协商时间、地点、内容由双方商定。

[探究]

　　1994 年《集体合同规定》规定中止期限最长不超过 60 天；2004 年《集体合同规定》并没有规定中止的最长期限。如何评价？

3. 通过草案。由于集体合同最终要对用人单位和全体职工发生约束力，所以经双方代表协商一致的集体合同草案或专项集体合同草案应当提交职工代表大会或者全体职工，就草案中的有关问题充分讨论、酝酿，提出修改意见，并就修改后的草案正式表决通过。职工代表大会或全体职工讨论集体合同草案时应当有 2/3 以上职工代表或者职工出席，而且必须经过全体职工代表半数以上或者全体职工半数以上同意，该集体合同草案方可通过。讨论通过后的集体合同草案由集体协商双方首席代表正式签字。

4. 集体合同的审查与生效。集体合同属于要式合同。法律不仅明确规定集体合同应采取书面形式，还专门设置了一个颇为严格的审查程序作为其生效条件。

（1）报送期限。集体合同草案或专项集体合同草案经职工代表大会或职工大会通过后，由集体协商双方首席代表签字。用人单位一方应当在签字后的 10 日内将集体合同文本一式三份报送劳动保障行政部门审查。劳动保障行政部门对报送的集体合同或专项集体合同应当办理登记手续。

（2）审查机关及管辖范围。县级以上劳动保障行政部门负责审查本行政区域内的集体合同或专项集体合同。集体合同或专项集体合同审查实行属地管辖，具体管辖范围由省级劳动保障行政部门规定。中央管辖的企业以及跨省、自治区、直辖市的用人单位的集体合同应当报送劳动保障部或劳动保障部指定的省级劳动保障行政部门。

（3）审查内容。劳动保障行政部门应当对报送的集体合同或专项集体合同的下列事项进行合法性审查：①集体协商双方的主体资格是否符合法律、法规和规章的规定；②集体协商程序是否违反法律、法规、规章规定；③集体合同或专项集体合同内容是否与国家规定相抵触。

（4）审查意见书与审查期限。劳动保障行政部门对报送的集体合同或专项集体合同应当办理登记手续；应当对报送的集体合同或专项集体合同的合法性进行审查；有异议的，应当自收到文本之日起 15 日内将《审查意见书》送达双方协商代表。《审查意见书》应当载明以下内容：①集体合同或专项集体合同当事人双方的名称、地址；②劳动保障行政部门收到集体合同或专项集体合同的时间；③审查意见；④作出审查意见的时间。《审查意见书》应当加盖劳动保障行政部门印章。用人单位与本单位职工就劳动保障行政部门提出异议的事项经集体协商重新签订集体合同或专项集体合同的，用人单位一方应当按照上述规定将文本报送劳动保障行政部门审查。

5. 即行生效、公布履行。劳动保障行政部门自收到文本之日起15日内未提出异议的，集体合同或专项集体合同即行生效。生效的集体合同或专项集体合同，应当自其生效之日起由协商代表及时以适当的形式向本方全体人员公布，并积极履行各自义务，确保集体合同的顺利实现。（参见案例4-1）

案例4-1

[相关资料]

集体谈判权是美国《劳动关系法》赋予雇员的劳动权利，也是工会组织最重要的工作手段。在同一个单位工作的雇员，通过工会与雇主进行谈判来签订合同，明确包括工资、医疗保健、养老金、工时、休假、职业健康和安全及其他福利等重要内容。当雇员提出诚心诚意的谈判要求时，雇主不能拒绝，否则会被起诉，并承担相应的法律责任。

集体谈判由联邦和各州的法律、行政机构的规定、司法判例来约束。双方经谈判达成一致并正式签订合同，双方都要自觉依照约定履行合同规定的义务。合同期限通常会是2年或3年。如果谈判不能达成一致，工会可以组织罢工，但至少要得到70%以上的雇员同意。并非所有雇员都有罢工权，一些特定职业如消防员和警察没有罢工权，公务员的罢工也会受到限制。[1]

（四）集体协商争议的协调处理

由于集体协商双方各自的利益存在差异和对立，协商中的矛盾与冲突不可避免，因而协商不可能一帆风顺。如果在协商过程中发生争议，处理不当，就可能使协商陷入僵局，继而导致谈判破裂，甚至引发更为激烈的对抗事件，给社会安定带来消极影响。但由于集体协商争议是在双方"确权"的过程中发生的，不同于因履行集体合同发生的争议，不存在"违约""侵权"事实，因此不宜采用仲裁或诉讼的方式。《集体合同规定》第七章专门规定了"集体协商争议的协调处理"。因签订集体合同或专项集体合同发生的争议，按以下途径处理：

1. 当事人协商。由双方当事人自行协商解决有利于双方及时化解分歧，达成共识。

2. 劳动保障行政部门协调处理。

（1）提出申请和受理申请。集体协商过程中发生争议，双方当事人不能协商解决的，当事人一方或双方可以用书面的形式向劳动保障行政部门提出协调处理申请，后者应及时受理申请。视情况需要，劳动保障行政部门也可以在当事人未提出申请

---

〔1〕 郑明华："美国工会组织及劳动关系的研究及思考"，载《工友》2014年第2期。

的情况下主动介入集体协商争议，进行协调处理。

[探究]

1. 在我国，为什么如果集体协商出现僵局，甚至破裂，只能依靠政府的介入协调处理该集体协商争议？

2. 罢工权的发生和实施，都是与雇主的相应权利共生共存的。与劳动者的罢工权相对应的是雇主的闭厂权。罢工权与闭厂权又统称为集体行动权或工业行动权。[1]

（2）协调处理的管辖。集体协商争议处理实行属地管辖，具体管辖范围由省级劳动保障行政部门规定。中央管辖的企业以及跨省、自治区、直辖市用人单位因集体协商发生的争议，由劳动保障部指定的省级劳动保障行政部门组织同级工会和企业组织等三方人员协调处理，必要时，劳动保障部也可以组织有关方面协调处理。

（3）协调处理活动的具体环节：①受理协调处理申请；②调查了解争议的情况；③研究与制定协调处理争议的方案；④制作《协调处理协议书》。

（4）《协调处理协议书》的内容和效力。《协调处理协议书》应当载明协调处理申请、争议的事实和协调结果。双方当事人就某些协商事项不能达成一致的，应将继续协商的有关事项予以载明。《协调处理协议书》由集体协商争议协调处理人员和争议双方首席代表签字盖章后生效。争议双方均应遵守生效后的《协调处理协议书》。

（5）协调处理的期限。协调处理集体协商争议，应当自受理协调处理申请之日起30日内结束协调处理工作。期满未结束的，可以适当延长协调期限，但延长期不得超过15日。

（6）协调处理的三方原则。劳动保障行政部门应当组织同级工会和企业组织等三方面的人员，共同协调处理集体协商争议。

（五）集体合同的效力

确认集体合同的效力，一般从其对人的效力、时间效力及空间效力层面进行全面的阐释。

1. 对人的效力。对人的效力是指集体合同对什么人有约束力。按有关规定，依法签订的集体合同对工会组织和用人单位或其团体、工会组织所代表的全体劳动者和用人单位团体所代表的各个用人单位具有法律约束力。国际劳工组织1951年第91号建议书《集体协议建议书》规定："集体协议的条文，除协议中另有规定的之外，应适用于协议所覆盖的企业雇佣的各种层次的工人。"在集体合同已经成立的情况下，无论劳动者是否为工会会员，也无论在订立合同当时是否为受集体合同的用人单位的职工（包括对集体合同持反对意见的劳动者和用人单位、用人单位新招录的

---

〔1〕　常凯："罢工权立法问题的若干思考"，载《学海》2005年第4期。

职工和新加入用人单位团体的用人单位）都要受该集体合同的约束。《劳动合同法》第 54 条第 2 款也规定"依法订立的集体合同对用人单位和劳动者具有约束力。行业性、区域性集体合同对当地本行业、本区域的用人单位和劳动者具有约束力"。

2. 时间效力。时间的效力是指集体合同何时生效、何时终止效力以及有无溯及力和余后效力的问题。其表现形式有三种类型：其一，当期效力，即集体合同在其存续期间内具有约束力。我国劳动立法对集体合同的生效与失效作了明确规定，《集体合同规定》第 38 条第 1 款明确规定："集体合同或专项集体合同期限一般为 1～3 年……"也即我国的集体合同是有固定期限的，集体合同只在其存续期间有效。其生效时间，有的国家规定为集体合同经审查合格之日或依法推定审查合格之日，例如，我国《集体合同规定》第 47 条明确规定："劳动保障行政部门自收到文本之日起 15 日内未提出异议的，集体合同或专项集体合同即行生效。"有的国家则规定为双方在合同上签字盖章之日。其失效时间，一般为定期集体合同的期满、约定终止、法定终止或依法解除之日。其二，溯及效力，即对其生效前已签订的劳动合同是否产生约束力。有约束力的即为有溯及力，不产生约束力的为无溯及力。集体合同一般不具有溯及效力，但某些国家规定，当事人如有特别理由，并经集体合同管理机关认可，允许集体合同有溯及效力。其三，余后效力，即集体合同终止后对依其订立并仍然生效的劳动合同继续产生约束力的状况。余后效力旨在避免现存的集体合同效力终止后新集体合同生效前的无规则状态[1]。我国劳动立法对集体合同未涉及余后效力问题。但许多国家作了具体规定，例如，德国 1969 年《集体合同法》第 4 条第 5 款规定："集体合同期限届满以后，其法律规范仍然有效，直至它被另一协议代替为止。"俄罗斯 1992 年《集体合同和协议法》第 14 条也规定："……如合同有效期已满，则集体合同在双方尚未签署新合同或未修改和补充现行合同的情况下继续有效。"值得注意的是，由于溯及力和余后效力对劳动合同的约束力都发生在集体合同的效力期间之外，所以，溯及效力和余后效力都只限于一定条件，溯及效力与余后效力有冲突的，以对劳动者更有利的集体合同为准。我国立法应予以借鉴。

3. 空间的效力。空间的效力是指集体合同在什么地域、产业（职业）范围内发生效力。全国性或地方性集体合同分别对全国范围或某特定地域内的用人单位及其劳动者有效；产业（职业）的集体合同则对该产业的覆盖范围内的用人单位及其劳动者有效；企业的集体合同其效力只能对该企业范围内的用人单位及其劳动者有效。

二、集体合同的内容

集体合同的内容，是指集体合同中对双方当事人具体权利义务的规定。它是劳动者集体劳动权益的体现。世界各国关于集体合同内容的立法例，主要有三种：①列举式，即在集体合同立法中详细列举了其必要条款，如法国、美国等；②排除式，即在立法中对集体合同的内容作排除性规定，除此之外由当事人自由协商，如

---

〔1〕　参见 ［德］ W. 杜茨：《劳动法》，张国文译，法律出版社 2005 年版，第 206 页。

波兰；③自由式，即对集体合同的内容立法不作规定，由双方当事人自由协商，如德国、日本、俄罗斯等。

我国集体合同的内容，从《劳动法》第 33 条、《集体合同规定》第 8 条以及《劳动合同法》的规定来看，属于列举式立法例。集体协商双方可以就下列多项或某项内容进行集体协商，签订集体合同或专项集体合同：①劳动报酬。主要包括：用人单位工资水平、工资分配制度、工资标准和工资分配形式；工资支付办法；加班、加点工资及津贴、补贴标准和奖金分配办法；工资调整办法；试用期及病、事假等期间的工资待遇；特殊情况下职工工资（生活费）支付办法；其他劳动报酬分配办法等。②工作时间。主要包括：工时制度；加班加点办法；特殊工种的工作时间；劳动定额等。③休息休假。主要包括：日休息时间、周休息日安排、年休假办法；不能实行标准工时职工的休息休假；其他假期等。④劳动安全与卫生。主要包括：劳动安全卫生责任制；劳动条件和安全技术措施；安全操作规程；劳保用品发放标准；定期健康检查和职业健康体检等。⑤补充保险和福利。主要包括：补充保险的种类、范围；基本福利制度和福利设施；医疗期延长及其待遇；职工亲属福利制度等。⑥女职工和未成年工特殊保护。主要包括：女职工和未成年工禁忌从事的劳动；女职工经期、孕期、产期和哺乳期的劳动保护；女职工、未成年工定期健康检查；未成年工的使用和登记制度等。⑦职业技能培训。主要包括：职业技能培训项目规划及年度规划；职业技能培训费用的提取和使用；保障和改善职业技能培训的措施等。⑧劳动合同管理。主要包括：劳动合同签订时间；确定劳动合同期限的条件；劳动合同变更、解除、续订的一般原则及无固定期限劳动合同的终止条件；试用期的条件和期限等。⑨奖惩。主要包括：劳动纪律；考核奖惩制度；奖惩程序等。⑩裁员。主要包括：裁员的方案；裁员的程序；裁员的实施办法和补偿标准等。⑪集体合同期限。一般为 1～3 年。⑫变更、解除集体合同的程序。⑬履行集体合同发生争议时的协商处理办法。⑭违反集体合同的责任。⑮双方认为应当协商的其他内容。

集体合同的内容按功能可以分为两种类型：①标准性条款。标准性条款也称规范性条款，指劳动合同加以约束和规范的集体合同条款，包括劳动报酬、劳动定额、工作时间、休息休假、劳动安全卫生、补充保险和福利、女职工和未成年工的特殊保护、职业技能培训等方面。标准性条款是集体合同的核心内容，它制约着劳动合同中相关的内容，能对劳动合同中的劳动报酬、劳动条件等内容直接产生制约和规范作用，直接体现集体合同的规范效力。②程序性条款，即规定集体合同自身运行的程序规则的条款。包括集体合同的订立、履行、变更、解除、终止、续订，以及违反集体合同责任的承担、集体合同争议的处理程序，以及职工的录用、工资调整办法、奖惩程序、裁员程序等。订立程序性条款的目的在于保障集体合同所确立的权利、义务得以落实，是保证集体合同履行及维护集体合同主体双方合法权益不可缺少的保证。

第三节　集体合同的履行、变更、解除和终止

一、集体合同的履行

集体合同的履行，是指集体合同依法生效后，双方当事人全面按照合同约定履行合同义务的行为。集体合同的履行应当坚持实际履行、适当履行和协作履行的原则。

在集体合同履行过程中，应针对不同的合同条款采用不同的履行方法。对于其中的标准性条款，要求在合同有效期限内始终按照集体合同规定的各项标准签订和履行劳动合同，确保劳动者劳动权利的实现不低于集体合同中所规定的标准；对于约定不明确的内容，凡国家法律、法规有明确规定的按规定执行，无明确规定的，由双方当事人协商议定。对于履行集体合同发生的争议，双方可以协商解决；协商不成的，可以向劳动争议仲裁机构申请仲裁，对仲裁裁决不服的，可以向人民法院提起诉讼。

在集体合同履行过程中，监督是非常必要的。企业工会、企业职工代表大会及其职工代表、签约双方代表以及劳动行政部门、企业主管部门、地方和产业工会，都应当对集体合同的履行实行监督。尤其是用人单位和工会组织双方代表，应定期对合同的执行情况进行检查，并随时向职工代表大会或劳动群众通报情况，接受劳动群众的监督。通过经常性的监督和检查，可以提高企业履行集体协议的责任感和全体劳动者履行集体合同规定义务的事业心，既能提高劳动者的劳动条件和物质文化生活条件，又能增强企业劳动者的凝聚力。

二、集体合同的变更与解除

集体合同的变更，是指集体合同生效以后，未履行完毕之前，由于主观或客观情况发生变化，当事人依照法律规定的条件和程序，对原合同中的某些条款进行增减或修改。集体合同的解除，是指集体合同生效以后，未履行完毕之前，由于主观或客观情况发生变化，当事人依照法律规定的条件和程序，提前终止合同的行为。

依据《集体合同规定》，集体合同变更与解除的条件为：①双方协商一致，即一方提出变更或解除合同的建议，经与对方当事人协商，取得一致意见，即可变更或解除集体合同。但变更后的合同内容不得违背国家有关法律、法规的规定。②用人单位因被兼并、解散、破产等原因，致使集体合同或专项集体合同无法履行。③因不可抗力等原因致使集体合同或专项集体合同无法履行或部分无法履行。④集体合同或专项集体合同约定的变更或解除条件出现。⑤法律、法规、规章规定的其他情形。

集体合同变更或解除应当履行法定程序。变更或解除集体合同或专项集体合同适用集体协商程序。

三、集体合同的终止

集体合同的终止，是指由于某种法律事实的发生而导致集体合同所确立的法律关系消灭。《集体合同规定》第 38 条第 1 款规定，集体合同或专项集体合同期限一般为 1~3 年，集体合同期限届满或双方约定的终止条件出现，集体合同即行终止。

集体合同终止的原因：①合同期限届满。集体合同的期限为 1~3 年，具体期限从合同约定。如果合同中没有明确规定期限，一般应认为有效期为 1 年，有效期满，集体合同即行终止。②约定的终止条件出现。双方当事人在签订集体合同时，可以根据实际情况在合同中规定终止条件。如"当事人一方违约使集体合同的履行成为不必要"、"国家劳动制度进行重大改革"等，均可以作为集体合同终止的条件。

第四节　工会及用人单位团体

一、工会

（一）工会及工会立法

1. 西方国家及国际工会立法概述。工会产生于阶级的经济斗争基础之上，以其产生的初衷来讲，它是工人阶级为加强内部团结，集中斗争力量，维护自身利益而自愿组成的社会团体。世界上最早的工会组织出现于 19 世纪初西欧的一些资本主义国家。工会组织的产生与发展，必然要反映在国家的立法上。由于"工会是反对劳动压迫者的机关，是反对资本主义的机关"[1]，所以资本主义国家早期的工会立法经历了三个阶段，即禁止阶段，视工人组织工会为非法行为、犯罪行为；限制阶段，承认劳动者的结社权，但对工会活动作了种种限制；承认阶段，完全认可工会存在的合法地位，并对工会活动自由权加以保护，以 1871 年英国颁布的《工会法》为标志，工会最终获得法律上的合法地位。工会组织在西方国家普遍取得合法地位则是在第二次世界大战以后。在现代，许多国家的宪法都明确肯定了工会的合法地位。工会的合法地位也为国际法所确立。

[相关资料]

　　1948 年 12 月联合国大会通过并颁布的《世界人权宣言》第 23 条第 4 款中规定："人人有为维护其利益而组织和参加工会的权利。"1949 年国际劳工组织《组织权与集体谈判权公约》（第 98 号公约）的目的是保护工人在就业方面免受任何排斥工会行为的歧视[2]："工人应享有充分保护，以抵制在雇佣方面的反工会的歧视行为"。"对雇佣工人以其不得加入工会或放弃工会会员资格为录用条件"，"因工人为工会会员或因其在工作时间外，或经雇主同意在工作时间内

---

〔1〕［苏联］列宁：《列宁全集》第 38 卷，人民出版社 1986 年版，第 285 页。
〔2〕刘旭：《国际劳工标准概述》，中国劳动社会保障出版社 2003 年版，第 44 页。

参加工会活动，而将其开除，或用其他方法使其蒙受损害"。1966 年联合国的《经济、社会和文化权利国际公约》要求缔约各国遵守下述保证：①人人有权组织工会和参加其所选择的工会，以促进和保护其经济和社会利益；这种权利只受工会有关规章的限制。对这一权利的行使，除法律所规定的及在民主社会中为了国家安全或公共秩序的利益或为保护他人权利和自由所必需的限制以外，不得加以任何限制。②工会有权建立全国性的协会或联合会，有权组织或参加国际工会组织。③工会有权自由地进行工作，除法律所规定的及在民主社会为了国家安全或者公共秩序的利益或者为保护他人的权利和自由所必需的限制外，不受任何限制。④有权罢工，但应按照各个国家的法律行使此项权利。

2. 我国工会立法概述。我国工会是职工自愿结合的工人阶级的群众组织。中国共产党成立后，于 1921 年 8 月建立了中国劳动组合书记部，领导全国工人运动。1925 年 5 月在广州召开的第二次全国劳动大会上，成立了中华全国总工会，取代了中国劳动组合书记部。我国最早出现的工会立法是 1924 年 11 月孙中山以大元帅的名义公布的《工会条例》。1929 年 10 月 21 日，国民政府正式公布了《工会法》，于同年 11 月 1 日起开始施行。我国真正代表工人阶级利益和意志的工会立法，始于 1930 年中央革命根据地制定的《赤色工会组织法》，该法规明确规定了工会的宗旨、职权和活动范围。此后，在我国各个时期的革命根据地制定的劳动立法中，也都包括工会工作的内容。中华人民共和国建立后，废除了国民党政府的《工会法》，并且在 1950 年 6 月 29 日颁布了《中华人民共和国工会法》，共 5 章 26 条，明确规定了工会的性质、法律地位、权利和职责。它与当时的《土地改革法》《婚姻法》一起成为新中国最早诞生的三部重要法律。这是新中国成立后的第一部《工会法》，首次在国家法律的意义上确认了工会的权利和义务，使工会在国家政治、经济和社会生活中的地位有了法律保障。该法对于建立新中国的工会组织，巩固人民民主专政的政权，维护广大职工的合法权益，组织和教育广大职工在社会主义革命和建设中发挥主动性、积极性、创造性起到了重要的作用。党的十一届三中全会以后，随着国家工作中心的转移，我国处于重大的历史性转变的新时期，根据新时期对工会工作的要求，在总结 40 多年来特别是近十几年来实行改革开放，发展社会主义商品经济的工会工作经验的基础上，1992 年 4 月 3 日第七届全国人民代表大会第五次会议通过并颁布了新的《中华人民共和国工会法》，内容扩大为 6 章 42 条，有些内容与 1950 年工会法一脉相承；另外，新《工会法》增加了一些新内容，例如：工会有参与权，工会具有法人资格，工会有权参加劳动争议处理，工会应协助处理停工怠工事件等。该法进一步明确了工会的性质、法律地位及在新的历史时期中的权利和职责。1994 年《劳动法》对工会也有相当多规定。1998 年 10 月 24 日，中国工会第十三次全国代表大会对原来的《中国工会章程》进行了修订（1983 年 10 月 23 日，中国工会第十次全国代表大会通过了《中国工会章程》。1988 年 10 月 28 日，中国工会第十一次全国代表大会对《中国工会章程》的部分条文作了修订），颁布了新的《中国工会章程》。但是随着我国社会主义市场经济的深入发展，非公有制经济大量涌现，劳动关系又发生了深刻变革，愈趋多样化和复杂化。1992 年《工会法》在实施中显现出一定的不适应性。因此，2001 年 10 月 27 日第九届全国人大常委会第二十四次会议对1992 年的《工会法》作了修订，扩充为 7 章 57 条。这对于保障工会在国家政治、经济和社会生活中的地位，确定工会的权利义务，发挥工会在社会主义现代化建设事业中的作用，具有重大意义。2003 年 9 月 26 日中国工会第十四次全国代表大会通过《中国工会章程（修正案）》。2004 年 12 月 23 日，中华全国总工会十四届二次执委会议审议通过《中华全国总工会关于进一步加强基层工会工作的决定》。2006 年 7 月 6日，中华全国总工会又通过了《企业工会工作条例（试行）》。2007 年 8 月中华全国总工会出台了《企业工会主席合法权益保护暂行办法》（总工发［2007］32 号），2007 年 6 月、8 月、12 月分别通过的《劳动合同法》《就业促进法》《劳动争议调解仲裁法》也对工会有一些新规定。为确保《工会法》的实施，正确审理涉及工会经费和财产、工会工作人员权利的案件，2003 年 6 月 25 日，最高人民法院颁布了《关于在民事审判工作中适用〈中华人民共和国工会法〉若干问题的解释》。2008 年 10月，中国工会第十五次全国代表大会隆重召开，党中央对各级工会组织长期的理论创新和实践探索予以高度评价，进一步肯定了坚定不移走中国特色社会主义工会发展道路。2010 年 7 月，中华全国总工会十五届四次执委会议明确提出了"两个普遍"的要求，即普遍建立工会和普遍开展工资集体协商。2011 年初，全总制定了《2011～2013 年推动企业普遍建立工会组织工作规划》和《2011～2013 年深入推进工资集体协商工作规划》，重点做好非公有制企业、在华外资企业和小微企业工会组建工作。2011 年 6 月 6 日中国工会代表自 1983 年我国恢复在国际劳工组织的活动以来首次当选国际劳工组织理事会工人组正理事。[1]这标志着中国工会在国际工会运动中占据着举足轻重的地位。2014 年 7 月，中华全国总工会连续出台了《中华全国总工会关于新形势下加强基层工会建设的意见》（总工发［2014］22 号）和《中华全国总工会基层组织建设工作规划（2014～2018 年）》（总工发［2014］23 号）。2015 年 3 月21 日中共中央、国务院《关于构建和谐劳动关系的意见》对新时期工会工作提出了新要求。至此，我国形成了以《工会法》《劳动法》《中国工会章程》等为主的较为完善的有关工会的规范体系。

［相关资料］

　　中共中央、国务院《关于构建和谐劳动关系的意见》指出：加强企业党组织和基层工会、团组织、企业代表组织建设。加强各类企业党建工作，重点在非公有制企业扩大党的组织覆盖和工作覆盖。坚持企业党建带群团建设，依法推动各类企业普遍建立工会，进一步加强非公有制企业团建工作。指导和支持

---

〔1〕 王娇萍："十年工会工作综述：中国工会，一路阳光一路歌——党的十六大以来工会工作综述"，载《工人日报》2012 年 11 月 6 日。

企业党群组织探索适合企业特点的工作途径和方法，不断增强企业党群组织活力，充分发挥在推动企业发展、凝聚职工群众、促进和谐稳定中的作用。深入推进区域性、行业性工会联合会和县（市、区）、乡镇（街道）、村（社区）、工业园区工会组织建设，健全产业工会组织体系。完善基层工会主席民主产生机制，探索基层工会干部社会化途径，健全保护基层工会干部合法权益制度。建立健全县级以上政府与同级总工会联席会议制度，支持工会参与协调劳动关系。加强基层企业代表组织建设，支持企业代表组织参与协调劳动关系，充分发挥企业代表组织对企业经营者的团结、服务、引导、教育作用。

3. 工会类型。在国外，工会一般分为以下几种类型：①雇佣单位工会，即以受雇于同一雇用人的雇工所组成的工会。②职业工会，也称"行业工会"，是指从事同一职业或相类似职业的工人所组成的工会。即从事同一种职业或相类似职业的雇工所组成的工会。[1]行业工会属于一种横向的组织，包括了不同产业内、不同企业内的同一行业或者相近行业的一切劳动者。③产业工会，是指联合同一产业内各部分不同职业工人所组织的工会。[2]产业工会是一种纵向的组织，包括了同一产业或者相近产业内的一切劳动者。行业工会的出现早于产业工会，但是，自工业化大生产发展以来，各国产业工会较行业工会流行。④联合工会，即由各个单独工会联合组成的工会组织。

在我国，工会可以分为全国总工会、地方总工会、产业工会与基层工会四种形式。我国《工会法》没有规定行业工会，只规定了产业工会。根据《工会法》第10条，中国工会实行产业和地方相结合的组织领导原则。同一企业、事业、机关单位中的会员，组织在一个工会基层组织中；同一行业或性质相近的几个行业，根据需要建立全国的或地方的产业工会组织。除少数行政管理体制实行垂直管理的产业，其产业工会实行产业工会和地方工会双重领导，除了以产业工会领导为主外（如中华全国铁路总工会、民航工会等产业工会等），其他产业工会均实行以地方工会领导为主，同时接受上级产业工会领导的体制（如教育工会等）。各产业工会的领导体制，由中华全国总工会确定。省、自治区、直辖市、自治州、市、县（旗）建立地方总工会。地方总工会是当地地方工会组织和产业工会地方组织的领导机关。全国建立统一的中华全国总工会。中华全国总工会是各地方总工会和各产业工会全国组织的领导机关。

[相关资料]

1. 中华全国总工会成立于1925年5月1日，是一个统一的、团结的、强大的全国性群众团体，也是当今世界会员人数最多的一个工会组织。全国现有31个省、自治区、直辖市总工会，16个全国产业工会和中直机关、国家机关两个

---

〔1〕　史尚宽：《劳动法原论》，正大印书馆1978年重刊，第157页。
〔2〕　黄越钦：《劳动法新论》，中国政法大学出版社2003年版，第266页。

工会联合会。中国工会的最高权力机关是五年一届的全国代表大会和它所选举产生的中华全国总工会执行委员会。执行委员会闭会期间，由主席团行使其职权。主席团下设书记处，主持全国总工会的日常工作。

2. 从工会十五大召开至今 5 年来，全国基层工会组织数和会员数显著增长。截至 2013 年 6 月底，全国基层工会组织总数已经达到 275.3 万个，覆盖基层单位 637.8 万家；工会会员总数达 2.8 亿人，其中农民工会员总数接近 1.1 亿人，职工入会率达 81.1%。与五年前相比，平均每年净增会员 1448.5 万人。

同时，全国各级工会还根据所处地区、所在行业的特点，不断创新基层工会组织形式。各级工会积极推动乡镇（街道）工会——村（居）工会——企业工会"小三级"组织网络建设，并大力推进区域性行业性基层工会联合会建设，涌现出市场工会、项目工会、楼宇工会、农业产业链工会等新的基层工会组织形式，基层工会组织体系更加完善。

截至 2012 年底，全国共建立乡镇（街道）工会 4 万余家，基层工会联合会 12.1 万个，覆盖小微企业 287.2 万个，选聘社会化工会工作者 3 万人。世界 500 强在华企业建会率达到 91.9%。

5 年来，基层工会女职工组织基本实现了全覆盖。截至 2013 年 6 月，全国女职工组织数达 254.1 万个，工会女会员达到 1.06 亿人。[1]

（二）我国工会的性质及地位

1. 工会的性质。我国《工会法》第 2 条第 1 款规定："工会是职工自愿结合的工人阶级的群众组织。"《中国工会章程》规定，中国工会是中国共产党领导的职工自愿结合的工人阶级群众组织，是重要的社会政治团体。这一规定表明：

（1）工会是职工群众自愿结合的组织。工会作为职工劳动者群体利益的代表者，是职工群众自己建立起来维护自己利益的组织。工会组织坚持入会自愿、退会自由的原则，职工加入工会或退出工会完全是根据本人自愿申请，而不受任何限制或强制。

（2）工会是工人阶级的阶级组织。我国工会只能由工人阶级的成员组成，非工人阶级的成员不得加入工会，这一点体现了工会具有鲜明的阶级性。在我国现阶段，工人阶级的成员包括企业、事业组织、国家机关、社会团体中的以工资收入为主要生活来源的体力劳动者和脑力劳动者。而那些非工人阶级成员如农民、个体劳动者及外商企业中的外商代理人等，均不得加入工会。这就保证了工会的阶级性和内部利益的一致性。

（3）工会是工人阶级最广泛的群众组织。我国《工会法》第 3 条规定："在中国境内的企业、事业单位、机关中以工资收入为主要生活来源的体力劳动者和脑力劳

---

〔1〕 "我国基层工会已超过 275 万个"，载 http://news.xinhuanet.com/health/2013 - 10/21/content_11999071.htm.

动者，不分民族、种族、性别、职业、宗教信仰、教育程度，都有依法参加和组织工会的权利。任何组织和个人不得阻挠和限制。"这表明工会是最大限度地、最广泛地团结广大工人阶级群众的组织。

2. 我国工会的法律地位。我国工会的法律地位表现在三个方面：一是工会的唯一性和独立性；二是工会大都具有法人资格；三是工会的永续性。

（1）工会的唯一性和独立性。工会在我国是唯一合法的、联合广大职工并代表国家利益的群众组织。在全国范围内具有统一的组织体系。任何单位和个人都不得在职工群众中另立组织，不得进行分裂工会组织的活动。同时工会在我国是一个独立的工人阶级群众组织，有一套独立的组织体系，在宪法和法律的范围内依据《中国工会章程》独立自主地开展工作。工会服从共产党的政治领导并遵守国家的法律，但不是党和政府的一个部门或附属机构，基层工会和单位在法律上处于平等地位。

［探究］

1. 在西方国家，有一元化、多元化工会组织体系之分。一元化工会组织体系，即有一个统一全国各种工会组织的全国性工会联合组织，各工厂一级雇佣单位也只存在一个工会组织。多元化工会组织体系，即在全国并存几个不同的组织体系，没有一个统一全国各种工会组织的全国性工会联合组织，各工厂一级雇佣单位也不只存在一个工会组织。有台湾学者对一元化体系进行了分析：倘若只允许劳动者加入已成立在先的工会，而不允许另设工会，则发生一元化问题，此涉及团结自由问题；一元化体制除了有利于公权机构掌握工会运动，便于政令推行之外，对团结自由之权限与劳工福祉无益。[1]

2. 多元工会组织的确立。我国台湾地区新"工会法"最大的特色是组织的多元化和自由化。过去被学者批评为法西斯主义"工会法"上的工会，虽名为产业工会，却以同一厂场之单一组织为原则，再加上联合组织一元化的限制，使得工会发展在国家统合主义的控制下，长期以来一直无法形成有效对抗资方的势力。这次工会组织的改革为维持现有工会的势力，仅将厂场层级提升到企业层级，并维持单一工会和无罚责的强制入会义务规定，但是在产业层级及联合组织则采取开放的态度，开放个人直接加入之跨企业层级之产业工会。这种典型的西方工会组织形态被法律所承认后，台湾工会是否将朝向以产业层级之团体协约为核心的劳资关系发展，受到高度期待。另一方面，跨越企业层级的工会形态将提供给劳工组织化最困难的中小企业劳工一个较具有自主性组织的选择，特别是逐渐在扩增中之非典型劳工，为避免与企业工会发生利益上的冲突，可直接加入企业外工会，选择其等最适当的利益代表。但是原本"工会法"草案中所列之"综合性工会"的形态被删除，与已经通过之"团体协约法"第6条所明文承认之综合性工会发生矛盾的现象，使原本适合非典型劳工和中小企

---

〔1〕　参见黄越钦：《劳动法新论》，中国政法大学出版社 2003 年版，第 278 页。

业劳工加入之地区性的综合性工会是否可能成立发生法律上的疑义，有待修法解决。尽管如此，这种跨企业层级工会的开放亦代表工会竞争时代的来临。也就是说，不管是企业工会、产业工会乃至全国层级的联合组织，都将面临争取劳工加入工会的竞争，工会的自主性和成效将是未来工会存续的关键。[1]

（2）工会大都具有法人资格。由于各级工会的具体情况差别较大，所以，《工会法》第14条对工会的法律地位问题分两种情况作了规定："中华全国总工会、地方总工会、产业工会具有社会团体法人资格。基层工会组织具备民法通则规定的法人条件的，依法取得社会团体法人资格。"《民法通则》第37条所规定的法人条件为：依法成立，有必要的财产，有一定的组织机构和场所，并能够独立承担民事责任的社会组织。我国《民法通则》第50条规定，我国社会团体法人成立的方式有两种：一是依法不需要办理法人登记的，从成立之日起，具有法人资格；二是依法需要办理法人登记的，经核准登记，取得法人资格。《工会法》规定中华全国总工会、地方总工会、产业工会具有社会团体法人资格，属于第一种成立方式。

[相关资料]

目前，我国基层工会包括国有企业工会、集体企业工会、外商投资企业工会、机关工会等。这些基层工会情况千差万别，并不是全部都具备《民法通则》规定的法人条件，所以规定基层工会要依法取得法人资格，应以《民法通则》第37条规定的条件，经有关主管机关依法确定。

作为法人的工会，能够独立地享有民事权利资格，并依法对外开展活动，如工会代表职工同用人单位签订集体合同，成为集体合同的一方当事人；再如，当工会的经费、财产等权益受到侵犯时，工会可以以独立的法人主体资格诉诸法律，请求保护，成为独立的诉讼主体。

（3）工会的永续性。中国工会不是暂设性组织，而是永久性连续性的组织。基层工会所在企业终止或者所在的事业单位、机关被撤销，该工会组织相应撤销；它的经费财产由上级工会处置；会员的会籍可以继续保留。中国工会作为一个整体，它是永久存在的组织。

（三）工会的组织原则与职能

1. 我国工会的组织原则。我国工会的组织原则是民主集中制原则。具体为：①各级工会委员会都由会员大会或者会员代表大会民主选举产生；②各级工会委员会向同级会员大会或者会员代表大会负责并报告工作并接受其监督；③工会会员大会或者会员代表大会有权撤换或者罢免其选举的代表或者委员会组成人员；④上级工会组织领导下级工会组织；⑤工会主席、副主席任期未满时，不得随意调动其工作；因工作需要调动时，应当征得本级工会委员会和上一级工会的同意。

---

〔1〕 张鑫隆："新劳动三法对台湾工会的意义及未来的课题"，载《台湾劳工季刊》2010年第26期。

[相关资料]

在美国，雇员组建工会受法律保护，雇主不能阻碍雇员参加或组建工会。但是工会的活动要在工作时间之外进行。工会的管理完全靠会员本身，不受其他组织和个人的干预。

在美国，工会主席的地位很高，对其素质的要求也很高，要有相关资质，有能力表达工会的要求。只有在工会界活跃多年的人才能具备竞选工会主席的资格。

工会经费的来源主要来自于会员缴纳的会费。会员交纳的会费分几块。一是会员工资的5%，作为会费，从工资中直接扣除。二是隶属于全国总工会的会员，要为全国总工会缴纳会费，如电气行业工会，会员一年每人交500美元。此外还有政治活动附加费，以会员自愿为主。有部分会员只交基本的工会经费，只履行基本义务。[1]

2. 我国工会的职能。按照《工会法》的规定，我国工会的基本职能有：维权职能、参与职能、组织职能、教育职能。

(1) 维权职能。工会在维护全国人民总体利益的同时，维护职工的合法权益，维护职工合法权益是工会的基本职责。工会必须密切联系职工，听取和反映职工的意见和要求，关心职工的生活，帮助职工解决困难，全心全意为职工服务。

(2) 参与职能。工会通过各种途径和形式，参与管理国家事务。管理经济和文化事业，管理社会以及本企业的有关事务，协调人民政府开展工作，从而巩固工人阶级领导的以工农联盟为基础的人民民主专政的社会主义国家政权。

(3) 组织职能。工会组织职工依照宪法和法律的规定行使民主权利，参加本单位的民主管理和民主监督，发动和组织职工努力完成生产任务和工作任务；组织职工开展劳动竞赛，开展群众性的合理化建议、技术革新和技术协作活动。提高劳动生产率和经济效益，发展社会生产力。

(4) 教育职能。工会动员和教育职工以主人翁态度对待劳动，爱护国家和企业财产，遵守劳动纪律。工会对职工进行爱国主义、集体主义、社会主义教育，进行民主、法制、纪律教育以及科学、文化、技术教育，提高职工的思想道德、科学、文化、技术、业务素质，使职工成为有理想、有道德、有文化、有纪律的劳动者。

(四) 工会的权利与义务

根据《工会法》和《劳动法》的有关规定，工会在代表职工利益和维护职工合法权益方面具有如下权利和义务：

1. 工会对用人单位的权利和义务。工会对用人单位的权利主要有下述三个方面的内容：①参与权。参与权是工会代表职工群众的利益和意志参与企业管理的权利。工会的参与权表现为：一是在公有制和以公有制为主体的企业，通过职工（代表）

---

〔1〕　郑明华："美国工会组织及劳动关系的研究及思考"，载《工友》2014年第2期。

大会等形式，组织职工参与企业的民主管理。组织职工对企业的重大问题的决策，特别是有关职工的劳动报酬、劳动时间、生活福利、劳动保护、劳动保险等方面重大事项进行讨论或提交职工（代表）大会审议通过。二是单位讨论有关工资、福利、劳动安全卫生、社会保险等涉及职工切身利益的问题，必须有工会代表参加。工会也可以就有关职工切身利益的事项提出建议，同单位协商处理。用人单位的特定机构，如企业管理委员会、公司监事会等，应当有代表参加。在非公有制企业，则应由工会代表职工，与企业行政人员进行平等协商，以对涉及职工切身利益的重要事项作出决策。三是工会代表职工与企业行政进行协商，就劳动报酬、工作时间、休息休假、劳动安全卫生、保险福利等问题，与企业签订集体合同。四是企业因裁减人员与职工解除劳动合同时，工会有权提出意见和建议。②监督用人单位遵守劳动法的权利。工会有对用人单位执行劳动法律、法规和履行劳动合同进行监督的权利。工会的监督权包括：一是工会对用人单位违反职工代表大会制度和其他民主管理制度的行为有权提出意见，以保障职工依法行使民主管理权利。二是对用人单位违反劳动法律、法规，侵犯职工合法权益的行为，工会有权要求其及时纠正，或要求有关部门进行处理。三是工会对于用人单位解除劳动合同的介入权。我国《劳动合同法》第43条规定：用人单位单方解除劳动合同，应当事先将理由通知工会。用人单位违反法律、行政法规规定或者劳动合同约定的，工会有权要求用人单位纠正。用人单位应当研究工会的意见，并将处理结果书面通知工会。四是工会对用人单位基本建设和技术改造工程的劳动条件和安全卫生设施有权提出意见，用人单位或主管部门应当认真处理。工会发现有明显重大事故隐患和职业危害的，有权提出改进措施的建议；当发现危及职工生命安全的情况时，有权向单位行政建议组织撤离危险现场，用人单位必须及时作出处理决定。五是工会有权派出代表对下属工会组织所在用人单位侵犯职工合法权益的问题进行调查，有关单位应予以协助。③要求提供保障的权利。工会依法享有要求保障自身物质利益和开展活动的权利。一是工会有权要求单位为工会办公和开展活动提供必要的物质条件。二是工会有权要求单位按规定为工会工作人员支付工资等项物质待遇。三是工会有权要求单位支持工会依法开展工作。

工会对用人单位的义务主要有：①帮助、指导职工与用人单位签订劳动合同。②参加劳动争议调解工作。③用人单位发生停工、怠工事件，工会应当代表职工同用人单位或者有关方面协商，反映职工的意见和要求并提出解决意见。工会应协助用人单位做好工作，尽快恢复生产、工作秩序。④协助用人单位办好集体福利事业，做好工资、劳动安全卫生和社会保险工作。⑤工会会同用人单位教育职工以国家主人翁态度对待劳动，爱护国家和企业的财产，组织职工开展群众性的合理化建议、技术革新活动，进行业余文化技术学习和职工培训，组织职工开展文娱、体育活动。

2. 工会对政府的权利和义务。工会对政府的权利主要有下述内容：①国家机关在组织起草或者修改直接涉及职工切身利益的法律、法规、规章时，应当听取工会意见。县级以上各级人民政府制定国民经济和社会发展计划，对涉及职工利益的重大问题，应当听取同级工会的意见。县级以上各级人民政府及其有关部门研究制定劳动就业、工资、劳动安全卫生、社会保险等涉及职工切身利益的政策、措施时，应当吸收同级工会参加研究，听取工会意见。②县级以上地方各级人民政府可以召开会议或者采取适当方式，向同级工会通报政府的重要的工作部署和与工会工作有关的行政措施，研究解决工会反映的职工群众的意见和要求。③地方劳动争议仲裁组织应当有同级工会代表参加。根据我国《劳动争议调解仲裁法》，我国劳动争议仲裁委员会是由劳动行政部门代表、同级工会代表和用人单位代表三方面共同组成的。④各级人民政府劳动行政部门应当会同同级工会和企业方面代表，建立劳动关系三方协商机制，共同研究解决劳动关系方面的重大问题。《劳动合同法》第5条规定：县级以上人民政府劳动行政部门会同工会和企业方面代表，建立健全协调劳动关系三方机制，共同研究解决有关劳动关系的重大问题。⑤各级政府应当为工会办公和开展活动，提供必要的物质条件。⑥各级政府应当保护工会的合法权益不受侵犯。

工会对政府的义务，首先是协助人民政府开展工作，维护工人阶级领导的、以工农联盟为基础的人民民主专政的社会主义国家政权。其次应动员、教育、组织职工贯彻执行政府的政策、规章，实现政府提出的各项任务。

二、用人单位（雇主）团体

劳资关系双方团体，一方为劳动者团体，另一方为用人单位（雇主）团体。前面已对劳动者团体——工会作了较为详细的探讨，下面就用人单位（雇主）团体加以阐述。

用人单位团体，在国外一般称雇主协会，是与工会对称的、由雇主依法组成的，旨在代表、维护雇主的利益而与工会在协调劳动关系中进行协商和谈判的团体。雇主组织是西方国家雇主维护自身利益、协调劳资关系的重要组织，在社会各利益集团中也占有相当重要的地位。

（一）外国的雇主协会

1. 雇主协会的产生与发展。雇主协会产生于19世纪后半叶，最初是为对抗工会而建立的。从产生时间和演变发展过程来看，雇主协会都落后于工会。就其最初宗旨而言，早期的雇主协会属于反动性协会，反工会的活动成为资方协会的主要内容，它常常采用雇用罢工破坏者、列出黑名单、实施暴力等手段对抗和破坏劳工运动。随着工会运动的发展和劳工立法的颁布，20世纪30年代以后，雇主协会的大多数反工会的活动成为非法。这就促使雇主协会在性质上发生了一个明显的变化，以带有交涉性质的活动代替了与工会的对立和斗争，即以同工会进行集体交涉（谈判）为主要活动。

在现代，同工会之间通过集体谈判来维护雇主利益、建立协调的劳资关系、促

进社会合作，已成为雇主协会的宗旨和目标。雇主组织的任务主要是以下七项：[1]
①积极为雇主服务，提高雇主适应事业挑战的能力；②促进和谐、稳定的雇主—雇员关系，即劳动关系；③在国家和国际上代表和促进雇主利益；④提高雇员的工作效率和工作的自觉性；⑤创造就业机会及更好的就业条件；⑥预防劳资纠纷，并以公平迅速的方式解决产生的争议；⑦为其会员达到发展目标提供服务。也就是说，雇主组织的宗旨就是成为维持劳资关系和谐稳定的重要力量，并推动雇主提高企业的竞争力，改善雇员工作、生活质量，实现对股东、雇员、客户和国家的义务。因此，一般国外的雇主组织都建立在两个层次上：一是为保持和谐的劳资关系在国家及地方一级建立三方机制，加强政府、工会和雇主组织在劳动关系问题上的协调与合作；二是在企业一级以提高企业的竞争力并改善劳动者的素质为目标，并在帮助雇主提高企业竞争力的同时，通过企业发展创造良好的就业条件。

2. 国际劳工组织与雇主协会。国际劳工组织一直视雇主协会与工会为平等的交涉（谈判）主体。三方性原则是国际劳工组织奉行的原则，也是国际劳工组织与联合国其他机构相比的独特之处。国际劳工大会、国际劳工局理事会及所属各委员会、区域会议等国际劳工组织机构的活动，均由会员国政府、雇主和工人三方面代表参加，各成员国代表团需由政府代表两人，劳工、雇主代表各一人组成，三方代表享有独立平等的发言权和表决权。其中，劳工代表和雇主代表都分别由工会、雇主协会的全国性联合组织或有代表性的组织选派。

[相关资料]

　　国际劳工组织的《费城宣言》明确规定："反对贫困的斗争，需要各国在国内坚持不懈地进行，还需要国际做持续一致的努力。在这种努力中，工人代表和雇主代表享有与政府代表同等的地位，与政府代表一起自由讨论和民主决定，以增进共同的福利"，这样的规定以期达到如下目的："有效地承认集体谈判的权利，促进雇主和劳动者加强双方在提高生产效能中的合作，以及在制定与实施社会和经济措施中的合作"。国际劳工组织还就劳工和雇主双方的结社自由和组织权利制定了《结社自由和保护组织权利公约》（第 87 号公约，为八大核心国际劳工标准之一）。

3. 国际雇主组织。国际雇主组织（简称 IOE）是目前国际上在社会和劳动领域代表雇主利益的国际组织，成员由世界各国国家级的雇主联合会或其他形式的雇主组织组成，现有成员 126 个。国际雇主组织成立于 1920 年，并随着各国雇主组织的发展而发展。随着国际劳工组织的地位和影响的扩大，国际雇主组织在国际劳工组织的作用也越来越大。目前在国际劳工组织中的雇主组织活动皆由国际雇主组织所控制，故非国际雇主组织的成员在国际劳工组织中的活动会受到一定的限制。国际

---

〔1〕 中国企业联合会、中国企业家协会雇主工作部："雇主组织与三方机制"，载《企业管理》2004年第 2 期。

雇主组织的建立主要有以下动机和目的：①在国际上协调各国雇主组织的立场，共同维护各国雇主的共同利益；②参与国际劳工组织活动，作为三方机制的一方，代表雇主组织及雇主立场，参与有关活动；③与国际工会组织协调、合作，就共同关心的劳工等方面问题，开展协商和合作，维护各自的利益；④加强各国雇主组织的交流与合作，特别是在有关的立法、政策和信息上加强交流与合作；⑤与各国政府建立积极的良好关系，为各国雇主组织的建立和开展活动创造良好的条件；⑥指导各国雇主组织开展维护雇主利益的活动，使雇主组织成为雇主利益的代言人。国际雇主组织的主要任务有四项：①在国际上维护雇主利益。国际雇主组织是国际上唯一代表雇主利益的国际组织，因此，它的首要任务是在国际上维护雇主利益，包括在国际劳工组织内部维护雇主利益，确保国际社会政策不损害企业的生存和发展条件，而且在制定国际社会政策过程中，要尽可能地提出有利于雇主的方案，以维护各国雇主和雇主组织的整体利益。②促进企业自主发展。国际雇主组织通过影响国际劳工组织的政策和制定技术合作项目，使国际法律法规不会限制企业的建立和经营，并通过制定积极的政策和措施促进企业提高竞争力，包括提高劳动力的素质和能力，促进企业管理水平的提升等。③帮助建立和加强国家级雇主组织。目前各国和各地区的雇主组织发展很不平衡，特别是广大发展中国家和受战争影响的国家，以及市场经济体制还没有真正建立和完善的国家，雇主组织的建立发展还有大量的工作要做。帮助这些国家和地区建立和加强国家级雇主组织是国际雇主组织目前的重要任务，尤其是发展中国家和向市场经济转轨的国家。④促进雇主组织之间的信息交流和雇主之间的经贸合作。各个国家的雇主组织的建设和发展都需要学习其他国家先进的经验，特别是有关的政策、机制和制度方面，需要交流信息，总结经验，更好地为雇主服务，因此，加强各个国家雇主组织的联系和交流有重要的意义。此外，通过各国雇主及雇主组织之间的交流，还可以促进各国企业之间的友好往来和经贸合作，推动企业的优势互补，提高企业的经营效益。[1]

（二）我国的用人单位团体

我国用人单位团体的出现与我国建立和完善社会主义市场经济密切相关，是我国经济体制改革的重大举措，也是借鉴国际经验与国际接轨的必然要求。

1. 我国的用人单位团体类型。

（1）以中国企业联合会为代表的全国性用人单位团体。中国企业家协会简称"中国企协"，是在1984年由中国厂长、经理工作研究会发展而来的。中国企业家协会的领导成员最初主要由国家经济部门的领导和国有特大型企业的领导组成。由于其成员主要限于国有企业经营者而不具有普遍的代表性（不能代表非国有企业）。后中国企业家协会改称中国企业联合会、中国企业家协会。

---

〔1〕　中国企业联合会、中国企业家协会雇主工作部："雇主组织与三方机制"，载《企业管理》2004年第2期。

　　2013年2月27日修正的《中国企业联合会章程》规定：中国企业联合会，英文名称：CHINA ENTERPRISE CONFEDERATION，英文缩写为CEC。本会是由企业、企业家和企业团体自愿结成的联合组织，是国际雇主组织的中国唯一代表。本会是经中华人民共和国民政部注册登记、非营利的全国性社会团体法人。本章程所称的企业家是指企业的法定代表人和企业生产经营管理活动的主要负责人。本会高举中国特色社会主义伟大旗帜，以邓小平理论、"三个代表"重要思想、科学发展观为指导，以为企业、企业家服务为宗旨，遵守宪法、法律、法规和国家政策，遵守社会道德风尚，维护企业、企业家的合法权益，促进企业、企业家守法、自律，发挥企业与政府之间的桥梁纽带作用，协调企业与企业、企业与社会、经营者与劳动者的关系。本会的业务主管单位是中华人民共和国国务院国有资产监督管理委员会，本会的社团登记管理机关是中华人民共和国民政部。本会接受业务主管单位、社团登记管理机关的业务指导和监督管理。本会的业务范围：①本会围绕维权、自律、服务等方面的功能开展工作。②维护企业、企业家的合法权益，代表企业、企业家协调劳动关系；推动各地区、各行业企业联合会（协会）、企业家协会建立健全"三方机制"和参加劳动关系协调工作。③根据授权，代表企业、企业家参加由中华人民共和国人力资源和社会保障部、中华全国总工会、本会及中华全国工商业联合会组成的国家协调劳动关系三方会议。积极参加国际劳工组织和国际雇主组织有关活动，发展与其他国家雇主组织及国际机构的交流与合作。④向政府及有关部门反映本会会员、企业、企业家的意见和要求，为国家制定与企业相关的法律、法规和政策提供建议。⑤引导企业、企业家遵纪守法，规范自身行为，维护市场经济秩序；提倡诚信经营，推动节能环保，积极承担社会责任，自觉维护企业员工的合法权益。⑥开展企业改革和现代企业管理的理论研究，促进企业现代化建设，推动企业开展科技进步、管理创新，总结推广先进企业管理经验，增强企业的市场竞争能力。⑦组织开展有关本会会员、企业和企业家的专题调研工作，发布相关报告和评价信息。⑧推进企业家队伍建设、企业文化建设，为企业、企业家提供培训、咨询、信息、课题研究、新闻出版、资质评价等智力服务，经政府有关部门批准，组织开展评价企业活动，宣传、表彰优秀企业和优秀企业家。⑨开展与国外、境外企业团体和企业的交流与合作，组织有关企业团体和企业开展与国外、境外有关组织及企业间的交流与合作。⑩健全组织体系，推动单位会员积极开展活动，联合全国各行业企业联合会（协会）和其他社团组织开展活动，发挥整体优势，促进相互合作。⑪按照自主、自立、自养、自强的方针和建设品牌协会的总体要求，加强本会工作机构自身的思想建设、组织建设、制度建设、业务建设、作风建设和廉政建设，建立健全监督机制，不断提高工作人员的政治和业务素质，更好地为企业、企业家服务。⑫承担政府和有关部门委托的任务。

　　[相关资料]
　　　自1983年中国恢复在国际劳工组织的活动以来，中国企业联合会、中国企业家协会（包括其前身中国企业家协会）一直作为中国企业（雇主）的代表参与国际劳工组织的各种活动和国内劳动领域的活动。2004 年 10 月 23 日由中国企业联合会和国际劳工组织共同举办的"首届中国雇主论坛"上，国际雇主组织副主席塔巴尼在论坛上宣布了中国企联正式加入国际雇主组织。

（2）各类非公有制企业的用人单位团体。近年来一些非公有制经济的用人单位团体也有了一定的发展。此类全国性的用人单位团体有全国工商联合会、中国外商投资企业协会、中国民营企业家协会和中国个体劳动者协会等。这些组织，在各地都有其下属的组织和机构。并且，随着非公有制经济近年来实力的增强，这些组织目前在经济关系和社会关系中也日趋活跃。起初，这些组织的活动更多的是侧重于政治影响和社会影响，而非作为劳动关系一方的雇主代表，来处理与政府和工会的关系。[1]但是随着市场经济的深入发展，适应市场经济的要求，劳动关系的协调也已渐渐成为各类非公有制企业的用人单位团体的主要任务。

（3）不分所有制的用人单位团体。在市场经济较为发达的地区，目前已经开始出现了不分企业所有制类别的统一的用人单位团体。在我国比较典型的是这些市场经济较为发达的地区的省总商会，及其下属各级商会。再如，为进一步加强企业组织的代表性，福建省成立了由福建省企业与企业家联合会牵头，综合协调福建省总商会、外商投资企业协会、青年企业家协会、女企业家联谊会、私营企业协会、个体劳动者协会、三资企业经济发展联合会、船东协会等 9 家省级协会组成的协调劳动关系三方会议的"企业组织和雇主协调小组"。

（4）各地由雇主自发成立的民间的用人单位团体。在非公有制经济发达的地区，许多雇主为在与政府对话和处理劳资关系事务中共同行动，自发成立了许多民间的用人单位团体，这些组织一般没有正式的章程和组织机构，而是以"联谊会"等形式出现。这些自发的用人单位团体大都在外资企业集中的地区出现，特别是在区、乡以下的地域成立。如大连的日资企业、福建的台资企业、广东的港资企业都有此类组织。[2]

2. 我国的用人单位团体的发展。尽管近年来我国的用人单位团体得到了飞速发展，但从总体上看，我国的用人单位团体，目前仍在形成和完善的过程中。这就要求我们要参照国际劳工组织、国际雇主组织的有关规定制定有关用人单位团体的法律法规，使用人单位团体的成立和活动规范化和法制化。我国的用人单位团体的发展方向，应当是既符合现代国际通行规则又具有中国特色的。简单地概括，就是应当在用人单位团体的代表性、独立性、宗旨、职能、与其成员之间的权利义务、组

---

〔1〕 常凯：《劳权论——当代中国劳动关系的法律调整研究》，中国劳动社会保障出版社 2004 年版，第 143～144 页。

〔2〕 常凯：《劳权论——当代中国劳动关系的法律调整研究》，中国劳动社会保障出版社 2004 年版，第 144 页。

织体制、组织原则等方面着力进行规范。当前需要强调用人单位团体是代表用人单位利益的组织，协调劳动关系是其基本职能，同时也要协调我国用人单位团体多元化体制和工会一元化体制的冲突。

[相关资料]

中共中央、国务院《关于构建和谐劳动关系的意见》指出：加强基层企业代表组织建设，支持企业代表组织参与协调劳动关系，充分发挥企业代表组织对企业经营者的团结、服务、引导、教育作用。

第五节　新时期我国工会的改革创新

一、西方国家当局和学者对我国工会的诘难

长期以来，西方国家当局和许多政治法律学者一直诘难我国的中华全国总工会及其地区工会是中国党和政府的附庸，是一个官办、至多是半官办机构，代表的只是中国党和国家的利益，其根本目标是为了加强中国党和国家对整个国家和社会的控制，而不是劳动者利益的真正代表者，中国工会在维护工人权益方面的作用非常有限。中华全国总工会自不必说，各级地区总工会实际上也是地方党委、地方政府的"分支"机构，工作人员参照的或直接享受的就是公务员待遇，工会领导干部一般是地方委派或指定的，可以和地方党委、政府部门的领导互调，甚至是退居二线的党政干部"空降"来的。[1]主要表现为在组织、发起工会方面，中华全国总工会及其地区工会具有排他性"独占权"，禁止成立"独立工会"以及脱离中华全国总工会及其地区工会的集体谈判等集体行动，劳动者缺少结社自由权和集体行动权。

[相关资料]

中国尚未批准《结社自由和保护组织权利公约》（第87号）、1949年《组织权利和集体谈判公约》（第98号）。

二、新时期我国工会的改革创新

实际上，中华全国总工会及其地区工会从来没有停止过维护工人利益的努力，这种努力深刻影响着我国工会的未来发展，极大推动着我国集体谈判等集体行动的进程，可以说现阶段是我国工会运动发展历史上最好的"拐点"阶段。当然，这种

---

〔1〕　主要参见 Solidarity Center, "Justice for All: The Struggle for Workers' Rights in China, Washington DC", *American Centre for International Labor Solidarity*, (2004). Munro R., "The Lot of Chinese Workers: Do China's Labor Laws Work?", Roundtable before the Congressional Executive Commission on China, 109th Congress, 2nd Session, Washington, US Government Printing Office, (2006). 只有极个别西方学者肯定中国工会的积极变化。主要参见 Chan A., "Organising Wal-Mart: The Chinese Trade Unions at a Crossroads", Japan Focus, September 8, http://japanfocus.org/products/details/2217. Mingwei Liu, (2010) UNION ORGANIZING IN CHINA: STILL A MONOLITHIC LABOR MOVEMENT? *Industrial & Labor Relations Review*.

努力因素较为错综复杂，既有被动性的，也有积极主动性的，还有一些是相互交织的，成为中华全国总工会及其地区工会改革创新的巨大的、基础性的推动因素。在中华全国总工会支持下的地区工会也不断进行适应新的政治、经济和社会环境，维护劳动者利益的创新性改革，我国党和政府也一直支持推动工会创新性改革。（参见案例4-2）

（一）新时期我国工会改革创新的理论与政策分析

1. 新时期我国工会改革创新的理论分析。从理论上讲，工会创新性改革的目的是为了我国全体劳动者，是完全符合我国党和政府的宗旨的。早在2000年的时候，中共中央政治局常委、中央书记处书记、全国总工会主席尉健行（全国总工会主席由中共中央政治局常委兼任，

案例4-2

级别是非常高的）的讲话可以说最具理论概括性，尉健行强调："实现新建企业工会组建工作的突破，必须首先解决好认识问题特别是各级领导同志的认识问题。我们务必深刻认识到，最大限度地把广大职工组织到工会中来，是贯彻落实'三个代表'重要思想的迫切要求，它关系到密切党与职工群众的联系，巩固党的阶级基础和执政地位；关系到贯彻落实党的全心全意依靠工人阶级的根本指导方针，保护、调动和发挥广大职工投身改革和建设的积极性、创造性，顺利实施第三步战略部署；关系到粉碎国内外敌对势力'西化''分化'我们的图谋，维护工人阶级队伍的团结统一、社会政治的稳定和国家的长治久安。要站在讲政治的高度抓好这项工作，真正要形成，党委领导、政府支持、部门配合，工会运作的建会格局。同时，在抓好组建工会的基础上，要充分发挥工会组织的作用，使广大群众感到工会确实是工人自己的组织，是工人信得过的能替工人说话办事的组织，进一步突出和履行维护职能。"[1]

[探究]

　　实际中，有些地方领导人只是关心工会的组建，而不在乎其集体谈判等功能的发挥，有些地方领导人关心工会的组建只是出于维护地方社会稳定的目的而不是真正关心劳动者，有些地方领导人只是通过"关心"劳动者达到地方经济增长的目的等，个中情形很是复杂。

2. 新时期我国工会的改革创新的政策分析。1993年，时任中华全国总工会主席尉健行首次提出："维护职工合法权益，是工会的基本职责。"这是随着劳动关系契约化、社会化、市场化的不断深入发展，我国从社会主义计划经济向社会主义市场经济转变中，工会工作重点的重大调整，是我国工会工作领域的第一次思想大解放。2001年修改《工会法》时，其被写入《工会法》第2条、第6条，[2]这意味着国家

〔1〕　王燕琦："认真学习贯彻十五届五中全会精神进一步加快新建企业工会组建步伐"，载《光明日报》2000年11月13日。

〔2〕　谢良敏："维护职工合法权益是工会的基本职责"，载《法制日报》2012年1月17日。

以法律的形式规定了工会"维权"的基本职责。至此，我国工会第三次大改革正式拉开序幕。

[探究]

　　我国工会有三次大改革：新中国建国初期、20 世纪 80 年代后期，21 世纪初期，它们都力图改善工会与党和政府的关系、消除工会的"官方"色彩、强化工会的自主性，切实维护职工合法权益，最终目的是密切联系群众。第三次大的改革的主题就是工会"维权"，其尚在进行之中，密切联系群众的目的若要实现，任重道远。[1]

2003 年 12 月，新当选的中华全国总工会主席王兆国在全总十四届三次主席团（扩大）会议上的讲话中提出 2004 年工会两个工作重点是："加强工会基层建设、发挥基层工会作用，关心职工生产生活、维护职工切身利益。""概括地讲，就是'组织起来、切实维权'"，这表明了新一届中华全国总工会执行党和政府对工会工作的要求，形成了新时期工会工作的总方针。[2]

2004 年 11 月，中共中央总书记胡锦涛对《浙江义乌市探索职工维权社会化新模式》一文作出批示，予以充分肯定。此后，"党委领导，政府支持，社会配合，工会运作，职工参与，法制保障"工会社会化维权"义乌模式"在全国范围内大力推广。2004 年 12 月，中华全国总工会十四届二次执委会议审议通过了《中华全国总工会关于进一步加强基层工会工作的决定》（总工发［2004］56 号）。

2005 年 7 月 4 日闭幕的中华全国总工会十四届六次主席团（扩大）会议通过了《关于坚持走中国特色社会主义工会发展道路的决议》，明确提出坚定不移走中国特色社会主义工会发展道路，提出了"建设什么样的工会、怎样建设工会、工会发挥什么样的作用"的命题。2005 年 12 月 13 日中华全国总工会第十四届执行委员会第三次全体会议通过了《中华全国总工会关于加强协调劳动关系、切实维护职工合法权益、推动构建社会主义和谐社会的决定》（总工发［2005］46 号），正式提出了工会维权的基本的设想。

2006 年 3 月 14 日，胡锦涛在中共中央维护稳定办公室"关于我国沿海地区外资企业中不稳定因素的情况分析和对策建议"会议上批示，强调"加强外资企业党建和工会建设"。中央政治局委员、中华全国总工会主席王兆国也尤其强调加强基层工会作用，实际上是肯定了我国工会改革的趋势。2006 年 12 月中华全国总工会第十四届执行委员会第四次全体会议通过了《企业工会工作条例》。

2007 年 8 月，中华全国总工会出台了《企业工会主席合法权益保护暂行办法》（总工发［2007］32 号）。

2008 年 10 月，中国工会第十五次全国代表大会隆重召开，党中央对各级工会组

─────────────

〔1〕　游正林："60 年来中国工会的三次大改革"，载《社会学研究》2010 年第 4 期。

〔2〕　孙宝树："把'组织起来，切实维权'的要求落到实处"，载《工人日报》2004 年 7 月 2 日。

织长期理论创新和实践探索的高度评价，进一步肯定了坚定不移走中国特色社会主义工会发展道路的必要性。

2010 年 7 月，全总十五届四次执委会议明确提出了"两个普遍"的要求，即普遍建立工会和普遍开展工资集体协商。

2011 年初，全总制定了《2011～2013 年推动企业普遍建立工会组织工作规划》和《2011～2013 年深入推进工资集体协商工作规划》，重点做好非公有制企业、在华外资企业和小微企业工会组建工作。2011 年 6 月 6 日中国工会代表自 1983 年我国恢复在国际劳工组织的活动以来首次当选国际劳工组织理事会工人组正理事，[1]这标志着中国工会在国际工会运动中已占有举足轻重的地位。

2014 年 7 月，中华全国总工会连续出台了《中华全国总工会关于新形势下加强基层工会建设的意见》（总工发〔2014〕22 号）和《中华全国总工会基层组织建设工作规划（2014～2018 年）》（总工发〔2014〕23 号）。

2015 年 3 月 21 日，中共中央、国务院《关于构建和谐劳动关系的意见》对新时期工会工作提出了新要求。

所有这些努力，在政策上，意味着我国工会在努力创新探索一条既不同于计划经济时期又有别于西方资本主义国家的，适应时代要求、符合基本国情、体现工会性质的工会发展道路。尽管任重而道远，但是成就斐然。

（二）新时期我国工会的改革创新的实践

1. 建立区域性、行业性工会。建立区域性、行业性工会，进行集体协商和签订、履行集体合同，是一项重要的创新性工会改革。为了维护和谐劳动关系和减少劳动者的不当流动（同行互挖"墙角"，劳动者频繁"跳槽"），一些地方建立了行业工会，行业工会的主要作用在于：代表这个行业所有的劳动者，并采取积极措施建立以工资为主要内容的集体协商制度。这是我国地区工会在中华全国总工会支持下不断适应新的政治、经济和社会环境，维护劳动者利益的创新性改革。这一改革，首先得到了地方党委和政府的充分肯定和大力支持。以工资为主要内容的集体协商制度的建立和推行，一方面，对劳动者而言，使得劳动者获得了较高的工资和较好的劳动条件和待遇，有利于建立劳动者民主参与和监督机制。另一方面，对用人单位来讲，减少了劳动者的不当流动，有利于完善劳动用工管理，为用人单位持续健康发展创造了良好氛围。总而言之，这些改革措施能够很好地减少劳资纠纷和冲突，建立新型的、规范有序的、和谐稳定的劳动关系，实现劳动者和用人单位的"双赢"，乃至劳动者、用人单位、国家和社会的"多赢"。尽管这种创新性改革还存在许多不足之处，例如，缺少劳动者动员和劳动者参与，但这些不足会在实践中逐渐加以克服。因此，创新性改革以基本法律的形式被写进了 2008 年 1 月 1 日生效实施

---

〔1〕　王娇萍："十年工会工作综述：中国工会，一路阳光一路歌——党的十六大以来工会工作综述"，载《工人日报》2012 年 11 月 6 日。

的《劳动合同法》第五章"特别规定"的第一节"集体合同"中，得到中华全国总工会和党中央、国务院的充分肯定，并被提倡在全国范围内具备条件的地区可以根据实际情况大面积推广。

[相关资料]

1. 从 2001 年开始，通州区总工会在非公企业进行了组建行业性工会联合会的探索与实践。3 年时间，共组建 6 个行业性工会联合会，覆盖非公企业 433 家。通过行业性工会联合会和地域性工会组织优势互补，有效地维护了职工合法权益。[1]

2. 近年来，南京市白下区总工会把"建会""建制""建家"作为开展社区工会工作的有效机制、制度和载体，使社区工会组织规范化建设、基础设施标准化建设、民主管理体系化建设、服务保障社会化建设和党工工作一体化建设上了新台阶。

2011 年上半年，区总工会与区委组织部、区人社局等 4 部门联合制定下发了加强"党工共建"、推进"两个普遍"工作的意见，依据 2011 年南京企业工资指导线，组织开展了"百日要约行动"活动，重点协商企业各类人员的年度工资增长幅度、年度工资调整办法，确保生产经营正常、经济效益较好的企业的职工工资在上年度工资水平的基础上平均上涨 7% 以上，58 个社区分别签订了区域集体合同、工资集体合同和女职工权益保护专项协议，覆盖了非公企业 2257 家，惠及职工近 3 万人。[2]

2. 建立工会社会化、法制化维权模式。建立工会社会化维权制度，是另一项重要的创新性工会改革。工会社会化维权模式是经济发达的浙江省义乌市总工会的首创。从 20 世纪 80 年代开始，义乌市总工会就开始地方性总工会的创新改革，其创新改革是地区工会的不断地适应新的政治、经济和社会环境，维护劳动者利益的具体缩影。义乌市是全国百强县中的"强中强"，其小商品市场在全国乃至全世界闻名，是全国最大的小商品市场。一直以来，外来建设者（包括国外 100 多个国家和地区的外来人员，但仍然以农民工为主）占全市总人口比重超过 70%。义乌市主要是劳动密集型的小商品和外贸产品加工的行业，劳动关系市场化、复杂化特点显著，2000 年以前，劳动者权益时常受到侵犯，作为一个"县级市"，每年发生的劳资纠纷居然达到触目惊心的 1 万多起，农民工非法"帮会化"趋势明显，职工自杀、老板被他杀、群体性事件、恶性事件频率居高不下，而且三成以上由于权利救济不足，且维权成本高昂，没能得到及时解决，劳资冲突加剧，劳动关系极其紧张。在这种情形下，义乌市总工会首先在大约 500 家民营企业建立工会，但由于工会是群众性自治组织，自身力量薄弱，没有行政职能，也缺乏处罚裁决权，通过工会维护劳动者

---

〔1〕 "通州区行业性工会联合会发展态势好"，载《工人日报》2004 年 12 月 17 日。

〔2〕 杨金林、朱波："58 个社区全部完成区域性工会联合会转换"，载《江苏工人报》2011 年 7 月 4 日。

合法权益的效果不佳。所以，为了能够切实维权，义乌市总工会就开始了地方性总工会的创新改革，2000 年设立职工法律维权中心（全名为义乌市职工法律维权协会，期间于 2002 年与"义乌总工会法律援助中心职工工会部""一个机构两块牌子"），2004 年推动工会主动介入职业安全卫生、集体协商、签订集体合同，2007 年在国内首创工会会员法律诉讼费用垫付基金，2008 年推行用人单位社会责任标准，2013 年依法推进厂务公开，使得民主管理工作实现"三化"——制度化、规范化、法制化建设，坚持不懈，努力探索，将事后维权转向事先维权，遵循"借风、借力、借理"思路，即争取党委、人大、政府、政协、公、检、法、司、劳动部门、新闻媒体以及律师事务所等各相关部门的支持及帮助，形成"党委领导，政府支持，社会配合，工会运作，职工参与，法制保障"的维权模式，即："以建设'平安义乌'、构建和谐社会为目标，以表达和维护职工合法权益为重点，以法律法规为基准，以制度建设为保证，以社会化维权为基本途径，以职工法律维权中心为基本载体，以包括外来务工人员在内的职工群体为基本对象，以处理劳资矛盾为基本特征，以协商调解、参与仲裁、代理诉讼、法律援助为基本手段，融整体维护和具体维护于一体，覆盖劳动关系全过程全领域的工会社会化维权新机制。"[1] 显然，这是一种"自下而上"的全新式的社会化的、市场化、信息化以至于法制化（"法制化"是"义乌模式"的最大特点之一，"义乌模式"从创立之初，就是围绕法制化渠道解决劳资冲突，尽管借全社会之力，但最终落脚点都是"依法办事"）的工会为劳动者维权的创新模式。

[相关资料]

据义乌市总工会调查，2000 年以前，安徽"定远帮"6000 余人、江西"玉山帮"、衢州"开化帮"等农民工的自发组织曾经在义乌市非公有制中小企业里十分活跃，并取得了相当一部分农民工的承认和信赖，他们以"关系疏通费"名义，每年向同乡人收取"保护费"，每人每年约 120 元，按月收取。

3. 推进工会民主改革（企业工会层级的工会主席和工会委员会委员直选）。从理论上讲，工会是工人阶级的群众性自治组织，但是，实际上，长期以来，在当代中国政治生态惯例中，工会组织一直是党和政府的外围性附属组织，是党和政府联系工人阶级的"桥梁"和"纽带"。因此，各级工会组织，包括中华全国总工会和各级地区工会，其工作人员尽管表面上属于"群众团体组织工作人员"，实际上一直被纳入"公务员"的系列对待，在企事业单位一级工会，其工会主席绝大多数是在党组织的安排下产生，而并未切实实行直接的民主选举。早在 20 世纪 80 年代中后期，在我国深圳蛇口工业区的一些民营企业中，开始出现企业劳动者直接选举工会组织负责人的试点，此后，在 2000 年底，浙江宁波市一些民营企业也进行了工会负责人

---

〔1〕 2008 年第四届"中国地方政府创新奖"——浙江义乌总工会：工会社会化维权模式（优胜奖）颁奖辞。

直选，到 2003 年 7 月，浙江省杭州市的余杭区 300 多家企业进行了工会负责人直选，直选企业中大部分是非公有制企业，占比超过七成，总体效果相当突出。近年来，经济发达的珠江三角洲、长江三角洲地区如广东、浙江等工会直选逐渐展开，甚至在中西部经济欠发达地区也是如此。例如，2003 年 7 月首家农民工工会组织在青海省大通回族土族自治县桦林乡成立。[1] 工会民主改革，是继我国基层民主在农村村民自治和城市社区居民自治展开之后的又一个新趋势，这对我国工会组织的改革与深入发展具有重要的影响。

在推进工会民主改革中，产生了一个较为成熟的"理光经验"。由于作为世界 500 强的理光公司日本总部在日本一直未设立工会，理光（深圳）工业发展有限公司自从 1991 设立到 2007 年 16 年间也一直没有建立工会。2006 年 7 月，在中华全国总工会的大力支持和中国劳动者的不懈努力下，在美国总部直到现在依然没有工会的世界最大的私人雇主和连锁零售商、多次荣登《财富》杂志世界 500 强榜首的沃尔玛公司在中国福建晋江分店成立了工会。中华全国总工会以此为契机，全面推动外资企业建立工会："以外资企业集中的地区为重点，以世界 500 强跨国公司为着力点，以长期拒不建会的'钉子户'为突破点。"[2] 在推进外资企业建立工会的活动中，理光（深圳）工业发展有限公司也没有置身事外。在首届工会的筹备过程中，日方管理层提出了全部是管理人员的委员候选人名单，并预定了工会主席，然而，选举结果并未按理光公司预想进行，理光公司预定的工会主席落选。在 2010 年底的第二届工会选举中，实行的是全员民主选举，会员大会的代表的产生包括以自荐和推选两种方式。工会委员会候选人全部由基层工会小组动员会员民主推荐，理光公司管理方不能干涉，选举时，候选人都做了竞选发言。[3] 这样，便通过真正意义上选举产生的企业工会赢得了工人的信任和拥护，使工会不再是用人单位的"附庸"和"花瓶"，充分体现了工会的实质——"职工自愿结合的工人阶级的群众组织"，而理光公司也对"民选"工会予以承认，双方建立了一个多层面的对话机制和谈判机制，理光公司工会成为劳资冲突博弈中举足轻重的均衡性力量，例如，在工资集体谈判的成功实践中，工会真正做到了有地位和有作为。"理光经验"的直接选举点燃了整个社会对于新一轮工会改革的期盼热情，大家一致认为这样可以解决基层工会组织不代表工人继而加剧劳资矛盾这一我国工会长期以来难以消除的问题。2012年 5 月，广东深圳启动 163 家企业工会直选，以至于人们把此次深圳工会直选当作中国工会改革的新动向。[4]

---

〔1〕 海忆水："青海成立首家农民工工会"，载《中国青年报》2003 年 7 月 16 日。

〔2〕 "中华全国总工会：将推动在华外资企业组建工会"，载 http://news. sina. com. cn/c/2006 – 10 – 12/222110219356s. shtml.

〔3〕 闵杰："民选工会的'理光经验'"，载《中国新闻周刊》2012 年 6 月 8 日。

〔4〕 陈以怀、孙天明："深圳将启动 163 家企业工会直选总工会称将常态化"，载《南方都市报》2012 年 5 月 28 日。

第六节　不当劳动行为

一、不当劳动行为的概念

不当劳动行为，是指集体劳动关系中的双方当事人以不正当的手段，妨碍或者限制了对方（少数情况下也可能是第三方）行使其合法权利的行为。不当劳动行为的主体，在大多数情况下是用人单位及其团体（主要是用人单位），但是少数情况下也可能是工会。不当劳动行为是专门为了规范用人单位及其团体（主要是用人单位）与工会之间的行为而制定的，其最终目的是为了防止任何一方采取不公平行为而妨碍另外一方进行集体协商的努力。

[相关资料]

1. 不当劳动行为立法，以美国和日本最有代表性和典型性。美国 1935 年《全国劳工关系法》又称《华格纳法》最早提出了不当劳动行为的概念。在美国，不当劳动行为立法适用于雇主和工会。日本在二战后也仿照美国《华格纳法》，引进了不当劳动行为的概念。日本不当劳动行为立法的特点是只适用于雇主，而不适用于工会。国际劳工立法中，国际劳工组织的第 98 号公约第 1～2 条也规定不当劳动行为只适用于雇主，而不适用于工会。[1]

2. 我国台湾地区的"劳动三法"，即"工会法""团体协约法"与"劳资争议处理法"均经历了最新修订，并于 2011 年 5 月 1 起正式施行。台湾"劳动三法"在"立法"过程中借鉴吸收了大量国际上最新的经验和理念，对与集体劳动关系密切相关的"劳工三权"即团结权、团体协商权及争议权，作了许多新的调整和规范。[2]

二、不当劳动行为的类型[3]

各国劳动法中对于不当劳动行为的规定不尽一致，美国和日本就是一例。本书同意不当劳动行为既适用于雇主，也适用于工会。

（一）雇主的不当劳动行为类型

1. 干涉工会活动。这是雇主经常使用的一种不当劳动行为，其手段多种多样。在美国，以下行为都属于不当劳动行为：与劳动者个人订立"黄犬契约"，直接限制其加入工会的权利；对工会活动进行监视，甚至使用间谍；对参加工会活动的劳动

---

〔1〕　参见周长征：《劳动法原理》，科学出版社 2004 年版，第 212～213 页。

〔2〕　参见台湾地区"法务部"网站：http://law. moj. gov. tw/Index. aspx。

〔3〕　参见周长征：《劳动法原理》，科学出版社 2004 年版，第 212～222 页；常凯：《劳权论——当代中国劳动关系的法律调整研究》，中国劳动社会保障出版社 2004 年版，第 337～360 页；台湾地区"法务部"网站：http://law. moj. gov. tw/Index. aspx；我国台湾地区最早的劳工组织——劳工阵线的网站：https://sites. google. com/a/labor. ngo. tw/labor/tlf。

者进行威胁，或者承诺一旦劳动者退出工会，将给予一定好处；对劳动者进行盘问，调查有关工会活动的情况；等等。[1]在日本，根据其《工会法》第 7 条的规定，雇主虽然有言论自由，但是不得就干涉工会内部的运作发言。雇主为对抗工会，虽能表明自己的立场，而未违反此原则，但包含有报复、威吓、利益诱导等内容的，仍然构成干涉工会运作的不当劳动行为。[2]

[相关资料]

　　"黄犬契约"黄犬契约的语源来自英文的"Yellow-dog Contract"。英文中的"yellow dog"（黄狗）有卑鄙奸诈的含义，所以"黄犬契约"意为卑鄙的契约，指雇主以劳动者不参加或退出工会为条件与劳动者订立的劳动合同。

2. 控制、操纵工会活动。雇主组织"公司工会"或者以各种形式操纵工会。这种不当劳动行为的危害在于破坏工会的独立性，致使工会不再是工人利益的代表，各项活动都要以雇主的根本利益为依据。对于这种性质的工会，通常也称之为"老板工会"或者"黄色工会"。各国工会法一般都严格禁止劳动使用者操纵工会的行为。雇主操纵工会的手段主要有两种：一是控制工会干部的人选，让自己的亲信或关系较友好的人出任工会领导或重要工会职务。二是控制工会的财源，给工会活动经费或财政补贴。第二种手段虽然有害于工会的独立性，但是在一定条件下也是对工会有利的，因此各国法律往往以但书的形式规定了一些例外情况。

[相关资料]

　　日本《工会法》规定，雇主捐助的福利、卫生、救济等方面的基金，或者雇主提供给工会的办公场所等，都是被允许的。美国 1935 年《华格纳法》第 8 条 a 款 2 项禁止由雇主组成或由雇主支配的公司工会。因此，美国的雇主不得协助创立工会组织，或者在某一工会组织寻求正式承认时，对其给予协助。否则，国家劳工关系委员会（NLRB）将以命令撤回雇主对该工会组织的承认，或者将该工会组织加以完全解散。[3]

3. 拒绝集体协商。根据美国 1935 年《华格纳法》，雇主不得拒绝与有代表权的工会进行集体协商。而且，该法要求雇主应当基于诚信原则与工会进行协商。日本《工会法》第 7 条也明确规定："雇主无正当理由不得拒绝同所雇佣的劳动者代表进行集体协商。"

4. 歧视待遇。美国 1935 年《华格纳法》规定，雇主对于工会会员、职员不得有歧视行为，例如将工会干部降职、调职、减少工资或者不给予升迁机会等。雇主不得因雇员加入工会，或者没有加入工会，而对其工作条件给予任何歧视差别待遇。

---

〔1〕　［美］William B. Gould：《美国劳工法入门》，焦兴铠译，台湾编译馆 1996 年版，第 78 页。
〔2〕　参见黄越钦：《劳动法新论》，中国政法大学出版社 2003 年版，第 312 页。
〔3〕　［美］Willam Gould：《美国劳工法入门》，焦兴铠译，台湾编译馆 1996 年版，第 81 页。

然而，某一工会组织可以在与雇主进行集体协商时，要求集体合同中规定一项工会组织保障条款，即要求雇员应当缴纳定期会费和正式入会费，以作为获得雇用的条件之一。如果某个雇员拒绝缴纳工会要求的款项，他可能因此而被解雇，除非他反对缴纳这些款项的原因，是基于其宗教信仰。但是，美国目前有 21 个州法律上禁止集体合同规定此类工会保障条款。[1] 在日本，根据《工会法》第 7 条的规定，雇主不得以劳工为工会会员、加入工会、拟组织工会或行使工会之正当行为为由而解雇该劳工或予以不利益待遇；不得以不加入工会或促使其加入工会为雇用条件，但工会如可代表特定工作场所所雇用之劳工过半数时，雇主得与该劳工缔结以加入该工会为雇用条件的劳动合同。歧视待遇的形式包括：①经济上的歧视待遇，包括解雇、停职、调动、减薪、降职、停止升迁等。如果雇主平调甚至提升工会干部的职务，虽然不影响其个人的利益，但却可能会对工会的活动造成重大影响，也属于经济上的歧视行为。②精神上的歧视待遇，主要是指雇主在工作过程中给予工作原因之外的精神压力或负担。

（二）工会的不正当劳动行为

在 1935 年《华格纳法》通过以后，美国工会获得了巨大的发展。但是，美国国会认为工会在滥用其力量。为了禁止一些工会的"恶劣行为"，1947 年美国国会对《华格纳法》进行了修订，通过了《全国劳资关系法》，即《塔夫特—哈特利法》，其中增加了针对工会的不当劳动行为的规定。这项法案受到了工会的强烈抵制，在国会内部也引起了激烈争论，甚至被杜鲁门总统否决。尽管如此，美国国会仍然认为有必要对工会的行为进行一定的限制，以平衡劳资关系，所以最后还是坚持通过了该法。道格拉斯·莱斯利指出："该法表明，联邦政策在继续支持雇员有权摆脱雇主控制的同时，又鼓励组织工会转变为一个保持更为中立立场的组织。"根据《塔夫特—哈特利法》，工会的不当劳动行为可能是针对雇主的行为，也可能是针对工人特别是非工会会员的行为。具体来说，工会的不当劳动行为包括以下几种行为：

1. 限制工人的行动或者加以强制。如果某个工会组织以暴力、骚动或者大规模罢工纠察活动，来妨碍工人或一般大众进出雇主产业及营业处所的行动自由，各州及地方政府可以针对工会的这种犯罪行为提起公诉。有些情况下，例如有关敲诈勒索而使用暴力的情况，联邦政府本身也可以成为公诉人。

2. 给予歧视待遇。在美国，因为法律允许一个企业内存在多个工会，所以，这种情况大多是由于某一个工会鼓动雇主歧视某些属于另外一个敌对工会的会员而引起的。

3. 集体协商中的不诚信行为。在美国，有一些势力强大的工会，在集体协商中往往采取一种"要么全盘接受，要么全部放弃"的霸道态度，只是将起草好的集体合同放到谈判桌上，要求雇主签名其上。《塔夫特—哈特利法》就是为了纠正这种现象而作此规定的。

---

〔1〕 ［美］Willam Gould：《美国劳工法入门》，焦兴铠译，台湾编译馆 1996 年版，第 82 页。

4. 间接抵制行为。所谓间接抵制，是指工会针对与雇主有业务往来关系的其他企业所进行的抵制活动，通常伴随有罢工纠察行为。一般而言，自由开放之社会，通常都是希望能同时保障劳工的团结权和无辜第三方的利益。[1] 引为间接抵制行为的对象是劳动关系以外的第三方，因此为法律所禁止的不当劳动行为。与此相类似，根据 1959 年对《华格纳法》再次进行修正的《兰德拉姆—格里芬法》（即《劳资关系报告及披露法》），工会也不能要求在集体合同中加入一项"热货"条款。所谓的"热货"，是指由另外一个与工会组织有纠纷的企业所生产的货物。该法还规定，集体合同中也不能包含一种转包条款，限制雇主将工作转包给没有设立工会的企业。不过，法律允许集体合同规定，禁止将工作转包给劳动条件低劣的企业。

三、我国《工会法》中不当劳动行为的规定

我国《劳动法》中目前并没有不当劳动行为的概念。但是，《工会法》也有一些具有不当劳动行为性质的规定，尤其是《工会法》通过"法律责任"的规定，从一定程度上引入了实质意义"不当劳动行为"制度。随着市场经济的发展，我国也应当在劳动法中明确引入不当劳动行为的制度，以促进劳动关系双方当事人本着诚信和公平的精神进行集体协商。

（一）对用人单位的不当劳动行为的规定

1. 对于"干涉工会活动"类不当劳动行为的规定。为了防止用人单位阻挠劳动者组建基层工会，《工会法》规定："上级工会可以派员帮助和指导企业职工组建工会，任何单位和个人不得阻挠"。通过上级工会的强有力的援助，来对抗来自用人单位的阻挠和破坏，这是我国规范不当劳动行为的一个创举。《工会法》还强化了相关的法律责任，第 50 条规定，如果用人单位阻挠职工依法参加和组织工会或者阻挠上级工会帮助、指导职工筹建工会的，由劳动行政部门责令其改正；拒不改正的，由劳动行政部门提请县级以上人民政府处理；以暴力、威胁等手段阻挠造成严重后果，构成犯罪的，依法追究刑事责任。第 51 条第 2 款规定："对依法履行职责的工会工作人员进行侮辱、诽谤或者进行人身伤害，构成犯罪的，依法追究刑事责任；尚未构成犯罪的，由公安机关依照治安管理处罚条例的规定处罚。"

2. 对于"控制、操纵工会活动"类不当劳动行为的规定。在我国，特别是在非公有制企业中，用人单位控制干涉工会是一个普遍存在的问题。在一些已经建立工会的非公有制的企业中，工会主席有相当部分是由企业行政负责人如副厂长、人事部长、行政处长，或用人单位负责人的亲戚、亲信乃至老板娘充任。为此，《工会法》第 9 条第 2 款特别规定："各级工会委员会由会员大会或者会员代表大会民主选举产生。企业主要负责人的近亲属不得作为本企业基层工会委员会成员的人选。"这是《工会法》防止用人单位操纵工会，维护工会独立性的一个新的进步，该规定将民主选举制度作为防止用人单位操纵工会的根本措施，可谓是抓住了问题的要害。

---

〔1〕　［美］Willam Gould：《美国劳工法入门》，焦兴铠译，台湾编译馆 1996 年版，第 86 页。

这些规定，在一定程度上完善了我国的不当劳动行为制度。

3. 对于"拒绝集体协商"类不当劳动行为的规定。《工会法》第20条第2款规定，工会代表职工与企业以及实行企业化管理的事业单位进行平等协商，签订集体合同。这说明我国工会有权代表职工与用人单位进行集体协商，用人单位有义务与之进行协商。该法第53条第4项进一步规定，无正当理由拒绝进行平等协商的，由县级以上人民政府责令改正，依法处理。可见，用人单位如果拒绝协商，将会构成违反《工会法》的行为，《集体合同规定》第56条进一步规定："用人单位无正当理由拒绝工会或职工代表提出的集体协商要求的，按照《工会法》及有关法律、法规的规定处理。"这实质上也是把拒绝集体协商的行为视为不当劳动行为加以规定的。

[探究]

《劳动合同法》第56条规定，仲裁与诉讼的关系不明确，既可以理解为先仲裁后诉讼，也可以理解为仲裁与诉讼并列而由当事人选择。这有待进一步作出规定。

4. 对于"歧视待遇"类不当劳动行为的规定。根据《工会法》规定，工会主席、副主席任期未满时，不得随意调动其工作。因工作需要调动时，应当征得本级工会委员会和上一级工会委员会的同意。基层工会专职主席、副主席或者委员自任职之日起，其劳动合同期限自动延长，延长期限相当于其任职期间；非专职主席、副主席或者委员自任职之日起，其尚未履行的劳动合同期限短于任期的，劳动合同期限自动延长至任期期满。《集体合同规定》第28条第1款进一步规定了"职工一方协商代表在其履行协商代表职责期间劳动合同期满的，劳动合同期限自动延长至完成履行协商代表职责之时"。但是上述工会干部在任职期间有个人严重过失或者达到法定退休年龄的，劳动合同可以终止。企业、事业单位、机关工会委员会的专职工作人员的工资、奖励、补贴，由所在单位支付。社会保险和其他福利待遇等，享受本单位职工同等待遇。基层工会的非专职委员占用生产或者工作时间参加会议或者从事工会工作，每月不超过3个工作日，其工资照发，其他待遇不受影响。如果用人单位违反上述法律规定，应当承担相应的法律责任：《工会法》第51条第1款规定，用人单位对依法履行职责的工会工作人员无正当理由调动工作岗位，进行打击报复的，由劳动行政部门责令改正、恢复原工作；造成损失的，给予赔偿。第52条规定，如果用人单位因为职工参加工会活动而与之解除劳动合同，或者因为工会工作人员履行法定职责而被解除劳动合同的，劳动行政部门不仅可以责令用人单位恢复其工作，而且有权责令补发被解除劳动合同期间应得的报酬，或者责令给予本人年收入2倍的赔偿。（参见案例4-3）

（二）对工会的不当劳动行为的规定

在《工会法》中，对于工会的不当劳动行为尚没有系统的规定，这主要是因为我国工会与政府有着密切的联系，在行为方面受到了较多的约束，因此不当劳动行为现象尚不突出。尽管如此，一些基层工

案例4-3

会或者工会工作人员的行为已经违反了《工会法》的原则和宗旨，实质上已经构成了不当劳动行为，诸如在非公有制企业压制工人组织工会，在集体谈判中维护用人单位利益，接受用人单位的款项或贿赂，成为用人单位的代理人或工贼等。针对这些现象，《工会法》第55条规定：工会工作人员违反本法规定，损害职工或者工会权益的，由同级工会或者上级工会责令改正，或者予以处分；情节严重的，依照《中国工会章程》予以罢免；造成损失的，应当承担赔偿责任；构成犯罪的，依法追究刑事责任。这是我国平衡劳动双方当事人的利益，规范工会不当劳动行为的一种有益的探索。但是，第55条只适用于工会工作人员，而不适用于工会组织；只适用于损害职工或者工会权益的情形，而不适用于损害用人单位或者第三方权益的情形。因此，我国的工会不当劳动行为立法尚有待于随着实践的发展进一步充实、完善。[1]

[相关资料]

　　不当劳动行为之禁止及裁决救济制度的确立。如前所述，台湾地区过去的工会组织并不如欧洲国家那样拥有跨企业规模的产业工会，而是以企业之厂场为单位的组织形态，以至于在劳资争议的过程中，想要组织工会或已经组织工会甚至发动争议行为的劳工经常受到不当调职、处分甚至解雇等不公正的对待。这些来自雇主之所谓的不当劳动行为是工会发展最大的阻碍。因此，新修正的"工会法"整合和扩充了不当劳动行为禁止的范围，包括工会会员受到不利益待遇、"黄犬条款"的约定、雇主介入或控制工会等，并在新修正的"团体协约法"中增设了无正当理由拒绝协商之不当劳动行为的规定，最后在新修正"劳资争议处理法"中引进美、日等国的不当劳动行为的救济制度，并创设了裁决制度，使受不当劳动行为侵害之一方得申请迅速获得包括回复原职、得向法院声请假扣押或假处分的行政救济，并对于违反者处以高额的罚锾，以吓阻不当劳动行为的发生。[2]

[深入思考]
1. "劳动三权"。
2. 我国的集体协商制度中的谈判性。
3. 集体合同效力。
4. 我国用人单位团体多元化体制和工会一元化体制的冲突。
5. 新时期我国工会的改革创新。
6. 不当劳动行为的救济制度。
7. 集体合同法律制度是中观层次的劳动关系调整机制。

---

〔1〕　参见周长征：《劳动法原理》，科学出版社2004年版，第219页；常凯："论不当劳动行为立法"，载《中国社会科学》2000年第5期。
〔2〕　张鑫隆："新劳动三法对台湾工会的意义及未来的课题"，载《台湾劳工季刊》2010年第26期。

第五章　劳动基准法概述

▍本章导读

　　本章的逻辑主线是：劳动基准是什么？劳动基准法律制度的法律意义是什么？劳动基准法律制度的构成是什么？本章的重点是充分理解"劳动基准法定"，难点是国家干预劳动条件程度的确定和劳动基准法对物的适用范围的理解。

　　劳动基准法是由国家规定的劳动者在劳动关系中所得最低劳动条件的法律规范的总称。国家（政府）为了维持劳动合同自由，允许当事人为一定的意思自治，但重要的内容往往以"劳动基准"作为上限或下限。不但要有基准之设，而且基准必须法定。劳动基准法在立法上是一种相对强制性规范，劳动合同、集体合同所确定的劳动条件，可以高于但是绝对不得低于国家（政府）规定的劳动基准，"劳动基准法定"是劳动法宏观层次调整劳动关系的实现途径。这部分内容主要体现在全部章节中。

　　各国劳动基准法的内容规定主要集中在劳动基准法的适用范围、劳动基准水平的确定、劳动基准的文字表达形式的规范、劳动基准制定程序的完善有效等几个方面。就劳动基准法对物的适用范围而言，各国基于各自国情对劳动条件范围宽窄的理解并不完全一致；就劳动基准法对人的适用范围而言，有"反射效力说"与"双重效力说"两种不同理解；就确定劳动基准水平而言，其是劳动基准制度的核心问题；另外，还包括劳动基准的文字表达形式的必须规范、劳动基准制定程序必须完善有效等。这部分内容主要体现在第二节中。

第一节　劳动关系的国家干预："劳动基准法定"

　　何谓"劳动基准"？迄今为止，基于劳动法学视角，即使是一直致力于制定国际劳动标准的国际劳工组织以及对于劳动标准研究历史较长的西方，都没有对"劳动基准"的含义作一个明确的界定。我国的传统劳动法学中没有劳动基准的概念。有相当多的学者不加区别地把劳动标准和劳动基准混为一谈。近年来，劳动基准在我国已成为劳动法理论界和实务界的显性概念。劳动基准法是国家规定最低劳动条件的法律规范的总称。"基准"的含义是"最低的标准"，这个词简练而准确地表达了各国关于劳动条件的立法是最低劳动标准的特征。[1]"劳动基准，即法定最低劳动标准。广义劳动基准，是指劳动法中赋予劳动者权利和雇主义务的强行性规范，包括劳动条件基准和劳动关系运行基准（即强行性劳动关系运行规范）。……既涵盖作为实体利益的劳动权利，又涵盖作为获取实体利益之工具的劳动权利……既涵盖劳动关系中的劳动权利，又涵盖劳动关系成立前和终止后的劳动权利。……狭义劳动基准，仅指劳动条件基准，即劳动者在劳动关系中所得劳动条件的法定最低标准，其内容仅涵盖作为实体利益的劳动权利。……劳动基准仅适用于劳动关系存续过程中的劳动标准，劳动关系确立前和终止后的劳动者所得利益未在其中……在理解劳动基准与集体合同、劳动合同的关系，或比较劳动基准水平时，通常对劳动基准作狭义理解"[2]。实际上，近几年来，我国劳动法学界已基本就劳动基准的含义达成了一致，笔者认为，下述定义更为准确："'基准'的含义是'最低的标准'，'劳动基准'就是对'最低劳动标准'简练而准确的概括。劳动法学上的劳动标准包括劳动关系成立前和终止后以及劳动关系中的劳动标准，作为最低的标准的劳动基准只是劳动关系中的劳动标准，而劳动关系中的劳动标准又是指劳动条件。所以，劳动基准，就指的是劳动条件基准，即劳动者在劳动关系中所得劳动条件的法定最低标准。"

所以，劳动基准法是由国家规定的劳动者在劳动关系中所得最低劳动条件的法律规范的总称。劳动条件，指的是工资、工时、休息休假、安全卫生等维持劳动者本人及其家庭生存所必需的各种条件。"劳动合同之主要项目诸如工资、工时、工作场所、休假等，双方当事人据以为成立合同基础之合意内容并有对价等值关系者称为劳动条件。"[3]具体来说，劳动条件，本应依当事人合意而形成。这体现了劳动合同的消极自由，但是，由于劳动关系从属性的特点，劳动条件的形成，除了强调当事人间的合意，更应重视劳动条件妥当形成的完善机制。这种机制首先表现为"劳动基准法定"。国家（政府）为了维持劳动合同自由，允许当事人为一定的意思自治，但重要的内容往往以"劳动基准"作为上限或下限。不但要有基准之设，而且基准必须法定，"基准法定"的目的在于经过国家（政府）立法机关审查，平衡各种利益，不容个人的恣意行为，也不能由行政机关决定。当然，劳动基准法定并不表示国家（政府）可以广泛介入，尽管各国介入的程度不一，"但最低工资、最高工时……之类关键性劳动条件，各国均设有一套基准，鲜有例外"[4]。劳动基准一旦形

〔1〕 周长征：《劳动法原理》，科学出版社 2004 年版，第 154 页。

〔2〕 王全兴："浅论劳动基准法的定位（草纲）——学习黄程贯先生《劳动基准法之公法性质与私法转化》的体会"，载《中国法学会社会法研究会 2006 年年会暨海峡两岸社会法理论研讨会会议论文（下册）》，第 742～743 页。

〔3〕 黄越钦：《劳动法新论》，中国政法大学出版社 2003 年版，第 197 页。

〔4〕 黄越钦：《劳动法新论》，中国政法大学出版社 2003 年版，第 198～199 页。

成，就对雇主与劳动者之间的劳动合同产生效力，[1]同时对劳动者团体——工会和雇主及其团体的集体合同产生效力。劳动基准法在立法上是一种相对强制性规范，体现为对劳动者的倾斜保护原则，劳动合同、集体合同所确定的劳动条件，可以高于但是绝对不得低于国家（政府）规定的劳动基准，集体合同、劳动合同，以及用人单位规章制度的有关规定形成的劳动条件，凡低于劳动基准者一律无效，但是如果高于劳动基准，则是有效的。例如，只能规定最低工资和最高工时，决不允许规定最高工资和最低工时，只要雇主给予劳动者的工资高于最低工资，其行为就是合法有效的，并且对此国家（政府）还要提倡；只要雇主规定的劳动者的工作时间低于最高工时，其行为就是合法有效的，且对此国家（政府）还要提倡，反之，皆为无效。这样，就体现了对劳动者的倾斜保护。

[探究]

1. 劳动基准一旦形成，就对雇主与劳动者之间的劳动合同产生效力。对此可大致表现为两方面：一是反射效力问题；二是双重效力问题，即公法规定直接转化为私法内容的问题。我国台湾地区，针对"反射效力"与"双重效力"问题，目前通说坚持"反射效力说"，但愈来愈多的学者与司法实务开始转向同意"双重效力说"。德国的通说为"双重效力说"。[2]

2. 如何保证劳动者劳动条件与劳动待遇，正如前文所述，从宏观层次来说，国家（政府）根据劳动关系具有从属性的特点，制定适用于全部雇主及其组织的劳动基准法来保障劳动者的劳动条件与劳动待遇。劳动基准法所规定的关于劳动者劳动条件与劳动待遇的标准属于最低标准，雇主可以优于但不能劣于劳动基准法所规定的标准。而按此标准对劳动者进行的保护只是劳动法律所要求的最低水平，对劳动者能否获得高于劳动基准的利益，劳动基准法却无能为力。

3. 值得注意的是，从世界劳动法制的发展来看，劳动基准法与集体谈判和集体合同制度之间存在着一种此长彼消的态势。

第二节　劳动基准法律制度

由于劳动基准最能体现国家干预，对劳动法"倾斜保护原则"的实现有着重大作用，所以各国的规定都很详细、明确。

一、"劳动基准"概念溯源

劳动法上使用"劳动标准"一词，最早出现在美国1938年制定的《公平劳动基准法》或《公平劳动标准法》（Fair Labor Standard Act）中的"Labor Standard"。《公平劳

---

〔1〕　可参见穆随心、郭捷："劳动合同自由与劳动合同正义浅探"，载《兰州学刊》2010年第5期。

〔2〕　参见黄程贯："劳动基准法之公法性质与私法转化"，载《中国法学会社会法研究会2006年年会暨海峡两岸社会法理论研讨会会议论文》。

动标准法》和《国家劳动关系法》（National Labor Relations Act）一样，都是罗斯福新政的法律方面的产物，是罗斯福新政的重要基石。总的来说，其调整的劳动条件范围仅限于最低工资、最高工时、未成年工、学徒、学生和残疾人的特殊保护。[1]自《公平劳动标准法》制定以来，已修改三十余次，其中一些是技术性的轻微改动，另外一些则是重大修改；一些是由于别的新法的出台而做的相应修改，另外一些则是较为系统的针对该法本身的修改。最近的一次修改是在 2007 年，以最低工资制度修改为内容。

"劳动基准"一词，最早出现在日本。1947 年，日本制定了日本历史上第一部《劳动基准法》。自日本《劳动基准法》制定以来，到目前为止，日本政府为了更好地适应社会经济发展的需要，对劳动基准法进行了二十几次修改，其中较大幅度的修改就有九次，其最近的一次修订呼声是在 2014 年，准备参照欧美的方式引入高薪职员不受法定工作时间限制的"白领例外"制度，这也被称为"零加班费"制度。[2]此后，韩国等国家及我国台湾地区纷纷效仿日本，颁布了各自的《劳动基准法》。除了这种单独以劳动基准法命名立法的体例外，劳动基准法主要还有另外一种立法体例，即将劳动基准的法律规范包含在一个国家的综合劳动立法中，例如，法国劳动基准法律规范就包含在《法国劳动法典》中。

[探究]

1. 《公平劳动标准法》和《国家劳动关系法》遥相呼应，在各自范围内保护劳动者。《公平劳动标准法》规定劳动基准，《国家劳动关系法》形成集体合同，集体合同确定的劳动条件不得低于劳动基准。

2. 最低工资、最高工时之立法美国之前已有，如最早的最高工时立法始于1892 年，最低工资立法则相对较迟，始于 1931 年的适用于公部门的立法。《公平劳动标准法》首次将最低工资、最高工时立法系统化。其他劳动条件规定在不同法律中，如职业安全卫生规定在《美国职业安全卫生法》中。

3. 美国的"公平劳动标准"与日本的"劳动基准"实际上是一回事，"最低"可以说就是"公平"。

二、"劳动基准"的内容规定

各国劳动基准法的内容规定主要集中在劳动基准法的适用范围、劳动基准水平的确定、劳动基准的文字表达形式的规范、劳动基准制定程序的完善有效等几个方面。[3]

---

〔1〕 其他劳动条件规定在不同法律中，如职业安全卫生规定在《美国职业安全卫生法》中。

〔2〕 张超："日拟修改劳动基准法改革工资制度"，载《法制日报》2014 年 6 月 3 日。

〔3〕 这一思路主要得益于笔者参与的郭捷教授主持的 2009 年 10 月已结项的国家社科基金项目《政府协调劳动关系的法律机制研究》的启发。同时这一思路也体现在笔者主持的 2014 年度国家社科基金项目《马克思主义正义观的视野下的劳动法"倾斜保护原则"》相关内容中。

（一）劳动基准法对物的适用范围

劳动基准法对物的适用范围，实际上也就是劳动条件的范围，由于各国基于各自国情对劳动条件范围宽窄的理解并不完全一致，所以劳动基准法的对物的适用范围相应地也是如此。如日本较宽，不仅规定了工资、工时、劳动安全卫生、女工及未成年工保护等，还包括劳动合同立法、工伤事故补贴立法、雇佣规则等。日本劳动基准法由总则、劳动合同、工资、工作时间、休息、休息日及每年有工资休假、安全与卫生、女工及未成年工、技工培养、事故补贴、雇佣规则、宿舍、监察机构（监察组织）等十三章及附则构成。[1] 我国台湾的"劳动基准法"及其"施行细则"对物的适用范围基本上与日本相类似，包括劳动契约；工资；工作时间、休息、休假；童工、女工；退休；职业灾害补偿；技术生、工作规则等。而在美国、加拿大等国，范围较窄，主要包括工资、工作时间与休息休假等方面的立法。美国《公平劳动标准法》以规定最低工资标准、最长工作时间为主要内容，附带规定了未成年工、学徒、残疾工人等，故又被称为《工资工时法》。[2] 而《加拿大劳工标准法》只规定了工作时间、最低工资、年休假、通例假日、监察等内容。

[探究]

1. 台湾"劳动基准法"最近又进行了修改：据台湾《联合晚报》报道，对于台湾"劳动基准法"修改，台湾人事主管协会执行长林由敏表示，新"劳动基准法"将对劳资关系之权利义务进行更明确的规范，尤其是劳动派遣形态，以及竞业禁止等业界常见的劳资问题，进行全面性的法令规范，以因应劳动弹性化时代。[3]

2. 基于"一般说来，劳动条件必须是双方当事人可支配之权利或利益始克相当，如系公法上强行规定者，即非私权契约之合意所能改变。当然亦非劳动条件"，[4] 本书认为，劳动基准对物的适用范围涉及的只是最低劳动条件，即最低工资、最高工作时间、最低休息时间、限制延长工时、最低安全卫生（工作环境）条件，等等，而不应该包括类似日本的劳动合同，我国台湾地区的"退休、职业灾害补偿"等更不宜包括在内。因为，"'退休、职业灾害补偿'等问题在本质上早已步出19世纪的观念，尤其是社会保障体系已成为世界潮流，制度业已普遍建立。退休与职灾补偿不但已经不属于劳资双方对价等值关系的范畴，而且早自20世纪初即已成为社会保障体系中的重要项目，但劳基法仍将之作为劳资双方对待给付项目进行处理，这种错误政策……除了造成体制混乱外，

---

〔1〕　参见《日本劳动基准法》（1976年版）。

〔2〕　参见美国《公平劳动标准法》（2007年版）。

〔3〕　"台'劳动基准法'翻修弹性雇用时代将来临"，载http://www.chinanews.com/tw/2011/01-20/2801537.shtml.

〔4〕　黄越钦：《劳动法新论》，中国政法大学出版社2003年版，第202页。

对劳资关系的恶化更是责无旁贷"。[1]

(二) 劳动基准法对人的适用范围

对于劳动基准法对人的适用范围，根据对劳动基准效力的不同理解而有较大不同。对劳动基准效力有"反射效力说"与"双重效力说"两种不同理解。根据"反射效力说"，劳动基准法为公权力介入干预劳动条件的法律，其在法的规定形态上，并非直接规定雇主与劳动者之权利义务关系，而是规定国家与雇主之间的权利义务关系。因此，劳动基准法规定雇主应履行的义务，是以国家为权利人，而劳动者仅因其为雇主义务履行的对象而受益，亦即劳动者只是国家公法规定的反射效力的受益人而已。因此，当雇主不依劳动基准法的规定履行其义务时，其请求权利人是国家，而非劳动者；而国家为达成其强制的目的，则必定有罚则的规定。这是由劳动基准法是国家与雇主之间的权利义务关系的规范所使然，因此，劳动者为反射利益的保护对象，并非劳动基准法上之权利义务的当事人。根据"双重效力说"，劳动者同样是劳动基准法上之权利义务的当事人，根据劳动基准法，不仅会形成雇主的公法上义务，更会形成雇主与劳动者之间的劳动合同的内容，具有转化成私法的形成效力，亦同时会直接转化成为雇主对劳动者所负的劳动合同义务，若雇主违反劳动基准法同时亦会产生合同上债务不履行的各种法律效果。亦即劳动者因而取得直接对雇主请求其遵守公法性质的劳动基准内容的合同上的请求权，在雇主不遵守时，劳动者可以拒绝给付劳务（履行抗辩权）；遇有损害时，亦可以请求债务不履行的损害赔偿请求权。德国的通说为"双重效力说"。在我国台湾地区，针对反射效力与双重效力问题，目前通说是坚持"反射效力说"，但越来越多的学者与法院实务开始转向"双重效力说"。世界各国在劳动基准对人的适用范围上，由于各个国家有自己的具体国情，统一的"国际惯例"并不存在，进而形成了不同的观点和做法。有的国家把自然人、家庭保姆视为适用对象，有的国家则否认之；有的把家庭保姆视为雇员，而有的否认之，等等，其中最具代表性的是公务员和企业高级管理人员是否适用。例如，美国的联邦公务员不是劳动基准法的适用对象，[2]美国的某些州诸如伊利诺斯州的《雇佣合同法》却包括政府雇员。美国的"监管人员"、高级"管理人员""机要人员"等高层管理人员被排除在雇员以外。德国劳动法不以公务员为适用对象，法人或合伙的代表、高级职员等中高层管理人员可不属雇员。[3]《加拿大劳工标准法》不以公务员为适用对象，同时规定该法不适用"经理、厂长或执掌经营管理职能的人员"。[4]《日本劳动基准法》不以公务员为适用对象，规定几种特殊情况不适用该法：①雇用共同生活的亲属的企业、事务所或家庭用工；②劳动基准法大

---

〔1〕 黄越钦：《劳动法新论》，中国政法大学出版社 2003 年版，第 202～203 页。

〔2〕 参见王益英：《外国劳动法和社会保障法》，中国人民大学出版社 2001 年版，第 72 页以下。

〔3〕 参见王益英：《外国劳动法和社会保障法》，中国人民大学出版社 2001 年版，第 72 页。

〔4〕 《加拿大劳工标准法》第 3 条第 9 项第 3 款。

部分的规定不适用于海员（对海员劳动有《海员法》）。[1]"台湾劳动基准法"不以公务员、公办学校教授、军人为适用对象，规定特殊情况不适用该法：法适用于一切劳雇关系，但因经营形态、管理制度及工作特性等因素适用本法确有窒碍难行者，并经中央主管机关指定公告之行业或工作者，不适用之。

[探究]

1. 需要说明的是，各国公务员的范围亦不完全相同。例如，德国的《教师法》规定，教师是国家行政官员，属终身职务。法国的"教师—研究人员"属国家公务员，综合性大学教师由法国教育部统一招聘，由不同级别的行政官员任命。日本国立学校的教职员为公务员，公立学校的教师为地方公务员。[2]

2. 在美国，"'监管人员'一词指的是任何为了雇主的利益，有权代表雇主雇佣、转移、中止、临时解雇、召回、提升、解雇、分配、奖励或惩罚其他雇员的人，或指负责指挥雇员或调整雇员的不满或有效地建议采取这些行动的人，如果他在行使上述权力时不仅仅是照章办事或具有秘书性质的而是需要独立做出判断的。"[3]

3. 美国2007年修订的《公平劳动标准法》专章对人的适用规定了极为详细的例外。

（三）确定劳动基准水平

劳动基准制度的核心问题是确定劳动基准水平。劳动基准水平是最低劳动条件，如何确定劳动基准水平，并不是主观臆想的，而是有一个客观的、现实的、明确的标准。日本以研究劳动法著名的大须贺明教授关于"最低限度生活"水准的客观测定的精辟论述，非常具有实际意义。他认为：劳动基准水平确定时"应该考虑而且必须考虑的要素，就是处于一定历史时期的社会生产力的水平，再者就是与此相关的国民的收入水准、生活水准，以及该时期的社会与文化的发展程度，等等。关于这些要素，从今天社会科学与自然科学发展的水平来看，在很大程度上是可以客观地进行计算测定的。……客观确定'最低限度生活'水准的实际操作问题，从如今生活科学发展的现状来看，在相当程度上是可以实现的，……在排除计算测定者的主观意识干扰、保证计算的客观性方面，生活科学已取得很大的进展"。[4]我们以劳动基准中最具典型意义的最低工资为例说明。目前，世界上绝大多数国家均已实行最低工资制度。国际劳工组织在1928年6月16日制定了《制订最低工资确定办法公

〔1〕《日本劳动基准法》第8条、第116条。

〔2〕刘冬梅："试论高等学校与教师的法律关系"，载《河南师范大学学报（哲学社会科学版）》2003年第3期。

〔3〕参见[美]罗伯特·A.高尔曼：《劳动法基本教程》，马静等译，中国政法大学出版社2003年版，第31~35页。

〔4〕[日]大须贺明：《生存权论》，林浩译，法律出版社2001年版，第98~99页。

约》（第 26 号公约），[1]对最低工资确定问题首次作出规定。1970 年 6 月 23 日又制定了《确定最低工资并特别考虑发展中国家公约》（第 131 号公约），[2]其规定了更为详细具体的确定最低工资的原则和方法：在可能和适当考虑本国国情的情况下，确定最低工资水平应考虑多种因素，包括工人及其家庭生活需要、本国一般工资和生活费用水平、社会保障津贴、其他社会群体的相应生活水平、本国经济方面状况（包括发展经济的需要、生产率水平），以及实现并保持高就业水平的必要性。[3]据此形成了测算最低工资的多种方法，[4]但是，出于对劳动者的倾斜保护，国际上通用的做法是"社会平均工资法"，按此法测算，月最低工资一般是月平均工资的 40% ~60% 。

[相关资料]

1. 我国台湾地区早在 1968 年便出台了"基本工资暂行办法"，将基本工资月薪定为 600 元（新台币，约 130 元人民币，下同）。不过它属于临时条例，公布后并未严格施行，直到 1984 年 8 月"劳动基准法"通过后，劳工基本工资才正式实施。台湾"行政院长"江宜桦 2 日宣布调涨台湾劳工基本工资，月薪制基本工资自 4 月 1 日起，调涨为 19 047 元。据台当局"劳委会"初步统计，这次调整劳工每月基本工资，将有 179 万劳工受惠。另据"劳委会劳工保险局"统计，目前适用本次基本工资调涨的劳工，估计有一定雇主劳工 132 万人，职业工会劳工 43 万人，另有 25 万名外劳。[5]

2. 美国《公平劳动标准法》（2007 年）规定：联邦最低工资每小时 5.85 美元于 2007 年 7 月 24 日生效；联邦最低工资每小时 6.55 美元于 2008 年 7 月 24 日生效；联邦最低工资每小时 7.25 美元于 2009 年 6 月 24 日生效。值得指出的是，美国大部分州都有自己的最低工资立法和相应的最低工资标准，但是当联邦和州有不同的最低工资标准时，适用二者中较高的最低工资标准。2014 年 6 月 2 日，美国西雅图市议会以匿名投票的方式通过了将最低工资提升至每小时 15 美元的议案，该标准为美国联邦最低工资标准的一倍。西雅图也成为迄今为止全美最低工资标准最高的城市。在 2014 年国情咨文中，奥巴马呼吁国会把联邦最低工资提高到 10.1 美元，大约上浮 40%。但"胎死腹中"，遭到共和党的坚决反对。2015 年元旦，美国 20 个州开始实施新的州最低工资制度，[6]更多的州会

〔1〕 本公约于 1930 年 6 月 14 日生效。1984 年 6 月我国承认当时中国国民政府对本公约的批准。

〔2〕 本公约于 1972 年 4 月 24 日生效。

〔3〕 《确定最低工资并特别考虑发展中国家公约》（第 131 号公约）第 3 条。

〔4〕 例如，比重法、恩格尔系数法等。韩兆洲、魏章进："我国最低工资标准实证研究"，载《统计研究》2006 年第 1 期。

〔5〕 "台湾基本月工资调涨为 19 047 元约 179 万劳工受惠"，载 http://www.taiwan.cn/xwzx/bwkx/201304/t20130402_4034126.htm.

〔6〕 美国智库"经济政策研究所"高级经济分析师库珀（David Cooper）认为，各州增加最低工资是由于 2013 年全国快餐食品工人要求最低小时工资增加至 15 美元的罢工行动所导致的。

跟进，这意味着美国超过半数州的最低工资都将高于联邦最低工资1.25美元以上。[1]

（四）其他

至于劳动基准的文字表达形式的规范、劳动基准制定程序的完善有效等，可简述如下：首先，就劳动基准的文字表达形式的规范而言。由于劳动基准是法定最低标准，具有相对强行法性质，但属于一种特殊类型的强制性规范，被称为"相对强制性规范"，出于对劳动者的倾斜保护，"在违反（相对）（"相对"二字为笔者根据上下文所加）强行法之规定而有利于劳动者时仍然有效，只有在不利于劳动者时，为无效"[2]。这就意味着雇主通过集体合同、劳动合同，以及雇主内部规章制度所提供的劳动条件可以高于但不得低于劳动基准，凡低于者无效，相反，高于者，不但有效，国家还会给予鼓励、提倡。因此，就劳动基准的文字表达形式，在立法中往往采用"至少""不超过""不得"等字样，许多国家在立法时予以明确规定。其次，就劳动基准制定程序的完善有效性而言。劳动基准制定必须"法定"，由于劳动基准的作用重大，劳动基准必须由国家立法机关依照法定程序制定、修改、完善，其他机关、个人均无此权力："……经过国家立法机关民意审查，才能综合各种利益取得平衡，不容个人间恣意行为，也不能以命令方式由行政机关决定。"[3]

［相关资料］

1. 在日本，鉴于本法所规定的劳动条件为最低标准，劳动关系中的当事人不仅不应以此标准为借口降低劳动条件，而且必须力求高于本标准。[4]"雇主不得使工人在一日内的工作时间超过8小时（休息时间除外）或一周内工作时间超过48小时。"[5]

2. 我国台湾地区"劳动基准法"规定劳工每日正常工作时间不得超过8小时，每两周正常工作总时数不得超过84小时。并规定此工作时间经雇主、工会或劳资会议同意后，可以将两周之内任何两日的正常工作时数，分配于其他工作日，但分配的结果不得使每天增加超过两小时，每周不得超过48小时；连续工作4小时之间至少有30分钟的休息；另外还要求对劳工的出勤情形的记载要保存1年，同时置备工资清册，保存5年待查。2011年10月，台湾地区"劳委会"经地方政府与劳资代表协商，已初步达成共识，配合幼托整合政策上路，决定在2013年起，将托儿所教师排除于84条之一规定中。未来托儿所老师当日正常工时达10小时后，最多只能加班2小时，且期间雇主须依"劳基法"付给

---

〔1〕　载 http://www.washingtonpost.com/news/storyline/wp/2015/01/05/.

〔2〕　黄越钦：《劳动法新论》，中国政法大学出版社2003年版，第200页。

〔3〕　黄越钦：《劳动法新论》，中国政法大学出版社2003年版，第199页。

〔4〕　《日本劳动基准法》（1976年版）第1条第2款规定。

〔5〕　《日本劳动基准法》（1976年版）第32条第1款规定。

员工加班费。"劳委会"劳动条件处科长黄维琛说，期间大约有一年的缓冲期，"劳委会"也制定参考指引，提供地方政府在审核雇主所提的责任制申请时，需留意劳工有无作七休一、每日正常工时最多 10 小时、加班最长两小时等规定。[1]

[深入思考]

1. "劳动基准法定"。
2. 劳动基准"双重效力说"。
3. 劳动基准水平的确定。
4. "劳动基准法定"是劳动法宏观层次调整劳动关系的实现途径。

---

〔1〕 "台'劳基法'拟修法幼教老师将享正常工作时间"，载 http://www.chinanews.com/tw/2011/10 - 10/3376902.shtml.

第六章　工作时间与休息时间法律制度

■ 本章导读

　　本章的逻辑主线是：工作时间与休息时间是什么？工作时间与休息时间制度的法律意义是什么？工作时间与休息时间法律制度的构成是什么？本章的重点是工作时间及休息时间的种类、限制延长工作时间的措施及我国休假制度的完善，难点是不定时工作时间、综合计算工作时间、计件工作时间的理解和实际运用及对标准劳动时间的"去制度化"倾向的深刻理解。

　　工作时间，是指依国家法律规定劳动者完成其本职工作的时间。休息时间是劳动者按法律规定不必从事生产和工作，而由自己自由支配的时间。两者以制度的方式，从正反两个方面来保证劳动者的休息权，构成劳动基准法的重要组成部分，标志着一个国家的物质文明、政治文明和社会文明的程度。这部分内容主要体现在全部章节中。

　　工作时间法律制度主要包括标准工时制、延长工时制、缩短工时制、计件工时制、不定时工时制、综合工计算时制等制度内容。近年来无论是在国内还是在国外均出现了一种标准劳动时间的"去制度化"的倾向，对劳动者的劳动条件造成极大的负面影响，需要引起重视。这部分内容主要分别体现在第一节、第二节中。

　　休息时间法律制度主要包括公休日、法定节假日、带薪年休假、事假等法律制度。就我国目前有关休假的立法规定而言，其非常零散，且层次较低、内容较为陈旧，急切需要加以完善。这部分内容主要体现在第三节中。

　　延长工作时间的限制法律制度可以视为工作时间与休息时间制度的特殊组成部分，目的是限制工作时间在休息时间中的延伸。这部分内容主要体现在第四节中。

第一节　工作时间制度

一、工作时间概述

（一）工作时间的概念及其特点

　　工作时间，是指依国家法律规定劳动者完成其本职工作的时间。工作时间一般以小时为计算单位，包括一昼夜内工作的小时数（工作日）和一周之内工作的天数和小时数（工作周）。

［探究］

在我国，工作时间适用于国家机关、企事业单位、社会团体等的劳动者，不适用于农民和个体劳动者。但如果从劳动法角度看，工作时间只适用于哪些劳动者？

工作时间，作为一个法律的范畴，既包括劳动者实际工作的时间，也包括劳动者某些非实际工作的时间。非实际工作时间包括：①生产或工作前从事必要的准备和工作结束时的整理时间；②因用人单位的原因造成的等待工作任务的时间；③参加与工作有直接联系并有法定义务性质的职业培训、教育时间；④连续性有害于健康工作的间隙时间；⑤女职工哺乳的往返途中时间、孕期检查时间以及未成年工工作中适当的工间休息时间、定期进行健康检查占用的时间等；⑥法律规定的其他属于工作时间的非实际工作时间。例如，劳动者依法参加社会活动的时间。在我国，依法参加社会活动是指：行使选举权；当选代表，出席政府、党派、工会、青年团、妇女联合会等组织召开的会议；担任人民法庭的人民陪审员、证明人、辩护人；出席劳动模范、先进工作者大会；《工会法》规定的不脱产工会基层委员会委员因工会活动占用的生产时间等。

案例6-1

《劳动法》上的工作时间的最显著特点是其具有基准性。"基准"的含义是"最低的标准"。作为法定最低标准的工作时间，具有相对强行法性质，在违反强行法之规定而有利于劳动者时仍然有效，只有在不利于劳动者时，为无效。这意味着对于法律所规定的工作时间是最高工作时间，用人单位不得突破上限标准，但用人单位可根据自己生产经营的具体情况，确立低于最高工作时间的工作时间制度。集体合同、劳动合同，以及用人单位规章制度（雇佣规则）的有关工作时间规定，凡高于最高工作时间一律无效。这一点，很多国家在立法时予以了明确规定。（参见案例6-1）

［探究］

日本《劳动基准法》第1条第2款规定："鉴于本法所规定的劳动条件为最低标准，劳动关系中的当事人不仅不应以此标准为借口降低劳动条件，而且必须力求高于本标准。"第13条、第93条又规定，劳动合同中规定的劳动条件，低于本法所规定的标准的部分应视为无效，在此情况下，失效的部分以本法所规定的标准为依据。在工时立法中，日本《劳动基准法》规定："雇主不得使工人在一日内的工作时间超过8小时或一周内工作时间超过48小时"等。

（二）工作时间立法概况

1. 外国工作时间立法概况。工时立法是劳动立法历史中最古老和最基本的内容之一。1802年英国颁布的被公认为现代劳动立法开端的《学徒健康与道德法》，就是一项以限制工作时间为基本内容的立法。该法规定纺织童工的最低年龄为9岁，纺织厂不得雇用9岁以下的学徒；童工每天工作不得超过12小时，而且限于清晨6时至晚间 9 时之间，禁止童工做夜工。《学徒健康与道德法》是资产阶级"工厂立法"的开端，继英国之后，在其他工业发达的资本主义国家也先后出现了"工厂法"，并把限制工作时间作为其中的一项重要内容。德国于 1839 年颁布了《普鲁士工厂矿山规则》，该法规定禁止未成年工从事每天 10 小时以上的劳动或者夜间劳动。法国于 1841 年和 1879 年分别颁布法律，对限制童工工作时间以及限制女工工作时间和女工的工资等问题作了规定。1848 年加利福尼亚州颁布了一项禁止 9 种工厂使用 12 岁以下儿童的法律。瑞士于 1848 年颁布了第一个限制成年人工作时间的法律。随着人道主义思想在世界范围的广泛传播和工人阶级为了维护自身利益而与资产阶级进行的长期尖锐和激烈的斗争，各国不断加强工作时间的立法。例如，1877 年 7 月，美国三条主要铁路线铁路工人就宣布罢工展开了争取 8 小时工作日的斗争，直到 1886 年 5 月 1 日，美国一万多企业的 35 万工人为争取 8 小时工作日举行全国性大罢工，迫使资本家承认了 8 小时工作制。第二国际于 1889 年 7 月在巴黎召开国际工人代表大会，把争取以 8 小时工作日为中心的国际劳工保护立法列为议程，并作出了相应的决议，巴黎《决议》以代表大会的名义宣布："在一个作为永久规定的日子里，组织大规模的国际性游行示威，以便在一切国家和一切城市，劳动者都在同一天里要求执政当局从法律上把工作日限制在 8 小时以内，并实现巴黎国际代表大会的其他一切决议。"从此，5 月 1 日成为国际劳动节。后来世界各国劳动法均承认了 8 小时工作制。国际劳工组织的第一个国际劳工公约《工业工作时间每日限为 8 小时及每周限为 48 小时公约》也主要是对劳动者工作时间的规定，目前，国际劳工组织有关工作时间的公约已达十余项。缩短工作时间已成为一种趋势。到 20 世纪 70 年代，欧美等国已普遍实行 40 小时工作周。并且缩短工时的进程越来越快。如法国 1981 年将工作周缩短为 39 小时，1999 年又缩短为 35 小时、5 日工作周。工作时间的缩短，不仅仅是对劳动者休息权的一种保护，而且标志着一个国家的物质、政治文明和社会文明的程度。

[相关资料]

　　37signals 是一家私人控股的网络应用公司，也算一家慢公司，其 CEO Jason Fried 也是慢公司的粉丝，他反对今天科技界的所谓"快速发展"，反对这些公司融资、烧钱、招人，把人当畜生用，在他那里，员工夏天每周只需工作 4 天时间，仅 35 个员工，但公司仍旧年赚几百万美元。[1]

　　2. 我国新时期工作时间立法概况。随着我国市场经济体制的建立和完善，我国新时期工作时间立法得到长足发展。1994 年 2 月 7 日国务院公布了《关于职工工作时间的规定》，次日，原劳动部、人事部发布了《〈国务院关于职工工作时间的规定〉

---

〔1〕　载 http://www.fastcompany.com/3000852/37signals-earns-millions-each-year-its-ceo's-model-his-cleaning-lady.

的实施办法》，确定了国家实行职工每日工作 8 小时、平均每周工作 44 小时的工时制度。这项立法，在 1994 年 7 月 5 日通过的《劳动法》中，从劳动基本法的地位予以了肯定，并专门设置第 4 章 "工作时间和休息休假"，对工作时间作了明确的规定。1995 年 3 月 25 日，国务院发布了《关于修改〈国务院关于职工工作时间的规定〉的规定》，将每周 44 小时工作制缩短为 40 小时。为了与这些规定相配套，1995 年 3 月 25 日原劳动部发布了《〈国务院关于职工工作时间的规定〉的实施办法》，次日，人事部发布了《国家机关、事业单位贯彻〈国务院关于职工工作时间的规定〉的实施办法》，原劳动部于 1994 年 12 月 14 日还公布了《关于企业实行不定时工作制和综合计算工时工作制的审批办法》等。至此，我国关于工作时间的立法体系形成。

[探究]

　　《劳动法》与《国务院关于职工工作时间的规定》关于工作时间的表述并不完全一致。《劳动法》第 36 条规定 "国家实行劳动者每日工作时间不超过 8 小时、平均每周工作时间不超过 44 小时的工时制度"；《国务院关于职工工作时间的规定》第 3 条规定 "职工每日工作 8 小时、每周工作 40 小时"。《劳动法》和《国务院关于职工工作时间的规定》关于工作时间的表述哪个更科学？

二、我国现行工作时间立法的基本内容

　　关于工作时间的立法，是我国劳动法的重要内容之一。根据我国《劳动法》、《关于修改〈国务院关于职工工作时间的规定〉的规定》和相关法律法规的规定，我国现行的工作时间制度主要分为以下几种：

　　（一）标准工时

　　标准工时，是由国家法律规定，在正常情况下，一般职工最高的从事工作的时间。标准工时制是其他特殊工时制度的计算依据和参照标准。《劳动法》第 36 条和《国务院关于职工工作时间的规定》确定了我国的标准工时制有两项基本内容：①劳动者每日工作时间不超过 8 小时，每周工作时间不超过 40 小时。这两项标准应同时遵守，即每日既不得超过 8 小时，每周又不得超过 40 小时。②每周至少休息一日。即用人单位必须保证劳动者每周至少有一次 24 小时不间断的休息。

案例6-2

　　我国的标准工时立法随着我国社会经济的发展、就业状况的变化有逐步缩短的趋势。在相当长时期，我国一直实行每日工作 8 小时，每周工作 48 小时即每周工作 6 天的标准工作时间。《劳动法》颁布以后，根据该法第 36 条的规定，国家实行劳动者每日工作时间不超过 8 小时，平均每周工作时间不超过 44 小时的工时制度。1995 年，国务院又发布了《关于修改〈国务院关于职工工作时间的规定〉的规定》，再次缩短了工时的标准。按照《规定》，我国的标准工时是：日标准工时为 8 小时，周标准工时为 40 小时。（参见案例 6-2）

[相关资料]

全年月平均制度工作天数和工资折算办法如下：[1]

1. 制度工作时间的计算：年工作日：365 天 – 104 天（休息日） – 11 天（法定节假日）= 250 天；季工作日：250 天 ÷ 4 季 = 62.5 天/季；月工作日：250 天 ÷ 12 月 = 20.83 天/月；工作小时数的计算：以月、季、年的工作日乘以每日的 8 小时。

2. 日工资、小时工资的折算：按照《劳动法》第 51 条的规定，法定节假日用人单位应当依法支付工资，即折算日工资、小时工资时不剔除国家规定的 11 天法定节假日。据此，日工资、小时工资的折算为：日工资 = 月工资收入 ÷ 月计薪天数；小时工资 = 月工资收入 ÷（月计薪天数 × 8 小时）；月计薪天数 =（365 天 – 104 天）÷ 12 个月 = 21.75 天。

（二）特殊工时

特殊工时是标准工时的对称，指特定工作岗位上的劳动者适用的工作时间。《劳动法》第 39 条规定，企业因生产特点不能实行本法第 36 条规定的工时的，报劳动行政部门批准，可以实行其他工作和休息办法。国务院《关于修改〈国务院关于职工工作时间的规定〉的规定》第 4～5 条有同样的规定。特殊工时包括缩短工时、不定时工作时间、计件工作时间和综合计算工作时间等。

1. 缩短工作时间。缩短工作时间，是指由法律直接规定对特殊岗位上的劳动者实行的短于标准工时的工作时间。国务院《关于职工工作时间的规定》第 4 条规定："在特殊条件下从事劳动和有特殊情况，需要适当缩短工作时间的，按照国家有关规定执行。"目前我国缩短工作时间的劳动有以下几种：

（1）从事矿山、井下、高山、高温、低温、有毒有害、特别繁重或过度紧张的劳动的职工，实行每日工作少于 8 小时的工作时间。比如纺织业普遍实行四班三运转制度；矿山井下实行四班六小时工作日；化工行业从事有毒作业的工人实行"三工一休"制，即工作 3 天休息 1 天，每天工作时间为 6～7 小时，并定期轮流脱离接触 1 个半月至 2 个月。还有冶炼、森林采伐和装卸搬运等行业的繁重体力劳动者，根据本行业的特点，实行了各种形式的缩短工时制。

（2）从事夜班工作的劳动者，实行缩短工作时间。夜班工作时间一般是指从本日 22 时至次日 6 时的时间。从事夜班工作的劳动者，夜班工作时间一般应比日班工作时间少 1 小时。

（3）在哺乳期工作的女职工，实行缩短工作时间。根据 2012 年国务院颁布的《女职工劳动保护特别规定》第 9 条的规定，对哺乳未满 1 周岁婴儿的女职工，用人单位不得延长劳动时间或者安排夜班劳动。用人单位应当在每天的劳动时间内为哺

---

〔1〕　根据《关于职工全年月平均工作时间和工资折算问题的通知劳社部发〔2008〕3 号》和《全国年节及纪念日放假办法》（2014 年 1 月 1 日起施行）。

乳期女职工安排 1 小时哺乳时间；女职工生育多胞胎的，每多哺乳 1 个婴儿每天增加 1 小时哺乳时间。女职工每班劳动时间内的两次哺乳时间，可以合并使用。哺乳时间和在本单位内哺乳往返途中的时间，算作劳动时间。

（4）未成年工和怀孕女工。未成年人应实行少于 8 小时的工作时间。怀孕 7 个月以上的女职工，在劳动时间内应当安排一定的休息时间。

（5）其他依法可以缩短工作日工作制的职工。除上述法定的因在特殊条件下从事劳动和特殊情况下的职工可以实行缩短工作时间工作制外，其他需要缩短工时的用人单位，在依法履行审批手续后，也可以实行缩短工作时间制。1995 年 3 月 26 日人事部发布的《国家机关、事业单位贯彻〈国务院关于职工工作时间的规定〉的实施办法》第 4 条规定："在特殊条件下从事劳动和有特殊情况，需要适当缩短工作时间的，由各省、自治区、直辖市和各主管部门按隶属关系提出意见，报人事部批准。"

［探究］

　　如果国务院将《国务院关于职工工作时间的规定》第 3 条规定的"职工每日工作 8 小时、每周工作 40 小时"修改为"职工每日工作 7 小时、每周工作 35 小时"，那么，每日工作 7 小时是缩短工时吗？

2. 不定时工作时间。不定时工作时间，是指由于生产特点、工作特殊需要或职责范围的关系决定其工作时间无法按标准工作时间衡量的劳动者的工作时间。不定时工作时间的基本特点是劳动者每日没有固定工作时数的限制，有时长于标准工作日，有时短于标准工作日。根据原劳动部《关于企业实行不定时工作制和综合计算工时工作制的审批办法》的规定，不定时工作时间一般适用于以下工作人员：①企业中的高级管理人员、外勤人员、推销人员、部分值班人员和其他因工作无法按标准工作时间衡量的职工。②企业中的长途运输人员、出租汽车司机和铁路、港口、仓库的部分装卸人员及因工作性质特殊，需要机动作业的职工。③其他因生产特点、工作特殊需要或职责范围的关系，适合实行不定时工作制的职工，如技术工作人员等。

用人单位要实行不定时工作时间，应按程序办理审批手续，未办理审批手续实行不定时工作时间，其行为是不合法的，不能发生不定时工作时间的效力。审批权限是：中央直属企业实行不定时工作制等其他工作和休息办法的，经国务院行业主管部门审核，报国务院劳动行政部门批准。地方企业实行不定时工作制等其他工作和休息办法的审批办法，由各省、自治区、直辖市人民政府劳动行政部门制定，报国务院劳动行政部门备案。

实行不定时工作时间的劳动者，不受《劳动法》关于日延长工作时间标准和月延长工作时间标准的限制。实行不定时工作时间的人员的工作时间长于标准工作时间的，超出部分也不算延长工作时间，也不给予报酬；短于标准工作时间的，也不扣发劳动报酬。但是，不定时工作时间并不意味着对工作时间毫无限制。由于其工作的特殊性，用人单位合理确定劳动定额或其他考核标准就显然十分重要。一般而言，用人单位仍应以标准工作时间作为确定依据。鉴于每个用人单位的情况不同，用人单位可依据实际情况进行研究，并按有关法定的审批手续报批后，在保障职工身体健康并充分听取职工意见的基础上，采用集中工作、集中休息、轮休调休、弹性工作时间等适当方式，确保职工的休息休假权利和生产、工作任务的完成。（参见案例 6 - 3）

3. 综合计算工作时间。综合计算工作时间是针对因工作性质特殊、需连续作业或受季节及自然条件限制的企业的部分职工，不以日为基本单位计算劳动时间，而以周、月、季或年为周期综合计算劳动时间。实行综合计算工作时间的，劳动者在综合计算周期内的工作时间应与实行标准工时的劳动者在同一周期内的总工作时间相当，即与标准工

案例6-3

时乘以计算周期的天数所得的结果大致相同。根据原劳动部《关于企业实行不定时工作制和综合计算工时工作制的审批办法》的规定，企业对符合下列条件之一的职工，可以实行综合计算工时工作制：①交通、铁路、邮电、水运、航空、渔业等行业中因工作性质特殊，需连续作业的职工；②地质及资源勘探、建筑、制盐、制糖、旅游等受季节和自然条件限制的行业的部分职工；③其他适合实行综合计算工时工作制的职工。

用人单位要实行综合计算工作时间工作制，应按程序办理审批手续，未办理审批手续实行综合计算工作时间，其行为是不合法的，不能发生综合计算工作时间的效力。审批权限是：中央直属企业实行综合计算工时工作制等其他工作和休息办法的，经国务院行业主管部门审核，报国务院劳动行政部门批准。地方企业实行综合计算工时工作制等其他工作和休息办法的审批办法，由各省、自治区、直辖市人民政府劳动行政部门制定，报国务院劳动行政部门备案。

鉴于每个用人单位的情况不同，用人单位可依据实际情况进行研究，并按有关法定的审批手续报批后，在保障职工身体健康并充分听取职工意见的基础上，采用集中工作、集中休息、轮休调休、弹性工作时间等适当方式。确保职工的休息休假权利和生产、工作任务的完成。（参见案例 6 - 4）

4. 计件工作时间。计件工作时间是指以劳动者完成一定劳动定额为标准的工作时间。根据《劳动法》第 37 条的规定，对实行计件工作的劳动者，用人单位应当根据本法第 36 条规定的工时制度合理确定其劳动定额和计件报酬标准。这一规定意味着，实行计件工作的劳动者，用人单位应当根据一般劳动者在一个标准工作日和一个标准工作周的

案例6-4

工作时间内能够完成的计件数量为标准，确定劳动者日或周的劳动定额。这样就使劳动者完成劳动定额的劳动时间与法定的标准工作时间保持一致。由此可见，计件工作时间实际上是标准工作时间的特殊转化形式。实行计件工作时间的劳动者，在 8 小时工作时间内完成了当日的劳动定额，则可以把剩余时间作为休息时间，也可以

多做定额以取得相应的延长时间的劳动报酬，如果劳动者未能在 8 小时内完成定额，则可以在 8 小时外用以完成规定的劳动定额，但不能得到延长时间的劳动报酬。

[探究]

实行计件工时制，劳动定额的确定是关键。劳动定额合理与否，决定着工时制度和劳动报酬制度能否发挥其应有的保护劳动者合法权益的作用。劳动定额的计算，必须有科学的依据，按先进合理的原则来确定。所谓"先进合理"，就是制定的定额要在已经达到的实际水平基础上有所提高，在正常生产条件下，经过一定时期的努力，大多数职工可以达到，部分先进职工可以超过，少数后进职工也能够接近以至达到的水平。这样的定额才能保证劳动生产率的提高。制定定额的水平过高或过低都是不对的。

5. 其他工作时间。《劳动法》第 39 条规定："企业因生产特点不能实行本法第 36 条、第 38 条规定的，经劳动行政部门批准，可以实行其他工作和休息办法。"《关于修改〈国务院关于职工工作时间的规定〉的规定》也规定，因工作性质或者生产特点的限制，不能实行 8 小时工作日或 40 小时工作周的，按国家有关规定，可以实行其他工作和休息办法。下面以非全日制工作时间、弹性工作时间为例进行说明。

（1）非全日制工作时间。非全日制工作时间是与我国近年来发展较快的小时工这种新的用工方式相适应的一种工作时间。根据国际劳工组织 175 号公约《非全日制工作公约》第 1 条的规定，非全日制劳动，也称部分时间劳动（Part-time Work），是相对于全日制劳动（Full-time Work）而言，是指劳动者可以与多个雇主建立劳动关系的一种就业形式。与全日制用工相对应，非全日制用工是指以小时计酬为主，劳动者在同一用人单位一般只提供非全日工时劳动的用工形式。2003 年 5 月 30 日劳动和社会保障部发布了《关于非全日制用工若干问题的意见》，其对非全日制用工界定为"以小时计酬，劳动者在同一用人单位平均每日工作时间不超过 5 小时累计每周工作时间不超过 30 小时的用工形式"。2007 年 6 月 29 日颁布的《劳动合同法》有所变化，《劳动合同法》第 68 条规定："非全日制用工，是指以小时计酬为主，劳动者在同一用人单位一般平均每日工作时间不超过 4 小时，每周工作时间累计不超过 24 小时的用工形式"。

非全日制用工与全日制用工的区别主要在于：①非全日制用工的工作时间少于全日制用工。②全日制用工为一般用工形式，非全日制用工为特殊用工形式。③非全日制用工的劳动关系具有临时性，全日制用工的劳动关系多具有稳定性。④全日制用工一般是一重劳动关系，非全日制用工可以存在双重或多重劳动关系。⑤对非全日制用工需要制定和适用特别法（如以小时计酬为主）。

非全日制用工形式突破了传统的全日制用工模式，也打破了传统的以标准工作时间建构的工时制度，适应了用人单位灵活用工和劳动者自主择业的需要，同时也成为我国工时制度领域的新形式。

（2）弹性工作时间。弹性工作时间起源于 20 世纪 50 年代的联邦德国，其目的是吸收更多的家庭妇女就业。其特点为：①核心时间与弹性时间结合制。一天的工作时间由核心工作时间（一般为：5~6个小时）和核心工作时间两头的弹性工作时间所组成。②成果中心制。公司对职工的考核仅仅是其工作成果，不规定具体时间，只要在所要求的期限内按质量完成任务就照付薪酬。③紧缩工作时间制。职工可以将一个星期内的工作压缩在两三天内完成，剩余时间由自己处理。常见的弹性工作时间形式有：日弹性工作时间，即每个工作日，员工可以选择上班和下班时间，但必须达到规定的工作时间；周弹性工作时间，即员工必须每天在核心工作时间范围内工作一定的时间，但每天没有规定的时间数量，只是要求员工每周必须工作的时间数量；月弹性工作时间，即只要求每月工作小时的数量，不要求每周和每天的工作小时数量，但员工每天在核心工作时间范围内必须工作一定的时间。弹性工作时间的适用是有较为严格的前提条件的：首先，该项工作能进行精确的个体工作绩效（质量、数量）的考核；其次，企业的生产工艺流程和技术规范应能允许该工作实行弹性时间；再次，企业具有较严密的管理规章制度进行保证；然后，各级企业管理人员，包括基层管理人员具有较高的管理水平，而且支持这一变革措施；最后，职工对这一制度有足够的认识和理解。

[探究]

1. 近年来，我国有些企业经过劳动行政部门的批准，试行弹性工作制。问试行弹性工作制必须经过批准吗？

2. 弹性工作时间可以使员工更好地根据个人的需要安排他们的工作时间，并使员工在工作时间安排上能行使一定的自主权。其结果是，员工更可能将他们的工作活动调整到最具生产率的时间内进行，同时更好地将工作时间同他们的工作以外的活动安排协调起来。

弹性工作制也是有缺陷的，特别是对管理者工作的影响方面。它会给管理者对核心的共同工作时间以外的下属人员工作进行指导造成困难，并导致工作轮班发生混乱。当某些具有特殊技能或知识的人不在现场时，它还可能造成问题更难以解决。同时使管理人员的计划和控制工作更为麻烦，花费也更大。

第二节　标准劳动时间的"去制度化"倾向

工作时间是现代社会劳动标准的最主要内容之一，对用人单位来说，工作时间对职业安全卫生、生产效率、工作弹性、企业竞争力至关重要；对劳动者来说，直接关系到其收入报酬、工作满意度、职业发展和生活质量，过长或过短的劳动时间对用人单位和劳动者均不利，在劳动生产率基本既定的情况下，劳动时间过长，就会影响劳动者的身体健康甚至生命安全。例如"过劳死"，影响劳动者家庭幸福。劳动时间过短，意味着劳动者收入下降，工作稳定性受影响。过长过短的劳动时间实际上最终对用人单位也不利，因为这会引起劳动者职业倦怠、不适当的劳动力流动

（频繁"跳槽"，使用人单位缺少稳定的富有生产效率的劳动者）。总的来说，标准劳动时间，即每日工作 8 小时、每周工作 40 小时能保证最大的平衡，是绝大多数国家通行的做法。但是近年来无论是国内还是国外均出现了一种标准劳动时间的"去制度化"的倾向，下面以我国和美国为例进行说明。

[相关资料]

　　日本经济发展过程中的劳动者的"过劳死"与富士康"N 连跳"不同性质但结果相同的自杀、神经类疾病（包括患有严重的忧郁症、焦虑症等，严重的成为精神患者）等这三方面的后果是极为典型的，最能说明问题。据《中国青年报》报道，有统计显示，巨大的工作压力导致我国每年"过劳死"的人数达 60 万人，中国已超越日本成为"过劳死"第一大国。这样算来，每年"过劳死"超过 60 万人，就意味着平均下来，每天超过 1600 人因劳累引发疾病而离开这个世界。[1]

一、我国的标准劳动时间的"去制度化"倾向

我国"标准工作日"可以追溯到 1922 年，当时，刚刚成立的中国共产党领导的中国劳动组合书记部就在广州召开了第一届全国劳动大会，在会上通过了 10 个劳动决议，其中就有《八小时工作制》决议。1952 年新中国成立后的第三年，中国政府通过了《政务院关于劳动就业问题的决定》，提出在全国范围内推广 8 小时至 10 小时工作制，在较大的企业均尽可能推广 8 小时工作制。需要特殊劳动保护的工作，每日工作时间还应低于 8 小时。此后，一直实行每日工作 8 小时，每周工作 6 天 48 小时的标准工作时间。1995 年实施的《劳动法》第 36 条规定标准工作时间为"国家实行劳动者每日工作时间不超过 8 小时、平均每周工作时间不超过 44 小时的工时制度"。1995 年 3 月重新修订的《国务院关于职工工作时间的规定》（国务院令第 174 号）第 3 条规定标准工作时间为"职工每日工作 8 小时、每周工作 40 小时"。可以说在 20 世纪 90 年代初以前，我国标准劳动时间得到了较好贯彻，因为，实行计划经济、有计划的商品经济的大多数是国有企业或集体企业。

　　然而，伴随着我国社会主义市场经济的不断深入发展，标准劳动时间有一种"去制度化"的倾向，这需要引起重视。这种倾向主要有以下三方面原因：其一，用人单位。在市场经济条件下，由于"无形之手"的幕后"控制"，用人单位，尤其是中小规模和被边缘化的用人单位，为了减少劳动力成本（相较于以标准劳动时间雇佣更多的工人，采取延长劳动时间的非标准时间的措施可以在招工、培训、劳动管理监督等各个方面带来可观的人力资本费用的节省），增强竞争力，增加工作灵活性（很容易地扩大或减少生产规模而不需要调整劳动者人数），追求利润最大化，很多

---

〔1〕 "中国超日本成过劳死第一大国 80 后被指主力"，载http://news. xinhuanet. com/2013 – 07/12/c_
124998231. htm.

用人单位往往采取极端的劳动时间措施，甚至是滥用劳动时间，以牺牲劳动者利益为代价（实际上是违法采取非标准时间，类似于欧美国家所称的"非体面"工作），采取非标准工作时间的动机非常强烈，越来越倾向于去除标准工作时间，甚至"全天候"部署劳动力，不设置固定劳动时间，无论白天、晚上还是周末，导致劳动者工作时间不稳定、不可预知、不能控制和不匹配，以致产生许多消极后果，导致劳动者工作和生活的冲突，使劳动者劳动强度加大，再加上即使在工作时间上违法，但是违法成本较小，从而进一步"鼓励"了用人单位采取非标准工作时间。其二，工会。由于工会作用发挥不力，一方面是工会的代表性薄弱，对工人维权不力，甚至有些学者认为，工会在国有企业是发放福利品的机构，在私营企业则发挥着人力资源管理的亲资本的功能，尽管目前有所改观，但任重道远。另一方面，非标准劳动时间下，劳动者由于工作时间的不确定性，相互之间缺乏交流机会，直接影响了劳动者参与工会的积极性，缺乏对其认同感，进一步削弱了工会的影响力。其三，国家。在经济全球化的背景下，用人单位的生产、流通更需要灵活性，尤其是在服务部门，灵活性要求更高，非标准劳动时间的出现，具有一定的必然性和合理性，但这同时增强了资本的力量，这就需要国家进一步在承认非标准工作时间的基础上，加强对这些劳动者的保护，但地方政府往往基于经济发展导向战略，缺少对这些劳动者的保护的认同，中央政府也曾一度容忍地方政府的这一做法。由于国家劳动时间立法放松管制，认可非标准劳动时间，允许用人单位采用非全日制用工（例如，《劳动合同法》第五章第三节规定了"非全日制用工"），加上劳动时间执法尤其是地方政府执法的薄弱，甚至为了发展经济的战略目标以至于经济腐败而有意亲资本、弱执法，使得非标准工作时间呈现出常态化发展趋向，且违法非标准工作时间大量存在。

［相关材料］

　　"非体面"工作的劳动者，是指那些满足正式的工作，但不享受正式劳动者的劳动权利的劳动者。在全球范围内，这些劳动者就业不稳定，工资较低且工作条件更恶劣。他们很少得到社会保障，通常被拒绝拥有加入工会的权利。即使赋予他们权利成立工会，但他们害怕组织工会，因为他们知道他们很容易被更换。妇女、少数民族和移民工人更有可能填补这些类型的工作。

二、美国的标准劳动时间的"去制度化"倾向

　　1919 年，国际劳工组织就已确认劳动时间是工作条件良好与否的最基本的决定因素之一，并于同年制定了《工作时间（工业）公约》（第 1 号公约），规定标准工作时间是每天 8 小时、每周 48 小时。尽管当时许多工业化国家都采用了国际劳工组织的标准劳动时间，但是美国并没有，美国的劳动者工作时间在发达国家中算是比较长的，因为美国奉行彻底的"利伯维尔场经济"，对工作时间也是采取"放任主义"，例如，在 1890 年，美国劳动者的日平均工作时间为 11.4 小时，在一些产业部门甚至达到 12 小时或更多。尽管针对妇女最高工时立法始于 1892 年，但是，实际上在美国并没有执行，例如，1895 年伊利诺伊州就宣布该州限制最高工时立法违宪无效。[1]此后直到美国发生经济大萧条的 20 世纪二三十年代，在美国工会运动的巨大压力下，罗斯福新政的法律方面的基石——1938 年 6 月美国《公平劳动基准法》或《公平劳动标准法》（Fair Labor Standard Act）实施后，美国才采用了国际劳工组织的标准劳动时间，《公平劳动标准法》建立了 40 小时的周工作时间制度，甚至优于国际劳工组织每周 48 小时的标准。这一标准，不但适用于有工会的产业部门，也在一些没有工会的产业部门适用。此后，8 小时标准工作日和 40 小时标准工作周观念在美国变得越来越被接受，也越来越制度化、规范化，标准工作时间成为雇佣合同的重要的"标准"内容。不管是参加工会的劳动者，还是没有参加工会的劳动者，都适用着"朝九晚五"（"9 to 5"。早晨 9 点到下午 5 点，午饭时间算在工作时间内，明显地，实际工作时间还不到 8 小时）、标准工作日、"礼拜一至礼拜五"标准工作周。不管是参加工会的劳动者，还是没有参加工会的劳动者，只要是"非豁免"劳动者，在此之外的时间工作都享受额外的"加班、加点"劳动报酬。直到 20 世纪 80年代，美国劳动统计局还是分别以 8 小时、40 小时统计标准工作日、"标准工作周"的。

［相关材料］

> 根据美国《公平劳动基准法》，用人单位是不必为一些特定的劳动者支付加班费的。这些劳动者被称为"豁免劳动者"。例如，一些符合特定条件的公司的行政管理人员（工资达到一定标准、管理时间达到一定标准等）以及会员（例如，其最低工资超过法定最低工资的 30%）就属于"豁免劳动者"。即使"豁免劳动者"每日工作超过 8 小时，每星期工作超过 40 个小时，用人单位也不必支付他们加班费。

但是自此以后的近几十年来，尤其是进入 21 世纪以来，随着美国主导经济全球化、美国"工作"大量外包给劳动力成本低下的发展中国家、美国服务业的迅速兴起并在 GDP 的比重越来越高（而服务部门又是最缺少工会组织的部门），美国的工作时间越来越背离标准工作日、"标准工作周"，雇佣合同的标准工作时间被瓦解了，工作时间越来越非标准化、越来越不可预测。标准劳动时间有一种"去制度化"的倾向，这需要引起重视，这种倾向和我国一样，同样主要有以下三方面原因：其一，用人单位。（具体参见上述我国用人单位采取非标准工作时间的原因）。其二，工会。由于工会作用发挥不力，一方面是工会的代表性薄弱，对工人维权不力，在美国，20 世纪 80 年代以来，由于多种复杂因素的影响，工会会员人数不断下降，影响力迅速衰退。另一方面，非标准劳动时间下，劳动者由于工作时间的不确定性，相互之

---

[1]　杨丽红、孙丽红："1930 年以前美国妇女在保护性劳工立法上的地位"，载《党史博采》2007年第 11 期。

间缺乏交流机会，直接影响了劳动者参与工会的积极性，缺乏对其的认同感，进一步削弱了工会的影响力。其三，国家。由于美国的"利伯维尔场经济"发展导向战略，国家劳动时间立法放松管制，缺少对这些劳动者的保护的政治、政策、法律认同，认可非标准劳动时间，允许用人单位采用非全日制用工，使得非标准工作时间呈现出常态化发展的趋向，且违法非标准工作时间大量存在。近年来，美国非标准工作时间呈现出常态化发展的趋向尤为明显，这对其第一大产业部门——服务业的劳动者的劳动条件造成了极大的负面影响，已引起美国劳动法学家的热切关注。[1]

[相关资料]

1. 美国也有一支临时工大军。每天清晨，数以万计的工人纷纷出现，寻找着各种工作的机会。尽管薪水微薄，但他们还是不愿放过任何一个机会，因为他们没有固定的工作，他们是临时工。这不是在墨西哥、洪都拉斯或是危地马拉，这是在美国的芝加哥、新泽西、波士顿。这支临时工大军，已经成为美国经济的重要支柱力量。[2]

2. 英国"零时工"达百万人。据英国特许人事和发展协会（CIPD）估计，英国有多达一百万名的"零时工"（签订 zero-hour 合同的员工——译注）。签了"零时工"合同，雇主对员工就可以在需要时招之即来，工作没有保证。工作完了，就没有任何基本保证工资。凭这样的合同，很难签到租房协议、信用卡或贷款证明，因为它不能作为有固定收入的证明。[3]

第三节 休息时间制度

一、休息时间的概念

休息时间是与工作时间相对而言的，休息时间是劳动者按法律规定不必从事生产和工作，而由自己自由支配的时间。换言之，工作时间之外的时间都属于休息时间（广义的休息时间）。它包括狭义的休息时间（劳动者的工作日内的休息时间、工作日之间的休息时间和工作周之间的休息时间）和休假两种。因此，广义的休息时间又被称为"休息休假"。

休息时间的规定主要是最低休息时间的规定，即规定休息时间的下限。以此为基础，用人单位可以自行增加休假时间。

---

〔1〕 可参见 Kalleberg, Arne. 2012. Job quality and precarious work: Controversies, clarifications, and challenges, *Work and Occupations* 39（4）：427～48；Yang Cao, Beth A. Rubin. 2014. Market transition and the deinstitutionalization of standard work hours in post—socialist China, *Industrial & Labor Relations Review*.

〔2〕 "人数超过 2700 万待遇方面同样遭遇不公平——美国也有一支临时工大军"，载《解放日报》2013 年 7 月 7 日。

〔3〕 "最新剥削方式介绍——英国'零时工'达百万人"，载 http://www. wsws. org/en/articles/2013/08/07/zero–a07. html.

案例6-5

与工作时间一样，劳动法上的休息时间的最显著特点是其具有基准性。这意味着基于法律所规定的休息时间是最低休息时间，用人单位不得突破其下限标准，但用人单位可根据自己生产经营的具体情况，自行增加休假时间。集体合同、劳动合同，以及用人单位规章制度（雇佣规则）的有关休息时间的规定，凡低于最低休息时间者一律无效。（参见案例6-5）

二、我国休息时间的种类

休息时间的种类，可以分为狭义的休息时间和休假两种。

（一）休息时间（狭义）

1. 工作日内的间歇休息时间。工作日内的间歇休息时间，是指劳动者用膳和工间休息的时间。依据劳动者生理规律和习惯，劳动者应在工作4小时后有一次间歇休息时间。间歇时间的长短因工作岗位和工作性质的不同而有所不同，但最短不得少于半小时，一般为1~2小时。有些单位实行工间操制度，即在上午和下午各4小时的工作时间中间规定20分钟的休息时间，一般在工作两小时后开始，这种工间操时间与间歇时间不同，其被计入工作时间。

2. 工作日之间的休息时间。工作日之间的休息时间，是指劳动者在一个工作日结束至下一个工作日开始之间的休息时间。《劳动法》规定了工作日之间的休息时间。这种规定具体表现为劳动者每日工作时间不得超过8小时。实行轮班制的企业，其班次必须平均轮换，并且不得使劳动者连续工作两个工作日。

3. 工作周之间的休息时间。工作周之间的休息时间，又被称为公休假，是指劳动者在连续工作一周后应当享有的休息时间。国家机关、事业单位实行统一的工作时间，星期六和星期日为周休息日。企业和不能实行统一的工作时间的事业单位，可以根据实际情况灵活安排周休息日。但劳动者在一个工作周内，至少应当有一整日以上的休息时间。

（二）休假

1. 法定节假日。法定节假日是指劳动者用于欢度节日，开展纪念、庆祝活动的休息时间。各国对法定节假日的规定不一，体现了各国政治、经济、文化背景的差异。依据《劳动法》第40条及国务院2013年12月11日修订的《全国年节及纪念日放假办法》，按照享受节假日的劳动者范围的不同，我国将法定节假日分为三类：

（1）全体公民放假的节日：①新年，放假1天（1月1日）；②春节，放假3天（农历正月初一、初二、初三）；③清明节，放假1天（农历清明当日）；④劳动节，放假1天（5月1日）；⑤端午节，放假1天（农历端午当日）；⑥中秋节，放假1天（农历中秋当日）；⑦国庆节，放假3天（10月1日、2日、3日）。全体公民放假的假日，如果适逢星期六、星期日，应当在工作日补假。

（2）部分公民放假的节日及纪念日：①妇女节（3月8日），妇女放假半天；②青年节（5月4日），14周岁以上的青年放假半天；③儿童节（6月1日），13周岁以下的少年儿童放假1天；④中国人民解放军建军纪念日（8月1日），现役军人放假半天。部分公民放假的假日，如果适逢星期六、星期日，则不补假。

（3）少数民族习惯的节日，由各少数民族聚居地区的地方人民政府，按照各该民族习惯，规定放假日期。

二七纪念日、五卅纪念日、七七抗战纪念日、九三抗战胜利纪念日、九一八纪念日、教师节、护士节、记者节、植树节等其他节日、纪念日，均不放假。

[相关资料]

1. 2015年是中国人民抗日战争暨世界反法西斯战争胜利70周年。为使全国人民广泛参与中央及各地区各部门举行的纪念活动，2015年9月3日全国放假1天。为方便公众安排假日期间的生产生活，特作如下调休：9月3日至5日调休放假，共3天。其中9月3日（星期四）放假，9月4日（星期五）调休，9月6日（星期日）上班。

2. 台湾的节假日为：和平纪念日（2月28日）、革命先烈纪念日（3月29日，纪念黄花岗72烈士）、孔子诞辰纪念日（9月28日）、蒋公诞辰纪念日（10月31日）、孙中山诞辰纪念日（11月12日）、劳动节（5月1日）、除夕（农历十二月三十一日）、春节（农历正月初一至初三）、妇女节、儿童节合并假日（4月4日）、民族扫墓节（清明节，农历清明当日）、端午节（农历五月初五）、中秋节（农历八月十五）、台湾光复节（10月25日）。

3. 香港特别行政区的法定节假日为：劳动节（5月1日）、国庆节（10月1日）、元旦（1月1日）、春节（农历正月初一至初三）、香港特别行政区成立纪念日（7月1日）、耶稣受难节（3月25日至26日）、复活节（3月28日）、圣诞节（12月25日至27日）、佛祖诞生日（5月15日）、清明节（农历清明当日）、端午节（农历五月初五）、中秋节（农历八月十五）、重阳节（农历九月初九）。

2. 年休假。年休假是国家根据劳动者工作年限和劳动的繁重紧张程度每年给予的一定期间的带薪连续休假。

早在1936年国际劳工大会就通过了《带薪休假公约》（第52号公约）。公约规定，凡在公私工商企业、服务部门、事业单位、机关就业的工作人员，连续服务满1年以后，应当至少有6天带薪年休假。第52号公约规定的休假标准是很低的。1970年，国际劳工大会通过了一项新的《带薪休假公约》（第132号公约）。该公约规定：连续工作6个月者，有权享受年休假；连续工作6至12个月者，有权享有与其工作时间相称的年休假；连续工作1年者，休假不应少于3个工作周。

《劳动法》第45条对年休假作了明确规定："国家实行带薪年休假制度。劳动者连续工作1年以上的，享受带薪年休假。具体办法由国务院规定。"然而，《劳动法》虽然规定了年休假制度，但是国务院13年来一直没有根据《劳动法》的授权制定具体的实施办法。实际生活中，仍然按1991年6月15日中共中央、国务院发布的《关于职工休假问题的通知》执行，且除国家机关外，执行效果并不理想。

2007 年 12 月 7 日，国务院颁布了《职工带薪年休假条例》，确立了我国带薪年休假的现行制度，具体包括主体范围、条件与假期、效力与待遇、保障与救济。2008 年 9 月 18 日人力资源和社会保障部的《企业职工带薪年休假实施办法》又进一步作了实施规定。根据《职工带薪年休假规定》规定，机关、团体、企业、事业单位、民办非企业单位、有雇工的个体工商户的职工在同一单位连续工作 1 年以上的，享受带薪年休假。单位应当保证职工享受年休假。职工在年休假期间享受与正常工作期间相同的工资收入。

《职工带薪年休假规定》具体规定了年休假天数：职工累计工作已满 1 年不满 10 年的，年休假为 5 天；已满 10 年不满 20 年的，年休假为 10 天；已满 20 年的，年休假为 15 天。法定休假日、休息日不计入年休假假期。

职工有下列情形之一的，不享受当年的年休假：职工依法享受寒暑假，其休假天数多于年休假天数的；职工请事假累计 20 天以上且单位按照规定不扣工资的；累计工作满 1 年不满 10 年的职工，请病假累计 2 个月以上的；累计工作满 10 年不满 20 年的职工，请病假累计 3 个月以上的；累计工作满 20 年以上的职工，请病假累计 4 个月以上的。

案例6-6

单位根据生产、工作的具体情况，并考虑职工本人意愿，统筹安排职工年休假。年休假在 1 个年度内可以集中安排，也可以分段安排，一般不跨年度安排。单位因生产、工作特点确有必要跨年度安排职工年休假的，可以跨 1 个年度安排。单位确因工作需要不能安排职工休年休假的，经职工本人同意，可以不安排职工休年休假。对职工应休未休的年休假天数，单位应当按照该职工日工资收入的 300% 支付年休假工资报酬。（参见案例 6 - 6）

[相关资料]

据新加坡《联合早报》2015 年 8 月 25 日报道，德国科隆经济研究所（IW）25 日称，德国上班族休假为欧盟最多，每年平均有 30 天带薪假期和 10 天公众假期。据英国路透社报道，IW 为巴伐利亚州雇主协会所做的一项研究发现，德国上班族的年假和带薪假期成本占德国总薪酬支出的 16.2%，为欧盟最高水平。

3. 探亲假。探亲假，是指与父母或配偶分居两地的职工，在一定期限内所享受的一定期限的带薪假期。目前我国主要执行的仍然是 1981 年国务院制定的《关于职工探亲待遇的规定》和 1983 年劳动人事部、财政部、公安部、中国银行共同发布的《关于台胞职工出境探亲待遇的通知》等法规。主要包括以下具体内容：

（1）享受探亲假的条件。凡在国家机关、人民团体和全民所有制企业、事业单位工作满一年的固定职工，与配偶不住在一起，又不能在公休假日团聚的，可以享受探望配偶的待遇；与父亲、母亲都不住在一起，又不能在公休假日团聚的，可以享受探望父母的待遇。但是，职工与父亲或母亲一方能够在公休假日团聚的，不能享受探望父母的待遇。其中,"不能在公休假日团聚"是指不能利用公休假日在家居住一夜和休息半个白天;其中所称"父母",包括自幼抚养职工长大现在由职工供养的亲属,不包括公婆、岳父母。

集体所有制企业、事业单位职工的探亲待遇,由各省、自治区、直辖市人民政府根据地区的实际情况自行规定。

(2)探亲假期。探亲假期,是指职工与配偶、父母团聚的时间。具体规定包括:①职工探望配偶,每年给予一方探亲假一次,假期为30天。②未婚职工探望父母,原则上每年给假一次,假期为20天。如果因工作需要,本单位当年不能给予假期,或者职工自愿两年探亲一次的,可以两年给假一次,假期为45天。③已婚职工探望父母,每4年给假一次,假期为20天。④凡实行休假制度的职工,如学校的教职工,应在休假期间探亲;如果休假期较短,可由本单位适当安排,补足其探亲假的天数。⑤探亲假期是指职工与配偶、父、母团聚的时间,另外,根据实际需要给予路程假。上述假期均包括公休假日和法定节日在内。

内地进藏职工在藏工作达一年半的,可回内地休假一次,其假期一般干部和工人为3个月,县级干部和八级以上工人为4个月,地级以上干部为5个月。

华侨、侨眷、台胞职工出境探望配偶,4年以上(含4年)一次的给假半年;不足4年的,按每年给假1个月计算。未婚归侨、侨眷、台胞职工出境探望父母,4年以上(含4年)一次的给假4个月;3年一次的给假70天;1年或两年1次的按《国务院关于职工探亲待遇的规定》给假。已婚华侨、侨眷、台胞职工出境探望父母,每4年给假1次,假期为40天。

(3)探亲假期间待遇。职工在探亲假期间待遇包括以下两项:一是工资待遇。职工在规定的探亲假期和路程假期内,按照本人的标准工资发给工资。二是探亲路费的报销。职工探望配偶和未婚职工探望父母的往返路费,由所在单位负担。已婚职工探望父母的往返路费,在本人月标准工资30%以内的,由本人自理,超过部分由所在单位负担,具体车船费标准和报销项目包括:①乘火车的,不分职级,一律报硬席座位费。年满50周岁以上并连续乘车48小时以上的,可报硬席卧铺费。②乘轮船的,报四等舱位(或比该舱高一级舱位)费。③乘长途公共汽车及其他民用交通工具的,凭据按实报销。④探亲途中的市内交通费,按起止站的直线公共电车、汽车、轮渡费凭据报销。⑤职工探亲不得报销飞机票。因故乘坐飞机的,按直线车船报销。⑥途中转车、转船等,每转一次,可凭据报销一天的普通床位住宿费。汽车夜间停驶或遇到意外交通事故等待恢复需住宿的,可凭据报销住宿费。

[探究]

由于《关于职工探亲待遇的规定》颁布的时间是在20世纪80年代初,故而其所体现的计划经济体制色彩很浓,与现在的实际情况有一定差距,应当对其进行修正。就目前的实际情况而言,作为用人单位的企业已经不再按所有制成分划分,一般而言,企业都应当给予劳动者探亲假待遇,但在实践中,很多劳动者，特别是一些非国有企业的劳动者并没有实际享受到这一待遇。另有人提出在完善年休假的基础上取消探亲假。

4. 其他休假。主要有婚丧假、产假等。

（1）婚丧假。婚丧假是指劳动者本人结婚以及其直系亲属死亡时依法享受的假期。根据国家劳动总局、财政部1980年2月20日颁布的《关于国营企业职工请婚丧假和路程假问题的规定》的规定，职工本人结婚或直系亲属（父母、配偶、子女）死亡时由本单位领导批准，可享受一至三天的婚、丧假。职工在外地的直系亲属死亡时需要职工本人前去料理丧事的，可以根据路程远近给予路程假。在批准的婚、丧假和路程假期间，职工工资照发。

[探究]

　　《关于国营企业职工请婚丧假和路程假问题的规定》也存在上述《关于职工探亲待遇的规定》的问题。

根据《婚姻法》以及《计划生育条例》的规定，职工结婚可享受以下待遇：婚假：①按法定结婚年龄（女20周岁，男22周岁）结婚的，可享受3天婚假。②符合晚婚年龄（女23周岁，男25周岁）的，可享受晚婚假15天（含3天法定婚假）。③结婚时男女双方不在一地工作的，可视路程远近，另给予路程假。④在探亲假（探父母）期间结婚的，不另给假期。⑤婚假包括公休假和法定假。⑥再婚的可享受法定婚假，不能享受晚婚假。婚假期间工资待遇：在婚假和路程假期间，工资照发。目前我国的一部分省、自治区和直辖市根据国家的上述规定，结合本地区的实际情况，一般都在国家统一规定的天数之上适当放宽。例如，陕西省规定，职工实行晚婚的，加婚假20天。再如，南京市规定，晚婚婚假15天（含法定婚假3天），夫妻双方晚婚的，双方享受；一方晚婚的，一方享受。

（2）产假。女职工产假为90天，其中产前假15天，产后假75天，难产的增加15天；女职工生育后哺乳期为一年，单位应在每班劳动时间内给予其两次哺乳的时间，每次30分钟；女职工在"三期"内，单位不得降低其基本工资。女职工怀孕不满4个月流产时，应当根据医务部门的意见，给予15天到30天的产假，怀孕满4个月以上流产时，给予42天产假。国家规定产假，是为了能保护产妇恢复身体健康，因此，休产假不能提前或推后。如果从事教师职业的妇女产假正值寒暑假期间，能否延长寒暑假的时期，由主管部门确定。对晚育的，各省均采取鼓励措施。

[相关资料]

　　陕西省规定，职工实行晚育的，增加产假15天，同时给予男方护理假10天，在产假期间领取《独生子女父母光荣证》的，另增加产假30天。

[探究]

　　我国目前有关休假的立法规定非常零散，且层次较低，内容较为陈旧。具体来说，需要在以下几方面加以完善：①打破用人单位身份和行业的限制，制定统一适用的企业职工休假条例，统一规定各种假期基准并明确其效力，以提升制度环境的公平性。②运用刚柔相济的立法技术，区分应当休假和可以休假两种情况，分别规定适用条件、休假期间、假期分布、串休补休和有关待遇等内容，以增强制度规范的可操作性。③由规定具体标准转向确定最低基准，赋予企业在最低基准以上决定休假期间和待遇的自主权，因此，应在立法中取消具体标准，多采用"至少""不超过""不得"等字样，以加强基准文字表达形式的弹性，为集体合同、劳动合同留下空间。例如，日本《劳动基准法》规定："雇主不得使工人在一日内的工作时间超过 8 小时或一周内工作时间超过 48 小时"等。④完善特殊工时立法。特殊工时制度包括缩短工作时间、延长工作时间、不定时工作制、综合计算工时工作制几种类型。有些企业往往通过不定时工作制和综合计算工时工作制来侵犯劳动者的休息休假权利，问题的根源是劳动保障立法对特殊工时制度的相关规定不够具体明确。法律规定得过于笼统，只对平均月工作时间和日工作时间进行限制，而没有对具体的日工作时间进行限定，只是原则性地要求用人单位在保障职工身体健康并充分听取职工意见的基础上，采用集中工作、集中休息、轮休调休、弹性工作时间等适当方式，确保职工的休息休假权利。但对于休息休假权利如何保障等问题则没有明确的规定。法律的不完善同样使得不定时工作制与综合计算工时工作制在审批权限、审批对象、审批条件、管理措施等方面缺乏可操作性，所以应完善特殊工时立法以保护劳动者权益。对于这一点，苏州工业园区已实行特殊工时制度改革试点。[1]⑤逐步提高假期标准，向国际劳动公约所确立的标准看齐；废除一些发布时间较长、内容陈旧、用语不够规范的通知、决定和办法等。[2]

第四节　限制延长工作时间

一、延长工作时间的概念

延长工作时间是指超过法律规定的工作时间长度的工作时间。《工资支付暂行规定》第 13 条规定，劳动者在完成劳动定额或规定的工作任务后，在法定标准工作时间以外工作的；实行计件工资的劳动者，在完成计件定额任务后，由用人单位安排延长工作时间的，才是延长工作时间。在实践中将延长工作时间称为加班和加点。有时将加班加点统称为加班。劳动者在法定休假日和公休日进行工作，称作加班；超过日标准工作时间进行工作，称为加点，即提前上班或推迟下班。

由于延长工作时间是相对特定的工作时间和休息时间而言的，所以只有标准工作日、缩短工作日才存在延长工作时间，不定时工作日则不存在延长工作时间。在

---

〔1〕　刘宏："完善特殊工时立法保护劳动者权益"，载《法制日报》2009 年 5 月 23 日。

〔2〕　郭捷等：《劳动法学》，高等教育出版社 2014 年版，第 344～345 页。

综合计算工时工作制下，如果综合计算的结果是平均日（或周）工作时间超过标准工作时间的，其超出部分应视为延长工作时间，工作日正好是法定节假日的也应视为延长工作时间。（参见案例6-7、6-8、6-9、6-10、6-11）

案例6-7　　　　案例6-8　　　　案例6-9　　　　案例6-10　　　　案例6-11

《劳动法》对于工作时间和休息时间的规定具有强制效力，在一般情况下不得违反。在法定的特殊情形下可以延长工作时间，但国家对延长工作时间实行严格限制，目的是限制工作时间在休息时间中的延伸。

二、延长工作时间的限制措施

从整体上看，国家有关延长工作时间的规定，其立足点在于限制，防止滥用。我国《劳动法》第43条明确规定："用人单位不得违反本法规定延长劳动者的工作时间。"为了规范和限制用人单位延长工作时间，我国劳动法律、法规规定了如下限制措施：

（一）延长工作时间适用人员的限制

《劳动法》《女职工劳动保护规定》以及《未成年人保护法》规定，禁止安排未成年工、怀孕7个月以上的女工和哺乳未满周岁婴儿的女工参加加班加点。以上人员不但不参加加班加点，相反还应缩短工作时间。

（二）延长工作时间条件、程序的限制

《劳动法》第41条规定："用人单位由于生产经营需要，经与工会和劳动者协商后可以延长工作时间。"即用人单位延长工作时间不是随意的，必须符合一定的条件、程序：一是由于生产经营需要。"生产经营需要"主要是指生产任务禁忌中断，必须连续生产、运输或者经营，以及如果不如期完成生产经营任务，就会影响企业的经济效益等情形，但《劳动法》未明确规定"生产经营需要"的具体情形。在实践中，有必要由集体合同约定，或者由用人单位与工会共同确定"生产经营需要"的具体范围。二是必须与工会协商。用人单位认为需要延长工作时间的，必须把延长工作时间的理由、人数、时间长短等向工会说明，征得工会的同意。三是必须与劳动者协商。只有在劳动者同意的情况下才可以进行，用人单位不得强迫劳动者延长工作时间。用人单位未与工会和劳动者协商，强迫劳动者延长工作时间的，依法承担法律责任。

（三）延长工作时间长度上的限制

《劳动法》第41条还规定：用人单位延长工作时间，一般每日不得超过1小时；因特殊原因需要延长工作时间的，在保障劳动者身体健康的条件下延长工作时间每日不得超过3小时，但每月不得超过36小时。否则依法承担法律责任。

（四）延长工作时间报酬上的限制

我国法律法规还通过要求用人单位必须支付劳动者较高的延长工作时间的劳动报酬来限制用人单位延长工作时间。

根据《劳动法》第44条及《工资支付暂行规定》第13条的规定，用人单位应按下列标准支付延长工作时间的报酬：

（1）用人单位依法安排劳动者在日法定标准工作时间以外延长工作时间的，按照不低于劳动合同规定的劳动者本人小时工资标准的150%支付劳动者工资；

（2）用人单位依法安排劳动者在休息日工作，而又不能安排补休的，按照不低于劳动合同规定的劳动者本人日或小时工资标准的200%支付劳动者工资；

（3）用人单位依法安排劳动者在法定休假期节日工作的，按照不低于劳动合同规定的劳动者本人日或小时工资标准的300%支付劳动者工资。

实行计件工资的劳动者，在完成计件定额任务后，由用人单位安排延长工作时间的，应根据上述规定的原则，分别按照不低于其本人法定工作时间计件单价的150%、200%、300%支付其工资。

实行综合计算工时工作制的，综合计算周期内的总实际工作时间不应超过总法定标准工作时间，超过部分视为延长工作时间并按规定支付不低于工资150%的劳动报酬，其中，法定休假日安排职工工作的，要支付不低于职工工资300%的劳动报酬。

［探究］

这里的150%、200%、300%采用不同计算方法。依照1995年5月12日劳动部发布的《〈对工资支付暂行规定〉有关问题的补充规定》中"二、关于加班加点的工资支付问题"的规定，150%、200%包含作为计算延长工作时间报酬的正常工资；而300%是另外支付，不包含作为计算延长工作时间报酬的正常工资。

［相关资料］

2015年8月18日富士康与印度马哈拉施特拉邦（Maharashtra）政府签订协议，将在未来五年投资50亿美元（约310亿元人民币）在该邦建设电子设备制造厂。富士康创始人郭台铭还表示，有意在印度其他邦兴建制造工厂并寻求可能的合作机会。其实，在富士康之前，一些原本在中国从事制造业的中外企业也将目光投向了东南亚和南亚等国家，纷纷前去投资建厂。致使他们做出如此决定的，是中国不断上升的制造业成本。特别是那些竞争激烈的行业，对成本的感受就更加深刻。美国波士顿咨询集团的调研数据显示，"中国制造"成本已接近美国。生产同样一件产品，在美国制造成本是1美元，在中国则需要0.96美元，差距已经不再明显。该报告认为，中国制造业成本上涨的原因一个是中国工人的薪资提高了，从2004年的4.35美元时薪涨到2014年的12.47美元，涨幅达187%；第二是汇率，2004年至2014年，人民币对美元的汇率升了35%；

第三是能源成本，中国电力和天然气价格的快速上涨也对制造业造成了不小压力。[1]

三、限制延长工作时间的例外规定

限制延长工作时间的例外规定，是指在法定的特殊情况下，用人单位无须与工会和劳动者协商就可以安排延长工作时间，并且加班加点的时间也不受每日不超过 1 小时或 3 小时，每月合计不超过 36 小时的限制。根据《劳动法》和《关于修改〈国务院关于职工工作时间的规定〉的规定》及其《实施办法》的规定，限制延长工作时间的例外规定是：①发生自然灾害、事故或者因其他原因，使人民的安全健康和国家资财遭到严重威胁，需要紧急处理的；②生产设备、交通运输线路、公共设施发生故障，影响生产和公共利益，必须及时抢修的；③必须利用法定节日或公休日的停产期间进行设备检修、保养的；④国家机关、事业单位未完成国家紧急任务或完成上级安排的其他紧急任务，以及商业、供销企业在旺季完成收购、运输、加工农副产品紧急任务的；⑤为完成国防紧急任务，或者完成上级在国家计划外安排的其他紧急生产任务的；⑥法律、行政法规规定的其他特殊情况。

[相关资料]

2015 年 4 月 8 日，中国政府网公布《中共中央国务院关于构建和谐劳动关系的意见》。该《意见》指出：切实保障职工休息休假的权利。完善并落实国家关于职工工作时间、全国年节及纪念日假期、带薪年休假等规定，规范企业实行特殊工时制度的审批管理，督促企业依法安排职工休息休假。企业因生产经营需要安排职工延长工作时间的，应与工会和职工协商，并依法足额支付加班加点工资。加强劳动定额定员标准化工作，推动劳动定额定员国家标准、行业标准的制定修订，指导企业制定实施科学合理的劳动定额定员标准，保障职工的休息权利。

[深入思考]

1. 不定时工作时间、综合计算工作时间、计件工作时间制度的"制度之恶"的评价。
2. 标准劳动时间的"去制度化"的倾向。
3. 我国休假制度的完善。
4. 延长工作时间报酬对我国劳动市场的影响。
5. 工作时间与休息时间法律制度构成劳动基准法的重要组成部分。

---

[1] "富士康 50 亿美元印度建厂中国制造业如何破解成本上升压力引关注"，载 http://world. people. com. cn/n/2015/0811/c157278 - 27443179. html.

第七章　工资法律制度

■ **本**章导读

　　本章的逻辑主线是：工资是什么？工资制度的法律意义是什么？工资法律制度的构成是什么？本章的重点是对工资概念、工资基准制度的深刻理解及我国工资立法的完善，难点是对工资概念、工资基准制度、我国现行工资法律法规不足的深刻理解。

　　工资是劳动者在劳动关系中通过给付劳动力所获得的由雇主按照一定的标准和形式所支付的购买劳动力的对价，是全部劳动关系中的核心之核心。在社会经济生活当中，工资问题攸关劳动者、雇主切身利益，对社会产生广泛深远影响。这部分内容主要体现在全部章节中。

　　我国的工资法律制度的构成主要包括工资形式、工资基准、工资指导线、工资集体协商、工资自决等制度。其中工资基准是劳动基准的重要组成部分，内容主要包括最低工资制度、工资保障制度等；最低工资制度是劳动者及其家庭成员的基本生活所需要的基本保障制度，主要通过强制推行法定最低工资标准来实现，其内容包括最低工资标准的确定、适用范围、计算、支付、调整等。工资保障制度的基本内容包括工资水平保障制度、工资支付保障制度两方面内容。工资水平保障较之最低工资和工资支付保障，对劳动者提供了更高水平的保护。工资支付保障主要包括工资的一般支付保障、特殊情况下的工资支付保障、工资支付的资金来源保障等。这部分内容主要体现在第一节至第三节中。

　　我国目前有关工资的立法规定非常零散，且层次较低，内容较为陈旧，已无法很好地适应社会发展的实际需要，这对我国的工资立法改革提出了新的、迫切的要求。这部分内容主要体现在第四节中。

第一节　概述

一、工资的概念和特征

　　工资，又称为薪水、薪金、薪酬等，是劳动者在劳动关系中通过给付劳动力所获得的由雇主按照一定的标准和形式所支付的购买劳动力的对价。作为劳动法的基本概念之一，工资是全部劳动关系中的核心之核心。[1]在社会经济生活当中，工资问题与劳动者、雇主以及社会都有着十分密切的联系。从劳动者角度说，工资是劳动者生存权得以实现的最主要依托；对雇主而言，其是生产成本的重要组成部分；对社会来说，工资体现一个社会的发展、繁荣和稳定。

工资具有以下几个方面的特征：①依托劳动关系。工资是基于劳动者与用人单位之间的劳动关系而产生的。②确定依据的多样性。工资的确定依据是劳动基准法的规定，集体合同、劳动合同的约定。劳动基准法的工资标准即强制性的基准工资，集体合同、劳动合同的工资标准即为"意思自治"的约定工资。③工资支付方式的法定性。国家对工资的支付方式有相关的基准制度。④工资体现了公法、私法的融合关系。约定工资，体现着私法上的债权债务关系，基准工资是国家立法对私法上的约定工资进行的一系列的刚性规制，因此，工资又体现着公法关系。

二、域外工资概念分析

（一）国际劳工组织的工资概念分析

1949 年国际劳工组织制定的《保护工资公约》（第 95 号）（以下简称《第 95 号公约》）及其建议书将工资定义为"劳动的对价"，《第 95 号公约》第 1 条规定：工资"系指不论名称或计算方式如何，由一位雇主对一位受雇者，为其已完成和将要完成的工作或已提供或将要提供的服务，可以货币结算并由共同协议或国家法律或条例予以确定而凭书面或口头雇用合同支付的报酬或收入"[2]。由此可知，公约认为工资是劳动者因给付劳动所获的报酬和收入，即劳动的对价。《第 95 号公约》以"劳动的对价"这一抽象要素定义了工资的一般特征，以此将劳动者因给付劳动所获的所有收入均涵摄入工资的概念体系。反之，劳动者非因给付劳动而获得的收入则不能认定为工资而被摒弃在劳动法规制之外。

[探究]

　　马克思坚决批判"工资是劳动的价格"。马克思明确指出：工资是劳动力价值的货币表现形式，古典政治经济学上所谓的劳动价值实际上是劳动力的价值。[3]

（二）域外工资概念分析

据《第 95 号公约》建构的工资概念已经成为工资立法的国际通例。然而，由于何为"劳动的对价"极为复杂，所以各个国家或地区所认定的工资范围宽窄不一，理论与实务对此问题纠结难解、莫衷一是。

1. 美国。美国企业职工工资一般由三部分构成：基本工资、刺激性工资及福利

---

〔1〕　参见黄越钦：《劳动法新论》，中国政法大学出版社 2003 版，第 209 页。

〔2〕　国际劳工组织北京局：《国际劳工公约和建议书（1919～1993）》（第 1 卷），国际劳工组织 1994 年版，第 131 页。

〔3〕　[德] 马克思：《资本论》（第 1 卷），人民出版社 2004 年版，第 617 页。

津贴。如果雇主提供的膳食、宿舍或其他设施是习惯供给，也算工资。2007 年修订的《公平劳动标准法》第 3 条第 15 款规定，雇主支付给受雇者的工资，包括由雇主提供给受雇人之膳食、宿舍或其他设施的合理费用；此等费用由劳工部部长决定。显然，美国"劳动的对价"的范围极广。

2. 英国。英国《雇佣权利保护法》（1996 年）第 27 条第 1 款规定，本法所称的工资，是指支付给工人所有与其雇用有关的报酬，包括酬金、奖金、佣金、假期津贴以及其他与雇用相关的报酬，无论是合同约定支付还是其他。显然，英国"劳动的对价"的范围也很广泛。

3. 德国。在德国，工资收入的构成主要有以下几项：①基本工资。这是雇员工资收入中最主要的部分，一般占工资收入的 75% ~ 80% 左右。基本工资也是计算其他收入的基础。其支付形式主要是计时工资和计件工资（很多计时工资是以小时工资进行计算的，但都是以职工正常发挥劳动工效所在岗位的级别工资为基础）。目前，由于工会反对，计件工资的形式越来越少了。②岗位（职位）补助。这是根据岗位和职责确定的。③超时工作补助。这是在必须加班而又不能利用休假进行补偿时给予的补助。节假日和夜间的超时工作补助标准更高。④苦、脏、险或有害岗位工作补助。这不同于岗位补助，而是按在这些岗位实际工作的时间计发的，以小时进行计算。⑤家庭状况补助（原地区补助）。这是按每个家庭中儿童的数量由企业按月发放的一种补助。⑥圣诞节奖。又称年终特别奖或第十三月工资，这是年终一次性发放的。按雇员本人的基本工资计算，水平依据企业当年的盈利状况而定，多的可拿到相当于两个月基本工资水平的奖金。⑦休假工资和休假补贴。除法定节假日外，德国雇员目前每年还能有平均 30 天左右的休假，休假期间，基本工资照付。另外，企业考虑到休假旅游等开支会大一些，还会支付一笔休假补贴。补贴标准，各行业之间有所不同。⑧庆祝奖。这是雇员在一个企业连续工作到一定年限后，企业给予的一次性奖励。对上述这些项目，各行业的各类人员领取的类别和标准有所不同。另外，还有一些企业设立了超时奖、节约原材料奖、节能奖、质量奖等形式，配合计时工资制，这方面收入的差异更大。[1]

4. 日本。日本《劳动基准法》第 11 条规定：本法所指工资，包括工资、薪水、津贴、奖金及其他雇主支付给工人的不论以何种名义的劳动报酬。《第 95 号公约》和日本的规定都在强调劳动基准法中的工资是一个广义上的概念，其中可以包含无论以何种名称（名义）出现的劳动报酬。

[探究]

日本《劳动基准法》将激励式奖金、退休金、资遣费等纳入工资构成。而我国台湾地区理论与实践认为"劳动条件系以双方当事人据以成立契约之基础并有对价等值关系者始属之，因此，基于劳动关系之终止所获之退休金、资遣

---

〔1〕 "德国的工资制度"，载 http://www.cnlsslaw.com/list.asp? unid =4384.

费等自不属于工资范围"。〔1〕我国大陆劳动法也不把退休金、资遣费等归属于工资范围。

5. 韩国。韩国《劳动基准法》第18条规定，"工资"一词在本法中系指雇主以工资、薪金或其他名称支付给职工的相应于其提供的劳务的钱或其他价值的物。雇主出于礼貌或友好所支付的货币也属于工资范畴。但雇主在工人身上的某些花费，如安全设备、制服、工作服以及工作设备、商业旅行费用、信息费用不应视作工资。此外，福利不是工资的一部分。

[探究]

现代汽车决定在2015年3月之前废除自1967年公司成立以来一直维持了48年的生产工人工龄工资制度，实行以业绩为基准的"新年薪制"。这是现代汽车在标准工资一审判决之后发表的首个官方立场。现代汽车是韩国国内拥有最大单一工厂（工会会员51 600多人）的企业，因此，预计这一决定会对大都维持着生产工人工龄工资制度的整个韩国产业界造成不小的波动。现代汽车副会长尹汝喆（63岁，总管劳务）1月16日接受了本报采访，表示"在竞争越来越激烈的全球成品车市场，如果继续沿用之前的工龄工资制度，很难超越丰田等竞争对手"，"我们不会受法院判决的影响，会按照去年工资团体协议中协商的内容，在今年3月底之前制定改编方案"。尹副会长还表示"我们计划将来制定出以生产性为主的新工资系统，摒弃论资排辈制"。〔2〕

6. 新加坡。新加坡《就业法》（1968）总则第2条规定，"工资"系指薪金，"薪金"系指完成雇佣合同规定的工作，支付给雇员包括津贴在内的全部报酬，但不包括：①房屋居住，供电、水、医疗护理或其他享受的费用，或部长在政府公报上公布的一般或特殊命令之外任何服务的费用；②雇主负责缴纳的抚恤金或退休储蓄基金的款项；③任何交通津贴或旅行许可的费用；④付给雇员用于支付其工作中所需的特殊费用的任何金额；⑤因解雇或退休所付的退职金；⑥因紧缩所付的紧缩津贴。但在该法的某些具体制度中，对工资另有特殊解释，第四章"休息日、工作时间、假日以及其他服务条件"中第50条规定，"工资"系指根据雇佣合同付给完成工作的雇员的基本工资，不包括付给雇员的任何佣金、加班费或其他津贴。

7. 我国香港和澳门地区。香港地区《雇佣条例》第2条规定，"工资"除第（2）及第（3）款另有规定外，指所有能以金钱形式支付予根据雇佣契约工作之雇员之酬金、入息、津贴、小费及服务费，不论其名称为何或以任何方式计算，但不包括：（a）由雇主提供之居所、教育、食物、燃料、照明、医疗或食水之价值；（b）雇主自愿拨作长俸基金或公积金之任何款项；（c）任何交通津贴或交通上优待

〔1〕 焦兴凯等："劳动基准法释义：施行二十年之回顾与展望"，载《法学研究》2008年第2期。
〔2〕 "现代汽车将废除生产工人工龄工资制度"，载《韩国中央日报》2015年1月17日。

之价值；（d）发给雇员，俾其支付因工作而须付出之特别开支之任何款项；（da）根据第 2 甲部支付之年终酬金或其部分；（e）于雇佣契约期满或终止时支付予雇员之任何酬金；或（f）任何属于赏赠性质或仅由雇主酌情发给之每年花红或其部分。澳门《劳资关系法》第 25 条第 2 款规定，所有得以金钱计算而无论其名称及计算方式若何；按服务的提供应有及由雇主与工作者之间的协议、章程、惯例或者法律规定而订出的支出，即为工资。[1]

8. 我国台湾地区。我国台湾地区学者在论及工资概念时认为：工资之本质乃劳动给付之对价，其规制以契约等民事规则为基础。[2]台湾地区"劳动基准法"（2015年 1 月 20 日台湾"立法院"修订通过）第 2 条第 3 款规定：工资，谓劳工因工作而获得之报酬；包括工资、薪金及按计时、计月、计件以现金或实物等方式给付之奖金、津贴及其他任何名义之经常性给与均属之。这一概念指出的"因工作而获得"包含了对价关系，同时也强调其他任何名义的报酬，如系"经常性给付"的性质也应当列入工资的范畴。但根据台湾"劳动基准法施行细则"第 10 条的规定，其他任何名义性的经常性给与不包括下列各项：红利；奖金，指年终奖金、竞赛奖金、研究发明奖金、特殊功绩奖金、久任奖金、节约燃料物料奖金及其他非经常性奖金；春节、端午节、中秋节给与的奖金；医疗补助费、劳工及其子女教育补助费；劳工直接受自顾客的服务费；婚丧喜庆由雇主致送的贺礼、慰问金或奠仪等；职业灾害补偿费；劳工保险及雇主以劳工为被保险人加入商业保险支付的保险费；差旅费、差旅津贴、交际费、夜点费及误餐费；工作服、作业用品及其代金；其他经台湾主管机关会同台湾目的事业主管机关指定的项目。前述台湾地区学者认为"劳动条件系以双方当事人据以成立契约之基础并有对价等值关系者始属之，因此，基于劳动关系之终止所获之退休金、资遣费等自不属于工资范围"。因此，台湾地区学者强调工资乃在职劳动之对价，实际上是对"劳动对价"的限缩解释。[3]

[探究]

台湾地区"劳动基准法施行细则"第 10 条将非经常性给付之激励式奖金排除在工资范围之外，我国大陆与日本立法均将这种收入列入工资。

三、我国现行的工资法律法规及简评

（一）现行工资法律法规

我国现行工资法律法规，主要有：①《关于工资总额组成的规定》（国家统计局1990 年第一号令）。②《〈关于工资总额组成的规定〉若干具体范围的解释》（统制字［1990］1 号）。③《劳动法》。④《工资支付暂行规定》（劳部发［1994］489

---

〔1〕　主要参见侯玲玲："劳动合同法劳动法上工资概念之研究"，载《现代交际》2009 年第 6 期；侯玲玲："劳动法上工资之界定"，载《人民司法》2013 年第 11 期。

〔2〕　参见黄越钦：《劳动法新论》，中国政法大学出版社 2003 版，第 209 页。

〔3〕　曹燕："劳动法中工资概念的反思与重构"，载《法学家》2011 年第 4 期。

号）。⑤《对〈工资支付暂行规定〉有关问题的补充规定》（1995 年 5 月 12 日）。⑥《关于贯彻执行〈中华人民共和国劳动法〉若干问题的意见》（劳部发〔1995〕309 号）。⑦《劳动合同法》及《劳动合同法实施条例》。⑧《中华人民共和国个人所得税法实施条例》（根据 2011 年 7 月 19 日《国务院关于修改〈中华人民共和国个人所得税法实施条例〉的决定》第三次修订）。⑨最高人民法院《关于审理拒不支付劳动报酬刑事案件适用法律若干问题的解释》（法释〔2013〕3 号）。⑩最高人民法院关于审理劳动争议案件适用法律若干问题的解释（三）（法释〔2010〕12 号）等。

此外，还有一些有关工资的地方性法规、规章。

[相关资料]

广东省人力资源和社会保障厅官网日前公布了《关于修改〈广东省工资支付条例〉的决定（征求意见稿）》（下称《征求意见稿》），即日起至 7 月 30 日，社会各界可围绕征求意见稿，提出完善我省工资支付条例的意见、建议。修订该条例已被列入广东省人大常委会 2015 年立法工作计划，拟于年内提交省人大常委会初次审议。[1]

1. 《关于工资总额组成的规定》（国家统计局 1990 年第 1 号令）。《关于工资总额组成的规定》第 3 条明确规定工资总额是指各单位在一定时期内直接支付给本单位全部职工的劳动报酬总额。工资总额的计算应以直接支付给职工的全部劳动报酬为根据。工资总额由下列六个部分组成：计时工资、计件工资、奖金、津贴和补贴、加班加点工资、特殊情况下支付的工资。此外，该规定还明确了计划生育独生子女补贴、劳动保护的各项支出等十四项不列入工资总额的范围。

2. 《〈关于工资总额组成的规定〉若干具体范围的解释》第 1 条进一步明确，工资总额的计算原则应以直接支付给职工的全部劳动报酬为根据。各单位支付给职工的劳动报酬以及其他根据有关规定支付的工资，不论是计入成本的还是不计入成本的，不论是按国家规定列入计征奖金税项目的还是未列入计征奖金税项目的，不论是以货币形式支付的还是以实物形式支付的，均应列入工资总额的计算范围。第 4 条规定，工资总额不包括的项目的范围包括：①有关劳动保险和职工福利方面的费用。具体有：职工死亡丧葬费及抚恤费、医疗卫生费或公费医疗费用、职工生活困难补助费、集体福利事业补贴、工会文教费、集体福利费、探亲路费、冬季取暖补贴、上下班交通补贴以及洗理费等。②劳动保护的各种支出。具体有：工作服、手套等劳保用品，解毒剂、清凉饮料，以及按照 1963 年 7 月 19 日劳动部等七单位规定的范围对接触有毒物质、矽尘作业、放射线作业和潜水、沉箱作业、高温作业等五类工种所享受的由劳动保护费开支的保健食品待遇。第 5 条规定是关于标准工资（基本工资）和非标准工资（辅助工资）的定义：①标准工资是指按规定的工资标准

---

〔1〕 载广东省人社厅官网，www.gdhrss.gov.cn，2015 年 6 月 12 日。

计算的工资（包括实行结构工资制的基础工资、职务工资和工龄津贴）。②非标准工资是指标准工资以外的各种工资。

3.《劳动法》所使用的与工资有关的词语主要有劳动报酬、工资、工资报酬，并将劳动报酬和福利区分开来。《劳动法》第 3 条规定："劳动者享有……取得劳动报酬的权利……享受社会保险和福利的权利……"第 19 条第 1 款规定："劳动合同应当以书面形式订立，并具备以下条款：……劳动报酬……"第 33 条第 1 款规定："企业职工一方与企业可以就劳动报酬……保险福利等事项，签订集体合同。集体合同草案应当提交职工代表大会或者全体职工讨论通过。"第 37 条规定，对实行计件工作的劳动者，用人单位应当根据本法第 36 条规定的工时制度合理确定其劳动定额和计件报酬标准。第 44 条规定，有下列情形之一的，用人单位应当按照下列标准支付高于劳动者正常工作时间工资的工资报酬：①安排劳动者延长工作时间的，支付不低于工资的150%的工资报酬；②休息日安排劳动者工作又不能安排补休的，支付不低于工资的200%的工资报酬；③法定休假日安排劳动者工作的，支付不低于工资的300%的工资报酬。第 50 条规定，工资应当以货币形式按月支付给劳动者本人。不得克扣或者无故拖欠劳动者的工资。第 91 条规定，用人单位有下列侵害劳动者合法权益情形之一的，由劳动行政部门责令支付劳动者的工资报酬、经济补偿，并可以责令支付赔偿金：①克扣或者无故拖欠劳动者工资的；②拒不支付劳动者延长工作时间工资报酬的；③低于当地最低工资标准支付劳动者工资的……

4.《工资支付暂行规定》第 3 条明确，本规定所称工资是指用人单位依据劳动合同的规定，以各种形式支付给劳动者的工资报酬。第 5 条规定，工资应当以法定货币支付。不得以实物及有价证券替代货币支付。

5.《对〈工资支付暂行规定〉有关问题的补充规定》第 2 条第 1 款规定，《规定》第 13 条 1、2、3 款规定的符合法定标准工作时间的制度工时以外延长工作时间及安排休息日和法定休假节日工作应付的工资，是根据加班加点的多少，以劳动合同确定的正常工作工资标准的一定倍数所支付的劳动报酬，即凡是安排劳动者在法定工作日延长工作时间或安排在休息日工作而又不能补休的，均应支付给劳动者不低于劳动合同规定的劳动者本人小时或日工资标准的150%、200%的工资；安排在法定休假节日工作的，应另外支付给劳动者不低于劳动合同规定的劳动者本人小时或日工资标准300%的工资。

[探究]

　　加班工资需在正常工作时间工资之外另外支付，这是早就已经明确了的。在现实生活中，有的企业安排职工在法定休假日加班，仅支付"加班工资"，而剔除了正常工资，这种做法是完全错误的，应当予以纠正。[1]

────────────

〔1〕　"HR 必知员工加班的九大经典案例及常识"，载 http://wenku. baidu. com.

6.《关于贯彻执行〈中华人民共和国劳动法〉若干问题的意见》第53条规定，劳动法中的"工资"是指用人单位依据国家有关规定或劳动合同的约定，以货币形式直接支付给本单位劳动者的劳动报酬，一般包括计时工资、计件工资、奖金、津贴和补贴、延长工作时间的工资报酬以及特殊情况下支付的工资等。"工资"是劳动者劳动收入的主要组成部分。劳动者的以下劳动收入不属于工资范围：①单位支付给劳动者个人的社会保险福利费用，如丧葬抚恤救济费、生活困难补助费、计划生育补贴等；②劳动保护方面的费用，如用人单位支付给劳动者的工作服、解毒剂、清凉饮料费用等；③按规定未列入工资总额的各种劳动报酬及其他劳动收入，如根据国家规定发放的创造发明奖、国家星火奖、自然科学奖、科学技术进步奖、合理化建议和技术改进奖、中华技能大奖等，以及稿费、讲课费、翻译费等。

7.《劳动合同法》所使用的与工资有关的词语主要有劳动报酬、工资，并将劳动报酬和福利区分开来。《劳动合同法》第4条第2款规定："用人单位在制定、修改或者决定有关劳动报酬等直接涉及劳动者切身利益的规章制度或者重大事项时……"第17条规定："劳动合同应当具备以下条款：……劳动报酬……劳动合同除前款规定的必备条款外，用人单位与劳动者可以约定……福利待遇等其他事项。"第38条第1款规定："用人单位有下列情形之一的，劳动者可以解除劳动合同：……②未及时足额支付劳动报酬的……"第40条规定："有下列情形之一的，用人单位提前30日以书面形式通知劳动者本人或者额外支付劳动者1个月工资后，可以解除劳动合同……"第47条规定："经济补偿按劳动者在本单位工作的年限，每满1年支付1个月工资的标准向劳动者支付……劳动者月工资高于用人单位所在直辖市、设区的市级人民政府公布的本地区上年度职工月平均工资3倍的，向其支付经济补偿的标准按职工月平均工资3倍的数额支付，向其支付经济补偿的年限最高不超过12年。本条所称月工资是指劳动者在劳动合同解除或者终止前12个月的平均工资……"第51条第1款规定："企业职工一方与用人单位通过平等协商，可以就劳动报酬……保险福利等事项订立集体合同……"第52条规定："企业职工一方与用人单位可以订立……工资调整机制等专项集体合同。"在"劳务派遣"一节57~67条，出现了"劳动报酬"7次、"福利待遇"和"工资调整机制"各1次。第72条规定："非全日制用工小时计酬标准不得低于用人单位所在地人民政府规定的最低小时工资标准。非全日制用工劳动报酬结算支付周期最长不得超过15日。"第74条规定："县级以上地方人民政府劳动行政部门依法对下列实施劳动合同制度的情况进行监督检查：……⑤用人单位支付劳动合同约定的劳动报酬和执行最低工资标准的情况……"第83条规定："……违法约定的试用期已经履行的，由用人单位以劳动者试用期满月工资为标准，按已经履行的超过法定试用期的期间向劳动者支付赔偿金。"第85条规定："用人单位有下列情形之一的，由劳动行政部门责令限期支付劳动报酬、加班费或者经济补偿；劳动报酬低于当地最低工资标准的，应当支付其差额部分；逾期不支付的，责令用人单位按应付金额50%以上100%以下的标准向劳动者加付赔偿金：①未按照劳动合同的约定或者国家规定及时足额支付劳动者劳动报酬的；②低于当地最低工资标准支付劳动者工资的；③安排加班不支付加班费的……"第93条规定："对不具备合法经营资格的用人单位的违法犯罪行为，依法追究法律责任；劳动者已经付出劳动的，该单位或者其出资人应当依照本法有关规定向劳动者支付劳动报酬、经济补偿、赔偿金……"在《劳动合同法实施条例》中也出现了"劳动报酬"和"工资"的分别表述。其中最重要的是第27条规定："劳动合同法第47条规定的经济补偿的月工资按照劳动者应得工资计算，包括计时工资或者计件工资以及奖金、津贴和补贴等货币性收入。劳动者在劳动合同解除或者终止前12个月的平均工资低于当地最低工资标准的，按照当地最低工资标准计算。劳动者工作不满12个月的，按照实际工作的月数计算平均工资。"

8.《个人所得税法实施条例》第8条规定："税法第2条所说的各项个人所得的范围：①工资、薪金所得，是指个人因任职或者受雇而取得的工资、薪金、奖金、年终加薪、劳动分红、津贴、补贴以及与任职或者受雇有关的其他所得……"

9. 最高人民法院《关于审理拒不支付劳动报酬刑事案件适用法律若干问题的解释》第1条明确规定，劳动者依照《劳动法》和《劳动合同法》等法律的规定应得的劳动报酬，包括工资、奖金、津贴、补贴、延长工作时间的工资报酬及特殊情况下支付的工资等，应当认定为刑法第276条之一第1款规定的"劳动者的劳动报酬"。最高人民法院《关于审理劳动争议案件适用法律若干问题的解释（三）》（法释〔2010〕12号）第10条规定，劳动者与用人单位就解除或者终止劳动合同办理相关手续、支付工资报酬、加班费、经济补偿或者赔偿金等达成的协议，不违反法律、行政法规的强制性规定，且不存在欺诈、胁迫或者乘人之危情形的，应当认定有效。前款协议存在重大误解或者显失公平情形，当事人请求撤销的，人民法院应予支持。

（二）现行工资法律法规简评

从上面分析可以看出，我国现行工资法律法规有许多不足之处：

1. 与当前市场经济的深入发展现实不一致。目前作为工资外延认定的主要依据的是1990年国家统计局的《关于工资总额组成的规定》和《关于工资总额组成的规定若干具体范围的解释》。上述文件至今已有25年之久，这25年间我国劳动用工方式发生了巨大变化，国有企业逐步减少，非国有企业居于用工的主要地位。相应地，国家不仅不再直接干预非国有企业的工资分配，对国有企业工资分配的干预力度也在减弱。一方面基于成本节约之需要，另一方面为了企业人才竞争之需要，企业工资形式越来越多样化，如年终奖、年终双薪、绩效工资等，浮动性、间接性给付以及预留性给付，在劳动者劳动报酬构成中的所占比例越来越大。[1]但是《关于工资

---

〔1〕 主要参见侯玲玲："劳动法上工资之界定"，载《人民司法》2013年第11期。

案例7-1

总额组成的规定》和《关于工资总额组成的规定若干具体范围的解释》将适用的范围明确规定为：全民所有制和集体所有制企业、事业单位，各种合营单位，各级国家机关、政党机关和社会团体，在计划、统计、会计上有关工资总额范围的计算，均应遵守本规定（《关于工资总额组成的规定》第2条）。（参见案例7-1）

[相关资料]

间接性给付以及预留性给付，如为防止劳动者在劳动合同期满前辞职，用人单位与劳动者约定，劳动者在劳动合同期满时可获得一笔收入，如果劳动者提前辞职，则无权获得此笔收入。有些企业年终奖亦有类似功能。

案例7-2

　　2. 工资的外延缺乏统一性和确定性。与工资这一概念相联系的是，我国法律法规及政策中也有工资、工资总额、工资标准、标准工资、基本工资、非标准工资、辅助工资、基础工资、职务工资、劳动报酬等法律概念，但我国现行的法律法规并未对何为工资作出过明确的界定，导致概念和使用上的混乱，有时相互替代，有时却有所不同，甚至自相矛盾。对工资的外延的规定缺乏统一性和确定性，工资概念外延的随意扩展和紧缩，在不少劳动争议案件中，劳动者的月工资到底是多少，哪些收入不属于工资范畴，往往是劳动者和用人单位辩论的焦点，以至于影响工资守法和司法。（参见案例7-2）

[探究]

　　各地关于工资支付的地方性法规或地方政府规章对于加班工资的计算基数规定各不相同。

　　(1) 行政规章和司法解释中的工资"矛盾"。《关于贯彻执行〈劳动法〉若干问题的意见》第53条规定：劳动法中的"工资"是指用人单位依据国家有关规定或劳动合同的约定，以货币形式直接支付给本单位劳动者的劳动报酬，一般包括计时工资、计件工资、奖金、津贴和补贴、延长工作时间的工资报酬以及特殊情况下支付的工资等。"工资"是劳动者劳动收入的主要组成部分。将这种直接支付形式限缩为货币，否定了实物工资；而《〈关于工资总额组成的规定〉若干具体范围的解释》第1条规定工资总额的计算原则应以直接支付给职工的全部劳动报酬为根据。各单位支付给职工的劳动报酬以及其他根据有关规定支付的工资，不论是计入成本的还是不计入成本的，不论是按国家规定列入计征奖金税项目的还是未列入计征奖金税项目的，不论是以货币形式支付的还是以实物形式支付的，均应列入工资总额的计算范围。定义给付形式分为货币支付和实物支付，即承认实物工资。《工资支付暂行规定》第3条定义工资仅为劳动合同上工资，其对工资定义为循环定义，即以工资报酬来定义工资，明显不科学。《个人所得税法实施条例》第8条规定的工资内涵最为广泛，且循环定义。最高人民法院《关于审理拒不支付劳动报酬刑事案件适用法律若干问题的解释》定义的工资内涵外延皆混乱。

（2）劳动法上的工资"矛盾"。与《保护工资公约》（第 95 号）第 1 条所界定的工资相比较，我国劳动法上的工资的外延较为狭窄。《劳动法》第 44 条所用工资是用于计算加班报酬之基数。依照该条第 1 款之规定，这里的工资应指"劳动者正常工作时间工资。"《劳动法》第五章之工资部分所使用的工资概念则非常混乱。第 44 条规定，工资分配应当遵循按劳分配原则，实行同工同酬。《对男女同等价值的工作付予同等报酬公约》（第 100 号公约）第 1 条规定，报酬一词包括因工人就业而由雇主直接或间接以现金或实物向其支付的常规的、基本或最低的工资或薪金，以及任何附加报酬。此概念外延比我国《劳动法》上的劳动报酬的概念要宽泛，包括了我国《劳动法》上的福利。那么《劳动法》第 46 条的所谓工资，因同工同酬的规定，应与第 100 号公约所谓的报酬一词同义。《劳动法》第 48 条第 2 款规定，用人单位支付劳动者的工资不得低于当地最低工资标准。根据《最低工资规定》第 3 条对最低工资的界定，《劳动法》第 48 条第 2 款所谓的工资应理解为劳动者正常工作时间工资。第 50 条所谓的工资则不包括非按月发放的劳动报酬，如季度奖、年终奖，等等。《劳动法》第 51 条为实现某种社会政策，在劳动者未提供正常劳动情况下用人单位依法应支付的特定给付，一般理解为提供了正常劳动而给付的工资，如劳动者依法参加社会活动等。

（3）《劳动合同法》中的工资"矛盾"。《劳动合同法》中的工资更多使用在作为计算基数的其他给付规定中。如《劳动合同法》第 40 条代通知金的规定、第 47 条经济补偿的规定、第 82 条用人单位在未签书面劳动合同以及违法不签无固定期劳动合同时法定给付责任的规定。其他则统一使用劳动报酬概念。依据《劳动合同法实施条例》第 20 条规定，《劳动合同法》第 40 条规定作为代通知金计算基数的工资应当按照劳动者上一个月的工资标准确定。由于工资标准是一个比较模糊的概念，在没有明确界定时，实务中易发生争议，即所谓的工资标准到底是上一个月劳动者实际获得的全部劳动报酬，包括正常工作时间工资、加班工资、奖金、津贴等货币性收入，还是仅指正常工作时间工资？按照前者理解，可能会出现不公平给付的现象，因为每个月的实际工资会因劳动者提供劳动力情况不同以及用人单位发薪方式不同而存在较大差异，如用人单位季度奖、年终奖占工资结构比例大小不一致会导致上月工资差异很大。《劳动合同法》第 47 条第 3 款规定，作为经济补偿计算基数的月工资为"劳动者在劳动合同解除或者终止前 12 个月的平均工资"。《劳动合同法实施条例》第 27 条以行政法规方式解释经济补偿计算基数的月工资为按照劳动者应得工资计算，包括计时工资或者计件工资以及奖金、津贴和补贴等货币性收入。依此解释，作为经济补偿金计算基数的月工资外延与劳动法上的劳动报酬概念应为一致。《劳动合同法实施条例》未对《劳动合同法》第 82 条作为用人单位法定责任的 2 倍工资予以解释。实务中亦有争议，有的认为是劳动者每月实际获得工资的 2 倍；也有观点认为是

案例7-3

劳动者每月正常工作时间工资的2倍。[1]（参见案例7-3）

四、工资形式

工资形式是计量劳动和支付工资的形式。在符合国家法律要求的前提下，工资具体采取什么形式，属于雇主工资分配权范畴，由雇主根据自身发展状况、追求目标以及劳工的劳动差别等情况进行自主选择。我国现行的工资形式主要有计时工资、计件工资两种基本形式和奖金、津贴两种辅助形式，另外，在一定范围内还实行年薪制。当然随着市场经济的深入发展，企业工资形式越来越多样化，如年终奖、年终双薪、绩效工资等，浮动性、间接性给付以及预留性给付在劳动者劳动报酬构成中所占的比例越来越大。[2]

（一）基本工资形式

1. 计时工资。计时工资是按照单位时间工资率（即计时工资标准）和工作时间支付劳动者个人工资的一种形式，可见，单位时间工资标准和工作时间是决定计时工资数量的两个因素。计时工资可以分为月工资、周工资、日工资、小时工资、等类型。计时工资以时间为计算单位，操作简单易行，容易确定，适用面广，任何用人单位和工种均可适用，但工资报酬无法完全和劳动的数量和质量相挂钩。

2. 计件工资。计件工资是指按照劳动者完成的合格产品的数量和预先规定的计件单位计算工资的形式。其核心是计件单价，即生产某一产品或完成某一单位工作的应得工资额。计件单价预先确定，劳动者劳动成果的不同直接影响工资数量的差别。计件工资以劳动成果计算，能够使劳动成果与劳动报酬直接联系起来，较为准确地反映和肯定劳动贡献差别，更好地体现了按劳分配的原则，具有鼓励和刺激劳动的作用；但确定成果必须要统计数量和检定质量，容易因追求数量而忽视质量，甚至影响安全生产。计件工资的适用范围不具有普遍性，只能适用于具备一定条件的企业和岗位。

（二）辅助工资形式

1. 奖金。奖金是指支付给劳动者的超额劳动或增收节支实绩所支付的奖励性报酬，是对有效超额拉动的奖励。奖金通过其激励功能的发挥，可以调动劳动者的生产积极性，更好地体现按劳分配的原则。按照不同的标准，可以对奖金进行不同的分类：奖金有多种类型，可分为月度奖金、季度奖金和年度奖金；经常性奖金和一次性奖金；集体奖金和个人奖金；综合奖金和单项奖金（如超产奖、安全奖、节约奖等）。目前很多用人单位把奖金作为经济性发放超额工资的一种方式，适用奖金必须确定奖励的条件和奖励的标准。奖金发放的条件一般由用人单位内部劳动规则或集体合同规定，一般在规则或合同中都要明确劳动定额，只有超过定额才能获得奖金；同时奖励的标准也需要明确、具体、可操作并且应予以公示。

---

〔1〕 主要参见侯玲玲："劳动法上工资之界定"，载《人民司法》2013年第11期。

〔2〕 主要参见侯玲玲："劳动法上工资之界定"，载《人民司法》2013年第11期。

2. 津贴和补贴。津贴是指补偿劳动者在特殊条件下的额外劳动消耗和额外生活支出的工资补充形式。它的性质主要表现在对额外劳动消耗和生活支出的一种补偿，在我国的工资构成中发挥着补偿的功能。从另一个角度看，由于津贴对于特殊的工作岗位和工作条件进行了补偿，可以提高人们从事这类工作的意愿，促使更多的人加入艰苦条件的工作行列，因此，它也具有一定程度上协调人力资源的合理布局的作用。

依据津贴的设置目的和所起的作用，可以将我国现行的津贴分为以下几大类：①为补偿劳动者额外劳动消耗而设置的津贴，如高空作业津贴、高温津贴、夜班津贴。②为补偿职工特殊劳动和生活费额外支出的双重性而设置的津贴，如林区津贴、山区津贴、驻岛津贴、艰苦气象站津贴、船员津贴、外勤工作津贴、铁路乘务津贴，以及为鼓励职工到艰苦地方去工作而设置的津贴等。③为保障职工身体健康而设置的津贴，如对从事粉尘、高压、有毒有害气体、接触放射性物质和从事潜水作业等工作发放的保健津贴、医疗卫生津贴等。④为激励职工钻研技术，努力工作而设置的津贴，如科研津贴、优秀运动员津贴、体育津贴等。⑤为维护社会所需要的工作的正常进行而设置的津贴，如环卫工人、物资回收工人所享有的津贴等。⑥为补偿职工的特殊贡献而设置的奖励性津贴，如对做出突出贡献的专家、学者和科技人员的政府特殊津贴等。（参见案例7-4）

补贴是为了保障劳动者的工资水平不受特殊因素的影响而支付给劳动者的劳动报酬，属于一种临时性的工资辅助，目的是保障劳动者的生活免受较大的冲击。如为了保证职工工资水平不受物价上涨或变动的影响而支付的各种补贴，如煤价补贴、房贴、水电贴等。补贴与劳动者的劳动没有直接关系，其发放根据主要是国家有关政策规定。

案例7-4

（三）年薪

年薪，是指根据用人单位的生产经营规模和业绩来确定，以企业财务年度为时间单位所支付的工资收入。在国外，它一般适用于企业高级职员。我国开始在国有企业推行年薪制，到2000年11月，劳动和社会保障部发布的《进一步深入企业内部分配制度改革指导意见》中进一步指出，要在具备条件的企业积极试行董事长、总经理年薪制。年薪作为一种特殊的工资形式，除了适用对象特殊之外，即适用于在企业中实际行使经营权并对经济效益负有职责的人员，即企业的经营者；年薪的构成也比较特殊，除了包括作为一般意义劳动力支出之补偿的基本劳动报酬外，还应包括与行使经营权和承担经营责任从而对企业经济效益起关键性作用相对应的利润分享收入。

五、工资的基本职能

工资的基本职能包括以下内容：

（一）分配职能

工资是劳动者个人消费分配的基本社会形式，劳动者所得工资额也就是社会分配给劳动者的个人消费品的份额。由全体劳动者辛勤创造的社会财富，应该按照按劳分配的原则，公平、合理地分配给每一个劳动者。在社会财富尚未极大丰富、无法实现按需分配的前提下，发挥工资的分配职能对实现社会财富的分配具有重要的意义。

（二）保障职能

工资作为劳动者的主要生活来源，其首要作用在于保障劳动者本人及其家庭的基本生活需要。工资对劳动者基本生活的保障，促进社会个体发展有着重要意义；作为劳动者个人及家庭生存和发展的物质基础，工资的及时、足额的发放，能够在保障劳动关系稳定的基础之上，进一步促进社会的和谐发展。

（三）激励作用

工资是劳动力价值的货币体现，是对劳动者所提供劳动的一种评价尺度和手段。工资水平的公平合理并不断地提高，是对劳动力价值的充分肯定，能够增强劳动者的劳动积极性，激励自主创造力的提升，提高劳动技能和专业水平，为经济发展注入活力。

（四）杠杆作用

工资是国家用来进行宏观经济调节的经济杠杆，对劳动力总体布局、人力资源市场、国民收入分配、产业结构调整等都有直接或间接的调节作用。从劳动力总体布局来看，工资作为一种市场价格信号，其水平差异和调整变化，必然会成为影响劳动力资源配置的重要杠杆；劳动力资源的流动与配置方向，一般都倾向于由工资水平低的地区或行业流向工资水平较高的地区或行业，可见其受工资水平的影响较大。

六、工资基准

（一）工资基准的概念

工资基准是指由国家立法规定的，用人单位在核算和支付劳动者工资时所应遵守的最低标准。内容包括了最低工资制度、工资保障制度以及其他工资基准制度。工资基准是劳动基准的重要组成部分。劳动基准是劳动者在劳动关系中享有的劳动条件的法定最低标准，具有法律的强制性，它集中体现了劳动立法的要求及价值取向，是国家对劳动合同的签订与履行进行监督管理的法律制度。

（二）工资基准与工资指导线

工资指导线制度是在社会主义市场经济体制下，国家对企业工资分配进行宏观调控的一种制度。1994 年《劳动法》规定："用人单位根据本单位的生产经营特点和经济效益，依法自主确定本单位的工资分配方式和工资水平。"同时又规定："工资水平在经济发展的基础上逐步提高。国家对工资总量实行宏观调控。"可见，企业确定的工资水平不仅要与企业自身效益增长水平相适应，还必须与整个社会经济发展水平相适应。这就需要政府通过某种形式来对企业工资水平的确定进行宏观调控和指导。在这样一个背景下，我国参考借鉴了新加坡等国的有益经验，制定和实施了工资指导线制度。工资指导线制度主要是由有关地区根据立法规定的基本原则，结合国家对企业工资分配的总体调控政策，综合考虑本地区当年经济增长、物价水平、人力资源市场状况及上年企业工资水平等因素，科学、合理地确定的。

[相关资料]

　　近日，北京、新疆、辽宁、山东等 14 个省份公布了 2015 年企业工资指导线。经《工人日报》记者统计发现，与去年相比，这些地区的工资指导线基准线均无上调。

　　其中，辽宁从去年的 12% 下调至今年的 8%，降幅最大。对此，中国社科院人口与劳动经济研究所所长张车伟表示，企业工资指导线的下调，一定程度上反映出当前经济增速放缓的趋势、企业用工成本上升和盈利水平下降的现状。随着经济增速放缓，工资上涨的空间也随之收紧。下一步要想增强企业的涨薪动力，需从改善经营环境着手，比如税费的优惠、减免等。[1]

（三）工资基准与工资自决、工资集体协商

企业享有包括工资分配自主权在内的生产经营自主权。企业工资自决是企业根据自身的生产经营特点、经济效益以及劳动者的劳动技能和贡献等因素所确定的适合自身情况的工资分配方式和工资水平。《劳动法》第 47 条规定："用人单位根据本单位的生产经营特点和经济效益，依法自主确定本单位的工资分配方式和工资水平。"虽然工资自决是企业经营自主权的一项重要内容，但企业在决定工资水平时绝对不能低于法定的最低标准。《劳动法》第 48 条规定："国家实行最低工资保障制度。最低工资的具体标准由省、自治区、直辖市人民政府规定，报国务院备案。用人单位支付劳动者的工资不得低于当地最低工资标准。"而工资集体协商是指职工代表与企业代表依法就企业内部工资分配制度、工资分配形式、工资收入水平等事项进行平等协商，在协商一致的基础上签订工资协议的行为。《劳动合同法》第 51 条规定："企业职工一方与用人单位通过平等协商，可以就劳动报酬、工作时间、休息休假、劳动安全卫生、保险福利等事项订立集体合同。"工资集体协商有利于协调劳动关系，在企业和劳动者的法律意识和法制水平不高，人力资源市场供大于求，劳动者难以实现充分就业等前提下，通过工资集体协商制约企业工资自决权的行使，以保障劳动者劳动报酬权利的充分实现就显得格外重要。因此，必须在确立企业工资自决的同时确立和推行工资集体协商制度。但职工代表与企业代表必须依法进行协商，所确定的工资标准同样不能低于法定最低标准。《劳动合同法》第 55 条规定："集体合同中劳动报酬和劳动条件等标准不得低于当地人民政府规定的最低标准；用人单位与劳动者订立的劳动合同中的劳动报酬和劳动条件等标准不得低于集体合同规定的标准。"可见，工资基准是工资自决和集体协商的基础和标准。值得强调的

---

〔1〕　杨召奎："14 省份公布 2015 年企业工资指导线"，载《工人日报》2015 年 8 月 19 日。

是，工资自决权除了受到工资基准、集体合同的约束之外，还必须经过法定的程序

和方式听取工会和职工代表的意见，在协商的基础上由用人单位来确定。《劳动合同法》第4条规定："用人单位在制定、修改或者决定有关劳动报酬、工作时间、休息休假、劳动安全卫生、保险福利、职工培训、劳动纪律以及劳动定额等直接涉及劳动者切身利益的规章制度或者重大事项时，应当经职工代表大会或者全体职工讨论，提出方案

案例7-5

和意见，与工会或者职工代表平等协商确定。"（参见案例7-5）

［探究］

　　工资自决权只是意味着用人单位可以自行和劳动者进行约定，并不是用人单位单方行为。

第二节　最低工资制度

一、最低工资概述

　　最低工资制度是以保障劳动者及其家庭成员基本生活需要而建立的法律制度，主要通过确定和强制推行最低工资标准来实现。最低工资，是指劳动者在法定工作时间或依法签订的劳动合同约定的工作时间之内提供了正常劳动的条件下，由用人单位在最低限度内应当支付的足以维持劳动者及其平均供养人口基本生活需要的劳动报酬，即工资的法定最低限额。可见，最低工资需要有三个条件：首先，劳动者在法定工作时间或依法签订的劳动合同约定的工作时间之内提供了正常劳动。在这里"正常劳动"是指劳动者按依法签订的劳动合同的约定，在法定工作时间或劳动合同约定的工作时间内从事的劳动。劳动者在依法享受带薪年休假、探亲假、婚丧假、生育（产）假、节育手术假等国家规定的假期内，以及法定工作时间内依法参加社会活动，视为提供了正常劳动，并适用最低工资保障的规定。其次，最低工资标准是由政府直接确定的，不能由劳动关系双方当事人自主协商。2004年原劳动和社会保障部的《最低工资规定》及《劳动法》第48条就规定："国家实行最低工资保障制度。最低工资的具体标准由省、自治区、直辖市人民政府规定，报国务院备案。"最后，最低工资是劳动者获得工资的底线，只要劳动者提供了正常劳动，用人单位向劳动者支付的工资数额就不得少于法定最低工资标准。否则，约定无效，并按最低工资标准执行。（参见案例7-6）

　　最低工资是由法律所允许的劳动报酬项目所组成。一般说来，只要劳动者在法定工作时间或劳动合同约定的工作时间内从事劳动得到的实际劳动报酬都应当作为最低工资的组成部分，包括基本工资、奖金、津贴、补贴等。根据《最低工资规定》第12条的规定和1994年

案例7-6

原劳动部《关于实施最低工资保障制度的通知》中的规定，以下劳动

收入不属于最低工资范畴：加班加点工资；中班、夜班、低温、井下、有毒有害特殊工作环境、条件下的津贴；法律、法规和国家规定的劳动者福利待遇等（福利待遇在现阶段主要包括：企业对职工进行培训的费用；因执行国家有关劳动安全卫生方面的规定而发放给职工的防护用品及企业自身的各项用品；职工所得的计划生育补贴、特别困难补贴等；因住房改革发给职工的住房补贴；企业为职工交纳的社会保险费等）；用人单位通过贴补伙食、住房等支付给劳动者的非货币性收入；劳动者所得的非经常性奖金，如竞赛奖、体育奖、合理化建议奖。

[探究]

　　最低工资额与用人单位的单位相同岗位最低档工资是两个不同的概念。《劳动合同法》第20条规定："劳动者在试用期的工资不得低于本单位相同岗位最低档工资或者劳动合同约定工资的80%，并不得低于用人单位所在地的最低工资标准。"

最低工资制度是一项重要的劳动法律制度，是建立我国人力资源市场的基本条件。由于劳资双方利益追求的不同，以及人力资源市场的供求状况等因素的影响，必然会导致自由市场中的工资水平存在下降的可能。这就需要国家建立制度来保障劳动者的劳动报酬权的实现。最低工资制度作为国家干预分配的一项制度，既是对劳资双方契约自由的一定限制，又是对市场调节工资缺陷的弥补，更是对劳动者弱势地位的救济。而且，能保证人力资源市场的健康运行，以维护劳动者及其家庭的基本生活需要。另一方面，最低工资标准的确立，可以确保市场中的企业成本付出基本平衡，减少了为了获取竞争优势而随意压低工资的动机，能够在一定程度上促进公平竞争。

二、最低工资立法的产生和发展

最低工资立法，是劳工与雇主长期斗争的结果。早在19世纪末，新西兰就颁布了有关最低工资保障的立法，即1894年的《产业仲裁法》，但该法只是关于劳动争议仲裁的一般法律，还不能算作最低工资的专门立法。作为专门的最低工资立法开端的是澳大利亚维多利亚州1896年颁布的试行性的最低工资法令，该法令到1903年经修改被议会批准成为该州永久性法律，这之后，其他各州也开始相继实行最低工资制度。到1919年底，英、美、法、加拿大、挪威、瑞士、阿根廷等国家先后颁布了最低工资法。到目前为止，几乎所有的西方发达国家以及一些发展中国家，都颁布了保障最低工资的法律。最低工资立法的发展除了实施最低工资法的国家的增加，还表现在最低工资法适用范围的不断扩大，从早期只适用于女工、童工和非熟练工人，之后逐步发展到几乎包括了所有行业、职业或工种的劳工。现代的最低工资立法，除了保障劳动者及其家人的基本生活需要之外，还具有促进社会进步和经济发展的目的。这种立法目的，直接反映了国家对用人单位工资分配的干预是国家对劳资关系"自由原则"加以限制的必然结果。如日本《最低工资法》第1条规定，最低工资法可以"保证低工资工人的最低工资额，谋求改善劳动条件，安定工人生活，提高劳动力素质，确保企业公正的竞争，同时有助于经济发展……"与此同时，最低工资立法的国际化也在加强，凸显了最低工资立法的重要性。国际劳工组织已经通过了两个以普通产业为对象的最低工资公约，即1928年通过的第26号公约《确定最低工资办法的制订公约》和1970年通过的第131号公约《特别参照发展中国家情况确定最低工资公约》，这些公约明确要求各成员国应当承担最低工资立法的任务。我国已于1984年5月批准了第26号公约。2008年，国际劳动组织首次发表了《全球工资报告》，2010年12月，国际劳工组织《2010－2011年全球工资报告》正式发布。报告呼吁各国切实提高工资水平和最低工资。

早在1948年8月，中共中央就工资问题给东北局的指示曾指出，最低工资应保证维持连同本人在内的两个人的生活费。同年，在哈尔滨召开的第六次全国劳动大会通过的《关于中国职工运动当前任务的决定》中也规定："必须保障任何普通职工的最低生活水准，即职工最低工资，连本人在内，要能维持两个人的生活"。1949年9月的《共同纲领》更进一步明确规定，人民政府应按照各地各行业情况规定最低工资。尽管我国在建国初期非常重视最低工资立法，但是，由于1952年和1956年的工资改革，在全国建立了统一的等级工资制度，加之用工制度单一，几乎所有的职工都是按统一的工资等级和工资标准领取工资，最低工资名存实亡。直到1993年，随着社会主义市场经济的推行，企业或经济组织拥有了工资分配的自主权，为了维护劳动者的劳动报酬权益，劳动部于1993年11月24日颁布了我国第一部全国性最低工资法规——《企业最低工资规定》，1994年《劳动法》又从基本法的角度明确规定了实行最低工资保障制度，并原则性地规定了有关最低工资标准的确定问题。为进一步完善我国的最低工资保障法律制度，在《劳动法》正式生效实施之前，劳动部又发出了《关于实施最低工资保障制度的通知》，并与《劳动法》同时开始实施。2004年1月20日，原劳动和社会保障部公布《最低工资规定》，对我国最低工资保障制度做了更为完整和具体的规定，该规定于2004年3月1日起实施。2015年国务院政府工作报告中指出："完善最低工资标准调整机制。"近年来，我国各地方最低工资的规范性文件也不断完善。

[探究]

关于最低工资标准的争议：观点一：最低工资标准除了会扭曲市场资源配置的功能，更主要的是，上调最低工资标准增加了企业劳动力成本，会对企业尤其是利润率低的中小企业产生致命打击，导致企业裁员，加剧失业，使得本应受政策保护的弱势劳动群体难以进入劳动力市场，违背了最低工资立法的初衷。观点二：适时制定标准适度的最低工资从整体来看并不会对中小企业产生较大的负面效应，反而会引导企业依靠改进经营管理和技术创新来提高竞争力，为企业提升产业层次、转变经济增长方式提供机遇和可能。

三、最低工资标准的确定

最低工资标准是单位劳动时间的最低工资数额，是支付工资时不得低于的法定下限，以满足劳工的最低生活需要。一般采用月最低工资标准和小时最低工资标准两种形式，分别适用于全日制就业劳动者和非全日制就业劳动者。确定最低工资标准主要有两种模式：一是由国家立法直接规定统一的最低工资标准供所有地区和行业使用；二是国家立法不直接规定统一的标准，而只规定确定最低工资标准的原则和具体规则，同时授权各地区确定自己区域内的最低工资标准。我国目前采取的就是这种模式。主要是在我国现阶段，各地区经济发展和生活水平差异较大，无法实行全国统一的最低工资标准，只能由各地区根据自己的具体情况予以确定，因此，《劳动法》第48条规定："最低工资的具体标准由省、自治区、直辖市人民政府规定，报国务院备案。"2004年的《最低工资规定》第7条又进一步规定，省、自治区、直辖市范围内的不同行政区域可以有不同的最低工资标准。

（一）工资标准的确定程序

依据《劳动法》《最低工资规定》，最低工资标准的确定，实行三方民主协商原则，即在国务院劳动行政主管部门指导下，由省级人民政府劳动行政主管部门会同同级工会、企业家协会研究确定。具体程序为：最低工资标准的确定和调整方案，由省、自治区、直辖市人民政府人力资源和社会保障行政部门会同同级工会、企业联合会或企业家协会研究拟订，并将拟订的方案报送人力资源和社会保障部。方案内容包括最低工资确定和调整的依据、适用范围、拟订标准和说明；人力资源和社会保障部在收到拟订方案后，应征求全国总工会、中国企业联合会或企业家协会的意见。人力资源和社会保障部对方案可以提出修订意见，若在方案收到后14日内未提出修订意见的，视为同意；省、自治区、直辖市人力资源和社会保障行政部门应将本地区最低工资标准方案报省、自治区、直辖市人民政府批准，并在批准后7日内在当地政府公报上和至少一种全地区性报纸上发布；省、自治区、直辖市人力资源和社会保障行政部门应在发布后10日内将最低工资标准报人力资源和社会保障部。

（二）最低工资标准的确定因素

国际劳工组织1970年第131号公约《特别参照发展中国家情况确定最低工资公约》对确定最低工资标准所应依据和考虑的因素有两点规定：①工人及其家庭的必需品，需考虑该国的一般工资水平、生活费、社会保障津贴，以及其他社会阶层的相应生活标准；②经济因素，包括经济发展的要求，生产率水平，获得和维持高水平就业的需要。这两点规定基本上为各国最低工资立法所接受，但关于制约最低工资标准之要素，各国立法规定却不尽相同。[1]

我国《劳动法》第49条以及《最低工资规定》规定，最低工资标准的确定和调

---

〔1〕 参见王全兴主编：《劳动法》，法律出版社2008年版，第295页。

整应综合考虑的因素主要包括：

1. 劳动者本人及平均赡养人口的最低生活费用。实行最低工资保障的直接目的就是确保劳动者所得工资足以维持基本生活需要。因此，最低工资标准不应低于劳动者本人的最低生活费用及其所平均赡养人口的最低生活费用。确定劳动者本人最低生活费用时，应依据特定地区劳动者的平均最低标准加以确定。"最低生活费用"从组成项目上来看，应是劳动者本人及平均赡养人口为维持最低生活需要而必须支付的费用，包括衣、食、住、行等方面所需的最低费用。

2. 社会平均工资水平。最低工资标准应低于社会平均工资水平，但应高于职业保险金、社会救济金标准。在两者之间为最低工资找一个平衡点，国际上，一般最低工资标准相当于平均工资的40%～60%。

3. 劳动生产率。不同地区、不同行业之间的劳动生产率不同，在单位劳动时间对社会的劳动贡献存在差别，即意味着各地区、各行业用人单位对支付最低工资的平均承受能力不一样，因此，最低工资标准可以有所不同。

4. 就业状况。就业状况同劳动者的劳动收入和生活负担有关，并且影响劳动者的最低工资需求，与整个部门和地区的工资水平有一定的关系。最低工资标准应当有利于促进更多人实现就业。

5. 地区之间经济发展水平的差异。我国幅员辽阔，各地区之间经济发展水平不平衡，在经济发展不同的地区，最低工资标准也应有适当的地区差异。

6. 地区职工生活费用价格指数。在最低工资标准发布实施后，如果上述因素发生变化或者本地区职工生活费用价格指数累计变动较大时，应当适时进行调整，但每年不得超过一次。

7. 职工个人缴纳的社会保险费和住房公积金因素。我国立法要求，为保障职工基本生活和保证社会保险费征缴工作顺利进行，各地在制定和调整最低工资标准时，应考虑职工个人缴纳社会保险费因素。

另外，在确定和调整小时最低工资标准时，应在颁布的月最低工资标准的基础上，考虑本单位应缴纳的基本养老费和基本医疗保险费因素，同时还应适当考虑非全日制劳动者在工作稳定性、劳动强度和劳动条件、福利等方面与全日制就业人员之间的差异。

（三）最低工资标准的测算办法

确定最低工资标准的具体测算方法，国际上通用的有比重法、恩格尔系数法、累加法、超必需品剔除法、平均数法、生活状况分析法、分类综合计算法八种。根据我国《劳动法》以及《最低工资规定》，我国目前确定的关于最低工资标准的测算办法有两种：

1. 比重法。即根据城镇居民家计调查资料，确定一定比例的最低人均收入户为贫困户，统计出贫困户的人均生活费用支出水平，乘以每一就业者的赡养系数，再加上一个调整数。

2. 恩格尔系数法。即根据国家营养学会提供的年度标准食谱及标准食物摄取量，结合标准食物的市场价格，计算出最低食物支出标准，除以恩格尔系数，得出最低生活费用标准，再乘以每一就业者的赡养系数，再加上一个调整数。

以上方法计算出月最低工资标准后，再考虑职工个人缴纳社会保险费、住房公积金、职工平均工资水平、社会救济金和失业保险金标准、就业状况、经济发展水平等进行必要的修正。

（四）最低工资标准的调整

最低工资标准并非一成不变，如确定最低工资标准的各项因素发生了变化，或本地区职工生活费用价格指数累计变动较大时，应当适当调整，这样才能发挥其应有的保障功能。最低工资每两年至少调整一次，调整的权限、方式、程序、公布的办法按照确定时的规定进行。

［相关资料］

近日，云南、河南等地公布上调 2015 年最低工资标准。据中国经济网记者不完全统计，截至 2015 年 8 月 15 日，全国至少已有 18 个省区上调了 2015 年最低工资标准。

调整之后，上海月最低工资标准为 2020 元，此外，据了解，深圳市最低工资标准已调高至 2030，均超过 2 千元大关。而海南最低，仅 1270 元，但同时海南的物价水平涨幅也是其中较低的，据中国经济网记者了解，7 月份海南 CPI 仅上涨 0.8%。跟工资标准最高的深圳、上海相差近 2 个百分点。

小时工资方面，上海、广东、天津、北京均超过了 18 元，最高的是北京，达到 18.7 元。最低的为海南，仅为 11.2 元。[1]

四、最低工资的适用范围

最低工资标准是强行性的标准，不允许随意变通和规避。最低工资的适用范围一般涉及最低工资适用的劳动者范围、期限范围和劳动种类范围三方面内容。

（一）最低工资适用的劳动者范围

最低工资适用的劳动者范围，即哪些劳动者应当受到最低工资制度的保障。按照国际劳工组织第 131 号公约和第 135 号公约的要求，发展中国家把雇佣条件理应予以保护的各种产业都纳入最低工资标准的保护范围，尽可能小地限制不适用最低工资标准的产业范围。根据《劳动法》第 2 条和《最低工资规定》第 2 条，凡在中华人民共和国境内的企业、民办非企业单位、有雇工的个体工商户和与之形成劳动关系的劳动者，国家机关、事业单位、社会团体和与之建立劳动合同关系的劳动者，均应适用最低工资标准。

---

〔1〕 "18 省区上调 2015 最低工资标准黑龙江已两年未调整"，载 http://district. ce. cn/zg/201508/15/t20150815_6229432. shtml.

依据法律法规，被排除在最低工资适用范围之外的劳动者主要有：①国家公务人员和参照公务员法管理的事业单位的职工，这些人员以政府为雇主，工资是由国家直接规定并支付，工资水平远高于维护期基本生活的水平，因此，不存在最低工资保障的需要；②某些公益团体（如宗教机构、慈善机构）的职员，这类机构的职员从事公益事业往往不是以获取报酬为目的，也不适用最低工资保护；③农民，我国农村目前主要实行以家庭为单位的联产承包责任制，农业劳动多以家庭的组织形式进行，通常不存在工资发放问题，因此，既不属于《劳动法》调整的范围，更不应纳入最低工资保障的对象范围；④军人，由于依法具有服兵役义务的性质，也不适用最低工资保障制度；⑤学徒工、假期临时就业的学生。学徒工在学徒期间无法提供正常劳动，勤工俭学的学生主要任务是学习，一般无供养责任，因此，也无需给予最低工资保障；⑥残疾人。各国对残疾人劳动者是否纳入最低工资保障范围的规定不同，但一般认为其劳动能力低下，如实行最低工资保障，就有可能使用人单位在同等条件下倾向于雇佣身体和精神正常者，从而增加其就业的难度。但从我国劳动立法的规定来看，只要残疾人劳动者和我国劳动法适用范围内的用工主体建立了劳动关系，就应当适用最低工资保护。这对于保障残疾人、保障劳动者本人及其赡养人口的最低生活需要具有比其他正常劳动者更重要的意义。

[相关资料]

　　英国《每日电讯报》10月16日报道，英国内阁负责社会福利事务的罗德·弗洛伊德（Lord Freud）近日发言称残疾人不配享受最低工资待遇，遭英国首相卡梅伦公开斥责后就此言论道歉，并承认此举或带有攻击性。

（二）最低工资适用的时间范围

最低工资适用的时间范围，是指劳动者在哪些时间内从事劳动，才能享受最低工资制度的保障。按照《最低工资规定》，劳动者享受最低工资保障的时间范围，应是在法定的劳动时间或依法签订的劳动合同约定的时间之内。按照这一标准，下述几种情形不适用最低工资保护：①劳动者在法定的劳动时间或依法签订的劳动合同约定的时间之内有迟到、早退、旷工等违纪行为；②劳动者在下岗待业期间；③劳动者患病或非因工负伤治疗期间，在规定的医疗期内由企业按不能低于最低工资标准的80%的标准支付其病假工资或疾病救济费；④处于非带薪假期间，如事假等；⑤离岗培训期间。如果是经企业或用人方同意或者派往培训学习，应当享有最低工资保障权。（参见案例7-7）

（三）最低工资适用的劳动种类范围

最低工资适用的劳动种类范围，是指劳动者在法定劳动时间内或依法签订的劳动合同约定的时间之内，提供哪些种类的劳动有权享受最低工资保障。根据世界各国通行惯例和我国《最低工资规定》，劳动者只有在法定劳动时间内或依法签订的劳动合同约定的工作时间内，

案例7-7

提供了正常劳动的，才有权享受最低工资保障。同时，劳动者因探亲、婚丧假、生育（产）假、带薪年休假等按国家规定的休假期间，以及依法参加国家和社会活动，视为提供了正常劳动，适用最低工资保障规定。劳动者在法定工作时间或依法签订的劳动合同约定的工作时间内未提供正常劳动。如果不是由于本人原因造成的，用人单位也应当按照不低于最低工资标准的要求向劳动者支付工资。

五、最低工资的计算和支付

（一）最低工资的计算

计算最低工资，应当严格按照国家有关规定进行。目前，我国计算最低工资应剔除下列各项：①延长工作时间工资；②中班、夜班、高温、井下、有毒有害等特殊工作环境、条件下的津贴；③法律、法规和国家规定的劳动者福利待遇等。另外，以货币形式支付的住房和用人单位支付的伙食补贴也不应包括在最低工资范围内。

（二）最低工资的支付

根据《劳动法》第48条第2款和《最低工资规定》，在劳动者提供了正常劳动的情况下，用人单位支付给劳动者的工资在剔除上述各项后不得低于当地最低工资标准。实行计件工资或提成工资等工资形式的用人单位，在科学合理地确定劳动定额的基础上，其支付劳动者的工资不得低于相应的最低工资标准。

根据《劳动部关于贯彻执行〈中华人民共和国劳动法〉若干问题的意见》，劳动者与用人单位形成或建立劳动关系后，试用、熟练、见习期间，在法定工作时间内提供了正常劳动，其所在的用人单位应当支付其不低于最低工资标准的工资。因劳动者本人原因给用人单位造成经济损失的，用人单位可按照劳动合同的约定要求赔偿经济损失并可从劳动者本人的工资中扣除。若扣除后的剩余工资部分低于当地月最低工资标准，则按照最低工资标准执行。《劳动合同法》第20条规定："劳动者在试用期的工资不得低于本单位相同岗位最低档工资或者劳动合同约定工资的80%，并不得低于用人单位所在地的最低工资标准。最低工资应当以货币形式支付，不得以实物或有价证券形式替代货币支付。"

第三节 工资保障制度

我国工资保障法律制度的基本内容包括工资水平保障制度、工资支付保障制度两方面内容。

一、工资水平保障制度

工资水平保障制度是为了保障劳动者的实际工资水平不下降，并在现有基础之上不断提高做出的制度设计，它决定了劳动者能够获得工资数额的多少，也体现着国家一定时期内生产力发展水平的高低。实际工资是劳动者所得货币工资所能够买到的生活资料和服务的数量。工资作为分配个人消费品的主要形式，实际工资对劳动者的生活最具有意义。保障实际工资水平，就是要处理好工资与物价的关系，一方面力求把物价上升控制在较温和的程度之内，即力求避免物价剧烈的、较大幅度的上升；另一方面力求使劳动者的货币工资以至少不低于物价上涨的幅度上升，并尽可能使劳动者的货币工资的增长率大于物价的上涨率。这正是劳动法中实际工资的保障问题。可见，实际工资保障较之最低工资保障和工资支付保障，对劳动者提供了更高水平的保护。

在西方国家，处理工资与物价的关系的法定方式主要是劳资双方的工资谈判和工资物价指数化，即物价随着生活消费品价格指数增加而提高。在我国，处理工资与物价关系的基本方式有：①工资调整。即国家在大幅度调价的同时，进行工资普调，以弥补劳动者因调价而受到的实际工资损失。②物价补贴。在劳动法意义上，仅指在大幅度调价的同时，通过财政支出或企业支出渠道，以货币形式向劳动者发放补贴。它可以是根据物价总水平的上涨幅度及居民生活费指数上涨幅度等因素给予补贴。这两种方式都是在物价主要由国家调整的条件下所采用的。而按市场经济的要求，物价变动应由市场调节，这就大大增加了采用上述两种方式的局限性。随着2000年《工资集体协商试行办法》的通过，我国开始试行工资谈判制度，这种方式灵活性较大，能够适应市场经济的波动，同时也有利于发挥劳动者和企业双方对物价上涨和工资增长的相互制约作用。但我国目前集体合同制尚不完备，作为劳动者利益代表的工会组织缺乏独立地位和谈判实力，在国家还没有一套完整的指导、协调工资谈判的机制的前提下，要想真正发挥工资集体谈判的作用存在难度。这就需要通过不断完善我国集体劳动关系的协调机制，以实现劳动者的各项权益。

二、工资支付保障制度

工资支付是用人单位在劳动者有效地完成本职工作任务的前提下，依法或按照劳动合同的约定向劳动者支付劳动报酬的法律行为。工资支付一方面可以清偿工资给付债务，协调劳动关系；另一方面可以通过切实工资支付，实现工资的生活保障功能。工资支付保障制度，是对职工获得全部应得工资及其所得工资支配权的保障。我国《劳动法》《工资支付暂行规定》以及《对〈工资支付暂行规定〉有关问题的补充规定》等有关规定，都有关于工资支付保障的规则。工资支付保障主要包括工资的一般支付保障、特殊情况下的工资支付保障、工资支付的资金来源保障等。

（一）工资支付的一般规则

1. 货币支付规则。工资应当以法定货币形式支付给劳动者本人，不得以实物及有价证券替代货币支付。我国法律一律要求工资支付必须以货币形式，凸显基准法的强行性的特点，也是确保劳动者工资受领的便利与安全。

2. 直接支付规则。该规则要求用人单位应将工资直接支付给劳动者本人，不能随意支付给其他人。但当劳动者本人因故不能领取工资时，可由其亲属或委托他人代领。用人单位可委托银行代发工资。被派遣劳动者工资可由派遣单位直接支付，也可由派遣单位委托用工单位支付。

3. 定期支付规则。工资必须在用人单位与劳动者约定的日期支付。如遇节假日或休息日，则应提前在最近的工作日支付。工资至少每月支付一次，实行周、日、小时工资制的可按周、日、小时支付工资。但非全日制用工工资支付结算周期最长不超过 15 天。对完成一次性临时劳动或某项具体工作的劳动者，用人单位应按协议在完成劳动任务后即行支付；劳动关系依法解除或终止时，用人单位应在解除或终止劳动关系时一次性付清工资。

4. 足额支付规则。即法定或约定应当支付给劳动者的工资项目和工资额，必须全部支付，不得克扣或无故拖欠。"克扣"系指用人单位无正当理由扣减劳动者应得工资（即在劳动者已提供正常劳动的前提下用人单位按劳动合同规定的标准应当支付给劳动者的全部劳动报酬）；而"无故拖欠"系指用人单位无正当理由超过规定付薪时间未支付劳动者工资。

5. 严禁非法克扣或拖欠劳动者工资规则。为了保护劳动者的合法权益，工资支付必须遵循足额支付的规则，不得无故克扣或拖欠，根据《劳动法》、原劳动部的《工资支付暂行规定》《对〈工资支付暂行规定〉有关问题的补充规定》等，用人单位不得克扣或拖欠劳动者的工资。但在法律有明确规定的情况下，用人单位可依法扣减或拖欠劳动者工资，即只有在法定允许扣减或拖欠工资的情况下，才可以扣减或拖欠工资。

依据法律规定，允许扣除劳动者工资的情形包括：①用人单位代扣代缴的个人所得税；②用人单位代扣代缴的应由劳动者个人负担的各项社会保险费用；③法院判决、裁定中要求代扣的抚养费、赡养费；④因劳动者本人原因给用人单位造成经济损失的，用人单位可按照劳动合同的约定要求赔偿损失；经济损失的赔偿，可从劳动者本人的工资中扣除，但每月扣除的部分不得超过劳动者当月工资的 20%；若扣除后的剩余工资部分低于当地月最低工资标准，则按最低工资标准支付；⑤其他法定可以扣除的情形。（参见案例 7-8）

依照法律规定，允许用人单位减发工资的情形包括：①国家法律、法规中有明确规定的；②依法签订的劳动合同中有明确规定的；③用人单位依法制定并经职代会批准的厂规、厂纪中有明确规定的；④企业工资总额与经济效益相联系，经济效益下浮时，工资必须下浮的（但支付给劳动者的工资不得低于当地的最低工资标准）；⑤因劳动者请事假等相应减发工资。

案例 7-8

用人单位应当依法及时支付劳动者的报酬，不得没有正当理由超出付薪时间不支付劳动者工资。按照《工资支付暂行规定》的补充规定，下列情形不属于拖欠工资：①用人单位遇到非人力所能抗拒的自然灾害、战争等原因，无法按时支付工资；②用人单位确因生产经营困难，资金周转受到影响，在征得本单位工会同意后可暂时延期支付劳动者工资，延期时间的最长期限可由省、自治区、直辖市劳动行政部门根据当地情况确定。其他情况下拖欠工资均属无故拖欠。（参见案例 7-9）

案例 7-9

6. 违反工资支付规则的处理。

(1)《劳动保障监察条例》的规定。根据 2004 年 11 月 1 日国务院发布的《劳动保障监察条例》第 26 条的规定，用人单位有克扣或者无故拖欠劳动者工资报酬、支付劳动者的工资低于当地最低工资标准等行为之一的，由劳动保障行政部门分别责令限期支付劳动者的工资报酬、劳动者低于当地最低工资标准的差额；逾期不支付的，责令用人单位按照应付金额 50% 以上 1 倍以下的标准计算向劳动者加付赔偿金。[1]

(2)《刑法修正案（八）》的规定。2011 年 5 月 1 日起施行的《刑法修正案（八）》第 41 条（作为《刑法》第 276 条之一内容）增设了"拒不支付劳动报酬罪"，规定："以转移财产、逃匿等方法逃避支付劳动者的劳动报酬或者有能力支付而不支付劳动者的劳动报酬，数额较大，经政府有关部门责令支付仍不支付的，处 3 年以下有期徒刑或者拘役，并处或者单处罚金；造成严重后果的，处 3 年以上 7 年以下有期徒刑，并处罚金。单位犯前款罪的，对单位判处罚金，并对其直接负责的主管人员和其他直接责任人员，依照前款的规定处罚。有前两款行为，尚未造成严重后果，在提起公诉前支付劳动者的劳动报酬，并依法承担相应赔偿责任的，可以减轻或者免除处罚。"加大了对恶意欠薪行为的打击力度。

(3)《关于审理拒不支付劳动报酬刑事案件适用法律若干问题的解释》的规定。2013 年 1 月 22 日，最高人民法院发布了《关于审理拒不支付劳动报酬刑事案件适用法律若干问题的解释》（以下简称《解释》），针对拒不支付劳动报酬罪所涉及的术语界定、定罪量刑标准、单位犯罪等问题，进一步明确了相关刑事案件的法律适用标准，对于切实维护劳动者合法权益和社会公平正义，促进社会和谐具有重要意义。《解释》共 9 条，主要包括以下内容：明确了"劳动者的劳动报酬"的具体含义；明确了"以转移财产、逃匿等方法逃避支付劳动者的劳动报酬"的认定标准；明确了"经政府有关部门责令支付仍不支付"的认定标准，特别对行为人逃匿情形下"经政府有关部门责令支付"的内涵作了规定，以便于司法实务操作；明确了拒不支付劳动报酬罪的定罪量刑标准，对"数额较大""造成严重后果"的认定标准作了解释；明确了拒不支付劳动报酬罪的从宽处罚情形，以最大限度地发挥刑法的威慑和教育功能，充分维护劳动者权益；明确了拒不支付劳动报酬罪的主体范围、单位犯罪等问题。

除了以上规则之外，我国劳动立法还对工资支付凭证做出了要求，目的是为了减少纠纷以及纠纷发生后便于查证。即用人单位必须书面记录支付劳动者工资的数额、时间、领取者的姓名以及签字，并保存两年以上备查。用人单位在支付工资时应向劳动者提供一份其个人的工资清单。

(二) 特殊情况下的工资支付规则

特殊情况下的工资支付是指依照法律、法规规定或劳动合同约定在特殊时间内

---

〔1〕《劳动合同法》第 85 条又作了相同规定。

或者特殊工作情况下给劳动者的工资支付。我国现行的特殊情况下的工资支付规则为：

1. 依法参加社会活动期间的工资支付。劳动者在法定工作时间依法参加社会活动期间，用人单位应视同其提供了正常劳动而支付工资。社会活动包括：①依法行使选举权和被选举权；②当选代表出席乡（镇）、区以上政府、党派、工会、青年团、妇女联合会等组织召开的会议；③出任人民法院证明人；④出席劳动模范、先进工作者大会；⑤《工会法》规定的不脱产工会基层委员会委员因工会活动占用的生产或工作时间；⑥其他依法参加的社会活动。

2. 法定休息期间的工资支付。用人单位根据实际需要安排劳动者在法定标准工作时间以外工作应当按照法定的标准向劳动者支付工资，即支付劳动者的加班加点工资。加班是指在法定节日、公休假日从事工作。加点是指在一个工作日内延长工作时间。根据《劳动法》第44条的规定，有下列情形之一的，用人单位应当按照下列标准支付高于劳动者正常工作时间工资的工资报酬：①在日法定标准工作时间安排劳动者延长工作时间的，支付不低于本人小时工资标准的150%的工资报酬；②休息日安排劳动者工作又不能安排补休的，支付不低于本人日工资或小时工资标准的200%的工资报酬；③法定休假日安排劳动者工作的，支付不低于本人日工资或小时工资标准的300%的工资报酬。

实行计件工资的劳动者，在完成计件定额任务后，由用人单位安排延长工作时间的，应根据上述规定的原则，分别按照不低于其本人法定工作时间计件单价的150%、200%、300%支付其工资。

经劳动行政部门批准实行综合计算工时工作制的，其综合计算工作时间超过法定标准工作时间的部分，应视为延长工作时间，并应按本规定支付劳动者延长工作时间的工资。（参见案例7-10）

3. 法定休假期间的工资。劳动者的法定休假期间包括年休假、探亲假、婚丧假等。用人单位应按劳动合同约定的标准支付劳动者工资。

4. 停工、停产期间的工资。非因劳动者原因造成单位停工、停产在一个工资支付周期内的，用人单位应按劳动合同规定的标准支付劳动者工资。超过一个工资支付周期的，若劳动者提供了正常劳动，则支付给劳动者的劳动报酬不得低于当地的最低工资标准；若劳动者没有提供正常劳动，应按国家有关规定办理。

案例7-10

5. 关于特殊人员的工资支付规则。①劳动者受处分后的工资支付：劳动者受行政处分后仍在原单位工作（如留用察看、降级等）或受刑事处分后重新就业的，应主要由用人单位根据具体情况自主确定其工资报酬；劳动者受刑事处分期间，如收容审查、拘留（羁押）、缓刑、监外执行或劳动教养期间，其待遇按国家有关规定执行。②学徒工、熟练工、大中专毕业生在学徒期、熟练期、见习期、试用期及转正定级后的工资待遇由用人单位自主确定。③新就业复员军人的工资待遇由用人单位自主确定；分配到企业的军队转业干部的工资待遇，按国家有关规定执行。

（三）工资支付的资金来源保障

为了规范用人单位的用工行为，切实解决拖欠劳动者工资的行为，需要建立工资支付保障金制度，保障劳动者劳动报酬权的实现。目前我国工资支付资金来源保障主要由工资基金制度、工资保证金制度、欠薪支付保障制度等构成[1]。

1. 工资基金制度。工资基金是国家要求用人单位依法设置的用于一定时期（通常为一年）给全体职工支付劳动报酬的专门货币基金。为了确保工资支付，各单位工资基金的提取、存储和使用由国家统一进行管理。按照现行的规定，工资基金管理主要措施有：①建立工资基金专户。用人单位要在银行开设工资基金专项户头，专项储存构成工资总额的所有工资基金，专户中的资金只能用作工资支付，不能挪作他用。②审批工资使用计划。各用人单位按年度、季度和分月编制工资基金使用计划，报国家有关部门审批或备案。用人单位必须按计划使用工资基金，不得串项挪用，也不能提前透支。③银行监督。银行有权对用人单位工资基金的支出使用实行监督。用人单位必须向银行报送工资总额计划、工效挂钩方案、工资总额基金和工资基金使用计划。由开户行据此监督用人单位工资基金的支出使用。人力资源和社会保障行政部门与银行还可通过向用人单位核发《工资基金管理手册》来加强对工资的管理。

2. 工资保证金制度。工资保证金制度是国家强制已有或易发工资违法行为的单位依法存入劳动行政部门指定的银行账户的，专门用于用人单位违法行为时支付工资及其赔偿金的资金。我国目前法律层面未有专门的规定，但许多地方已开始试点。在进行制度设计时可包括：工资保证金应限于已有或易发工资违法行为的用人单位，如建筑施工企业等；用人单位应按法定标准一次性存入工资保证金，该标准在全国统一标准出台之前，可由各地根据本地实际情况综合各种因素确定；已存入工资保证金的用人单位存在工资违法行为的，在责令限期改正无果的前提下，要承担支付工资和赔偿金的责任，不支付的，从其工资保证金中支付，再限期用人单位补足金额达到法定标准；法定期限内用人单位未发生工资违法行为，劳动行政部门应将工资保证金予以退还。

[相关资料]

《南京市建筑业施工企业民工工资保障金管理办法》将于 2014 年 8 月 10 日起施行，原《南京市建筑业施工企业民工工资保障金管理办法（暂行）》同时废止。

3. 欠薪支付保障制度。欠薪索赔优先权，是指劳动者依法享有的对欠薪单位就其欠薪优先索赔的权利。劳动报酬作为一种特定之债，无论从形式上所反映出来的

---

[1]　参见王全兴主编：《劳动法》，法律出版社 2008 年版，第 302～305 页；郭捷主编：《劳动法》，北京大学出版社 2011 年版，第 192～193 页。

人身属性与财产属性兼而有之的特性看，还是从实质定义上所反映出来的保障生存权实质平等的价值功能看，都需要确立劳动报酬权的优先权性质。或者说，劳动报酬权的性质决定了它必须具有优先权属性。我国关于劳动报酬权的优先权立法，散见于《中华人民共和国企业破产法》《中华人民共和国海商法》《中华人民共和国航空法》《中华人民共和国合伙企业法》《中华人民共和国个人独资企业法》《中华人民共和国公司法》《中华人民共和国民事诉讼法》等法律中。

[相关资料]

　　"劳动基准法"修正案昨天在"立院"三读通过，新增"华隆条款"（全台湾地区关厂工人、华隆自救会等团体之前即多次陈情及呼吁修改"劳动基准法"，将劳工工资、退休金、资遣费等债权列为第一顺位，被外界称为"华隆条款"），劳工债权将与银行抵押权同一顺位。政府的垫偿基金范围，也将扩大到退休金、资遣费，扭转劳工债权分配时的弱势处境。[1]

欠薪保障基金制度。虽然我国《劳动法》等法律尚未对建立欠薪保障基金作出规定，但一些地方政府作了许多有益的尝试，出台了一系列的规定如《深圳经济特区欠薪保障条例》[2]《上海市小企业欠薪保障金收缴及使用实施细则》等。凡在工商行政管理部门登记注册、缴纳社会保险费的企业，均需缴纳一定的欠薪保障费，加上财政补贴、欠薪保障基金的合法利息以及接受的合法捐赠组成欠薪保障基金的资金，企业缴费后，如发生歇业、破产或业主逃匿等情况，因此而拖欠员工工资的，即可申请垫付欠薪。上述两件立法均属于地方性法规规章。这些地方的法律依据主要是地方性法规或者规章，效力等级具有局限性，因此，进一步明确欠薪保障基金制度的基本原则、设立专门的基金管理机构和监督机构、明确欠薪保障项目的支付和追偿等，需要实践中的进一步探索。

欠薪报告和欠薪预警制度。企业欠薪报告制度，是指企业发生拖欠职工工资情况后，必须向劳动保障部门填报《企业欠薪情况报告书》的制度。《企业欠薪情况报告书》内容包括以下几点：企业拖欠工资金额、人数及原因，企业偿还拖欠工资的计划、进度及保证措施等。欠薪预警保障制度是指政府通过法律、经济、行政等手段尤其是法律手段，对拖欠职工工资的用人单位发出警示，并强制其补发拖欠的工资，依法保护劳动者取得合法劳动报酬的权益的制度。用人单位接到预警通知后，应制定工资补发计划，提出切实可行的整改措施，明确补发时间，连同有关财务报表报送劳动保障行政部门备案。预警期由劳动保障行政部门根据用人单位情况确定，一般不超过3个月。预警期间，劳动保障行政部门定期进行抽查，用人单位应将工

---

〔1〕　冯怡超、管婺媛："《劳动基准法》新增华隆条款"，载《中国时报》2015年1月21日。

〔2〕　深圳市1997年颁布实施《深圳经济特区欠薪保障条例》，在全国第一个建立欠薪保障制度。为进一步完善欠薪保障制度，深圳市第四届人民代表大会常务委员会第十八次会议于2008年4月1日修订了《深圳经济特区欠薪保障条例》，自2008年6月1日起施行。

资支付情况报劳动保障行政部门备案。对严重或恶意拖欠职工工资、限期整改不到位、屡犯不改的用人单位，由劳动保障行政部门予以通报，或在报纸、电台等新闻媒体曝光。这一制度从2002年10月起先后在天津市等地试行。[1]

另外，工资支付信用等级制度、欠薪加速偿付制度等也是重要的欠薪支付保障措施。

[相关资料]

2015年4月8日，中国政府网公布《中共中央国务院关于构建和谐劳动关系的意见》（以下简称《意见》）。该《意见》指出：切实保障职工取得劳动报酬的权利。完善并落实工资支付规定，健全工资支付监控、工资保证金和欠薪应急周转金制度，探索建立欠薪保障金制度，落实清偿欠薪的施工总承包企业负责制，依法惩处拒不支付劳动报酬等违法犯罪行为，保障职工特别是农民工按时足额领到工资报酬。努力实现农民工与城镇就业人员同工同酬。

[深入思考]
1. 工资概念界定。
2. 工资决定机制。
3. 最低工资制度和工资保障制度之间的关系。
4. 提高劳动报酬在初次分配中的比重。
5. 我国当前"中国制造"人力成本快速上升。
6. 工资立法改革。
7. 工资法律制度构成劳动基准法的重要组成部分。

---

〔1〕 2002年，《天津市劳动和社会保障局关于试行企业欠薪报告制度和欠薪预警办法的通知》较早建立了欠薪报告和欠薪预警制度。近年来，全国各地也广泛实施。

第八章　职业安全卫生法律制度

▌▌▌本章导读

　　本章的逻辑主线是：职业安全卫生是什么？职业安全卫生制度的法律意义是什么？职业安全卫生法律制度的构成是什么？本章的重点是对从安全生产到安全发展——"安全发展"理念和战略的提出、职业安全卫生基准制度的深刻理解及域外职业安全卫生法律制度及借鉴的把握，难点是对《安全生产法》和《职业病防治法》的有效衔接以及对劳动者安全健康至上的职业安全立法理念的深刻理解。

　　职业安全卫生是劳动者在劳动过程中的生命安全和身心健康。职业安全卫生基准制度是劳动者实现宪法赋予的生命权、健康权的具体保障，集中体现法律正义、实现社会公正、维护社会稳定和秩序，构成劳动基准法的重要组成部分。这部分内容主要体现在全部章节中。

　　我国职业安全卫生法律制度的构成主要包括职业安全基准和职业卫生基准以及特殊职业保护基准制度。职业安全基准制度是指国家为了消除和防止劳动者在生产和工作过程中的伤亡事故，保障劳动者生命安全的各种基准的总称，目的在于维护劳动者的生命安全，主要包括管理类的职业安全基准制度和技术类的职业安全基准制度。职业卫生基准制度是指国家为了改善劳动条件，为了保护劳动者在劳动过程中的身体健康，防止有毒有害物质的危害和职业伤害的发生而制定的各种基准的总称，目的在于维护劳动者的身心健康，主要包括管理类的职业卫生基准制度和技术类的职业卫生基准制度。特殊职业保护基准是指女职工和未成年工的特殊保护的规定。这部分内容主要体现在第二、三节中。

　　随着社会发展变化，20世纪下半叶以来，职业安全权的权利理念趋于成熟，到20世纪末，劳动安全保护已进入一个新境界，国际劳工组织和主要发达国家的职业安全法律有许多值得借鉴的成功经验。这部分内容主要体现在第五节中。

第一节　概述

一、职业安全卫生制度的概念与特征

　　职业安全卫生制度也被称为职业安全卫生基准或劳动安全卫生制度，它是指保护劳动者在劳动或工作过程中的生命安全和身心健康的基准制度。谈到职业安全，

长期以来，许多人都把其与"劳动保护"和"安全生产"两个概念混同起来，其实这二者含义是有差异的。首先，"劳动保护"一词的含义应是保护劳动者在劳动过程中的安全，它是为保障职工在生产劳动过程中的安全与健康所采取的综合措施。"职业安全"是英文 Occupational Safety 的意译，"职业"的含义是从事作为生活的主要经济来源的工作，是社会生产劳动。它赋予"安全"一个更为确定的发生范围，这说明其所保护的"安全"只发生在生产劳动中，而不包括发生在其他范围内的劳动损伤。也可以说，劳动保护是保护职业安全的一种制度，二者是手段与目的的关系。[1]其次，"安全生产"与"职业安全"是不同领域中的两个相互关联然而理念不同的概念。前者是"以生产为本"，后者是"以人为本"，体现了人们对职业安全问题认识的两个阶段，两种理念。[2]

职业安全卫生基准制度是劳动者实现宪法赋予的生命权、健康权的具体保障。职业安全基准与职业卫生基准是既相互联系又彼此独立的制度，共同构成劳动者劳动保护的屏障。职业安全卫生基准制度具有以下特征：

（一）职业安全卫生基准制度的保护对象具有特定性和首要性

职业安全卫生基准制度的保护对象具有特定性，是指受保护者是劳动者，保护者是用人单位。当劳动者将其劳动力的使用权有期限地让渡给用人单位后，仍拥有对劳动力的所有权，用人单位在使用劳动者的劳动力时就应当对劳动者的劳动力实施保护。在劳动法保护的劳动者利益的总体结构中，生命安全权和身心健康权应该是最基本的权利，是劳动法保护的首要对象。通过考察劳动法的发展历史不难看出，劳动法就起源于对劳动者生命安全和身心健康的保护，因此，职业安全卫生基准制度的保护对象具有首要性的特征。

（二）职业安全卫生基准制度的实施具有强制性

职业安全卫生基准都是国家通过立法强制推行的关于职业安全卫生的各项具体制度，是国家依法干预劳动关系当事人之间权利义务关系的具体体现。这种强制性意味着在职业安全卫生方面，排除了用人单位通过任何形式免除职业安全卫生保护义务的可能性。同时也不允许劳动者本人基于任何动机放弃职业卫生安全权。因为职业安全卫生制度是以劳动者的人身作为保护对象的，这一制度建立的基础不仅是劳动者的生命权和健康权，而且涉及社会公共利益，因此，这项制度的实施具有强制性的特征。

（三）职业安全卫生基准制度以劳动过程为其保护范围

职业安全卫生关系的产生基础是劳动关系的存在。因此，所有职业安全卫生基准制度的保护范围只限于劳动关系过程之中。这一特点决定了职业安全卫生制度必须针对劳动过程的特点和劳动过程所涉及的物理因素、化学因素以及自然因素等，

---

〔1〕　常凯主编：《劳动法》，高等教育出版社 2011 年版，第 409 ~410 页。

〔2〕　熊新发："中国职业安全卫生立法研讨会综述"，载《中国人力资源开发》2010 年第 2 期。

制定相应的规范、标准和保护措施。同时，也只有在劳动过程中采取的各种改善劳动条件、保护劳动者生命安全和身心健康的措施，才属于职业安全卫生基准制度的保护范围。

（四）职业安全卫生基准制度的适用范围具有普遍性

职业安全卫生基准制度的保护对象具有特殊性和复杂性的特征，决定了职业安全卫生基准的适用范围具有普遍性。这意味着：在我国境内，各种用人单位不论其所有制形式如何，都应遵守职业安全卫生基准制度；各种职工不论其用人形式如何，都应该平等地受到劳动法的保护。

二、职业安全卫生制度的立法概况

职业安全卫生立法最早产生于资本主义工业革命以后，是工业生产技术发展的需要，是工人运动高涨、推动和斗争的结果。1802 年，英国制定了《学徒健康和道德法》，该法规定了纺织厂童工的工作时间不得超过 12 个小时，这不仅是世界上最早的劳动立法，也是最早的职业安全立法。随后该法中的一些内容成为其他国家效仿和参考的对象，职业安全卫生立法得到了进一步发展。如：英国 1833 年颁布了世界上第一个《工厂法》，并多次进行修改，1842 年颁布了《矿业法》，1845 年颁布了《印染工厂法》，1869 年颁布了《工厂法扩充条例》，1974 年～1975 年分三批颁布了《职业安全与卫生法》的全部条款；德国于 1839 年颁布了《普鲁士工厂矿山规则》，1969 年制定了《北德意志联邦同意工业劳动法》，1891 年颁布了《德意志帝国工业法》；法国也早在 1806 年制定了《劳工保护法》，1841 年制定了《幼少年工保护法》；美国的马萨诸塞州在 1877 年通过了第一个《工厂监察法》，1970 年美国国会通过了《职业安全卫生法》，该法是世界上最早颁布的以"职业安全卫生"命名的法律；日本在 1947 年公布了《工人赔偿法》，1960 年颁布了《尘肺法》，1972 年颁布了《劳动安全卫生法》。此外，比利时、瑞士、意大利、挪威、丹麦等国家都先后制定了有关职业安全卫生的法律法规。

在各国不断加强职业安全卫生立法的同时，国际劳工立法尤其是国际劳工组织主导下的国际劳工立法也日益加强。国际劳工组织自 1919 年成立以来，就致力于制定国际劳工标准，发布国际劳工公约和建议书，维护和发展全球劳工标准体系，促进劳动者获得体面劳动的机会及工作中的自由、平等、安全和尊严。近年来，国际劳工组织又通过了一系列有关职业安全卫生的公约或建议书，如 2006 年的《职业安全卫生促进框架公约》和《职业安全卫生促进框架建议书》等，进一步完善了关于职业安全卫生的国际劳动立法体系。

我国政府一直重视职业安全卫生制度的立法工作。新中国成立初期，临时宪法（《共同纲领》）和历次宪法中都对职业安全卫生问题作出了原则性规定，也通过单行立法的方式颁布了一系列职业安全卫生法规。如：1950 年的《工厂卫生暂行条例（草案）》，1952 年《关于防止沥青中毒的办法》，1956 年国务院颁布了职业安全卫生"三大规程"（即《工厂安全卫生规程》《建筑安装工程安全技术规程》《工人职员伤亡事故报告规程》）。这些法规对职业安全卫生责任制、安全生产教育、伤亡事故的调查处理等问题都作出了明确规定。党的十一届三中全会以来，我国的职业安全卫生立法工作有了很大发展。如：1982 年《矿山安全条例》，1987 年《尘肺病防治条例》，1992 年我国第一部职业保护方面的专门立法《矿山安全法》出台。1994 年 7 月 5 日，《中华人民共和国劳动法》（以下简称《劳动法》）公布，在第六章专章规定了"劳动安全卫生"，以劳动法基本法的形式对职业安全卫生作了原则性规定。为进一步落实《劳动法》的规定，国家卫生行政部门、劳动保障行政部门及其他有关部门也发布了大量的职业安全卫生规章。如 2002 年 6 月 29 日的《中华人民共和国安全生产法》（以下简称《安全生产法》），2002 年 4 月的《职业病目录》，2003 年 6 月的《煤矿安全监察员管理办法》，2004 年 5 月的《危险化学品生产企业安全生产许可证实施办法》，等等。近年来，国家对职业安全卫生问题日益重视，不断制定和修改相关立法。如：2011 年 12 月 31 日，第十一届全国人大常委会第二十四次会议通过了新修订的《中华人民共和国职业病防治法》（以下简称《职业病防治法》）；2012 年 4 月 28 日，国务院公布了《女职工劳动保护特别规定》（以下简称《规定》）；2012 年 6 月 29 日，国家安全生产监督管理总局、卫生部、人力资源和社会保障部、中华全国总工会颁布了《防暑降温措施管理办法》；2014 年 8 月 31 日，第十二届全国人民代表大会常务委员会第十次会议通过全国人民代表大会常务委员会关于修改《中华人民共和国安全生产法》的决定，自 2014 年 12 月 1 日起施行，等等。这些法律法规的修订不仅对我国相应的职业安全卫生领域的问题作出了更为科学合理的规范，适应了时代的发展与要求，也为我国进一步提高劳动者职业安全权保护水平提供了法律保障。

到目前为止，我国已经形成了以《宪法》《劳动法》为核心，以《安全生产法》《职业病防治法》等单行立法为基础，以《烟花爆竹生产企业安全生产许可证实施办法》《女职工劳动保护特别规定》等行政法规、规章为补充的比较完备的职业安全卫生基准法律法规体系，对于保障劳动者的生命安全和身心健康、促进社会生产的安全进行发挥了重要作用。

第二节　我国职业安全基准制度

一、职业安全基准制度的概念

职业安全基准制度，是指国家为了消除和防止劳动者在生产和工作过程中的伤亡事故，保障劳动者生命安全的各种基准的总称。职业安全基准制度的保障目的在于维护劳动者的生命安全。

[相关资料]

我国现正处在工业高速发展的阶段，也处在职业安全事故易发多发的特殊阶段，职业安全的形势依然严峻，面临的挑战依然很多。[1]

二、职业安全基准制度的主要内容

职业安全基准制度的内容主要包括管理类的职业安全基准制度和技术类的职业安全基准制度。前者是为了保障各项具体的职业安全基准能够落到实处，而由国家直接建立的或者要求用人单位建立的旨在预防职业危害和及时处理劳动事故的各种安全管理的规章制度；后者是针对各行业的生产特点、工艺过程的不同而需要解决安全技术问题不同的特点，由国家根据不同的劳动条件、设备以及不同行业的生产特点所规定的各种具体安全技术规程。这两类基准制度是紧密联系的，许多管理类的职业安全基准制度都是以技术类的职业安全基准制度为前提的，许多技术类的职业安全基准制度是管理类的职业安全基准制度的具体化。[2]我们主要以新修改的《安全生产法》为例说明。

[相关资料]

从 20 世纪 50 年代起，我国颁布了大量的劳动安全方面的法规和规章，中国自 1990 年以来制定的劳动法律法规中有关劳动保护的占 30%，已基本形成了一个多层次立法相结合的法律体系。最新的法律法规请参见国家安全生产监督管理总局、国家煤矿安全监察局官方网站"法律法规标准"：http://www.chinasafety.gov.cn/newpage/flfg/flfg.htm.

（一）安全生产法：坚守以人为本、生命至上、安全发展理念

1. 从安全生产到安全发展："安全发展"理念和战略的提出。"安全"是人们最常用的词汇之一。在古代汉语中，并没有"安全"一词，但"安"字却在许多场合下表达着现代汉语中"安全"的意义，表达了人们通常理解的"安全"这一概念。《现代汉语词典》对"安"字的第 4 个释义是："平安；安全（跟'危'相对）。"对"安全"的解释是："没有危险；不受威胁；不出事故。"汉语的"安全"一词对应的英文主要有 safety 和 security 两个单词，它们都具有表示一种"免于危险"或"没有危险"的存在状态的共同含义，没有危险是安全的本质属性。

在我国，"安全生产"一词，初见于新中国成立初期。1952 年 12 月 23 日至 31 日，中央人民政府劳动部召开了第一次全国劳动保护工作会议。这次会议着重传达、讨论、学习了毛主席对劳动部《三年来劳动保护工作总结与今后方针任务》的批示："在实行增产节约的同时，必须注意职工的安全、健康和必不可少的福利事业；如果只注意前一方面，忘记或稍加忽视后一方面，那是错误的。"当时的劳动部部长李立三根据这一批示，作了"安全与生产是统一的，也必须统一，管生产的要管安全，

〔1〕"安监总局黄毅做客人民网"，载 http://finance.people.com.cn/GB/51844/51850/348131/index.html.

〔2〕参见郭捷主编：《劳动法与社会保障法》，法律出版社 2011 年版，第 219 页。

安全与生产要同时搞好……安全与生产统一的观点就是安全生产"[1]的讲话，根据毛主席批示和李立三部长的讲话，进一步形成了我国相当长时期的"安全为了生产，生产必须安全"的安全生产方针。

起初，"安全生产"的本意是"安全"和"生产"两者都要重视。但是，随着时间的推移，在生产实践中，人们逐渐只注意"生产"，而忘记或忽视了"安全"，"生产"成了"安全生产"的中心词，"安全"被看成"生产"的修饰语。"安全生产"就是"安全地生产"，生产成为目的，安全只是确保生产的工具性措施而已。因此，"安全为了生产，生产必须安全"被断章取义为"安全为了生产"，安全服从于、服务于经济建设。"安全生产"成了"以生产为本"[2]。正因为这样，"安全生产"的概念很难体现"安全第一"和"安全"重于"生产"的意思以及"以人为本"的思想。用"安全生产"来表明"安全第一"和"以人为本"的理念，是难以收到预期效果的。可以说，尽管党和国家历来高度重视安全生产，但我国长期事故多发、形势严峻，这与"安全生产"概念的缺失有相当大的关系。

20世纪90年代后期，为了遏制经济持续高速增长中伤亡事故多发的势头，我国提出了安全生产"责任重于泰山"。2002年，《安全生产法》正式颁布实施，"安全第一，预防为主"被规定为新时期安全生产方针，表明我国对安全生产的重视已上升到法律的高度，2002年党的十六大明确提出："高度重视安全生产，保护国家财产和人民生命的安全。"党的十六届四中全会《关于加强党的执政能力建设的决定》将安全生产摆在与计划生育、节约资源、保护环境同等重要的位置。[3]但"安全生产"还只是一项具体的、事务的工作，并没有纳入国民经济与社会发展的大局。

2005年8月，中共中央原总书记胡锦涛在河南、江西、湖北考察工作，就"十一五"时期我国经济社会发展和落实科学发展观进行调查研究，首次提出了"安全发展"的理念。党的十六届五中全会通过的《中共中央关于制定国民经济和社会发展第十一个五年规划的建议》把"安全发展"写入了"十一五"规划纲要，党的十六届六中全会通过的《中国共产党第十六届中央委员会第六次全体会议公报》把坚持和推动"安全发展"纳入构建社会主义和谐社会的总体布局。在党的十七大报告里面，再一次提出要坚持安全发展，而且胡总书记在中央政治局第30次集体学习的会议讲话当中又再次强调了安全生产的极端重要性，非常深刻地指出，把安全发展这个重要的理念纳入我们国家社会主义现代化建设的总体战略，是我们党对科学发展观认识的深化。2011年，党中央把完善安全生产监管体制机制纳入到加强和创新社会管理，全面推进社会建设的总体工作布局中，同年颁布的《国务院关于坚持科

〔1〕 转引自周超："中国安全发展历史回顾（一）"，载《劳动保护》2008年第1期；张平铭："论安全发展"，载《现代职业安全》2007年第12期。

〔2〕 熊新发："中国职业安全卫生立法研讨会综述"，载《中国人力资源开发》2010年第2期。

〔3〕《中共中央关于加强党的执政能力建设的决定》，2004年9月19日中国共产党第十六届中央委员会第四次全体会议通过。

学发展安全发展促进安全生产形势持续稳定好转的意见》（国发〔2011〕40号），则首次提出了要大力实施"安全发展战略"。以习近平同志为总书记的新一届党中央高度重视安全生产工作。2013年5月和6月，吉林、山东、贵州等地和中石油、中储粮等企业发生重特大事故后，习近平总书记两次主持召开中央政治局常务会议，发表重要讲话。"11·22"中石化东黄输油管道泄漏爆炸特别重大事故发生后，习近平总书记专程前往青岛并发表重要讲话，对安全生产工作提出新的要求。2014年1月9日，中共中央政治局常委会听取国家安全生产监督管理总局局长关于"11·22"中石化东黄输油管道泄漏爆炸特别重大事故调查处理情况的汇报，习近平总书记作了重要讲话。2015年下半年以来，全国多个地区发生重特大安全生产事故，特别是天津港"8·12"瑞海公司危险品仓库特别重大火灾爆炸事故，造成重大人员伤亡和财产损失。习近平总书记再次作出重要指示：各级党委和政府要牢固树立安全发展理念，坚持人民利益至上，始终把安全生产放在首要位置，切实维护人民群众生命财产安全，"安全发展理念""安全发展战略"不断进一步深化。

[相关资料]

　　截至8月23日下午3时，共发现遇难者人数123人。已确认身份123人，其中公安消防人员20人，天津港消防人员50人，民警7人，其他人员46人。失联者人数为50人，其中公安消防人员4人，天津港消防人员30人，民警4人，其他人员12人。住院治疗人数624人，其中危重症12人，重症30人，累计出院169人。[1]

从"安全生产"到"安全发展"，这是认识上的一个重大飞跃，它拓展了安全生产的内涵和外延。如果说安全生产仍然局限于生产领域的话，那么安全发展已经拓展到社会管理的范畴。另外，从"安全发展理念"到"安全发展战略"，这又是认识上的一个重大飞跃。因为它把一种理念、一种意识变成了一种行动纲领。在我们国家实施安全发展战略，是工业化进程当中的一种必然选择，是贯彻落实科学发展观的题中应有之义，也是解决安全生产长期积累的深层次、结构性和区域性矛盾及问题的必由之路。安全发展理念正逐步成为社会共识，安全发展战略正逐步成为国家意志，安全发展实践正逐步成为现实实践。[2]

　　2. 安全发展理念的进步法治化。2014年8月31日，十二届全国人大常委会第十次会议表决通过了全国人大常委会关于修改《安全生产法》的决定。修改后的《安全生产法》筑牢法治根基，补齐制度短板，并在此基础之上，进一步重申以人为本、

---

　　〔1〕　"天津港'8·12'瑞海公司危险品仓库特别重大火灾爆炸事故第十四场新闻发布会举行"，载http://www.bh.gov.cn/html/bhsj/ZWYW23432/2015-08-24/Detail_881803.htm.

　　〔2〕　国家安全监管总局党组成员、总工程师、新闻发言人黄毅、国家安全监管总局副局长孙华山在2012年6月份举办的"2012安全发展高峰论坛"的发言。参见宁丙文："安全是发展的硬道理——'2012安全发展高峰论坛'现场实录"，载《劳动保护》2012年第8期。

生命至上、安全发展的立法理念。

任何法律都是时代的必然产物。现行《安全生产法》的实施，对预防和减少生产安全事故，保障人民群众生命财产安全发挥了重要作用。然而随着社会的发展，这部法律逐渐显露出制度设计上的不足。尤其是近年来，一系列重大安全事故的接连发生，更是将一些制约安全生产的深层次问题暴露无遗。为此，新修改的《安全生产法》将"以人为本、安全发展"的科学理念庄严地写入法律总则部分，向外界传递出一个强有力的信号，即安全生产立法坚守"生命至上"，"发展决不能以牺牲生命为代价"，抵制"带血的GDP"，否则，违法者必将付出沉重的代价。与之相配合，新修改的《安全生产法》及时顺应民众诉求，设计和完善了一系列制度规定。[1]

[探究]

在以人为本、生命至上、安全发展理念的指导下，《安全生产法》确立了"安全第一、预防为主、综合治理"的安全生产工作"十二字方针"，明确了安全生产的重要地位、主体任务和实现安全生产的根本途径。[2]

(二) 管理类的职业安全基准制度

1. 安全生产工作机制。坚持"十二字方针"，总结实践经验，新法明确要求建立生产经营单位负责、职工参与、政府监管、行业自律、社会监督的机制，进一步明确各方安全生产职责。做好安全生产工作，落实生产经营单位主体责任是根本，职工参与是基础，政府监管是关键，行业自律是发展方向，社会监督是实现预防和减少生产安全事故目标的保障。

2. 政府及其有关部门的管理责任制。《安全生产法》第8~11条分别规定了国务院及地方各级人民政府及其主管部门的职责：①国务院和县级以上地方各级人民政府应当根据国民经济和社会发展规划制定安全生产规划，并组织实施。安全生产规划应当与城乡规划相衔接。国务院和县级以上地方各级人民政府应当加强对安全生产工作的领导，支持、督促各有关部门依法履行安全生产监督管理职责，建立健全安全生产工作协调机制，及时协调、解决安全生产监督管理中存在的重大问题。乡、镇人民政府以及街道办事处、开发区管理机构等地方人民政府的派出机关应当按照职责，加强对本行政区域内生产经营单位安全生产状况的监督检查，协助上级人民政府有关部门依法履行安全生产监督管理职责。②国务院安全生产监督管理部门依照《安全生产法》，对全国安全生产工作实施综合监督管理；县级以上地方各级人民政府安全生产监督管理部门依照《安全生产法》，对本行政区域内安全生产工作实施综合监督管理。国务院有关部门依照《安全生产法》和其他有关法律、行政法规的规定，在各自的职责范围内对有关行业、领域的安全生产工作实施监督管理；县级

---

〔1〕 张维炜："安全生产法：坚守生命至上理念"，载《中国人大》2015年第3期。

〔2〕 "新安全生产法的十大亮点"，载 http://www.chinasafety.gov.cn/newpage/Contents/Channel_2135
6/2014/0902/239842/content_239842.htm.

以上地方各级人民政府有关部门依照《安全生产法》和其他有关法律、法规的规定，在各自的职责范围内对有关行业、领域的安全生产工作实施监督管理。国务院有关部门应当按照保障安全生产的要求，依法及时制定有关的国家标准或者行业标准，并根据科技进步和经济发展适时修订。③各级人民政府及其有关部门应当采取多种形式，加强对有关安全生产的法律、法规和安全生产知识的宣传，增强全社会的安全生产意识。

3. 安全生产责任制。安全生产责任制是企业为了实现安全生产，通过将安全责任层层落实到位，明确每个岗位、每个人员在实现安全生产方面的具体责任，从而使安全生产工作得以强化的一种企业内部管理制度。其主要内容表现在以下几个方面：

《安全生产法》第4~5条、第17~19条整体上对用人单位承担的安全生产责任作出了明确规定：其一，生产经营单位必须遵守《安全生产法》和其他有关安全生产的法律、法规，加强安全生产管理，建立、健全安全生产责任制和安全生产规章制度，改善安全生产条件，推进安全生产标准化建设，提高安全生产水平，确保安全生产。其二，生产经营单位的主要负责人对本单位的安全生产工作全面负责。其三，生产经营单位应当具备《安全生产法》和有关法律、行政法规和国家标准或者行业标准规定的安全生产条件；不具备安全生产条件的，不得从事生产经营活动。其四，生产经营单位的安全生产责任制应当明确各岗位的责任人员、责任范围和考核标准等内容。生产经营单位应当建立相应的机制，加强对安全生产责任制落实情况的监督考核，保证安全生产责任制的落实。《安全生产法》第二章相应条款作了进一步规定：

（1）生产经营单位的主要负责人对本单位安全生产工作负有下列职责：建立、健全本单位安全生产责任制；组织制定本单位安全生产规章制度和操作规程；组织制订并实施本单位安全生产教育和培训计划；保证本单位安全生产投入的有效实施；督促、检查本单位的安全生产工作，及时消除生产安全事故隐患；组织制定并实施本单位的生产安全事故应急救援预案；及时、如实报告生产安全事故。

（2）生产经营单位应当具备的安全生产条件所必需的资金投入，由生产经营单位的决策机构、主要负责人或者个人经营的投资人予以保证，并对由于安全生产所必需的资金投入不足导致的后果承担责任。

（3）矿山、金属冶炼、建筑施工、道路运输单位和危险物品的生产、经营、储存单位，应当设置安全生产管理机构或者配备专职安全生产管理人员。上述规定以外的其他生产经营单位，从业人员超过100人的，应当设置安全生产管理机构或者配备专职安全生产管理人员；从业人员在100人以下的，应当配备专职或者兼职的安全生产管理人员。

（4）生产经营单位的安全生产管理机构以及安全生产管理人员履行下列职责：组织或者参与拟订本单位安全生产规章制度、操作规程和生产安全事故应急救援预案；组织或者参与本单位安全生产教育和培训，如实记录安全生产教育和培训情况；督促落实本单位重大危险源的安全管理措施；组织或者参与本单位应急救援演练；检查本单位的安全生产状况，及时排查生产安全事故隐患，提出改进安全生产管理的建议；制止和纠正违章指挥、强令冒险作业、违反操作规程的行为；督促落实本单位安全生产整改措施。

（5）生产经营单位的安全生产管理机构以及安全生产管理人员应当恪尽职守，依法履行职责。生产经营单位作出涉及安全生产的经营决策，应当听取安全生产管理机构以及安全生产管理人员的意见。生产经营单位不得因安全生产管理人员依法履行职责而降低其工资、福利等待遇或者解除与其订立的劳动合同。危险物品的生产、储存单位以及矿山、金属冶炼单位的安全生产管理人员的任免，应当告知主管的负有安全生产监督管理职责的部门。

4. 生产安全事故责任追究制。根据《安全生产法》第14条的规定，我国实行生产安全事故责任追究制度，依照有关法律、法规的规定，追究生产安全事故责任人员的法律责任。

[探究]

　　　日前，中国人民大学国家发展与战略研究院副院长聂辉华在"人文经济学会"发表"为什么各种重大安全事故频繁爆发"一文。文章称，中国经济在过去的30年里维持了年均10%的高速增长，但中国也出现了大量"事故"——频繁爆发的矿难、严重的环境污染、恶劣的食品卫生和昂贵的住房价格等。对此，必须从制度上寻找原因，才能最终避免更多悲剧的发生。[1]

5. 职业安全教育和培训制度。职业安全教育和培训制度是为了增强劳动者的安全卫生意识、提高其安全卫生操作水平以及防止和减少伤亡事故与职业危害，而对劳动者进行教育、培训和考核的制度。职业安全教育和培训制度的主要内容有：

（1）各级人民政府及其有关部门应当开展职业安全教育和培训工作。《安全生产法》第11条规定，各级人民政府及其有关部门应当采取多种形式，加强对有关安全生产的法律、法规和安全生产知识的宣传，增强全社会的安全生产意识。

（2）用人单位及其负责人、劳动者有接受职业安全教育培训的义务。《劳动法》第52条规定，用人单位必须对劳动者进行安全卫生教育。《安全生产法》第24～27条也对此作出了明确规定，例如，生产经营单位的主要负责人和安全生产管理人员必须具备与本单位所从事的生产经营活动相应的安全生产知识和管理能力；危险物品的生产、经营、储存单位以及矿山、金属冶炼、建筑施工、道路运输单位的主要负责人和安全生产管理人员，应当由主管的负有安全生产监督管理职责的部门对其安全生产知识和管理能力考核合格；危险物品的生产、储存单位以及矿山、金属冶

---

〔1〕 "'政企合谋'导致'高增长'和'多事故'会同时发生"，载 http://opinion. caixin. com/2015 - 08 - 17/100840557. html.

炼单位应当有注册安全工程师从事安全生产管理工作。鼓励其他生产经营单位聘用注册安全工程师从事安全生产管理工作；生产经营单位应当对从业人员进行安全生产教育和培训，保证从业人员具备必要的安全生产知识，熟悉有关的安全生产规章制度和安全操作规程，掌握本岗位的安全操作技能。未经安全生产教育和培训合格的从业人员，不得上岗作业。生产经营单位使用被派遣劳动者的，应当将被派遣劳动者纳入本单位从业人员统一管理，对被派遣劳动者进行岗位安全操作规程和安全操作技能的教育和培训。劳务派遣单位应当对被派遣劳动者进行必要的安全生产教育和培训。生产经营单位接收中等职业学校、高等学校学生实习的，应当对实习学生进行相应的安全生产教育和培训，提供必要的劳动防护用品。学校应当协助生产经营单位对实习学生进行安全生产教育和培训。生产经营单位应当建立安全生产教育和培训档案，如实记录安全生产教育和培训的时间、内容、参加人员以及考核结果等情况；生产经营单位采用新工艺、新技术、新材料或者使用新设备，必须了解、掌握其安全技术特性，采取有效的安全防护措施，并对从业人员进行专门的安全生产教育和培训；生产经营单位的特种作业人员必须按照国家有关规定经专门的安全作业培训，取得相应资格，方可上岗作业。

（3）职业安全教育和培训的具体规定。我国生产经营单位职业安全教育和培训的具体规定主要包括：①人员。生产经营单位应当进行安全培训的从业人员包括主要负责人、安全生产管理人员、特种作业人员和其他从业人员。生产经营单位使用被派遣劳动者的，应当将被派遣劳动者纳入本单位从业人员统一管理，对被派遣劳动者进行岗位安全操作规程和安全操作技能的教育和培训。劳务派遣单位应当对被派遣劳动者进行必要的安全生产教育和培训。生产经营单位接收中等职业学校、高等学校学生实习的，应当对实习学生进行相应的安全生产教育和培训，提供必要的劳动防护用品。学校应当协助生产经营单位对实习学生进行安全生产教育和培训。生产经营单位从业人员应当接受安全培训，熟悉有关安全生产规章制度和安全操作规程，具备必要的安全生产知识，掌握本岗位的安全操作技能，了解事故应急处理措施，知悉自身在安全生产方面的权利和义务。未经安全培训合格的从业人员，不得上岗作业。②培训内容和时间。仅以主要负责人、安全生产管理人员的安全培训为例说明。生产经营单位主要负责人和安全生产管理人员应当接受安全培训，具备与所从事的生产经营活动相适应的安全生产知识和管理能力。生产经营单位主要负责人安全培训应当包括下列内容：一是国家安全生产方针、政策和有关安全生产的法律、法规、规章及标准；二是安全生产管理基本知识、安全生产技术、安全生产专业知识；三是重大危险源管理、重大事故防范、应急管理和救援组织以及事故调查处理的有关规定；四是职业危害及其预防措施；五是国内外先进的安全生产管理经验；六是典型事故和应急救援案例分析；七是其他需要培训的内容。生产经营单位安全生产管理人员安全培训应当包括下列内容：一是国家安全生产方针、政策和有关安全生产的法律、法规、规章及标准；二是安全生产管理、安全生产技术、职业卫生等知识；三是伤亡事故统计、报告及职业危害的调查处理方法；四是应急管理、应急预案编制以及应急处置的内容和要求；五是国内外先进的安全生产管理经验；六是典型事故和应急救援案例分析；七是其他需要培训的内容。生产经营单位主要负责人和安全生产管理人员初次安全培训时间不得少于 32 学时。每年再培训时间不得少于 12 学时。煤矿、非煤矿山、危险化学品、烟花爆竹、金属冶炼等生产经营单位主要负责人和安全生产管理人员初次安全培训时间不得少于 48 学时，每年再培训时间不得少于 16 学时。③安全培训的组织实施。生产经营单位从业人员的安全培训工作，由生产经营单位组织实施。生产经营单位应当坚持以考促学、以讲促学，确保全体从业人员熟练掌握岗位安全生产知识和技能；煤矿、非煤矿山、危险化学品、烟花爆竹、金属冶炼等生产经营单位还应当完善和落实师傅带徒弟制度。具备安全培训条件的生产经营单位，应当以自主培训为主；可以委托具备安全培训条件的机构，对从业人员进行安全培训。不具备安全培训条件的生产经营单位，应当委托具备安全培训条件的机构，对从业人员进行安全培训。生产经营单位委托其他机构进行安全培训的，保证安全培训的责任仍由本单位负责。生产经营单位应当将安全培训工作纳入本单位年度工作计划，保证本单位安全培训工作所需资金。生产经营单位的主要负责人负责组织制定并实施本单位安全培训计划，且生产经营单位应当建立健全从业人员安全生产教育和培训档案，由生产经营单位的安全生产管理机构以及安全生产管理人员详细、准确记录培训的时间、内容、参加人员以及考核结果等情况。生产经营单位安排从业人员进行安全培训期间，应当支付工资和必要的费用。④监督管理。煤矿、非煤矿山、危险化学品、烟花爆竹、金属冶炼等生产经营单位主要负责人和安全生产管理人员，自任职之日起 6 个月内，必须经安全生产监管监察部门对其安全生产知识和管理能力考核合格。安全生产监管监察部门依法对生产经营单位安全培训情况进行监督检查，督促生产经营单位按照国家有关法律法规和本规定开展安全培训工作。县级以上地方人民政府负责煤矿安全生产监督管理的部门对煤矿井下作业人员的安全培训情况进行监督检查。煤矿安全监察机构对煤矿特种作业人员安全培训及其持证上岗的情况进行监督检查。各级安全生产监管监察部门对生产经营单位安全培训及其持证上岗的情况进行监督检查，主要包括以下内容：一是安全培训制度、计划的制订及其实施的情况；二是煤矿、非煤矿山、危险化学品、烟花爆竹、金属冶炼等生产经营单位主要负责人和安全生产管理人员安全培训以及安全生产知识和管理能力考核的情况；其他生产经营单位主要负责人和安全生产管理人员培训的情况；三是特种作业人员操作资格证持证上岗的情况；四是建立安全生产教育和培训档案，并如实记录的情况；五是对从业人员现场抽考本职工作的安全生产知识；六是其他需要检查的内容。安全生产监管监察部门对煤矿、非煤矿山、危险化学品、烟花爆竹、金属冶炼等生产经营单位的主要负责人、安全管理人员应当按照本规定严格考核。考核不得收费。安全生产监管监察部门负责考核的有关人员不得玩忽职守和滥用职权。安全生产监管监察部门检查中发现安全生产教育和培训责任落实不到位、有关从业人员未经培训合格的，应当视为生产安全事故隐患，责令生产经营单位立即停止违法行为，限期整改，并依法予以处罚。

[相关资料]

职业安全教育和培训的具体规定主要体现在四个部委规章里，其中最新的是《煤矿安全培训规定》（2012 年国家安全生产监督管理总局第 52 号令，根据 2013 年 8 月 29 日国家安全生产监督管理总局第 63 号令进行第一次修订，根据 2015 年 5 月 26 日国家安全生产监督管理总局第 80 号令进行第二次修订）。

6. 职业安全认证制度。职业安全认证制度是指在生产经营过程之前，对涉及安全卫生方面的有关人员和机构的能力、资格以及其他安全因素进行审查评价并确认资格或条件的制度。我国现行的职业安全认证主要包括以下两类：

（1）对机构安全生产资格的认证。目前，我国对机构安全生产条件和资格的认证制度，主要有以下几种：①矿山企业、建筑企业和危险化学品、烟花爆竹、民用爆破器材生产企业的安全生产许可证制度。为了严格规范安全生产条件，进一步加强安全生产监督管理，防止和减少生产安全事故，2004 年 1 月 13 日国务院发布了《安全生产许可证条例》（根据 2013 年 7 月 18 日《国务院关于废止和修改部分行政法规的决定》第一次修订、根据 2014 年 7 月 29 日《国务院关于修改部分行政法规的决定》第二次修订），明确规定：国家对矿山企业、建筑施工企业和危险化学品、烟花爆竹、民用爆炸物品生产企业（以下统称企业）实行安全生产许可制度。企业未取得安全生产许可证的，不得从事生产活动。国务院安全生产监督管理部门负责中央管理的非煤矿矿山企业和危险化学品、烟花爆竹生产企业安全生产许可证的颁发和管理。省、自治区、直辖市人民政府安全生产监督管理部门负责前款规定以外的非煤矿矿山企业和危险化学品、烟花爆竹生产企业安全生产许可证的颁发和管理，并接受国务院安全生产监督管理部门的指导和监督。国家煤矿安全监察机构负责中央管理的煤矿企业安全生产许可证的颁发和管理。在省、自治区、直辖市设立的煤矿安全监察机构负责前款规定以外的其他煤矿企业安全生产许可证的颁发和管理，并接受国家煤矿安全监察机构的指导和监督；省、自治区、直辖市人民政府建设主管部门负责建筑施工企业安全生产许可证的颁发和管理，并接受国务院建设主管部门的指导和监督。省、自治区、直辖市人民政府民用爆炸物品行业主管部门负责民用爆炸物品生产企业安全生产许可证的颁发和管理，并接受国务院民用爆炸物品行业主管部门的指导和监督。企业取得安全生产许可证，应当具备下列安全生产条件：一是建立、健全安全生产责任制，制定完备的安全生产规章制度和操作规程；二是安全投入符合安全生产要求；三是设置安全生产管理机构，配备专职安全生产管理人员；四是主要负责人和安全生产管理人员经考核合格；五是特种作业人员经有关业务主管部门考核合格，取得特种作业操作资格证书；六是从业人员经安全生产教育和培训合格；七是依法参加工伤保险，为从业人员缴纳保险费；八是厂房、作业场所和安全设施、设备、工艺符合有关安全生产法律、法规、标准和规程的要求；九是有职业危害防治措施，并为从业人员配备符合国家标准或者行业标准的劳动防护用品；十是依法进行安全评价；十一是有重大危险源检测、评估、监控措施和应急预案；十二是有生产安全事故应急救援预案、应急救援组织或者应急救援人员，配备必要的应急救援器材、设备；十三是法律、法规规定的其他条件。安全生产许可证的有效期为3年。安全生产许可证有效期满需要延期的，企业应当于期满前3个月向原安全生产许可证颁发管理机关办理延期手续。企业在安全生产许可证有效期内，严格遵守有关安全生产的法律法规，未发生死亡事故的，安全生产许可证有效期届满时，经原安全生产许可证颁发管理机关同意，不再审查，安全生产许可证有效期延期3年。②特种设备生产经营单位的安全许可制度。特种设备是指对人身和财产安全有较大危险性的锅炉、压力容器（含气瓶）、压力管道、电梯、起重机械、客运索道、大型游乐设施、场（厂）内专用机动车辆，以及法律、行政法规规定的其他特种设备（军事装备、核设施、航空航天器、铁路机车、海上设施和船舶以及矿山井下使用的特种设备、民用机场专用设备除外）。特种设备的目录由国务院负责特种设备安全监督管理的部门制订，报国务院批准后执行。根据《中华人民共和国特种设备安全法》（中华人民共和国第十二届全国人民代表大会常务委员会第三次会议于2013年6月29日通过、公布，自2014年1月1日起施行）、国务院2009年1月24日新修订的《特种设备安全监察条例》的规定，特种设备的生产（包括设计、制造、安装、改造、修理）、经营、使用、检验、检测和特种设备安全的监督管理，应当依法实行许可证制度。国务院特种设备安全监督管理部门负责全国特种设备的安全监察工作，县以上地方负责特种设备安全监督管理的部门对本行政区域内特种设备实施安全监察。③劳动安全卫生检测检验机构资格认证。为了加强对劳动安全卫生检测检验机构的管理，保证检测检验质量，规范检测检验机构认证工作，1996年12月23日原劳动部通过并发布了《劳动安全卫生检测检验机构资格认证办法》，其规定：劳动行政部门所属的劳动安全卫生检测检验机构均应实行资格认证制度（企业自检机构的资格认证办法，由省、自治区、直辖市劳动行政部门参照本办法制定）。省、自治区、直辖市劳动行政部门所属检测检验机构由原劳动部负责认证；地（市）劳动行政部门所属检测检验机构由省级劳动行政部门负责认证。另外，《矿山安全卫生检测检验机构资格认证管理办法》独立于《劳动安全卫生检测检验机构资格认证办法》实施。

（2）对特殊岗位或特种作业人员的资格认证。①对特殊岗位人员的安全资格认证。为了规范安全生产管理，提高从业人员的安全生产意识，促进安全生产，我国实行特殊岗位人员的资格认证制度。一是特殊岗位人员的范围包括生产经营单位的主要负责人、安全生产管理人员和其他相关人员。二是特殊岗位人员一律实行资格认证制度。例如，2006年3月1日实施的《生产经营单位安全培训规定》第4条规定：生产经营单位应当进行安全培训的从业人员包括主要负责人、安全生产管理人员、特种作业人员和其他从业人员。……生产经营单位从业人员应当接受安全培训，熟悉有关安全生产规章制度和安全操作规程，具备必要的安全生产知识，掌握本岗位的安全操作技能，了解事故应急处理措施，知悉自身在安全生产方面的权利和义务。未经安全培训合格的从业人员，不得上岗作业。三是对特殊岗位人员的安全资格认证工作由特定机构依法进行。例如，国家安全生产监督管理局（国家煤矿安全监察局）依法组织、指导、监督全国生产经营单位主要负责人和安全生产管理人员的安全生产培训、考核及安全资格认证工作；指导并监督检查生产经营单位其他从业人员安全生产教育培训工作。②对特种作业人员的安全资格认证。我国《劳动法》第 55 条明确规定："从事特种作业的劳动者必须经过专门培训并取得特种作业资格。"为了规范特种作业人员的安全技术培训考核工作，提高特种作业人员的安全技术水平，防止和减少伤亡事故，2010 年 7 月 1 日实施的《特种作业人员安全技术培训考核管理规定》规范了特种作业人员的安全技术培训、考核与发证等工作。主要内容有：一是特种作业人员的范围。特种作业是指容易发生事故，对操作者本人、他人的安全健康及设备、设施的安全可能造成重大危害的作业。特种作业的范围由特种作业目录规定。特种作业人员是指直接从事特种作业的从业人员。二是特种作业人员必须经专门的安全技术培训并考核合格，取得《中华人民共和国特种作业操作证》（以下简称特种作业操作证）后，方可上岗作业。对特种作业人员的安全技术培训、考核、发证、复审工作实行统一监管、分级实施、教考分离的原则。三是国家安全生产监督管理总局（以下简称安全监管总局）指导、监督全国特种作业人员的安全技术培训、考核、发证、复审工作；省、自治区、直辖市人民政府安全生产监督管理部门指导、监督本行政区域特种作业人员的安全技术培训工作，负责本行政区域特种作业人员的考核、发证、复审工作；县级以上地方人民政府安全生产监督管理部门负责监督检查本行政区域特种作业人员的安全技术培训和持证上岗工作。国家煤矿安全监察局（以下简称煤矿安监局）指导、监督全国煤矿特种作业人员（含煤矿矿井使用的特种设备作业人员）的安全技术培训、考核、发证、复审工作；省、自治区、直辖市人民政府负责煤矿特种作业人员考核发证工作的部门或者指定的机构指导、监督本行政区域煤矿特种作业人员的安全技术培训工作，负责本行政区域煤矿特种作业人员的考核、发证、复审工作。省、自治区、直辖市人民政府安全生产监督管理部门和负责煤矿特种作业人员考核发证工作的部门或者指定的机构（以下统称考核发证机关）可以委托设区的市人民政府安全生产监督管理部门和负责煤矿特种作业人员考核发证工作的部门或者指定的机构实施特种作业人员的考核、发证、复审工作。四是特种作业人员的考核包括考试和审核两部分。考试由考核发证机关或其委托的单位负责；审核由考核发证机关负责。安全监管总局、煤矿安监局分别制定特种作业人员、煤矿特种作业人员的考核标准，并建立相应的考试题库。考核发证机关或其委托的单位应当按照安全监管总局、煤矿安监局统一制定的考核标准进行考核。五是特种作业操作证每 3 年复审 1 次。特种作业人员在特种作业操作证有效期内，连续从事本工种 10 年以上，严格遵守有关安全生产法律法规的，经原考核发证机关或者从业所在地考核发证机关同意，特种作业操作证的复审时间可以延长至每6年1次。

7. 职业安全设施"三同时"制度。安全设施"三同时"制度（也称为"三同时"原则），是指我国境内生产经营单位新建、改建、扩建工程项目的安全设施，必须与主体工程同时设计、同时施工、同时投入生产和使用（安全设施投资应当纳入建设项目概算）的一种劳动保护制度。"三同时"制度是我国职业安全卫生工作长期经验的总结，不仅是对生产经营单位的法定要求，也是一项保护劳动者在劳动过程中生命安全和身心健康的行之有效的制度。在立法上，除了我国《劳动法》第53条提出了原则性的要求之外，《安全生产法》第28条等都对"三同时"制度作了规定。尤其是自2011年2月1日起施行的《建设项目安全设施"三同时"监督管理办法》更是进一步作了详细规定：①国家安全生产监督管理总局对全国建设项目安全设施"三同时"实施综合监督管理，并在国务院规定的职责范围内承担国务院及其有关主管部门审批、核准或者备案的建设项目安全设施"三同时"的监督管理，县级以上地方各级安全生产监督管理部门对本行政区域内的建设项目安全设施"三同时"实施综合监督管理，并在本级人民政府规定的职责范围内承担本级人民政府及其有关主管部门审批、核准或者备案的建设项目安全设施"三同时"的监督管理。跨两个及两个以上行政区域的建设项目安全设施"三同时"由其共同的上一级人民政府安全生产监督管理部门实施监督管理。上一级人民政府安全生产监督管理部门根据工作需要，可以将其负责监督管理的建设项目安全设施"三同时"工作委托下一级人民政府安全生产监督管理部门实施监督管理。②建设项目安全条件论证与安全预评价。③建设项目安全设施设计审查。④建设项目安全设施施工和竣工验收。⑤法律责任。

8. 生产安全事故报告和调查处理制度。根据自2007年6月1日起施行的《生产安全事故报告和调查处理条例》，生产经营活动中发生的造成人身伤亡或者直接经济损失的生产安全事故的报告和调查处理，适用本条例；环境污染事故、核设施事故、国防科研生产事故的报告和调查处理不适用本条例。

（1）伤亡事故分类：特别重大事故，是指造成30人以上死亡，或者100人以上重伤（包括急性工业中毒），或者1亿元以上直接经济损失的事故；重大事故，是指造成10人以上30人以下死亡，或者50人以上100人以下重伤，或者5000万元以上1亿元以下直接经济损失的事故；较大事故，是指造成3人以上10人以下死亡，或者10人以上50人以下重伤，或者1000万元以上5000万元以下直接经济损失的事故；一般事故，是指造成3人以下死亡，或者10人以下重伤，或者1000万元以下直接经济损失的事故。

（2）事故报告、调查处理原则。事故报告应当及时、准确、完整，任何单位和个人对事故不得迟报、漏报、谎报或者瞒报。事故调查处理应当坚持实事求是、尊重科学的原则，及时、准确地查清事故经过、事故原因和事故损失，查明事故性质，认定事故责任，总结事故教训，提出整改措施，并对事故责任者依法追究责任。

（3）事故报告。①事故报告程序。事故发生后，事故现场有关人员应当立即向本单位负责人报告；单位负责人接到报告后，应当于 1 小时内向事故发生地县级以上人民政府安全生产监督管理部门和负有安全生产监督管理职责的有关部门报告。情况紧急时，事故现场有关人员可以直接向事故发生地县级以上人民政府安全生产监督管理部门和负有安全生产监督管理职责的有关部门报告。安全生产监督管理部门和负有安全生产监督管理职责的有关部门接到事故报告后，应当依照相关规定上报事故情况，并通知公安机关、劳动保障行政部门、工会和人民检察院。安全生产监督管理部门和负有安全生产监督管理职责的有关部门依照相关规定上报事故情况，应当同时报告本级人民政府。国务院安全生产监督管理部门和负有安全生产监督管理职责的有关部门以及省级人民政府接到发生特别重大事故、重大事故的报告后，应当立即报告国务院。必要时，安全生产监督管理部门和负有安全生产监督管理职责的有关部门可以越级上报事故情况。安全生产监督管理部门和负有安全生产监督管理职责的有关部门逐级上报事故情况，每级上报的时间不得超过 2 小时。安全生产监督管理部门和负有安全生产监督管理职责的有关部门应当建立值班制度，并向社会公布值班电话，受理事故报告和举报。②报告事故内容。报告事故应当包括下列内容：事故发生单位概况；事故发生的时间、地点以及事故现场情况；事故的简要经过；事故已经造成或者可能造成的伤亡人数（包括下落不明的人数）和初步估计的直接经济损失；已经采取的措施；其他应当报告的情况。事故报告后出现新情况的，应当及时补报。自事故发生之日起30日内，事故造成的伤亡人数发生变化的，应当及时补报。道路交通事故、火灾事故自发生之日起 7 日内，事故造成的伤亡人数发生变化的，应当及时补报。③事故救援。事故发生单位负责人接到事故报告后，应当立即启动事故相应应急预案，或者采取有效措施，组织抢救，防止事故扩大，减少人员伤亡和财产损失。事故发生地有关地方人民政府、安全生产监督管理部门和负有安全生产监督管理职责的有关部门接到事故报告后，其负责人应当立即赶赴事故现场，组织事故救援。事故发生后，有关单位和人员应当妥善保护事故现场以及相关证据，任何单位和个人不得破坏事故现场、毁灭相关证据。因抢救人员、防止事故扩大以及疏通交通等原因，需要移动事故现场物件的，应当做出标志，绘制现场简图并做出书面记录，妥善保存现场重要痕迹、物证。事故发生地公安机关根据事故的情况，对涉嫌犯罪的，应当依法立案侦查，采取强制措施和侦查措施。犯罪嫌疑人逃匿的，公安机关应当迅速追捕归案。

（4）事故调查。①调查分级。特别重大事故由国务院或者国务院授权有关部门组织事故调查组进行调查。重大事故、较大事故、一般事故分别由事故发生地省级人民政府、设区的市级人民政府、县级人民政府负责调查。省级人民政府、设区的市级人民政府、县级人民政府可以直接组织事故调查组进行调查，也可以授权或者委托有关部门组织事故调查组进行调查。未造成人员伤亡的一般事故，县级人民政府也可以委托事故发生单位组织事故调查组进行调查。上级人民政府认为必要时，可以调查由下级人民政府负责调查的事故。自事故发生之日起30日内（道路交通事故、火灾事故自发生之日起7日内），因事故伤亡人数变化导致事故等级发生变化，依照本条例规定应当由上级人民政府负责调查的，上级人民政府可以另行组织事故调查组进行调查。特别重大事故以下等级事故，事故发生地与事故发生单位不在同一个县级以上行政区域的，由事故发生地人民政府负责调查，事故发生单位所在地人民政府应当派人参加。②事故调查组。事故调查组的组成应当遵循精简、效能的原则。根据事故的具体情况，事故调查组由有关人民政府、安全生产监督管理部门、负有安全生产监督管理职责的有关部门、监察机关、公安机关以及工会派人组成，并应当邀请人民检察院派人参加。事故调查组可以聘请有关专家参与调查。事故调查组成员应当具有事故调查所需要的知识和专长，并与所调查的事故没有直接利害关系。事故调查组组长由负责事故调查的人民政府指定。事故调查组组长主持事故调查组的工作。事故调查组履行下列职责：查明事故发生的经过、原因、人员伤亡情况及直接经济损失；认定事故的性质和事故责任；提出对事故责任者的处理建议；总结事故教训，提出防范和整改措施；提交事故调查报告。③调查。事故调查组有权向有关单位和个人了解与事故有关的情况，并要求其提供相关文件、资料，有关单位和个人不得拒绝。事故发生单位的负责人和有关人员在事故调查期间不得擅离职守，并应当随时接受事故调查组的询问，如实提供有关情况。事故调查中发现涉嫌犯罪的，事故调查组应当及时将有关材料或者其复印件移交司法机关处理。事故调查中需要进行技术鉴定的，事故调查组应当委托具有国家规定资质的单位进行技术鉴定。必要时，事故调查组可以直接组织专家进行技术鉴定。技术鉴定所需时间不计入事故调查期限。事故调查组成员在事故调查工作中应当诚信公正、恪尽职守，遵守事故调查组的纪律，保守事故调查的秘密。未经事故调查组组长允许，事故调查组成员不得擅自发布有关事故的信息。事故调查组应当自事故发生之日起60日内提交事故调查报告；特殊情况下，经负责事故调查的人民政府批准，提交事故调查报告的期限可以适当延长，但延长的期限最长不超过60日。④事故调查报告内容：事故发生单位概况；事故发生经过和事故救援情况；事故造成的人员伤亡和直接经济损失；事故发生的原因和事故性质；事故责任的认定以及对事故责任者的处理建议；事故防范和整改措施。事故调查报告应当附具有关证据材料。事故调查组成员应当在事故调查报告上签名。⑤事故调查完成。事故调查报告报送负责事故调查的人民政府后，事故调查工作即告结束。事故调查的有关资料应当归档保存。

（5）事故处理。①处理时间。重大事故、较大事故、一般事故，负责事故调查的人民政府应当自收到事故调查报告之日起15日内做出批复；特别重大事故，30日内做出批复，特殊情况下，批复时间可以适当延长，但延长的时间最长不超过30日。②追究责任。有关机关应当按照人民政府的批复，依照法律、行政法规规定的权限和程序，对事故发生单位和有关人员进行行政处罚，对负有事故责任的国家工作人员进行处分。事故发生单位应当按照负责事故调查的人民政府的批复，对本单位负有事故责任的人员进行处理。负有事故责任的人员涉嫌犯罪的，依法追究刑事责任。③防范和整改。事故发生单位应当认真吸取事故教训，落实防范和整改措施，防止事故再次发生。防范和整改措施的落实情况应当接受工会和职工的监督。安全生产监督管理部门和负有安全生产监督管理职责的有关部门应当对事故发生单位落实防范和整改措施的情况进行监督检查。④处理公布。事故处理的情况由负责事故调查的人民政府或者其授权的有关部门、机构向社会公布，依法应当保密的除外。

[相关资料]

2015 年 4 月 2 日起施行的《生产安全事故罚款处罚规定（试行）》，进一步强化了生产安全事故报告和调查处理制度中涉及的法律责任。

9. 生产安全事故的应急救援与调查处理制度。《安全生产法》第五章规定了生产安全事故的应急救援与调查处理制度。

（1）生产安全事故应急能力建设。国家加强生产安全事故应急能力建设，在重点行业、领域建立应急救援基地和应急救援队伍，鼓励生产经营单位和其他社会力量建立应急救援队伍，配备相应的应急救援装备和物资，提高应急救援的专业化水平。国务院安全生产监督管理部门建立全国统一的生产安全事故应急救援信息系统，国务院有关部门建立健全相关行业、领域的生产安全事故应急救援信息系统。县级以上地方各级人民政府应当组织有关部门制定本行政区域内生产安全事故应急救援预案，建立应急救援体系。生产经营单位应当制定本单位生产安全事故应急救援预案，与所在地县级以上地方人民政府组织制定的生产安全事故应急救援预案相衔接，并定期组织演练。危险物品的生产、经营、储存单位以及矿山、金属冶炼、城市轨道交通运营、建筑施工单位应当建立应急救援组织；生产经营规模较小的，可以不建立应急救援组织，但应当指定兼职的应急救援人员。危险物品的生产、经营、储存、运输单位以及矿山、金属冶炼、城市轨道交通运营、建筑施工单位应当配备必要的应急救援器材、设备和物资，并进行经常性维护、保养，保证正常运转。

[相关资料]

2015 年 2 月 28 日施行的国家安全生产监督管理总局第 74 号令《企业安全生产应急管理九条规定》，进一步强化了企业安全生产应急制度。

（2）生产安全事故报告和事故救援。生产经营单位发生生产安全事故后，事故现场有关人员应当立即报告本单位负责人。单位负责人接到事故报告后，应当迅速采取有效措施，组织抢救，防止事故扩大，减少人员伤亡和财产损失，并按照国家有关规定立即如实报告给当地负有安全生产监督管理职责的部门，不得隐瞒不报、谎报或者迟报，不得故意破坏事故现场、毁灭有关证据。负有安全生产监督管理职责的部门接到事故报告后，应当立即按照国家有关规定上报事故情况。负有安全生产监督管理职责的部门和有关地方人民政府对事故情况不得隐瞒不报、谎报或者迟报。有关地方人民政府和负有安全生产监督管理职责的部门的负责人接到生产安全事故报告后，应当按照生产安全事故应急救援预案的要求立即赶到事故现场，组织事故抢救。参与事故抢救的部门和单位应当服从统一指挥，加强协同联动，采取有效的应急救援措施，并根据事故救援的需要采取警戒、疏散等措施，防止事故扩大和次生灾害的发生，减少人员伤亡和财产损失。事故抢救过程中应当采取必要措施，避免或者减少对环境造成的危害。任何单位和个人都应当支持、配合事故抢救，并提供一切便利条件。

（3）生产安全事故调查和处理。事故调查处理应当按照科学严谨、依法依规、实事求是、注重实效的原则，及时、准确地查清事故原因，查明事故性质和责任，总结事故教训，提出整改措施，并对事故责任者提出处理意见。事故调查报告应当依法及时向社会公布。事故调查和处理的具体办法由国务院制定。事故发生单位应当及时全面落实整改措施，负有安全生产监督管理职责的部门应当加强监督检查。生产经营单位发生生产安全事故，经调查确定为责任事故的，除了应当查明事故单位的责任并依法予以追究外，还应当查明对安全生产的有关事项负有审查批准和监督职责的行政部门的责任，对有失职、渎职行为的，依照《安全生产法》第87条的规定追究法律责任。任何单位和个人不得阻挠和干涉对事故的依法调查处理。县级以上地方各级人民政府安全生产监督管理部门应当定期统计分析本行政区域内发生生产安全事故的情况，并定期向社会公布。

［探究］

　　生产安全事故报告和调查处理制度和生产安全事故的应急救援与调查处理制度之间的关系。

（三）技术类的职业安全基准制度

技术类的职业安全基准，是关于劳动场所安全条件、生产设备使用、操作规则和程序各种法律规范的综合。由于各行业的生产特点、工艺过程不同，需要解决的安全技术问题不同，规定的职业安全技术基准也有所不同，主要表现为各种职业安全技术规程。总体来说，职业安全技术规程根据其适用的范围分为三大类，即工厂安全技术规程、建设安装工程安全技术规程、矿山安全技术规程。随着时间的推移和各种安全技术规程要求的提高，我国的安全技术规程处在一个不断的修改变化过程之中，加上安全技术规程专业技术复杂，门类繁多，本书不作介绍，避免挂一漏万，错误产生。

［相关资料］

　　最新的安全技术规程请参见国家安全生产监督管理总局、国家煤矿安全监察局官方网站"法律法规标准"：http://www.chinasafety.gov.cn/newpage/flfg/flfg.htm.

第三节 职业卫生基准制度

一、职业卫生基准制度的概念与特征

职业卫生基准制度，是指国家为了改善劳动条件，为了保护劳动者在劳动过程中的身心健康，防止有毒有害物质的危害和职业伤害的发生而制定的各种基准的总称。它包括各种工业生产卫生、医疗预防、职工健康检查等技术和组织管理措施的规定。

除了具有职业安全卫生基准的基本特征外，职业卫生基准制度还具有以下法律特征：

（一）职业卫生基准制度的保障目的在于保护劳动者的身心健康

劳动者的健康是劳动者全面发展的基础，而在生产过程或劳动过程中，可能存在各种影响劳动者身心健康的因素。国家制定职业卫生基准的目的，就是要依靠科学的立法，采取相应的技术措施和管理措施，消除生产过程中危及劳动者人身健康的不安全因素，防止伤亡事故和职业危害，以实现保障劳动者身心健康的目的。

（二）职业卫生基准制度的内容具体、操作性强

我国的职业卫生基准是根据不同的职业危害因素制定出来的各种对策和措施的总和。其既包括管理类的措施，也包括各种技术类措施，针对性较强。在表现形式上，国家除了基本立法外，还颁布了一系列的国家标准，进一步细化了有关要求，不仅为劳动卫生管理、检测、监察提供了科学依据，也规范指导了用人单位的劳动卫生工作，具有很强的操作性。[1]

（三）职业卫生基准具有与时俱进的特点

随着我国工业化进程的加快，各类新技术、新材料的不断引进和广泛应用，作业场所中传统的职业危害尚未完全消除和有效控制，新的职业危害又不断产生，对职业卫生基准立法提出了很高的要求。对此，我国政府适时修订及完善了一些必要的法律制度以适应时代的发展和我国生产力水平不断提高的需要。

[相关资料]

为贯彻落实《职业病防治法》，切实保障劳动者健康权益，根据职业病防治工作的需要，国家卫生计生委与国家安全监管总局、人力资源社会保障部和全国总工会对 2002 年原卫生部印发的《职业病危害因素分类目录》进行了修订，形成了《职业病危害因素分类目录（征求意见稿）》。2015 年 5 月 14 日至 2015 年 6 月 15 日公开征求社会意见。[2]

---

〔1〕 郭捷主编：《劳动法与社会保障法》，法律出版社 2008 年版，第 233 页。
〔2〕 载http://www.moh.gov.cn/jkj/s5899t/201505/d7c8670ada4a4a4eaba98603f82e0e5d.shtml.

二、职业卫生基准制度的主要内容

职业卫生基准制度的内容主要包括管理类的职业卫生基准制度和技术类的职业卫生基准制度。

（一）管理类的职业卫生基准制度

管理类的职业卫生基准是国家为了保证劳动者在劳动过程中的身心健康，而规定的各项防止工作中职业病危害发生的措施。职业病是指企业、事业单位和个体经济组织等用人单位的劳动者在职业活动中，因接触粉尘、放射性物质和其他有毒、有害因素而引起的疾病。管理类职业卫生基准制度主要就是围绕职业病防治建立的，2011 年 12 月 31 日新修订的《职业病防治法》对此作出了具体规定，其主要内容包括：

1. 职业卫生责任制度。根据《职业病防治法》的规定，用人单位必须依法参加工伤保险，应当建立、健全职业病防治责任制，加强对职业病防治的管理，提高职业病防治水平，对本单位产生的职业病危害承担责任。用人单位的主要负责人对本单位的职业病防治工作全面负责。用人单位应当采取的职业病防治管理措施主要是：①设置或者指定职业卫生管理机构或者组织，配备专职或者兼职的职业卫生管理人员，负责本单位的职业病防治工作；②制定职业病防治计划和实施方案；③建立、健全职业卫生管理制度和操作规程；④建立、健全职业卫生档案和劳动者健康监护档案；⑤建立、健全工作场所职业病危害因素监测及评价制度；⑥建立、健全职业病危害事故应急救援预案。

2. 职业卫生培训制度。用人单位必须依法建立、健全职业卫生培训制度。一方面，用人单位的主要负责人和职业卫生管理人员应当接受职业卫生培训，遵守职业病防治法律、法规，依法组织本单位的职业病防治工作。用人单位应当对劳动者进行上岗前的职业卫生培训和在岗期间的定期职业卫生培训，普及职业卫生知识，督促劳动者遵守职业病防治法律、法规、规章和操作规程，指导劳动者正确使用职业病防护设备和个人使用的职业病防护用品；另一方面，劳动者应当学习和掌握相关的职业卫生知识，增强职业病防范意识，遵守职业病防治法律、法规、规章和操作规程，正确使用、维护职业病防护设备和个人使用的职业病防护用品，发现职业病危害事故隐患应当及时报告。劳动者不履行上述义务的，用人单位应当对其进行教育。

3. 职业卫生认证制度。职业卫生认证制度是指对从事职业病健康检查、诊断、鉴定、服务的从业人员的资格，以及与劳动卫生相关的物质技术要素的质量进行严格审查并对其中符合要求者正式认可的强制性认证制度。其具体内容包括：①职业卫生服务机构资质认证。职业病危害预评价、职业病危害控制效果评价由依法设立的取得国务院安全生产监督管理部门或者设区的市级以上地方人民政府安全生产监督管理部门按照职责分工给予资质认可的职业卫生技术服务机构进行。②职业健康检查医疗卫生机构资质认证。对从事接触职业病危害作业的劳动者，用人单位应当按照国务院安全生产监督管理部门、卫生行政部门的规定组织上岗前、在岗期间和离岗时的职业健康检查，职业健康检查应当由省级以上人民政府卫生行政部门批准的医疗卫生机构承担。③职业病诊断医疗卫生机构资质认证。医疗卫生机构承担职业病诊断，应当经省、自治区、直辖市人民政府卫生行政部门批准。省、自治区、直辖市人民政府卫生行政部门应当向社会公布本行政区域内承担职业病诊断的医疗卫生机构的名单。承担职业病诊断的医疗卫生机构应当具备下列条件：一是持有《医疗机构执业许可证》；二是具有与开展职业病诊断相适应的医疗卫生技术人员；三是具有与开展职业病诊断相适应的仪器、设备；四是具有健全的职业病诊断质量管理制度。④职业病鉴定委员会人员的资格认定。职业病诊断鉴定委员会由相关专业的专家组成。省、自治区、直辖市人民政府卫生行政部门应当设立相关的专家库，需要对职业病争议作出诊断鉴定时，由当事人或者当事人委托有关卫生行政部门从专家库中以随机抽取的方式确定参加诊断鉴定委员会的专家。职业病诊断鉴定委员会组成人员应当遵守职业道德，客观、公正地进行诊断鉴定，并承担相应的责任。⑤对于职业卫生联系特别紧密的物质技术要素的质量认证。例如，对职业卫生防护用品的质量认证，对职业卫生设备、工程、技术等的质量认证。

4. 产生职业病危害的用人单位的特殊准入制度。产生职业病危害的用人单位的设立除应当符合法律、行政法规规定的设立条件外，其工作场所还应当符合下列职业卫生要求：①职业病危害因素的强度或者浓度符合国家职业卫生标准；②有与职业病危害防护相适应的设施；③生产布局合理，符合有害与无害作业分开的原则；④有配套的更衣间、洗浴间、孕妇休息间等卫生设施；⑤设备、工具、用具等设施符合保护劳动者生理、心理健康的要求；⑥法律、行政法规和国务院卫生行政部门、安全生产监督管理部门关于保护劳动者健康的其他要求。

5. 职业病危害项目申报制度。根据《职业病防治法》的规定，国家建立职业病危害项目申报制度。（参见案例8-1）

案例8-1

职业病危害因素分类目录由国务院卫生行政部门会同国务院安全生产监督管理部门制定、调整并公布。职业病危害项目申报的具体办法由国务院安全生产监督管理部门制定。2012年3月6日，国家安全生产监督管理总局审议通过了《职业病危害项目申报办法》，其主要内容包括：①用人单位（煤矿除外）工作场所存在职业病目录所列职业病的危害因素的，应当及时、如实向所在地安全生产监督管理部门申报危害项目，并接受安全生产监督管理部门的监督管理。职业病危害项目是指存在职业病危害因素的项目。职业病危害因素按照《职业病危害因素分类目录》确定。②职业病危害项目申报工作实行属地分级管理的原则。中央企业、省属企业及其所属用人单位的职业病危害项目，向其所在地设区的市级人民政府安全生产监督管理部门申报。其他用人单位的职业病危害项目，向其所在地县级人民政府安全生产监督管理部门申报。③用人单位申报职业病危害项目时，应当提交《职业病危害项目申报表》和下列文件、资料：用人单位的基本情况；工作场所职业病危害因素种类、分布情况以及接触人数；法律、法规和规章规定的其他文件、资料。

6. 职业病危害预评价制度。职业病危害预评价制度是指在建设项目前期，应用职业病评价的原理和方法，对新建、扩建、改建建设项目和技术改造、技术引进项目（以下统称建设项目）可能产生职业病危害的，建设单位在可行性论证阶段应当向安全生产监督管理部门提交职业病危害预评价报告。安全生产监督管理部门应当自收到职业病危害预评价报告之日起 30 日内，作出审核决定并书面通知建设单位。未提交预评价报告或者预评价报告未经安全生产监督管理部门审核同意的，有关部门不得批准该建设项目。职业病危害预评价报告应当对建设项目可能产生的职业病危害因素及其对工作场所和劳动者健康的影响作出评价，确定危害类别和职业病防护措施。建设项目职业病危害分类管理办法由国务院安全生产监督管理部门制定。

2006 年 6 月 15 日，《建设项目职业病危害分类管理办法》经卫生部部务会议讨论通过。按照此规定：可能产生职业病危害项目是指存在或产生《职业病危害因素分类目录》所列职业病危害因素的项目。对建设项目的备案、审核、审查和竣工验收实行分级管理。国家对职业病危害建设项目实行分类管理。对可能产生职业病危害的建设项目分为职业病危害轻微、职业病危害一般和职业病危害严重三类。职业病危害轻微的建设项目，其职业病危害预评价报告、控制效果评价报告应当向卫生行政部门备案；职业病危害一般的建设项目，其职业病危害预评价、控制效果评价应当进行审核、竣工验收；职业病危害严重的建设项目，除进行前述规定的卫生审核和竣工验收外，还应当进行设计阶段的职业病防护设施设计的卫生审查。对存在或可能产生职业病危害因素的建设项目的职业病危害评价报告实行专家审查制度。

［探究］

　　根据修订后的《职业病防治法》第17条，国家安全监管总局于2012年4月27日公布了《建设项目职业卫生"三同时"监督管理暂行办法》（国家安全监管总局令第51号）、2012年5月31日公布了《建设项目职业病危害风险分类管理目录（2012年版）》（安监总安健［2012］73号），实际上取代了《建设项目职业病危害分类管理办法》，但两个部委对该规章并未声明废止。

7. 放射、高毒等作业的特殊管理制度。《职业病防治法》第20条规定："国家对从事放射性、高毒、高危粉尘等作业实行特殊管理。具体管理办法由国务院制定。"在 2002 年 4 月 30 日，国务院第 57 次常务会议通过了《使用有毒物品作业场所劳动保护条例》，对使用有毒物品作业场所中的管理进行了详细规定，有利于保证作业场所安全使用有毒物品，预防、控制和消除职业中毒危害，保护劳动者的生命安全、身心健康及其相关权益。

（二）技术类的职业卫生基准制度

我国技术类的职业卫生基准主要包括防止粉尘、噪声、热害、有毒有害物质等内容。

　　具体而言，技术类的职业卫生基准制度的内容包括以下几个方面：

　　1. 防止有毒有害物质危害。在工业生产过程中不可避免的会产生和释放大量的有毒有害物质，这些物质以气体、液体和固体形态存在，如果经常吸入或接触，就会成为致病因素，危害劳动者的身心健康，所以必须加以预防。我国颁布了一系列有关防止有毒有害物质危害的立法，这些规定的主要内容包括：①明确了有毒有害作业的范围。有毒有害作业的范围为接触铅、汞、锰、砷、氯、氟、氰、硫、磷有机溶剂等工种。②规定了防止有毒有害物质的各项措施。例如：放置的有毒有害物质不得超过规定的最高容许浓度；对有毒有害的废气、废渣、废液应进行综合利用和净化处理；有毒有害的工作场所，应按规定设有防护救护设施或用具；矿山作业场所中的有毒有害物质的浓度，不得超过国家标准或行业标准。③规定了对接触有毒有害物质劳动者的各项保护措施。如：对从事有毒有害工作的劳动者，应按规定给予防护用品；对个别有毒有害工作岗位，劳动者应依规定定期轮换；对防护用品应定期检修、调换和做好消毒工作；对遭受职业性毒害或患职业病的劳动者，应及时给予治疗、疗养和调换工作。

　　2. 防止粉尘危害。粉尘是在燃烧或工业生产的过程中产生的粉末状废物，粉尘被大量吸入人体，就会导致矽肺等多种尘肺疾病，严重危害人体健康。我国关于防止粉尘危害的法规的主要内容包括：①凡是有粉尘作业的用人单位，要努力实现生产设备的机械化、密闭化和自动化，设置吸尘、滤尘和通风设备，矿山采用湿式凿岩和机械通风。②劳动场所中的各种生产性粉尘在空气中的含量不得超过规定标准；粉尘作业或扬尘点，必须采取密闭除尘等措施或实施湿式作业；严禁在没有防尘措施的情况下进行干式生产或干式凿岩。③对接触粉尘的工人发给防尘口罩、防尘工作服和保健食品，并定期进行健康检查；对尘肺患者应按规定给予治疗、疗养或调换工作；等等。

　　3. 防止噪声和强光刺激危害。超标的噪声和强光会刺激人的听觉和视觉器官，使人减弱或丧失正常功能。长期被噪声干扰，还会引起其他多种人体疾病，所以，防止生产过程中的噪声和强光刺激，对于维护劳动者的身心健康至关重要。[1]这方面的法律规定主要内容包括：①对产生强烈噪音的生产，应尽可能在设有消声设备的工作房中进行，并实行强噪声和低噪声分开作业。②在有噪声、强光等场所操作的工人，应供给防耳器、防护眼镜、面具和帽盔等。③工作地点的局部照明亮度应符合操作技术规范和劳动卫生规范的要求。

　　4. 防暑、降温和防冻取暖。工作场所应当保持一定的温度和湿度，不宜过热、过冷和过湿，否则会对劳动者的身心健康造成危害。所以，工作场所应该保持正常的温度和湿度。这方面的法律规定主要内容包括：①室内工作地点的温度经常低于5℃的，应当设置取暖设备；用人单位应当根据地市级以上气象主管部门所属气象台

---

〔1〕　常凯主编：《劳动法》，高等教育出版社 2011 年版，第 421 页。

当日发布的预报气温，调整作业时间，但因人身财产安全和公众利益需要紧急处理的除外：一是日最高气温达到40℃以上，应当停止当日室外露天作业；二是日最高气温达到37℃以上、40℃以下时，用人单位全天安排劳动者室外露天作业时间累计不得超过6小时，连续作业时间不得超过国家规定，且在气温最高时段3小时内不得安排室外露天作业；三是日最高气温达到35℃以上、37℃以下时，用人单位应当采取换班轮休等方式，缩短劳动者连续作业时间，并且不得安排室外露天作业劳动者加班。②按规定要求提供防暑、防冻劳动保护用品。③对高潮湿场所，应当采取防潮措施等。

5. 通风和照明。工作场所良好的通风和适度的照明可以净化空气，保护视力，便于工作，有助于保护劳动者身心健康。这方面的法律规定主要内容包括：①工作场所的光线应当充足，采光部分不要遮蔽，也不宜强光刺目；通道应有足够的照明。②生产过程温度和风速要求不严格的场所应保证自然通风；有瓦斯和其他有毒有害气体集聚的工作场所，必须采用机械通风。③通风装置必须有专职或兼职人员管理，并应定期检修和清扫。

[相关资料]

　　最新的安全技术规程请参见国家安全生产监督管理总局、国家煤矿安全监察局官方网站"法律法规标准"：http://www.chinasafety.gov.cn/newpage/flfg/flfg.htm.

第四节　域外职业安全卫生法律制度及借鉴

　　近代以来，人类社会进入到工业化新的历史时期，经济财富创造巨大，社会生产力得到史无前例的发展，但与此同时，也使劳动者面临职业伤害的风险不断增高。为了保障劳动者在劳动过程中的生命安全和身心健康，国际劳工组织和各国政府都先后制定了一系列有关职业安全卫生的法律法规，构建了旨在实现劳动者职业安全权和避免劳动过程中伤亡事故发生的职业安全卫生法律制度体系。

　　随着社会发展变化，20世纪下半叶以来，职业安全权的权利理念趋于成熟，到20世纪末，劳动安全保护已进入一个新境界。职业安全不再只是"国家"强制雇主保护劳动者的义务，而且也是劳动者在安全法律保护中应享有的积极权利。[1]遵从这一理念，各个国家尤其是发达国家将职业安全卫生保障的客体由过去的预防和救济伤害事故，导入到职业的安全、舒适（体面）及健康，从而使得职业安全卫生保护的目的更富于人道性。[2]

---

〔1〕　黄越钦：《劳动法新论》，中国政法大学出版社2003年版，第437页。
〔2〕　郭捷："劳动者职业安全卫生权及法律保护"，载《法学家》2007年第2期。

［相关资料］

近 20 年来，发达国家职业死亡人数已经大幅下降。目前，职业事故造成的 10 万从业人员死亡率的世界平均数为 14.0，发达国家的平均数最低，为 5.3。有的国家甚至下降到 1 以下，如英国 2010 年度为 0.5，加拿大 2009 年度为 0.7，澳大利亚 2009 年度为 2.6，美国 2009 年度为 3.6。2000 年以来，英国每年事故死亡人数保持在 250 人以下，并逐年下降；美国保持在 6000 人以下；澳大利亚保持在 300 人以下；日本保持在 1800 人以下，并逐年小幅下降。[1]这是主要发达国家推进现代国家职业安全立法的必然结果，有许多值得我国学习和推广的经验。

一、职业安全卫生国际立法

（一）职业安全卫生国际立法概述

劳工职业安全卫生权的保护标准一直是国际劳工组织关注的重点之一。国际劳工组织自 1919 年成立以来，一直致力于制定某些危险物质劳动的专门法规。1919 年在第一届国际劳工大会上，通过了《1919 年白磷建议书》（第 6 号），这是世界上最早的两个国际劳动公约之一（另一个是《关于禁止工厂女工做夜工的公约》），1921 年公布了《油漆中使用白铅公约》。20 世纪 30 年代以后，国际劳工组织开始制定并不断完善行业部门的职业安全卫生标准，尤其是一些特殊经济活动部门的通用安全卫生标准，重点是高风险行业和部门，如：1930 年《防止码头工人事故公约》（1932 年修改），1937 年《建筑业的安全规定公约》。第二次世界大战以后，国际劳工组织除继续加强对工人的健康保护外，还认识到有必要对工作环境改善制定综合性法规。由于受到 1972 年英国发表的"罗本斯报告"的影响，国际劳工组织于 1977 年首次通过了第 148 号《工作环境（空气污染、噪声和振动）公约》和同名的第 156 号建议书。1981 年，国际劳工大会通过的第 155 号公约，即《职业安全卫生与工作环境公约》，并制定同名的第 164 号建议书作为补充。1985 年，国际劳工组织又制定了第 161 号公约《1985 年职业卫生设施公约》和同名第 171 号建议书两项职业安全卫生国际标准，作为对第 155 号公约和第 164 号建议书的补充。2002 年，国际劳工大会通过的议定书，对第 155 号公约中有关职业事故、职业病登记和报告等内容进行了修订补充，2006 年又制定了第 187 号公约《2006 年职业安全卫生促进框架公约》和同名第 197 号建议书两项职业安全卫生国际标准，形成了内容较为完整的国际劳工职业安全卫生保护制度体系。

（二）《职业安全卫生与工作环境公约》及建议书主要内容

148 号公约和同名的第 156 号建议书是当时最全面的职业安全卫生标准，但是，该公约仅限于空气污染、噪声和振动等所涉及的有害物质和物理危害。1981 年，国

---

〔1〕　国家安全生产监管总局国际交流合作中心："发达国家职业安全健康主要经验与做法——推进现代职业安全健康立法"，载《劳动保护》2013 年第 1 期。

际劳工组织开始采取更具突破性的做法，制定了155号公约和同名的第164号建议书，该公约和建议书不但标志着国际劳工组织由制定单一的适用于特定范围的职业安全卫生标准过渡到制定综合性的、适用范围广泛的国家级职业安全卫生标准，而且标志着政府、雇主、工人三方共同"管理"职业安全卫生。[1]

第155号公约的最终目的是"在合理可行的范围内，把工作环境中内在的危险因素减少到最低限度，以预防来自工作、与工作有关或在工作过程中发生的事故和对健康的危害"（第4条）。而要实现和达到公约的最终目的，特别需要明确政府、雇主和工人组织"在职业安全卫生和工作环境方面各自的职能和责任"（第6条）。例如，第155号公约要求成员国制定职业卫生方面的国家一致性政策（第4条）；要求建立分析职业安全与卫生形势和问题的制度（第7、8、11条）；要求建立"恰当和适宜"的职业安全与卫生监察制度（第9条）；公约多处要求政府、雇主、工人三方承担各自的职责（第6、19条等）。

需要说明的是，第155号公约，即《职业安全卫生与工作环境公约》和第164号建议书有两点值得我们特别注意：一是健康的观念较传统上所认知的意义更为广泛。第164号建议书中说明，所谓健康，不仅限于没有病痛，还包括在工作时，劳工身体上与心理上是否舒适。国际劳工组织对于健康的定义，系采用世界卫生组织的见解，即所谓健康，是指完全的身心舒适与幸福感，非仅限于没有病痛。二是国际劳工组织虽要求成员国制定职业卫生方面的一致的全国性政策（第4条），但各国可根据本国国情，选择最适合本国需要的做法。[2]

[相关资料]

从国际上的经验来看，职业安全发展历程分为若干个历史阶段。初期阶段，这一阶段是长期、艰巨、复杂、反复的，这一阶段的基本特征是：事故风险高、重大事故频发、工业企业伤亡人数居高不下。高风险平台期（易发期），这一阶段的基本特征是：事故频发和死亡人数居高不下。然后，经过艰苦努力的工作，事故开始下降，进入第三阶段，即缓慢下降期。最后一个阶段是第四阶段，即现代的安全稳定时期。我国现在的阶段，最理想的判断也仅仅是处于第二阶段的平台上，再乐观一点也可以说刚刚进入第三阶段。[3]

（三）《2006年职业安全卫生促进框架公约》主要内容

国际劳工组织于2006年5月31日在日内瓦举行第95届会议。会议认识到职业伤害、疾病和死亡在全球危害的严重性，需采取进一步行动减少。保护工人免遭由就业而引起的身体不适、疾病和伤害是国际劳工组织在其《章程》中规定的目标之

〔1〕 朱常有："职业安全卫生国际劳工标准"，载《劳动保护》2009年第5期。
〔2〕 郭捷："论劳动者职业安全卫生权的法律保护"，载《法学家》2007年第2期。
〔3〕 玫尧、赵静蕊："安全发展——安全生产的科学发展观——访中国安全生产科学研究院院长刘铁民"，载《劳动保护》2007年第5期。

一；认识到职业伤害、疾病和死亡对生产率及对经济和社会发展有负面影响；注意到《费城宣言》第三段（g）规定，国际劳工组织具有在世界各国推动并实现充分保护各业工人生命与健康的各项计划的庄严义务；关注到1998年《国际劳工组织关于工作中基本原则和权利宣言及其后续措施》；注意到1981年《职业安全卫生与工作环境公约（第155号）》和同名的第164号建议书以及《2006年职业安全卫生促进框架公约》相关的国际劳工组织其他文书，以及促进职业安全与卫生是国际劳工组织为所有人争取体面劳动议程的组成部分。国际劳工大会在其第91届会议（2003年）上通过的关于国际劳工组织在职业安全与卫生领域与标准相关活动的结论——《一个全球战略》，特别将职业安全与卫生列为国家议程优先事项，强调不断促进国家预防性安全与卫生文化的重要性，并决定就职业安全与卫生（本届会议议程的第四个项目）通过若干建议，经确定这些建议应采用国际公约的形式，这个公约就是《2006年职业安全卫生促进框架公约》。公约的目标是：①批准本公约的各成员国应在与最具代表性的雇主组织和工人组织协商的情况下，通过制定国家政策、国家体系和国家计划的方式，促进职业安全与卫生的持续改善，以预防职业伤害、疾病和死亡。②各成员国应采取积极步骤，在考虑到国际劳工组织与促进职业安全与卫生框架相关的文书中确立的原则的情况下，通过国家职业安全与卫生体系和国家计划，逐步实现安全与卫生的工作环境。③各成员国在与最具代表性的雇主组织和工人组织协商的情况下，应定期研究采取何种措施来批准国际劳工组织职业安全与卫生方面的有关公约。其中，"国家政策"系指根据第155号公约第4条的原则制定的国家职业安全与卫生和工作环境政策；"国家职业安全与卫生体系"或"国家体系"系指为实施国家职业安全与卫生政策和计划提供主要框架的基础设施；"国家职业安全与卫生计划"或"国家计划"系指包括须在事先确定的时间框架内实现的目标、为改善职业安全与卫生而制定的优先事项和行动手段以及评估进展的方法等在内的任何国家计划；"国家预防性安全与卫生文化"系指这样一种文化：享有安全与卫生的工作环境的权利在所有层面得到尊重，政府、雇主和工人通过一套明确权利、责任和义务的制度，积极参与确保安全与卫生的工作环境，而且预防原则是这些层面最优先考虑的事项。[1]

总之，职业安全卫生国际公约与建议书的主要内容概括为：其一，要求成员国制定一致的职业安全卫生方面的全国性政策。其二，要求成员国建立并维持一个合乎职业安全卫生的工作环境，使劳工获得最舒适的身心健康状态。（并更高层次要求针对劳工身心健康状况，评估其工作能力，据以调整其工作内容。）其三，要求建立"恰当和适宜"的职业安全与卫生监察制度。其四，要求建立职业安全卫生保障三方机制，明确政府、雇主、工人三方承担各自的职责。其五，要求建立可靠的、全面的工伤事故与职业病统计系统。

---

〔1〕 可具体参见"2006年促进职业安全与卫生框架公约"，载《劳动保护》2009年第5期。

二、英国职业安全与健康法律

英国是最早进行职业安全卫生立法的国家。纵观英国职业安全与健康法律发展历史，我们不难发现在其历史上有三部法案是最为重要的，分别是：1883 年的《工厂法》、1974 年~1975 年的《职业安全与卫生法》以及 1999 年提出的《职业安全重振战略》。

（一）《工厂法》

18 世纪发端于英国的工业革命给社会带来财富的同时，也出现了大量生产性危害和社会不稳定因素。资本家为了最大限度地获取剩余价值，利用经济手段强制把工作日延长到 14、16 小时甚至 18 个小时，这种远远超过了工人生理界限的工作长度，加上极端恶劣的工作场所，极大地破坏了工人的健康，伤亡事故和职业病经常发生，死亡率猛增，工人的平均寿命日趋缩短。工人们为了保卫自己的生存权利，在 18 世纪中叶以后，就自发地起来和资本家进行斗争。除采取破坏机器、罢工等方式外，还要求政府颁布法律来限制工作日长度。随着工人阶级斗争的日趋高涨，加上受 17~18 世纪启蒙运动和法国大革命的影响，某些社会政治力量也同情和支持工人的要求，迫使资产阶级国家不得不制定法律来限制资本家对工人的剥削程度。英国议会首先于 1802 年通过了世界上第一部重要的职业安全卫生法规《学徒健康与道德法》，这也是现代劳动法的开端。1883 年，英国颁布了《工厂法》，该法对工人的劳动安全、卫生和福利等都作了规定，成为职业安全卫生立法的重要标志，"工厂法的制定，是社会对其生产过程自发形式的第一次有意识、有计划的反作用。"[1]工厂法是"作为工人阶级的身体和精神的保护手段"，是一个"朴素的大宪章"，这一保护劳动者的大宪章，是社会的一个巨大进步。[2]19 世纪中叶以后，随着各国工人运动的普遍高涨和资本主义经济社会的不断发展，职业安全卫生立法得到进一步发展。英国政府先后四次修改了 1883 年的《工厂法》，以适应不断发展变化的职业安全卫生发展需求，其中，最后一次是 1961 年。但总的来说，这些修改仍然固守的是工厂法的职业健康与安全立法及执法模式。

这种《工厂法》中的安全生产主体的法律责任的最大特点是，安全生产主体的法律责任主要是一种被动责任，政府在 OHS 工作中担任主角，制定详细的、高技术性的专业标准规范，并强力推行，监察人员只能照章执法，而雇主的责任仅仅是被动地遵守法律，劳动者的参与也是被忽视的。

（二）《职业安全与卫生法》

英国政府于 1970 年 5 月 29 日组成以罗本斯爵士为主席的"工作场所安全与卫生委员会"，对已有的涉及工作过程中的"安全卫生"条款予以审查（不涉及运输业），以

---

〔1〕 ［德］马克思：《资本论》（第一卷），人民出版社 1975 年版，第 527 页。
〔2〕 参见于丽平："劳动、资本与法律——马克思的劳动法思想解读"，载《山东财政学院学报》2010 年第 1 期。

确定是否有必要对相关的法规在本质上予以修改。经过调查研究，罗本斯委员会于1972 年提交了"罗本斯报告"（Robens Report，Committee on Safety and Healthat Work，1972)，指出了英国职业安全卫生立法领域中存在的问题并提出了一系列修改、完善的建议和意见。罗本斯报告提出以后，英国立即进行了相关职业安全与卫生立法改革，以该报告所提出的"谁产生风险，谁管理"原则为基础，英国于1974 年、1975年分三批颁布了《职业安全与卫生法》的全部条款。随着1974 年~1975 年《职业安全与卫生法》的颁布，安全生产主体的法律责任主要是一种被动责任这一情况得到了根本改变。英国1974 年~1975 年《职业安全与卫生法》包括 4 大部分、10 个问题、85 条，每条又由若干款构成。

1. 确立 OHS 治理模式中政府的正确定位。政府角色有了显著的改变：对雇主OHS 管理进行授权，政府基本上从实际上承担了大量的 OHS 管理工作中解脱出来，专注于只保留必要的规章、标准制定权以及 OHS 监察权。这部法律建立了两个新的机构，即安全与健康委员会（HSC）和安全与健康执行局（HSE）。这两个机构主要负责法律的执行工作。其中，安全与健康委员会的职责主要是研究并提出新法规和标准，提供信息和建议。而安全与健康执行局则需要向安全与健康委员会提供建议和支持，并需要与地方当局分权，执行安全与健康法。这两个新机构收集来自决策者和监察人员的分散意见，形成一个统一和广泛的安全与健康系统，依靠广泛的咨询工作，确保该系统有的放矢。[1]

2. 强化雇主责任，由被动责任改变为主动责任。《工厂法》中，雇主的责任仅仅是遵守法律，是一种被动责任，而 1974 年~1975 年《职业安全与卫生法》则明确了雇主在劳动安全中所应担负的主动法律责任：规定了雇主必须采取有效措施来保护工人的安全。这样的主动的自治性管理要远比被动管理有效得多。雇主有以下法律义务：①在合理、可行范围内确保雇员在工作中的健康、安全和福利，包括确保工作设施及其维护的安全。②生产物品使用、装卸、贮存、运输安全。③提供安全卫生的工作环境及其所需的设施和安排。④制定安全卫生规章，并对规章的执行编写报告及提供雇员对报告的知情权。⑤有责任和雇员的安全代表进行合作确保安全卫生措施的执行和效果。[2]

3. 强化劳动者及其代表的作用，重视参与与合作。此前，无论是制定过程还是执行《工厂法》的过程中，都没有给予劳动者应有的职业安全权。而 1974 年~1975年《职业安全与卫生法》则强化了劳动者的权利主体地位，在法律中直接规定劳动者享有工作环境权，由被动权利主体转变为主动权利主体，强调雇主与劳动者及其代表必须就安全问题进行充分的沟通与交流，重视参与与合作。

4. 提出新型执法战略与执法政策。《工厂法》中，执法主要依靠"命令与控

---

〔1〕　房照增："英国职业安全与健康三十年"，载《中国煤炭》2005 年第 7 期。

〔2〕　"英国职业安全与卫生法（1974）简介"，载《劳动保护》2000 年第 5 期。

制"，重事后处罚而忽视事先预防、重强制执法而忽视非强制执法措施、重视处罚而忽视奖励性的激励措施，而1974年～1975年《职业安全与卫生法》则提出了新型执法战略与执法政策，使上述情况得到根本改变。例如，软性执法活动中的改进通知和禁比通知制度：当监察员认为某人违反一项或几项条款时可以发布改进通知，列举违反的条款和理由，并要求该人限期纠正。如果监察员认为某人的活动的进行涉及发生严重人身伤害的危险时，可以发布禁止通知，限期停止或纠正该活动。改进通知和禁比通知制度，既体现了监察员的权利和义务，又保护了当事人和相关人员的知情权等权益。[1]这样更容易使企业接受执法机构的建议与处罚，更符合鼓励雇主参与"三方机制"的要求，往往能够收到比强制性执法更好的社会效果。

（三）《职业安全重振战略》

与上文探讨过的罗本斯报告的不足相对应，随着社会发展变化，20世纪下半叶以来，职业安全权的权利理念趋于成熟，到20世纪末，劳动安全保护已进入一个新境界。职业安全不再只是"国家"强制雇主保护劳动者的义务，而且也是劳动者在安全法律保护中应享有的积极权利。[2]1974年～1975年《职业安全与卫生法》日益面临着各种新的挑战，显现出一些不足甚至负面效应，基于此，英国政府于1999年宣布要重振安全与健康，随后于2000年6月公布了"重振安全与健康战略声明"。[3]其中，有关安全生产主体的法律责任主要包括以下两个方面：一是针对中小企业建立自己的OHS管理体系负担过重，可能达不到预期的实际效果，通过"小企业服务"建立补偿方案，并且执法时以非强制性执法为主，采取指导与协助方式，以利于中小企业明确OHS义务，减轻其管理负担。二是针对新型劳动关系中的OHS问题，充分综合利用各种社会关系参与OHS治理，包括利用工会关系、合同关系、消费关系、社区关系、保险关系等对OHS的影响力，处理诸如在家里为公司远程工作的新型劳动关系中的OHS问题。

三、澳大利亚职业安全与健康法律

（一）概述

历史上，澳大利亚都采纳英国的职业安全与健康法模式，只不过澳大利亚实行联邦制，共有三级政府，即联邦政府、州政府、市政府。每个州有独立的行政权和立法权：①1878年工厂法（1901年修改）采用的是1883年的《工厂法》模式。②罗本斯报告后，澳大利亚各州的OHS立法都遵循了这份报告的建议和精神。与英国1974年～1975年的《职业安全与卫生法》相呼应，2012年以前，在各司法管辖区域生效的职业安全与健康法律，其中，维多利亚州是2004年颁布的，南澳州是1986年，西澳州是1984年～1987年，首都领地是1989年，联邦是1991年，海上作

---

〔1〕 "英国职业安全与卫生法（1974）简介"，载《劳动保护》2000年第5期。
〔2〕 黄越钦：《劳动法新论》，中国政法大学出版社2003年版，第437页。
〔3〕 国际劳工人会第91届会议报告。

业是 1993 年，昆士兰州和塔斯马尼亚州是 1995 年，新南威尔士州是 2000 年，北部领地是 2007 年。所有这些法律都沿用了罗本斯模式，尽管有些超越了罗本斯模式。[1]③与英国 1999 年提出的《职业安全重振战略》相呼应，2011 年 11 月 29 日，澳大利亚联邦议会审议通过了一部统一的《工作健康安全法》，自 2012 年 1 月 1 日开始实施。由于上文已探讨了英国工厂法与罗本斯模式下的职业安全与卫生法，而澳大利亚与其在立法精神、立法技术上有极大相似性，所以我们这里不再赘述。仅以澳大利亚最新的《工作健康安全法》为例说明。

（二）《工作健康安全法》

2012 年以前，澳大利亚没有统一的职业安全健康立法，每个州有独立的行政权和立法权，可以制定本州的职业安全健康法律法规。近些年来，澳大利亚联邦政府逐步认识到制定一部统一职业安全健康法的重要性。2009 年，在联邦、各州、各地区共同资助下成立了一个法定政府机构"澳大利亚安全工作委员会"，专门负责全国职业安全健康一体化工作。2010 年澳大利亚安全工作委员会制定的首个《三年战略规划》中就明确提出，要致力于制定一部全国统一的职业安全健康法律《工作健康安全法》及配套法规、执行政策等，2011 年 11 月 29 日，澳大利亚联邦议会审议通过了一部统一的《工作健康安全法》，自 2012 年 1 月 1 日开始实施。这是澳大利亚历史上首次将安全健康立法进行统一，在全国范围内统一实施的重要立法，掀开了澳大利亚职业健康安全法制建设的新篇章。《工作健康安全法》共有 14 章 276 条，内容涵盖总则，安全健康义务，事故报告，法律授权，协商、代表与参与，歧视性、强制性与欺骗性行为，工作场所进入许可，监管机构，强制措施，强制承担，决定复审，法律诉讼，附则等。应当说，澳大利亚新法是站在 1974 年英国《职业安全卫生法》基础之上的最新发展。[2]

1. 雇主作为职业安全健康的主要义务责任主体。雇主尤其是那些跨地区的雇主无论何时都要承担更确定的责任。雇主有责任建立风险评估系统，对作业场所存在的风险因素进行评估，负责改善作业场所健康安全状况，向雇员提供符合标准的健康安全场所。每个雇主为公司建立职业健康安全风险评估机制，并按照一定的程序，定期对公司的健康安全风险进行评估。《工作健康安全法》第 3 条规定："制定《安全生产法》的目的就是通过消除或最小化职业风险以保护工人免受安全与健康伤害。"第 17 条对风险管理的基本原则进行了明确："责任人必须在切实可行的范围内：①消除安全与健康风险；②如果不能消除风险，则使风险最小化。"公司内部要成立由安全经理、相关雇员组成的安委会，处理日常安全工作，雇主不得担任负责人，并接受安委会的建议和监督。单个公司内部或者若干公司之间，可以聘用相关资格的人员组成职业健康安全专家组，定期在公司之间进行互查，督促公司解决存

---

〔1〕 刘晓兵："澳大利亚职业安全与健康立法变革"，载《现代职业安全》2010 年第 4 期。

〔2〕 朱喜洋："澳大利亚最新职业安全健康立法及启示"，载《现代职业安全》2012 年第 8 期。

在的危险性因素，专家组有权要求公司进行整改，必要时专家组可以直接向劳保局反应，由劳保局进行查处。[1]

2. 将上游的相关主体一并纳入调整范围。包括设计者、制造商、承包商、供应商等的安全健康"照顾"责任。《工作健康安全法》规定，从事设施设备、管道建筑的设计方、生产方、进口方、供货方、安装方、建设方、委任方，应当尽最大合理可行的能力，确保其设计、制造、进口、供货、安装、建设、委任的设施设备、工作场所对其使用者、建设者、接触者及相关人员的安全健康不产生危险。[2]

3. 明确工会、雇员等在职业健康安全中的职责。工会组织可以主动介入，成为雇主、雇员、供应商之间互相制约的重要因素。工会不仅为雇员争取职业健康安全的合法权益，还对雇主和供应商起到一定的制约作用。一个公司倘若出现严重的职业伤亡事故，工会可以号召全国抵制其产品，断绝其市场经营，促使公司改善内部安全状况，遵守职业健康安全法规。雇员有接受健康安全培训的权利，有遵守相关法规佩戴防护用品的义务，并有权参与解决作业场所存在的风险因素，必要时可以向劳保局直接反应。[3]另外，该法也明确了安全监管监察、安全服务机构及其工作人员的职责。

4. 明确而严厉的法律责任设定。澳大利亚《工作健康安全法》对包括个人和法人在内的法律责任主体的规定区分清楚，分别进行规定：①不遵守法定职业健康安全义务的，对个人处 5 万澳元罚款，对从事生产经营的个人或者单位负责人处 10 万澳元罚款，对法人则处 50 万澳元罚款。[4]②从事生产经营的主体违反监察员发布的即时整改指令的，对于个人处 5 万澳元罚款，对法人则处 25 万澳元罚款。[5]《工作健康安全法》实施非常严厉的处罚，对违反安全健康义务规定，构成重大过失一级责任的，对个人最高处 30 万澳元罚金、5 年监禁或者并施，对从事生产经营的个人或单位负责人最高处 60 万澳元罚金、5 年监禁或并施，对法人则最高处 300 万澳元罚金处罚。[6]

四、日本职业安全与健康法律

20 世纪 50 年代以后，伴随工业化水平的迅速提高和经济的高速发展，日本的职业安全问题凸显，工伤死亡人数剧增，并在 1961 年同时达到伤亡人数和死亡人数的历史最高纪录，伤亡人数为 481 686 人，死亡人数为 6712 人，[7]为了加强职业安全和减少伤亡事故的发生，日本政府制定了一系列职业安全法律法规，主要有：《劳动

---

〔1〕 刘玉马："澳大利亚职业健康安全印象"，载《中华新闻报》2008 年 4 月 25 日。

〔2〕 朱喜洋："澳大利亚最新职业安全健康立法及启示"，载《现代职业安全》2012 年第 8 期。

〔3〕 刘玉马："澳大利亚职业健康安全印象"，载《中华新闻报》2008 年 4 月 25 日。

〔4〕 《工作健康安全法》第 31 条规定。

〔5〕 《工作健康安全法》第 31 条规定。

〔6〕 朱喜洋："澳大利亚最新职业安全健康立法及启示"，载《现代职业安全》2012 年第 8 期。

〔7〕 叶永峰、顾智世："中日安全生产监管体系的比较分析"，载《安全与环境工程》2012 年第 2 期。

基准法》（1947 年）、《劳动安全卫生法》（1972 年）、《矿山安全法》（1964 年）、《劳动灾难防止团体法》（1964 年）、《作业环境测定法》（1975 年）、《劳动安全卫生规则》（1972 年）等一系列法律法规，这些法律法规在颁布后还经过了多次修改完善，例如，《劳动安全卫生法》颁布后，根据日本职业安全形势的不断发展需要，已进行了 20 余次修改、完善。这些法律法规现在已经成为日本职业安全的保护神。日本生产过程中的伤亡人数从 1961 年的 481 686 人下降到 2010 年的 114 804 人，从业人员的万人伤亡率到 2009 年已下降至 20 人左右。[1]

《劳动基准法》是日本最高级别的职业安全立法的"母法"，《劳动基准法》的第五章为"安全与健康"，共有 14 条，主要包括防止伤亡事故、安全装置、性能检查、禁止制造有害物、安全健康与教育和健康等内容。依据该法又先后制定了上述一系列法律法规，从而进一步增强了可操作性和时效性。这些法律法规明确规定了政府职业安全管理机构的设立、职能配置或者是社团组织和中介机构的行为规范以及企业内部安全管理机构的设置等具体问题，把政府、企业和中介机构等在职业安全方面的职责规定得比较严格。其中，有关安全生产主体的法律责任的规定主要表现在：

（一）雇主作为职业安全健康的主要义务责任主体[2]

日本明确规定企业负责人是职业安全第一责任人，其必须掌握企业安全管理状况，企业在生产计划、组织实施、验收评价、改进完善等各个阶段必须制定职业安全工作计划，制定并落实事故防范措施。同时要求，不同规模企业应建立相应的安全管理机构，配备专职的安全健康管理人员、医生，加强企业的职业安全管理。[3] ①在《劳动安全卫生法》（1996 年 6 月 19 日修订）的第一章的总则条文中，规定企业主的职责必须通过创造愉快舒适的工作场所环境和改善劳动条件，应确保在工作场所工作的劳动者的安全和健康。②在第四章的措施条文中，具体规定了企业主防止劳动者遭受危险和健康损害必须采取的 8 条措施。例如，根据企业的类型和生产规模，对 100 人以上的林业、采矿业、建筑业、运输业、清洗业等危险行业的企业和 300 人以上的制造业企业，必须在雇主中选任一个主管安全卫生的责任者；50 人以下的企业，雇主就是职业安全责任人。[4] ③在第五章的第二节对有害物质的规定条文中，规定企业主必须进行化学物质有害性的调查等。④在第七章中，为形成舒适的工作场所环境的措施条文中规定企业主需要采取的措施。⑤在第九章第二节的劳动安全顾问和劳动卫生顾问条文中，规定了其业务；劳动安全顾问考试；劳动卫生顾问考试；登记；登记的取消；义务；日本劳动安全卫生顾问会。例如，雇员人数超过 50 人的企业必须建立健康安全委员会，每个月召开职业医师参加的会议，讨论

〔1〕　叶永峰、顾智世："中日安全生产监管体系的比较分析"，载《安全与环境工程》2012 年第 2 期。
〔2〕　"日本劳动安全卫生法（1996）简介"，载《劳动保护》2000 年第 5 期。
〔3〕　高建明、魏利军、吴宗之："日本安全生产管理及其对我国的启示"，载《中国安全科学学报》2007 年第 3 期。
〔4〕　金磊夫、胡学义："对日本韩国职业安全管理的几点认识"，载《劳动保护》2002 年第 2 期。

职业卫生问题与对策；聘用职业医师。雇员人数超过 50 人的企业必须雇佣兼职职业医师，雇员人数超过 1000 人以及雇员人数在 500 人以上的高危行业必须雇佣专职职业医师；聘用卫生工作人员。雇员人数超过 50 人的企业必须设有卫生工作人员，卫生工作人员需具有都道府县劳动局颁发的资格证书，负责健康委员会职业医师建议的测量工作。[1]⑥《矿山安全法》规定，矿主必须防止矿井的塌方、透水、瓦斯爆炸和矿井内火灾等各类事故。一旦发生事故，矿主必须迅速有效地组织救护，并最大限度降低危害。[2]

（二）将相关主体一并纳入调整范围

在《劳动安全卫生法》第四章防止劳动者遭受危险和健康损害的措施条文中，具体规定甲方企业主、特定甲方企业主、订货人、承包人等必须采取的措施。在第五章的第一节对机械等的规定条文中，指明制造的许可；定期自主检查等。在第五章的第二节对有害物质的规定条文中，指明制造的禁止、许可、标志等；化学物质有害性的调查等。

（三）注重社会中介组织、工会、雇员等在职业健康安全中的作用

1. 政府注重把与安全相关的一些日常工作委托给社会中介组织去做。日本《劳动安全卫生法》《产业事故预防团体法》《工业事故预防组织条例》中都明文规定安全中介组织的法律地位和作用，并拨巨款予以支持。依据《工业事故预防组织条例》成立了 6 个协会，即：日本职业安全卫生协会、日本建筑安全卫生协会（JCSHA）、日本道路运输安全卫生协会、日本港口工伤事故预防协会（PCAPA）、森林和木材加工事故预防协会、日本矿山安全卫生协会；授权具有检验和监察职能的机构有：日本锅炉协会、日本起重机协会、锅炉和起重机安全协会、劳动安全技术研究所；授权具有资格评定的机构是安全卫生资格评定研究所。除此以外，还有一些基金会、促进会等组织。专家协会和技术机构有：作业环境测量协会、安全卫生咨询协会。日本的安全协会，既是中介组织，又承担着一部分政府职能，负责全国的灾害技术研究、开发、普及；安全教育培训，危险源评估，保健诊断；危险器械及安全装置的性能鉴定，灾害预防技术指导，安全信息的搜集分析等。由于中介组织分担了一部分政府无力承担也不便承担的职能，使政府集中精力在宏观指导、制定灾害预防政策、完善安全法规、协调各方面关系上发挥更大的作用。政府与社会中介组织作用的互补，有力地保证了职业安全与健康工作的展开。[3]

2. 在日本，在职业安全卫生监督方而，工会发挥了重要的作用，工会组织比较

［1］ 邱曼：“日本职业安全卫生管理现状”，载《现代职业安全》2008 年第 6 期。

［2］ 岳连国、乐绍延：“安全生产：来自俄罗斯和日本的经验”，载《中国减灾》2007 年第 4 期。

［3］ 主要参考金磊夫、胡学义：“对日本韩国职业安全管理的几点认识”，载《劳动保护》2002 年第 2 期；赵冬花：“日本职业安全保障体制”，载《中国煤炭》2002 年第 12 期；邱曼：“日本职业安全卫生管理现状”，载《现代职业安全》2008 年第 6 期；赵阳、姜秀慧：“日本劳动安全卫生监管模式对我国的借鉴作用”，载《中国安全生产科学技术》2012 年第 6 期。

健全，劳动者基本加入了各类工会组织。一方面保护劳动者的基本权益，另一方面还督促企业提高安全卫生水平，防止职业安全健康事故的发生。

3.《劳动安全卫生法》在第一章的总则条文中规定了劳动者除了遵守防止劳动灾害的必要事项外，必须尽可能协助实施企业主和其他有关人员要求实施的有关规定。

（四）明确而严厉的法律责任设定

《劳动安全卫生法》在第十二章罚则的条文中，有 7 条规定违反《安全生产法》的有关条款者，视情节轻重分别处以 3 年以下有期徒刑或 300 万日元以下的罚款。法人的代表或法人，或普通人的代理人、佣人和其他工作人员，如有违反有关条款的行为时，除处罚直接违反的人员外，对上述法人及有关人员也要按各有关条文的规定罚款或判刑。

五、主要发达国家职业安全法律经验借鉴

（一）劳动者安全健康至上的立法理念

随着社会发展变化，20 世纪下半叶以来，职业安全权的权利理念趋于成熟，到 20 世纪末，劳动安全保护已进入一个新境界。职业安全不再只是"国家"强制雇主保护劳动者的义务，而且也是劳动者在安全法律保护中应享有的积极权利。[1]将职业安全卫生保障的客体由过去的预防和救济伤害事故，而导入到职业的安全、舒适（体面）及健康，从而使得职业安全卫生保护的目的更富于人道性。[2]发达国家已树立了劳动者安全健康至上的立法理念，纵览各发达国家职业安全立法的目的，其核心可以概括为一点，保障劳动者及相关人员的安全健康权益。

（二）法律整合使职业安全主体法律责任清晰明了

世界发达国家普遍以《劳动法》或《职业安全与健康法》作为保障安全与健康的基本法。基本法作一般性义务规定，具有普适性，适用于各种行业和各类从业人员，这使整个法规体系具有内在统一性和开放性。在基本法统领下，可根据需要，制定行业安全健康法，政府部门根据基本法或行业安全健康法授权，制定从属的规程、标准或守则等。规程进一步阐述了基本法的目标和原则，标准则规定了达到目标的具体方法、手段和技术要求。这样，全国形成了相互补充、规范有序、由一般到具体的严密的法规体系。这样，就会使安全生产主体的法律责任清晰明了，易于守法和执法。

（三）坚持"谁产生风险，谁管理，谁承担法律责任"的原则

发达国家坚持"谁产生风险，谁管理，谁承担法律责任"的原则，依此，雇主作为职业安全健康的主要义务责任主体，政府、企业及其团体、劳动者及其团体、中介组织、其他相关主体是职业安全健康的参与主体，也要承担相应法律责任。

---

〔1〕　黄越钦：《劳动法新论》，中国政法大学出版社 2003 年版，第 437 页。

〔2〕　郭捷："劳动者职业安全卫生权及法律保护"，载《法学家》2007 年第 2 期。

1. 企业作为职业安全健康的主要义务责任主体。强化企业主体责任，设立"一般义务"，明确其为法定条款，是 OHS 的最低要求，也是 OHS 的最终考核目的。至于如何实现这一目的，则是企业"自治"的权利，给雇主与雇员留下较大的发挥主观能动性的空间，使企业能够在"一般义务"的引导下，通过"绩效标准""过程性标准""建议性标准"，实行"自治"，这样的主动的自治性管理要远比被动管理有效得多。

2. 确立 OHS 治理模式中政府的正确定位，明确政府法律责任。确立 OHS 治理模式中政府的正确定位，削减政府的作用，简化行政监管系统，强化行政效益，对企业 OHS 管理进行授权，政府基本上从实际上承担了大量的 OHS 管理工作中解脱出来，专注于只保留必要的规章、标准制定权以及 OHS 监察权，明确"管理权与监察权分离"原则。这样有利于 OHS 治理模式中政府的正确定位，也有利于明确政府的法律责任。

3. 明确劳动者、工会组织在职业健康安全中的职责。一方面强化劳动者权利主体地位，在法律中直接规定劳动者享有工作环境权，由被动权利主体转变为主动权利主体。另一方面，明确劳动者在职业健康安全中的职责，劳动者除了遵守防止劳动灾害的必要事项外，必须尽可能协助实施企业主和其他有关人员要求实施的有关规定，并有责任解决作业场所存在的风险因素，重视参与与合作。明确工会组织可以主动介入 OHS 工作，不仅为劳动者争取职业健康安全的合法权益，督促企业提高安全卫生水平，还应对企业和相关主体起到制约作用。

4. 明确社会力量在职业健康安全中的职责。

（1）规定了一切有关人员和组织，包括设计者、制造商、承包商、供应商等的安全健康责任，确保其设计、制造、进口、供货、安装、建设、委任的设施设备、工作场所对其使用者、建设者、接触者及相关人员的安全健康不产生危险。否则，承担相应法律责任。

（2）注重把与安全相关的一些日常工作委托给社会中介组织去做，体现"小政府、大社会"趋势，分担一部分政府无力承担也不便承担的职能，但同时明确安全生产中介服务机构和服务人员的法律地位、权利义务、法律责任。

（3）严格职业安全违法行为的法律责任设定和追究。发达国家大都建构了严格的安全生产违法行为的法律责任设定和追究制度，具体体现在行为模式、责任主体、责任形式、责任力度、责任行为覆盖面、新型执法手段上。

[相关资料]

　　2015 年 4 月 8 日，中国政府网公布《中共中央、国务院关于构建和谐劳动关系的意见》。该《意见》指出：

　　　　切实保障职工获得劳动安全卫生保护的权利。加强劳动安全卫生执法监督，督促企业健全并落实劳动安全卫生责任制，严格执行国家劳动安全卫生保护标准，加大安全生产投入，强化安全生产和职业卫生教育培训，提供符合国家规定的劳动安全卫生条件和劳动保护用品，对从事有职业危害作业的职工按照国家规定进行上岗前、在岗期间和离岗时的职业健康检查，加强女职工和未成年工特殊劳动保护，最大限度地减少生产安全事故和职业病危害。

[深入思考]

1. 从安全生产到安全发展——"安全发展"理念和战略的提出。
2. 我国职业安全卫生法律制度的构成。
3. 《安全生产法》和《职业病防治法》有效衔接。
4. 国际劳工组织和主要发达国家职业安全法律中值得借鉴的成功经验。
5. 职业安全卫生基准制度是构成劳动基准法的重要组成部分。

第九章　社会保险法律制度

■ 本章导读

　　本章的逻辑主线是：社会保险是什么？社会保险制度的法律意义是什么？社会保险法律制度的构成是什么？本章的重点是对社会保险制度法律意义的深刻理解及我国社会保险立法的深入发展，难点是对我国社会保险立法一体化的深刻理解、社会保险与其他社会保障形式及商业保险的关系和如何处理第三人侵权赔偿责任和工伤保险待遇支付的关系。

　　社会保险是指国家和社会通过立法确立的、以保险形式实行的、以使社会成员（主要是劳动者）在面临年老、患病、工伤、失业、生育等社会风险的情况下，能够获得国家和社会经济补偿和帮助的一种社会保障制度。社会保险具有分散社会风险和平抑损失的功能，通过强制实施劳动者社会保险制度，使得劳动者在面临社会风险的情况下能继续达到基本生活水平，从而保证劳动力再生产和扩大再生产的正常运行，保证社会安定。这部分内容体现在全部章节中。

　　我国社会保险法律制度的构成主要包括养老保险制度、医疗保险制度、工伤保险制度、失业保险制度、生育保险制度。毋庸置疑，近年来，随着党和政府以高度的政治智慧和勇气保障人民群众共享改革发展成果，促进社会主义和谐社会建设的战略思想的提出和实施，我国的社会保险立法发展越来越深入，社会保险立法一体化程度越来越高，社会保险新体制越来越完善、越来越进步。这有利于促进人口纵向流动、增强社会安全感、使群众对民生改善有稳定的预期，从而拉动消费，鼓励创新、创业，实现我国经济转型升级。这部分内容主要体现在第二节至第六节中。

第一节　社会保险法概述

一、社会保险的概念和特征

（一）社会保险的概念

　　社会保险是指国家和社会通过立法确立的、以保险形式实行的、以使社会成员（主要是劳动者）在面临年老、患病、工伤、失业、生育等社会风险的情况下，能够获得国家和社会经济补偿和帮助的一种社会保障制度。

[探究]

　　我国传统理论一般认为，社会保险的对象仅限于建立劳动法律关系之后的以工资收入为主要生活来源的劳动者。这并不符合社会保险原意。实际上，社会保险的对象主要是但不限于是劳动法上的劳动者。"全体公民均应是社会保障的实施对象"，这是世界公认的一个标准。我国于2010年10月28日通过的《中华人民共和国社会保险法》把养老保险和医疗保险覆盖到了各类劳动者和全体公民，工伤、失业、生育保险则覆盖全体劳动者，这就是明显例证。但由于本书为"劳动法"，且社会保险的对象主要是劳动法上的劳动者，劳动法上劳动者的社会保险是源于保护劳动者而建立的，最能体现社会保险的本质，所以本章内容主要指的就是劳动者的社会保险。

（二）社会保险的基本特征

社会保险作为物质帮助的一种形式，是宪法赋予公民的一项基本权利，社会保险是对人权中的首要权利——生存权的法律保障。社会保险具有以下基本特征：

1. 社会性。首先，社会保险的对象是社会成员；其次，社会保险作为物质帮助的一种形式，是国家和社会对社会成员应负的职责，社会保险是一种由政府主导的保险制度，由国家立法确认并实施，社会保险金的筹集、发放、调剂、管理等方面皆由政府组织实施；最后，社会保险作为一种社会政策，具有保障社会安定的职能。

2. 基本保障性。实施社会保险的根本目的是使社会成员在面临年老、患病、工伤、失业、生育等社会风险的情况下，仍能获得基本生活的保障。但是，社会保险只能满足社会成员生、老、病、死、伤、残、失业等方面较低层次的需要，即生存需要。

3. 强制性。一方面，社会保险是通过国家立法强制实施的，用人单位和劳动者个人必须参加；另一方面，在保险的项目、收费的标准、享受的待遇等内容上，一般不许投保人和被保人自由选择。（参见案例9-1）

案例9-1

[相关资料]

　　1845年，德国颁布《普鲁士工业法》，第一次在社会保险史上设置强制劳工加入疾病共济社的规定，使原来由行会等职业团体组织的以互助互济、共担风险为目的的各种共济社具有了强制保险的性质。时至今日，几乎所有的国家都采用了强制保险制度。

4. 互济性。社会保险是依据社会共担风险的原则，保险费用一般由国家、单位、个人三方负担，建立社会保险基金，通过统一调剂、互助互济等办法，支付保险金和提供服务，以解决劳动者由于生、老、病、死、伤、残、失业等造成的生活困难。

[探究]

　　注意这里的"一般"。例如，工伤保险就不需要个人缴费。

5. 非营利性。社会保险的待遇根据基本生活的需要确定，国家和社会负担一部分资金，并由政府指定非营利性机构管理。社会保险虽然具有非营利性，但是需社会保险基金的增值保值。

[相关资料]

　　2015 年 8 月 28 日上午，国务院新闻办公室举行基本养老基金投资管理政策例行吹风会。人力资源和社会保障部副部长游钧在介绍相关情况时表示，经党中央、国务院批准，《基本养老保险基金投资管理办法》于 8 月 17 日正式发布实施。[1]

二、社会保险与其他社会保障形式及商业保险的关系

（一）社会保险与其他社会保障形式的区别

社会保险是社会保障的一个重要组成部分，社会保障的内容除社会保险之外，还包括社会救助、社会福利、社会优抚等方面。社会保险与社会救助和社会福利的主要区别是：

1. 实施原则不同。社会保险实行权利与义务对等原则，强调受保障者的权利与义务的结合，具体体现为劳动者必须履行缴纳保险义务，才能享受社会保险的待遇；社会福利和社会救助则强调国家和社会对于全体社会成员的责任和义务，不需要承担缴费的义务，社会成员享受社会福利和接受社会救助只需要符合一定的条件即可。

2. 实施的资金来源不同。社会保险基金一般来源于用人单位和劳动者，国家财政做适当补贴；而社会福利和社会救助则强调由国家和社会向个人提供。

[探究]

　　全国社保基金与社会保险基金是两种完全不同的基金，两者存在明显的区别：一是资金来源不同；二是性质和用途不同；三是运营管理方式不同。

3. 实施的方式不同。就我国社会保险制度而言，社会保险的实施方式根据遭遇社会风险的不同而有不同规定，其中养老保险和医疗保险实行个人账户和社会统筹相结合的方式，劳动者享受养老保险和医疗保险要视其缴费年限和金额而定，失业保险、工伤保险和生育保险则不建立个人账户，相关保险金的支付分别根据有关法律规定执行。而社会救助则是救助那些一时陷入困境而不能自拔者，是根据当地公民的收入水平、家庭人均实际收入等因素来决定救济金的发放。例如，失业人员、企业离退休人员和在职职工，在领取基本生活费、失业保险金、养老金、职工工资期间，家庭人均收入低于当地最低生活保障标准的，可以申请城市居民最低生活保障金。社会福利的主要实施方式是向社会提供福利设施和服务，凡是符合条件的社会成员都有权享受。

――――――

　　〔1〕 "《基本养老保险基金投资管理办法》实施是一项重大改革"，载 http://politics.people.com.cn/ n/2015/0828/c70731-27529374.html.

[相关资料]

国务院颁布的《社会救助暂行办法》自2014年5月1日起施行。

4. 实施的待遇水平不同。社会福利的目的在于提高广大社会成员的物质和精神生活水平，使之得到更多的享受，其待遇水平具有超前于现实的供给水平的性质。社会救助的目的是解决天生能力欠缺者、需要社会特别照顾者或灾民长期的和一时的困难，只有在社会保险发挥不到作用的地方或场合，才施以社会救助，其待遇水平具有滞后于现实的需求水平的性质。社会保险待遇水平居于社会福利和社会救助中间。

（二）社会保险和商业保险的异同

1. 社会保险和商业保险的相同之处。①社会保险与商业保险具有保险的一般特征，即用集中起来的保险费建立保险基金，目的都是保护受保人遇到风险后能够获得一定的补偿，因而都是为受保群体服务的。②社会保险与商业保险基金都可以拿到市场上运营投放，以求保险基金保值、增值。③二者的功能相辅相成。其中，社会保险抵御风险的功能是基本的，商业保险起到辅助的、补充的作用。一方面，已投社会保险的人，在有余力且愿意的情形下可购买商业保险，以求更"保险"。另一方面，对社会保险实行再保险。社会保险机构可以拿出部分资金交由商业保险公司管理和运营投放，实行再保险。

2. 社会保险和商业保险的区别之处。①性质不同。社会保险是国家通过立法形式实施的，为保障劳动者基本生活而建立的一种社会保障制度，以保障全社会安定，实现长治久安作为追求的目标。它是国家对劳动者承担的一种社会责任，具有非营利性的特点；而商业保险则是一种由商业保险公司进行经营、以营利最大化为目的的金融活动。②原则不同。社会保险实行的是互助互济的社会统筹原则，由社会保险经办机构依照国家法律，将所统筹的社会保险基金统一管理和使用，强调劳动者及社会成员之间的互相帮助，即富庶地区帮助不富庶地区，高收入者帮助低收入者，就业者帮助失业者，等等。而商业保险则是建立在商业契约关系之上，以"多投多保、少投少保、不投不保"的等价交换关系为原则。③费用负担不同。社会保险费一般由政府、用人单位和被保险人三方共同负担，政府对保险基金负支持的责任，社会保险基金不足时由财政拨款。而商业保险费用一般由被保险人全部负担。④实施手段不同。社会保险依法执行，带有强制性。商业保险则不同，它纯属商业活动，严格实行自愿、等价交换的原则。⑤待遇标准不同。社会保险的待遇标准由法律统一规定，投保人没有选择权。商业人身保险的保障水平完全取决于投保人缴纳保险费的多少和投保时间的长短。⑥保险待遇支付可靠程度不同。社会保险待遇支付可靠程度高，因为它是政府行为。商业保险支付可靠程度不如社会保险，美国20世纪30年代经济大危机，商业保险公司接连倒闭，支付无从谈起。⑦管理体制不同。社会保险由政府的劳动和社会保障行政管理部门主管，并由其委托的社会保险经办机构负责办理具体业务。商业人身保险由依法成立的保险公司负责经营。

[探究]

　　用人单位已为劳动者办理了商业保险，是否仍应为劳动者办理社会保险？

三、社会保险的结构

　　我国采用的是多层次的社会保险结构。1991 年 6 月制定的《国务院关于企业职工养老保险制度改革的决定》中规定，国家在强制实施基本养老保险的同时，鼓励用人单位根据本单位实际情况为劳动者建立补充养老保险，并大力提倡劳动者个人进行储蓄性养老保险，该决定首次在立法中确立了国家基本养老保险、企业补充养老保险和个人储蓄养老保险相结合的养老保险结构。《劳动法》对这种结构作了肯定，《劳动法》第 75 条规定："国家鼓励用人单位根据本单位实际情况为劳动者建立补充保险。国家提倡劳动者个人进行储蓄性保险。"《社会保险法》第 2 条规定："国家建立基本养老保险、基本医疗保险、工伤保险、失业保险、生育保险等社会保险制度，保障公民在年老、疾病、工伤、失业、生育等情况下依法从国家和社会获得物质帮助的权利。"因此，我国社会保险结构分为三个层次：国家基本保险、用人单位补充保险、劳动者个人储蓄性保险。

　　（一）国家基本保险

　　基本社会保险由国家统一立法，强制实施。在社会保险结构中，它是基本的组成部分。《劳动法》第 72 条规定："社会保险基金按照保险类型确定资金来源，逐步实行社会统筹……"《社会保险法》第 64 条第 3 款规定："基本养老保险基金逐步实行全国统筹，其他社会保险基金逐步实行省级统筹，具体时间、步骤由国务院规定。"国家基本保险通常由国家、用人单位和劳动者个人三方出资负担。

　　（二）用人单位补充保险

　　我国《劳动法》第 75 条第 1 款规定："国家鼓励用人单位根据本单位实际情况为劳动者建立补充保险。"目前，用人单位补充保险制度实行自愿原则，由用人单位根据自己的经济实力，自主地为劳动者建立，旨在使本单位劳动者在已有基本生活保障的基础上进一步获得物质帮助，它是对国家基本保险的补充。补充保险基金不实行用人单位之间、劳动者之间的相互调剂，而是采取完全积累的方式，设立劳动者个人账户，所有款项及利息归个人所有。用人单位补充保险主要有养老和医疗补充保险。

[相关资料]

　　人力资源和社会保障部今日召开新闻发布会，通报中国社会保险发展年度报告（2014）有关情况。

　　补充保险方面，企业年金情况显示，截至 2014 年底，全国建立企业年金的企业 7.3 万户，比上年增加 0.7 万户，增长 10.9%；企业年金基金累计结存 7689 亿元，比上年增加 1654 亿元，增长 27.4%。2014 年，企业年金建立组合数 2740 个，实际运作资产金额 7403 亿元，投资收益 581 亿元，加权平均收益率

9.3%；企业年金领取人数47.6万人，领取金额141.3亿元。

补充医疗保险显示，2014年底，补充医疗保险参保人数26 560万人，比上年底增加2374万人，增长9.8%；比2009年增加8560万人，年平均增长8.1%。2014年，补充医疗保险基金收入650亿元，比上年增加114亿元，增长21.3%；基金支出477亿元，比上年增加79亿元，增长19.8%；基金累计结余924亿元，比上年增加174亿元，增长23.2%。[1]

（三）劳动者个人储蓄保险

劳动者个人储蓄保险，是劳动者个人根据自己收入的情况，自愿以储蓄的形式为自己建立的社会保险。我国《劳动法》第75条第2款规定："国家提倡劳动者个人进行储蓄性保险。"由社会保险机构经办的个人储蓄性保险，按不低于或高于同期城乡居民储蓄存款利率计息，由社会保险主管部门制定具体办法。这是第三层次的保险。

四、社会保险法律关系

社会保险法律关系，是指社会保险主体之间依法形成的收取和缴纳社会保险费、支付和享受社会保险待遇的相互权利义务关系。在社会保险法律关系中，社会保险主体各自既享有一定的权利，又承担一定的义务。

（一）社会保险法律关系的主体

1. 保险人，又称承保人，是指依法收取社会保险费用，并按规定支付保险待遇的主体。在我国，保险人称为社会保险经办机构。社会保险经办机构是依法经办社会保险事务的事业单位，在劳动社会保障行政部门的管理下统一经办社会保险业务。社会保险经办机构根据工作需要，经所在地的社会保险行政部门和机构编制管理机关批准，可以在本统筹地区设立分支机构和服务网点。保险人的主要职责是：①负责社会保险登记、社会保险费核定。②按照规定征收社会保险费。③按时足额支付社会保险待遇。④基金管理。⑤日常服务。日常服务主要包括：根据管理服务的需要，与医疗机构、药品经营单位签订服务协议，规范医疗服务行为；及时、完整、准确地记录参加社会保险的个人缴费和用人单位为其缴费，以及享受社会保险待遇等个人权益记录，定期将个人权益记录单免费寄送本人；免费向用人单位和个人提供查询服务；提供社会保险咨询等相关服务。

2. 投保人，是为被保险人的利益向保险人投办社会保险的主体，一般为用人单位，其他社会成员也可以是投保人，如私营企业主、个体劳动者为自己投办社会保险。

3. 被保险人，是指直接享有保险金请求权的主体，一般指已由用人单位为其投办或者已由其本人投办社会保险的劳动者及其他社会成员。

---

〔1〕　"全国建立企业年金企业达7.3万户同比增10.9%"，载http://www.chinanews.com/gn/2015/06 -30/7374469.shtml.

4. 受益人，是指由被保险人或者投保人指定的享有社会保险请求权的主体。社会保险中，一般为被保险人，但特殊情况下被保险人法定范围内的直系亲属也可成为受益人。

5. 其他社会保险的服务主体。为社会保险受益主体提供社会保险方面服务的组织就是社会保险服务主体。除社会保险经办机构外，医疗保险的定点医院、定点药店、工伤保险的定点康复机构、发放养老保险金的金融机构等，都属于社会保险的服务主体。社会保险的服务主体要依法接受社会保险行政管理主体的行政监督管理。

6. 监督人，是指依法负有监督职责的机构。我国《社会保险法》从人大监督、行政监督、社会监督等三个方面，建立了比较完善的社会保险基金监督体系。

（二）社会保险法律关系的内容

根据1952年国际劳工组织102号公约《社会保障（最低标准）公约》，社会保险包括疾病、负伤、分娩、残疾、衰老、死亡、失业等。我国将其合并为养老、医疗、失业、工伤、生育五大类。这些保险项目所体现的社会保险法律关系的内容见下文各节。

（三）社会保险法律关系的客体

社会保险法律关系的客体，是社会保险法律关系主体的权利和义务所指向的对象，可以是资金和服务行为等。如养老保险中需要缴纳的养老保险费和应当支付的养老保险金；医疗保险中的医疗保险费、医疗服务行为等。

五、社会保险法的产生与发展

（一）国外社会保险法的产生与发展

欧洲产业革命以来，人类社会进入到工业化、市场化、社会化的新的历史时期，社会生产力得到史无前例的发展，但与此同时也带来了前所未有的社会风险。在生产市场化、社会化的条件下，生、老、病、残、失业等风险已不再完全是私人性质的意外事故，而是一种社会风险。"工业化的发展削弱了家庭的生产职能，家庭企业日益让位于在工厂中组织劳动的大规模工业，它逐渐接管了以前由家庭所完成的任务。"[1]由此，雇佣劳动制度得以形成。然而在雇佣劳动制度下，"由于雇佣劳动经济取代了实物经济，无法挣钱糊口就成为生死攸关的问题，年老、疾病及因工致残等长期存在的危险具有越来越大的重要性"[2]。社会风险的直接后果就是劳动者遇到年老、疾病及因工致残等意外事故后，失去生活来源，以致处于生存失去保障的境地。为了保障因遭受社会风险而陷于困境的劳动者的生活需要，促进社会化大生产的有序发展，避免社会的动荡不安，国家通过立法，强制实施劳动者社会保险制

---

〔1〕 ［奥］迈克尔·米特罗尔、雷因哈德·西德尔：《欧洲家庭史》，华夏出版社1987年版，第71页。转引自覃有土、樊启荣编著：《社会保障法》，法律出版社1997年版，第39页。

〔2〕 ［奥］迈克尔·米特罗尔、雷因哈德·西德尔：《欧洲家庭史》，华夏出版社1987年版，第69页。转引自覃有土、樊启荣编著：《社会保障法》，法律出版社1997年版，第40页。

度。工业革命最早发生于英国，社会保险制度也最先诞生于英国。1925 年，英国率先承认劳动者结社自由，劳动者才得以组织工会并兴办相互救济的事业。在英国的相互保险组织中，最有名的有两个：友爱组合和工会经营的保险社。这时的劳动者间的相互救济保险皆为任意保险。除英国之外，任意保险最发达的国家是法国。劳动者相互救济由于采用任意原则，参加人数很少，加之政府不予经济扶助，仅以会员缴纳的保险金实施救济，实力有限，收效甚微。后来，各国政府逐渐认识到相互保险制度对国家和社会带来的利益，遂开始对其予以经济援助，极大地促进了相互保险的发展。但是，由于相互保险是任意参加，有些人则不愿意参加，有些人又无力参加，事实上很多人不能享受相互保险待遇。所以，让一般劳动者都参加相互保险，实现普遍的救济，实施强制保险实属必要。

世界上首创强制保险制度的是德国。其主要原因有：①德国在 19 世纪后半期工业较其他国家发达，工业问题自然就突出；②社会主义兴起，无产阶级运动发展起来，对资产阶级统治产生了一种强大的社会压力；③国家社会主义者主张国家兴办保护劳动者阶级的事务；④社会化大工业生产推动了人类文明进程，这就为社会保险制度的建立奠定了一定的物质基础。当时，"铁血首相"俾斯麦被迫接受社会政策学派的观点，决定通过劳资合作和国家干预来建立起社会保险制度。在共济立法及实践基础上，1883 年德国颁布了《疾病保险法》，这是世界上第一部社会保险法。1884 年颁布了《意外伤害保险法》，1889 年颁布了《劳工老年与残疾保险法》。根据这些立法，所有的工厂劳动者和低收入职员都有义务参加保险，保险基金由雇主和劳动者双方共同管理，政府予以监督。保险基金主要源于劳动者与雇主双方的缴费。疾病保险的保险费，雇主负担 1/3，劳动者自己负担 2/3；灾害保险的保险费，全部由雇主负担；老年与残疾保险的保险费，雇主与劳动者各负担一半。政府对劳动者的养老年金亦提供部分补贴。[1]1911 年德国又将这三部法律和新颁布的《孤儿和寡妇保险法》一起，组成德国统一的《社会保险法典》。此后，德国在 1923 年颁布了《矿工保险法》，在 1927 年又颁布了《职业介绍和失业保险法》。至此，德国的社会保障法律体系基本建立起来。

德国的社会保险经过 100 多年的发展，逐步形成了一套包括养老保险、失业保险、医疗保险、护理保险和工伤事故保险等五项法定险种的、体系健全的社会保险制度，并且随着社会历史条件的变化其实现形式也在不断调整和改良。[2]

继德国之后，其他工业国家因目睹德国施行强制保险的成效而纷纷效仿。20 世纪初，采用强制保险的还只有几个国家，后来发展为 20 几个国家。[3]在第二次世界大战之后，一些发达国家以"福利国家"为目标，不断扩大本国社会保险的项目、

〔1〕 曾繁正等编译：《西方国家法律制度、社会政策及立法》，红旗出版社 1998 年版，第 205 页。

〔2〕 杨一帆："对德国社会保险制度与政策的回顾和评析"，载《保险研究》2010 年第 7 期。

〔3〕 史尚宽：《劳动法原论》，正大印书馆 1979 年版，第 477～479 页。

内容和实施范围，甚至还建立了不以缴费为基础的养老或者医疗制度。时至今日，几乎所有的发展市场经济的国家都采用了强制保险制度。通过强制实施劳动者社会保险制度，使得劳动者在面临社会风险的情况下能继续达到基本生活水平，从而保证劳动力再生产和扩大再生产的正常运行，保证社会安定，也体现出对劳动者的倾斜保护。

苏联成立后建立了新型的社会保险制度，随后，东欧社会主义国家和中国以及亚洲社会主义国家也仿照苏联模式建立了本国的社会保险体系。

[相关资料]

1. 英国政府率先以实现充分就业和社会福利为纲领，先后通过了一系列重要法律，其中包括《国民保险法》《国民健康服务法》《家庭津贴法》《工业伤害法》《国民救济法》等，对诸如疾病、灾害、老年、生育、失业、死亡以及鳏寡孤残等，都给予安全保障，并于 1948 年宣布建成"福利国家"。

2. 我国台湾地区基本养老保险（年金）制度基本内容包括劳保年金（主要对应大陆地区的企业基本养老保险等）、公、军、教人员保险年金（主要对应大陆地区的机关事业单位基本养老保险等）、国民年金（主要对应大陆地区的城市、农村居民等群体养老政策）制度等诸多方面。经过多年的发展，台湾地区基本养老保险制度取得了较大成果，正如台湾著名社会法学者、台湾政治大学法学院院长郭明政撰文指出："若与社会保险的创始国德国相较，台湾的民众健康保险与年金保险（亦即民众年金与劳保年金）之保障对象，亦皆超过德国"[1]。现行"劳工保险条例"于 2009 年 1 月实施。截至 2012 年 7 月底，台湾地区参加劳工保险的投保单位数约为 50 余万个，被保险的劳工人数约为 979 余万人。按现行"劳工保险条例"，劳工退休后，养老金替代率超过世界银行和国际劳工组织（ILO）建议的 55% 的水平（2011 年大陆地区企业养老金替代率为 42.9%）。

(二) 国际劳工组织关于社会保险法的立法情况

国际劳工组织积极推动各国社会保险事业的发展，通过了一系列有关社会保险的公约和建议书。在工伤保险方面，主要有 1925 年通过的《工人工伤事故赔偿公约》《工人职业病赔偿公约》《本国工人与外国工人关于事故赔偿的同等待遇公约》以及 1964 年通过的《工伤事故津贴公约》；在疾病保险方面，主要有 1927 年通过的《工商业工人及家庭雇佣工的疾病保险公约》和《农业工人疾病保险公约》；在养老、工伤和遗属保险方面，主要有 1933 年通过的 6 个公约：《工商业或自由职业受雇者及厂外工人和家庭佣工的强制性老年保险公约》《农业受雇人员的强制性老年保险公约》《工商业或自由职业受雇者及厂外工人和家庭佣工的强制性残废保险公约》《农业受雇人员的强制性残废保险公约》《工商业或自由职业受雇者及厂外工人和家庭佣

---

[1] 郭明政：《社会福利与社会保险》，联经出版公司 2012 年版，第 692 页。

工的强制性遗属保险公约》《农业受雇人员的强制性遗属保险公约》，此外，还有同时通过的《关于残废、老年和遗属保险一般原则的建议书》；在失业保险方面，主要有1934年通过的《非自愿失业者保证给予津贴或补助公约》和《关于失业保险与救济失业的各种形式建议书》，1988年通过的《促进就业和失业保障公约》和同名建议书。[1]

（三）我国社会保险法的产生与发展

我国社会保险制度是从1951年2月国务院颁布的《中华人民共和国劳动保险条例》（以下简称《劳动保险条例》）开始的，对职工的生、老、病、死和伤残等情况的保险都作了具体规定，使暂时或永久丧失劳动能力的职工，在生活上有了基本保障。与此同时，国家机关、事业单位的社会保险制度也逐步建立起来。《劳动保险条例》确立了我国具有鲜明的计划经济特点的社会保险体系的框架，是以后四十多年实施企业职工社会保险制度的基本法律依据。这一制度在相当长时期内，对发展国民经济、巩固国家政权、保障人民生活起到了重要的作用。在养老保险方面，实行了国家机关和企事业单位统一退休制度。在医疗保险方面，对企业职工继续按照《劳动保险条例》实行劳保医疗，对国家机关工作人员实行公费医疗。在工伤保险和女职工生育保险方面，延长了休假时间，提高了待遇和标准。十年"文化大革命"期间，我国社会保险制度建设基本停止。

1978年我国确立了改革开放方针，社会保险体制的改革及社会保险立法重新启动。20世纪90年代初，我国确立了社会主义市场经济体制的改革方向。与此相适应，单位"自保型"的社会保险制度的改革已势在必行。改革的取向是强化其社会化，表现在立法上是将劳动保险改称为社会保险：一方面，要扩大保险的覆盖面，扩大保险基金的统筹范围；另一方面，保险业务也要从企业中分离出来，交由专门的保险机构承担。

沿着这一改革方向，1982年颁布的《宪法》以国家根本大法的形式对社会保险制度作出了较为全面的规定。如《宪法》第44条规定："国家依照法律规定实行企业事业组织的职工和国家机关工作人员的退休制度。退休人员的生活受到国家和社会的保障。"第45条规定："中华人民共和国公民在年老、疾病或者丧失劳动能力的情况下，有从国家和社会获得物质帮助的权利。国家发展为公民享受这些权利所需要的社会保险、社会救济和医疗卫生事业。国家和社会保障残废军人的生活，抚恤烈士家属，优待军人家属。国家和社会帮助安排盲、聋、哑和其他有残疾的公民的劳动、生活和教育。"这些规定为我国社会保险体系的建立提供了基本依据。1994年7月5日颁布的《劳动法》对我国的社会保险制度作了具体规定。该法第70条规定："国家发展社会保险事业，建立社会保险制度，设立社会保险基金，使劳动者在年老、患病、工伤、失业、生育等情况下获得帮助和补偿。"然而，《宪法》《劳动法》

---

〔1〕　王益英主编：《外国劳动法和社会保障法》，中国人民大学出版社2001年版，第16页。

对于社会保险制度的规定毕竟非常原则，实践中社会保险制度主要是依靠政府政策运作，国务院及劳动行政管理部门陆续公布了《国有企业职工待业保险规定》（1993年）、《关于职工医疗制度改革的试点意见》（1994年）、《企业职工生育保险试行办法》（1995年）、《国务院关于深化企业职工养老保险制度改革的通知》（1995年）、《企业职工工伤保险试行办法》（1996年）、《国务院关于建立统一的企业职工基本养老保险制度的决定》（1997年）、《国务院关于建立城镇职工基本医疗保险制度的决定》（1998年）、《失业保险条例》（1999年）等一系列规范性文件。范围涉及养老保险、医疗保险、工伤保险、失业保险和生育保险五大领域。1999年，为了加强和规范基本养老保险、医疗保险和失业保险的保险费征缴工作，保障社会保险金的发放，国务院发布了《社会保险费征缴暂行条例》。此后，劳动和社会保障部根据该条例于1999年发布了《社会保险登记管理暂行办法》《社会保险费申报缴纳管理暂行办法》《社会保险费征缴监督检查办法》3个配套的规范文件。这一切使社会保险新体制的制度框架基本建构成型。与此同时，在这些基础性文件的原则指导下，各省、自治区、直辖市纷纷开始制定地方性社会保险法规和规章，使新体制短短几年间就在全国范围内基本取代了旧体制。进入21世纪后，中共中央、国务院于2002年颁布的《中共中央、国务院关于进一步加强农村卫生工作的决定》、国务院于2003年颁布的《工伤保险条例》、劳动和社会保障部办公厅于2003年5月颁布的《关于城镇灵活就业人员参加基本医疗保险的指导意见》、劳动和社会保障部于2004年发布的《企业年金试行办法》、劳动和社会保障部于2004年5月颁布的《关于推进混合所有制企业和非公有制经济组织从业人员参加医疗保险的意见》、国务院于2005年颁布的《国务院关于完善企业职工基本养老保险制度的决定》、国务院于2006年颁布的《国务院关于解决农民工问题的若干意见》、国务院于2007年颁布的《国务院关于开展城镇居民基本医疗保险试点的指导意见》、劳动和社会保障部、民政部、审计署于2007年颁布的《关于做好农村社会养老保险和被征地农民社会保障工作有关问题的通知》、2009年开展的建立新农保制度、2010年10月28日第十一届全国人大常委会第十七次会议通过的《社会保险法》、2011年7月1日起施行的《实施〈中华人民共和国社会保险法〉若干规定》、国务院决定从2011年7月1日起开展城镇居民社会养老保险试点并印发了《国务院关于开展城镇居民社会养老保险试点的指导意见》、2014年2月21日国务院发布的《关于建立统一的城乡居民基本养老保险制度的意见》、2014年2月24日人力资源和社会保障部、财政部发布的《城乡养老保险制度衔接暂行办法》、2015年1月3日国务院发布的自2014年10月1日起实施的《关于机关事业单位工作人员养老保险制度改革的决定》、2015年7月28日国务院办公厅印发的《关于全面实施城乡居民大病保险的意见》（国办发〔2015〕57号）。所有这一切标志着社会保险新体制得到进一步完善。

[探究]

　　2013年在人民网"两会热点调查"中，主张废除"养老金双轨制"的网友占比达98％。实现"养老公平"已成为不容回避的命题。[1]确保基本养老保险制度公平，从某种程度上说，不单是法律问题，更要靠政治智慧和勇气。2015年1月3日，国务院发布《关于机关事业单位工作人员养老保险制度改革的决定》就是政治智慧和勇气的集中体现。

第二节　养老保险制度

一、养老保险的概念

养老保险是指法定范围内的公民失去劳动能力而退出劳动岗位后，定期领取一定数额生活费用以保障晚年生活的一种社会保险制度。养老保险是世界各国普遍实行的一种社会保障制度，它也是我国社会保障制度的重要组成部分，是社会保险五大险种中最重要的险种之一。我国现行养老保险制度主要包括基本养老保险制度、企业补充养老保险制度、职工个人储蓄养老保险制度。

二、基本养老保险制度

基本养老保险是由国家统一建立并强制实施的、为公民提供退休后基本生活保障的一种养老保险制度。

（一）基本养老保险覆盖范围

1991年，《国务院关于企业职工养老保险制度改革的决定》揭开了我国城镇企业养老保险制度改革和发展的序幕。1995年，国务院颁布了《国务院关于深化企业职工养老保险制度改革的通知》，之后我国颁布了一系列的城镇企业养老保险制度规章和文件，进一步推进了城镇企业养老保险制度的完善和深化。

［探究］

农民工参保率低的背后原因是什么？

［相关资料］

截至2014年底，参加城镇职工基本养老保险的农民工人数为5472万人，比上年末增加577万人。[2]

根据《国务院关于深化企业职工养老保险制度改革的通知》（国发［1995］6号），企业职工养老保险制度改革的目标是：到20世纪末，基本建立起适应社会主义市场经济体制要求，适用城镇各类企业职工和个体劳动者，资金来源多渠道、保障方式多层次、社会统筹与个人账户相结合、权利与义务相对应、管理服务社会化

---

〔1〕"双轨制是最大分配不公养老'四轨并行'待改变"，载 http://finance. chinanews. com/cj/2013/03 - 11/4630550. shtm.

〔2〕"2014年末全国参加基本养老保险人数为84 232万人"，载 http://politics. people. com. cn/n/2015/0528/c70731 - 27070358. html.

的养老保险体系。随后《国务院关于建立统一的企业职工基本养老保险制度的决定》要求，实行企业化管理的事业单位，原则上按照企业养老保险制度执行。1998 年颁布的《国务院关于实行企业职工基本养老保险省级统筹和行业统筹移交地方管理有关问题的通知》规定，我国实行基本养老保险省级统筹，行业统筹按照先移交后调整的原则，全部移交各省、自治区、直辖市管理。

[相关资料]

　　行业统筹是指，铁道部、交通部、信息产业部（原邮电部部分）、水利部、民航总局、煤炭局（原煤炭部）、有色金属局（原中国有色金属工业总公司）、国家电公司（原电力部）、中国石油天然气集团公司和中国石油化工集团公司（原石油天然气总公司部分）、银行系统（工商银行、农业银行、中国银行、建设银行、交通银行、中保集团）、中国建筑工程总公司组织的基本养老保险行业统筹。

2005 年《国务院关于完善企业职工基本养老保险制度的决定》进一步扩大基本养老保险的覆盖范围："城镇各类企业职工、个体工商户和灵活就业人员都要参加企业职工基本养老保险。当前及今后一个时期，要以非公有制企业、城镇个体工商户和灵活就业人员参保工作为重点。"

2010 年 10 月 28 日通过的《社会保险法》已经把基本养老保险的范围扩大到包括劳动者、城镇居民、农民、在中国境内就业的外国人在内的全体自然人。①基本养老保险制度覆盖了我国城乡全体居民。即用人单位及其职工应当参加职工基本养老保险。无雇工的个体工商户、未在用人单位参加社会保险的非全日制从业人员以及其他灵活就业人员可以参加职工基本养老保险；农村居民可以参加新型农村社会养老保险；城镇未就业的居民可以参加城镇居民社会养老保险。同时规定，进城务工的农村居民依法参加社会保险；公务员和参照公务员法管理的工作人员养老保险的办法由国务院规定。②被征地农民按照国务院规定纳入相应的社会保险制度。被征地农民到用人单位就业的，都应当参加职工基本养老保险。对于未就业、转为城镇居民的，可以参加城镇居民社会养老保险；继续保留农村居民身份的，可以参加新型农村社会养老保险。③在中国境内就业的外国人，也应当参照法律规定参加我国的职工基本养老保险。

[探究]

　　2014 年 2 月 21 日，国务院发布《关于建立统一的城乡居民基本养老保险制度的意见》，首次在福利问题上消除城乡差别。2014 年 2 月 24 日，人力资源和社会保障部、财政部发布《城乡养老保险制度衔接暂行办法》。2015 年 1 月 3 日，国务院发布《关于机关事业单位工作人员养老保险制度改革的决定》，自 2014 年 10 月 1 日起实施，养老保险改革"破冰"，"双轨制"成历史。2015 年 9 月 10 日，福建省政府正式印发《贯彻落实〈国务院关于机关事业单位工作人员养老保险制度改革的决定〉实施办法》的通知，明确福建省将改革现行机关事业单位工作人员退休保障制度，逐步建立独立于机关事业单位之外、资金来源多渠道、保障方式多层次、管理服务社会化的养老保险体系。[1]

（二）养老保险的筹资模式

1. 职工养老保险的筹资模式。1991 年《国务院关于企业职工养老保险制度改革的决定》首次提出实行国家、企业、个人三方共同负担，职工个人也要缴纳一定费用的养老保险制度的三方责任原则。1995 年《国务院关于深化企业职工养老保险制度改革的通知》进一步指明，基本养老保险费用由企业和个人共同负担，企业缴纳的养老保险费是基本养老保险费用的最主要来源。1997 年《国务院关于建立统一的企业职工基本养老保险制度的决定》规定，我国企业缴纳基本养老保险费的比例（或称费率），一般不得超过企业工资总额的 20%，具体比例由省、自治区、直辖市人民政府确定。少数省、自治区、直辖市因离退休人员较多、养老保险负担过重，确需超过企业工资总额 20% 的，应报劳动部门、财政部门审批。个人缴纳基本养老保险费的比例，1997 年不得低于本人缴费工资的 4%；1998 年起每两年提高 1%，最终达到本人缴费工资的 8%。有条件的地区和工资增长快的年份，个人缴费比例提高的速度应适当加快。

[相关资料]

对于个人缴费工资，1995 年《国务院关于深化企业职工养老保险制度改革的通知》的附件作了明确的规定：职工个人以上一年度月平均工资作为个人缴纳养老保险费的工资基数。月平均工资应按国家统计局规定列入工资总额统计的项目计算，其中包括工资、奖金、津贴、补贴等收入。月平均工资超过当地职工平均工资 200% 或 300% 以上的部分，不计入个人缴费基数；低于当地职工平均工资 60% 的按 60% 缴费。对职工个人缴费工资规定最高限额，这是国际上一般的做法，也是根据基本养老保险只保障基本生活的原则确定的。

1997 年《国务院关于建立统一的企业职工基本养老保险制度的决定》规定养老金的计发直接与缴费多少相联系，缴费多者，养老金水平高。按本人缴费工资 11% 的数额为职工建立基本养老保险个人账户，个人缴费全部记入个人账户，其余部分从企业缴费中划入。随着个人缴费比例的提高，企业划入的部分逐步降至 3%。个人账户中的个人缴费部分可作为遗产继承。2005 年《国务院关于完善企业职工基本养老保险制度的决定》对此作了比较大的修改。从 2006 年 1 月 1 日起，个人账户的规模统一由本人缴费工资的 11% 调整为 8%，全部由个人缴费形成，单位缴费不再划入个人账户。同时，为进一步完善鼓励职工参保缴费的激励约束机制，相应调整了基本养老金的计发办法。

---

[1]　"福建事业单位养老保险改革方案出台　建立职业年金"，载《福州晚报》2015 年 9 月 25 日。

[相关资料]

　　个人账户的储存额，每年参考银行同期存款利率计算利息。其储存额不得提前支取。职工调动时个人账户全部随同转移。职工或退休人员死亡，个人账户中的个人缴费部分可以继承。个人账户养老金完全根据个人缴费多少来确定。这意味着，多工作，多缴费，将来退休后就能多得养老金。

　　2. 无雇工的个体工商户、未在用人单位参加基本养老保险的非全日制从业人员以及其他灵活就业人员养老保险的筹资模式。可以参加基本养老保险，应当由个人按照国家规定缴纳基本养老保险费，分别记入基本养老保险统筹基金和个人账户。依现行法规政策，城镇个体工商户和灵活就业人员参加基本养老保险的缴费基数为当地上年度在岗职工平均工资，缴费比例为20%，其中8%记入个人账户，退休后按企业职工基本养老金计发办法计发基本养老金。

　　3. 政府在社会保险筹资中的责任。《社会保险法》规定，县级以上人民政府对社会保险事业给予必要的经费支持，在社会保险基金出现支付不足时给予补贴；国有企业、事业单位职工参加基本养老保险前，视同缴费年限期间应当缴纳的基本养老保险费由政府承担；城乡居民基本养老保险制度中，政府对参保人员给予补贴；基本养老保险基金出现支付不足时，政府给予补贴；国家设立全国社会保障基金，由中央财政预算拨款以及国务院批准的其他方式筹集的资金构成，用于社会保障支出的补充、调剂。

[相关资料]

　　国务院总理李克强2014年2月7日主持召开国务院常务会议，决定合并新型农村社会养老保险和城镇居民社会养老保险，建立全国统一的城乡居民基本养老保险制度。[1]

（三）养老保险的给付待遇

　　劳动者享受基本养老保险待遇的条件，在法律规定上一般包括三个方面，即退出劳动领域、年龄、工龄或缴费年限。

　　1997年《国务院关于建立统一的企业职工基本养老保险制度的决定》（以下简称1997年《决定》）统一了我国的基本养老金计算办法。1997年《决定》规定：其一，"新人新办法"，1997年《决定》实施后参加工作的职工，个人缴费年限累计满15年的，退休后按月发给基本养老金。基本养老金由基础养老金和个人账户养老金组成。退休时的基础养老金月标准为省、自治区、直辖市或地（市）上年度职工月平均工资的20%，个人账户养老金月标准为本人账户储存额除以120。个人缴费年限累计不满15年的，退休后不享受基础养老金待遇，其个人账户储存额一次支付给本人。其二，"老人老办法"，1997年《决定》实施前已经离退休的人员，仍按国家原

---

　　〔1〕 "专家谈统一养老保险：首次在福利问题上消除城乡差别"，载《北京青年报》2014年2月8日。

来的规定发给养老金，同时执行养老金调整办法。各地区和有关部门要按照国家规定进一步完善基本养老金正常调整机制，认真抓好落实。其三，"中人中办法"，1997 年《决定》实施前参加工作、实施后退休且个人缴费和视同缴费年限累计满 15 年的人员，按照新老办法平稳衔接、待遇水平基本平衡等原则，在发给基础养老金和个人账户养老金的基础上再确定过渡性养老金，过渡性养老金从养老保险基金中解决。具体办法，由劳动部会同有关部门制订并指导实施。

[相关资料]

《国务院关于深化企业职工养老保险制度改革的通知》（国发〔1995〕6 号）文件附件 2 规定：对未实行个人缴费前的连续工龄，都可"视同缴费年限"。

2005 年《国务院关于完善企业职工基本养老保险制度的决定》（以下简称 2005 年《决定》）对基本养老金的计发办法作了比较大的修改。1997 年《决定》实施后参加工作、缴费年限（含视同缴费年限，下同）累计满 15 年的人员，退休后按月发给基本养老金。基本养老金由基础养老金和个人账户养老金组成。退休时的基础养老金月标准以当地上年度在岗职工月平均工资和本人指数化月平均缴费工资的平均值为基数，缴费每满 1 年发给 1%。个人账户养老金月标准为个人账户储存额除以计发月数，计发月数根据职工退休时城镇人口平均预期寿命、本人退休年龄、利息等因素确定。1997 年《决定》实施前参加工作，2005 年《决定》实施后退休且缴费年限累计满 15 年的人员，在发给基础养老金和个人账户养老金的基础上，再发给过渡性养老金。各省、自治区、直辖市人民政府要按照待遇水平合理衔接、新老政策平稳过渡的原则，在认真测算的基础上，制定具体的过渡办法，并报劳动和社会保障部、财政部备案。2005 年《决定》实施后到达退休年龄但缴费年限累计不满 15 年的人员，不发给基础养老金，个人账户储存额一次性支付给本人，终止基本养老保险关系。2005 年《决定》实施前已经离退休的人员，仍按国家原来的规定发给基本养老金，同时执行基本养老金调整办法。

[相关资料]

"指数化月平均缴费工资"是指职工本人的平均缴费工资指数乘以职工退休时上一年当地职工社会月平均工资。如北京市某职工 2001 年 9 月退休，平均缴费工资指数假定为 1.115，则该职工的指数化月平均工资为：2000 年北京市职工月平均工资 743.75 元 × 1.115 = 829.28 元。

此外，城镇个体工商户和灵活就业人员参加基本养老保险的缴费基数为当地上年度在岗职工平均工资，缴费比例为 20%，其中 8% 记入个人账户，退休后按企业职工基本养老金计发办法计发基本养老金。

《社会保险法》第 16、17 条又作了新规定：①参加基本养老保险的个人，达到法定退休年龄时累计缴费满 15 年的，按月领取基本养老金。基本养老金由统筹养老金（现行制度中称为基础养老金）和个人账户养老金组成，基本养老金根据个人累计缴费年限、缴费工资、当地职工平均工资、个人账户金额、城镇人口平均预期寿命等因素确定。缴费不足 15 年的人员可以缴费至满 15 年，按月领取基本养老金；也可以转入新型农村社会养老保险或者城镇居民社会养老保险，按照国务院规定享受相应的养老保险待遇。②参加基本养老保险的个人，因病或者非因工死亡的，其遗属可以领取丧葬补助金和抚恤金；在未达到法定退休年龄时因病或者非因工致残完全丧失劳动能力的，可以领取病残津贴。所需资金从基本养老保险基金中支付。

2011 年 7 月 1 日起施行的《实施〈中华人民共和国社会保险法〉若干规定》第6 条规定：职工基本养老保险个人账户不得提前支取。个人在达到法定的领取基本养老金条件前离境定居的，其个人账户予以保留，达到法定领取条件时，按照国家规定享受相应的养老保险待遇。其中，丧失中华人民共和国国籍的，可以在其离境时或者离境后书面申请终止职工基本养老保险关系。社会保险经办机构收到申请后，应当书面告知其保留个人账户的权利以及终止职工基本养老保险关系的后果，经本人书面确认后，终止其职工基本养老保险关系，并将个人账户储存额一次性支付给本人。参加职工基本养老保险的个人死亡后，其个人账户中的余额可以全部依法继承。

2014 年 2 月 24 日，人力资源和社会保障部、财政部发布《城乡养老保险制度衔接暂行办法》第 3～8 条又作了最新规定：参加城镇职工养老保险和城乡居民养老保险人员，达到城镇职工养老保险法定退休年龄后，城镇职工养老保险缴费年限满 15 年（含延长缴费至 15 年）的，可以申请从城乡居民养老保险转入城镇职工养老保险，按照城镇职工养老保险办法计发相应待遇；城镇职工养老保险缴费年限不足 15 年的，可以申请从城镇职工养老保险转入城乡居民养老保险，待达到城乡居民养老保险规定的领取条件时，按照城乡居民养老保险办法计发相应待遇。参保人员需办理城镇职工养老保险和城乡居民养老保险制度衔接手续的，先按城镇职工养老保险有关规定确定待遇领取地，并将城镇职工养老保险的养老保险关系归集至待遇领取地，再办理制度衔接手续。参保人员申请办理制度衔接手续时，从城乡居民养老保险转入城镇职工养老保险的，在城镇职工养老保险待遇领取地提出申请办理；从城镇职工养老保险转入城乡居民养老保险的，在转入城乡居民养老保险待遇领取地提出申请办理。参保人员从城乡居民养老保险转入城镇职工养老保险的，城乡居民养老保险个人账户全部储存额并入城镇职工养老保险个人账户，城乡居民养老保险缴费年限不合并计算或折算为城镇职工养老保险缴费年限。参保人员从城镇职工养老保险转入城乡居民养老保险的，城镇职工养老保险个人账户全部储存额并入城乡居民养老保险个人账户，参加城镇职工养老保险的缴费年限合并计算为城乡居民养老保险的缴费年限。参保人员若在同一年度内同时参加城镇职工养老保险和城乡居民养老保险的，其重复缴费时段（按月计算，下同）只计算城镇职工养老保险缴费年限，并将城乡居民养老保险重复缴费时段相应个人缴费和集体补助退还本人。参保人员不得同时领取城镇职工养老保险和城乡居民养老保险待遇。对于同时领取城镇职工养老保险和城乡居民养老保险待遇的，终止并解除城乡居民养老保险关系，除政府补贴外的个人账户余额退还本人，已领取的城乡居民养老保险基础养老金应予以退还；本人不予退还的，由社会保险经办机构负责从城乡居民养老保险个人账户余额或者城镇职工养老保险基本养老金中抵扣。

[探究]

分析对比养老保险的给付待遇问题在上述法律法规中的不同规定。

（四）基本养老保险待遇的调整机制

根据 2005 年《决定》的规定，我国确立了基本养老金调整机制。国务院根据职工工资和物价变动等情况，适时调整企业退休人员基本养老金水平，调整幅度按省、自治区、直辖市当地企业在岗职工平均工资年增长率的一定比例计算。各地可以根据本地实际情况提出具体调整方案，报劳动和社会保障部、财政部审批后实施。《社会保险法》第 18 条又作了最新规定：国家建立基本养老金正常调整机制。根据职工平均工资增长、物价上涨情况，适时提高基本养老保险待遇水平。

（五）基本养老保险关系的转移

个人跨统筹地区就业的，其基本养老保险关系随本人转移，缴费年限累计计算。个人达到法定退休年龄时，基本养老金分段计算、统一支付。具体办法由国务院规定。

[相关资料]

1.《城镇企业职工基本养老保险关系转移接续暂行办法》于 2010 年 1 月 1 日起施行，保证了参保人员跨省、自治区、直辖市流动并在城镇就业时基本养老保险关系的顺畅转移、接续，促进了人力资源的合理配置和有序流动。

2. 为了解决城乡养老保险制度衔接问题，维护参保人员的养老保险权益，依据《中华人民共和国社会保险法》和《实施〈中华人民共和国社会保险法〉若干规定》（人力资源和社会保障部令［2011］第 13 号）的规定，2014 年 2 月 24 日人力资源和社会保障部、财政部颁布了《城乡养老保险制度衔接暂行办法》，该办法适用于参加城镇职工基本养老保险、城乡居民基本养老保险两种制度需要办理衔接手续的人员。

三、企业补充养老保险制度

企业补充养老保险在国外已经有很长的历史。它是企业及其职工在参加了法定基本养老保险，并完全履行了缴费义务的前提下，根据自己的经济负担能力，自主地为本单位劳动者建立的一种补充养老保险。各国的企业补充养老金计划差别较大，没有统一的模式。我国的企业补充养老保险立法起步较晚，但发展很快。

[相关资料]

2009 年 6 月 2 日，财政部和国家税务总局发布《关于补充养老保险费补充医疗保险费有关企业所得税政策问题的通知》，明确给予团体投保企业保费支出在不超过职工工资总额5%标准内的部分，在计算应纳税所得额时准予扣除，从国家税收政策层面统一了包括商业养老保险业务在内补充养老保险业务享有的优惠权利，为企业年金和商业保险领域补充养老保险业务的进一步发展开拓了空间。[1]

2004年，劳动和社会保障部颁布了《企业年金试行办法》。从2004年5月1日起，参加企业年金缴费的企业职工，退休后将在依法领取基本养老保险之外，还能一次或定期领取到一笔属于补充养老保险金性质的收入。2005年《国务院关于完善企业职工基本养老保险制度的决定》也确立了进一步发展企业年金的基本方略，鼓励具备条件的企业为职工建立企业年金。企业年金基金实行完全积累，采取市场化的方式进行管理和运营。2011年1月11日，人力资源和社会保障部、中国银行业监督管理委员会、中国证券监督管理委员会、中国保险监督管理委员会审议通过了《企业年金基金管理办法》，自2011年5月1日起施行。劳动和社会保障部、中国银行业监督管理委员会、中国证券监督管理委员会、中国保险监督管理委员会于2004年2月23日发布的《企业年金基金管理试行办法》（劳动和社会保障部令第23号）同时废止。2015年4月30日，人力资源和社会保障部颁发了《人力资源社会保障部关于修改部分规章的规定》，对《企业年金管理办法》进行了修订。这些法规要求切实做好企业年金基金监管工作，实现规范运作，切实维护企业和职工的利益。

1. 企业年金的建立。

（1）企业年金采取企业自愿建立原则，但国家采取鼓励政策。《企业年金试行办法》第2条、第4条明确规定：“本办法所称企业年金，是指企业及其职工在依法参加基本养老保险的基础上，自愿建立的补充养老保险制度……”“建立企业年金，应当由企业与工会或职工代表通过集体协商确定，并制定企业年金方案。国有及国有控股企业的企业年金方案草案应当提交职工大会或职工代表大会讨论通过。”《国务院关于完善企业职工基本养老保险制度的决定》第9条鼓励发展企业年金。

（2）建立企业年金的条件是：①依法参加基本养老保险并履行了缴费义务。企业年金不能代替基本养老保险，企业为职工建立企业年金必须首先参加基本养老保险并缴纳相关费用。②具有相应的经济负担能力。它是企业和职工在履行了基本养老保险缴费义务后仍有经济负担能力的条件下实行的，并非任何用人单位、在任何时候都必须实行，不具有强制性。③已建立集体协商机制。建立企业年金，应当由企业与工会或职工代表通过集体协商确定，并制定企业年金方案。国有及国有控股企业的企业年金方案草案应当提交职工大会或职工代表大会讨论通过。在企业经济效益不好的年份，企业可以不缴或少缴补充养老保险费，而在经济效益好的年份可

---

〔1〕 “我国补充养老保险政策相关问题探讨”，载 http://www.circ.gov.cn/web/site0/tab5267/info261445.htm.

以多缴。

[相关资料]

　　企业年金方案应当包括以下内容：①参加人员范围；②资金筹集方式；③职工企业年金个人账户管理方式；④基金管理方式；⑤计发办法和支付方式；⑥支付企业年金待遇的条件；⑦组织管理和监督方式；⑧中止缴费的条件；⑨双方约定的其他事项。

2. 企业年金的资金来源。企业年金基金由企业缴费、职工个人缴费、企业年金基金投资运营收益组成。《企业年金试行办法》第7条、第8条规定，企业年金所需费用由企业和职工个人共同缴纳。企业缴费每年不超过本企业上年度职工工资总额的1/12。企业和职工个人缴费合计一般不超过本企业上年度职工工资总额的1/6。

3. 企业年金的积累。《企业年金试行办法》及《国务院关于完善企业职工基本养老保险制度的决定》规定企业年金基金实行完全积累。

4. 企业年金的管理和运营。企业年金基金可以采取市场化的方式进行管理和运营，按照国家规定投资运营，投资运营收益并入企业年金基金。企业年金不是由政府委托的机构运营，而是由商业投资公司运营。

《企业年金试行办法》规定，建立企业年金的企业应确定企业年金受托人来管理企业年金。受托人可以是企业成立的企业年金理事会，也可以是符合国家规定的法人受托机构。受托人可以委托具有资格的企业年金账户管理机构作为账户管理人，负责管理企业年金账户；可以委托具有资格的投资运营机构作为投资管理人，负责企业年金基金的投资运营。受托人应当选择具有资格的商业银行或专业托管机构作为托管人，负责托管企业年金基金。企业年金基金必须与受托人、账户管理人、投资管理人和托管人的自有资产或其他资产分开管理，不得挪作其他用途。

5. 企业年金的个人账户管理。企业年金采用个人账户方式进行管理。《企业年金试行办法》规定，企业缴费应当按照企业年金方案规定比例计算的数额计入职工企业年金个人账户；职工个人缴费额计入本人企业年金个人账户。企业年金基金投资运营收益，按净收益率计入企业年金个人账户。

6. 企业年金的领取。领取企业年金的条件一般是在本企业有5~15年的连续工龄。职工达到法定退休年龄的，可以从本人企业年金个人账户中一次或定期领取企业年金，职工未达到国家规定的退休年龄的，不得从个人账户中提前提取资金。出境定居人员的企业年金个人账户资金，可根据本人要求一次性支付给本人。职工变动工作单位时，企业年金个人账户资金可以随同转移。职工升学、参军、失业期间或新就业单位没有实行企业年金制度的，其企业年金个人账户可由原管理机构继续管理。职工或退休人员死亡后，其企业年金个人账户余额由其指定的受益人或法定继承人一次性领取。

[探究]

资料显示，在世界上 167 个实行养老保险制度的国家中，有 1/3 以上国家的企业年金制度覆盖了约 1/3 的劳动人口，丹麦、法国、瑞士的年金覆盖率几乎达到 100%，英国、美国、加拿大等国在 50% 左右。我国企业年金与国外的差距怎么缩小？在苏海南看来，目前我国企业年金的定位有点类似于锦上添花。"有钱的企业就能够建，建了以后其退休待遇在全部企业退休人员内部又进一步拉开差距。如果企业年金的定位是'雪中送炭'，是弥补基本退休金的不足，可能会比较容易推行。"苏海南将问题的症结归根于当前的社保缴费及其他税费负担压力大，他向《中国经济周刊》记者表示："当前社会保险的企业缴费负担沉重，其他税收压力也大，在经济新常态条件下许多企业生产经营不大景气或具有不确定性，直接制约了企业建立企业年金的积极性，这也是导致参与企业年金的企业数量偏少的最重要原因。"[1]

四、职工个人储蓄养老保险制度

职工个人养老储蓄保险，是职工个人根据自己收入的情况，自愿以储蓄的形式为自己建立的养老社会保险。我国《劳动法》第 75 条第 2 款规定："国家提倡劳动者个人进行储蓄性保险。"这是第三层次的养老保险，是由社会保险机构经办的职工个人储蓄性养老保险，由社会保险主管部门制定具体办法。职工缴纳的个人储蓄性养老保险费，记入由社会保险机构为其在银行开设的养老保险个人账户，并按不低于或高于同期城乡居民储蓄存款利率计息，所得利息记入个人账户，本息一并归劳动者个人所有，职工达到法定退休年龄经批准退休后，其个人账户储蓄性养老保险金可一次总付或分次支付给本人。劳动者跨地区流动，个人账户的储蓄性养老保险金随之转移。劳动者未到退休年龄而死亡的，记入个人账户的储蓄性养老保险金应由其法定继承人继承。

[探究]

我国急剧出现经济增速放缓现象，社会快速进入老年化阶段，一方面基本养老保险还未实行全覆盖，另一方面养老金缺口这一敏感话题被推到了舆论的风口浪尖。[2]所以，面对可以预知的巨大的养老基金缺口困境，政府必须痛下决心，以极大的责任感推进基本养老保险制度改革。否则随着时间的推移，情况将会更趋复杂、恶化，改革的难度和代价会越来越大，甚或难以控制。

[相关资料]

人社部今日公布 2014 年度人力资源和社会保障事业发展统计公报。数据显

---

〔1〕 "超九成企业职工未享受企业年金在央企国企才能享受"，载《中国经济周刊》2015 年 5 月 6 日。

〔2〕 张锐："面对巨大养老金缺口"，载《上海证券报》2013 年 2 月 27 日。

示，2014 年末全国参加基本养老保险人数为 84 232 万人，比上年末增加 2263 万人。[1]

第三节　医疗保险制度

一、医疗保险制度概述

医疗保险是指由政府提供的社会医疗保险。医疗保险在有些国家又称疾病保险、疾病津贴等，是指劳动者由于患病或非因工负伤后，由社会提供医疗服务或经济补偿的社会保障制度。医疗保险制度通常由国家立法强制实施，建立基金制度，费用由用人单位和劳动者共同缴纳，医疗费由医疗保险机构支付。医疗保险制度是社会保障制度中非常重要的一个项目，对于保障劳动者的身体健康，促进生产正常进行，保障劳动者的基本生活需要，解决劳动者后顾之忧具有非常重要的作用。

从世界范围看，1883 年德国颁布了《疾病保险法》，这是世界上第一部社会保险法。我国早在 20 世纪 50 年代就开始建立医疗保险制度。依据 1951 年《中华人民共和国劳动保险条例》，医疗保险的主要形式为：对城镇中的企业单位实行劳保医疗；对国家机关、事业单位实行公费医疗；在农村实行合作医疗。医疗费用基本上是由国家、企业或集体经济组织承担。我国的公费、劳保医疗制度、农村合作医疗曾对保护人民身体健康，促进经济发展、维护社会稳定发挥了重要作用。但随着改革开放的实行，原有的医疗保险制度存在的缺陷和矛盾日益突出，不能适应市场经济的要求，例如：医疗保险覆盖面较窄，社会化程度低，抗风险能力不强；医疗费用完全由国家和企业包揽，导致国家财政和企业难以承受医疗费用的大量增加；医疗费用的管理缺乏有效、科学的手段，造成大量浪费；农村医疗保险制度出现严重倒退；等等。针对这些问题，我国从 20 世纪 80 年代开始对医疗保险制度进行一系列的改革。1998 年 12 月国务院发布了《国务院关于建立城镇职工基本医疗保险制度的决定》，确立了医疗制度改革的方向和目标，决定从 1999 年开始进行全面的医疗保险制度改革。根据该决定，城镇所有用人单位及其职工都要参加基本医疗保险，基本医疗保险费由用人单位和职工双方共同负担；基本医疗保险基金实行社会统筹和个人账户相结合的制度。此外，劳动与社会保障部及有关部委就医疗改革的具体问题制定了一系列配套规章。1999 年以来的相关法律、法规和规章主要包括：《关于加强城镇职工基本医疗保险费用结算管理的意见》（1999 年）、《关于城镇职工基本医疗保险诊疗项目管理的意见》（1999 年）、《城镇职工基本医疗保险用药范围管理暂行办法》（1999 年）、《城镇职工基本医疗保险定点零售药店管理暂行办法》（1999 年）、《关于确定城镇职工基本医疗保险医疗服务设施范围和支付标准的意见》（1999

---

[1]　"2014 年末全国参加基本养老保险人数为 84 232 万人"，载 http://politics. people. com. cn/n/2015/0528/c70731 - 27070358. html.

险相结合，是持续深化医改的重大创新。"[1]

　　2. 2015 年 7 月 28 日，国务院办公厅印发《关于全面实施城乡居民大病保险的意见》（国办发〔2015〕57 号）（以下简称《意见》），部署加快推进城乡居民大病保险制度建设，筑牢全民基本医疗保障网底，让更多的人民群众受益。《意见》提出，2015 年底前，大病保险覆盖所有城乡居民基本医保参保人群，大病患者看病就医负担有效减轻；到 2017 年，建立起比较完善的大病保险制度，与医疗救助等制度紧密衔接，共同发挥托底保障功能，有效防止发生家庭灾难性医疗支出，城乡居民医疗保障的公平性得到显著提升。[2]

　　3. 中国卫生经济学会副会长张振忠认为，加强基本医保、大病保险、医疗救助、疾病应急救助、商业健康保险及慈善救助等制度间的互补联动，有助于形成保障合力，关键是要尽快建立信息共享机制，切实做好制度之间的"无缝衔接"。[3]

　　《社会保险法》第 27～30 条又作了最新规定：①参加职工基本医疗保险的个人，达到法定退休年龄时累计缴费达到国家规定年限的，退休后不再缴纳基本医疗保险费，按照国家规定享受基本医疗保险待遇；未达到国家规定年限的，可以缴费至国家规定年限。②符合基本医疗保险药品目录、诊疗项目、医疗服务设施标准以及急诊、抢救的医疗费用，按照国家规定从基本医疗保险基金中支付。为了缓解个人垫付大量医疗费的问题，《社会保险法》规定了基本医疗保险费用直接结算制度。参保人员就医发生的医疗费用中，按照规定应当由基本医疗保险基金支付的部分，由社会保险经办机构与医疗机构、药品经营单位直接结算。社会保险行政部门和卫生行政部门应当建立异地就医医疗费用结算制度，方便参保人员享受基本医疗保险待遇。③在明确应当由第三人负担的医疗费用不纳入基本医疗保险基金支付范围的同时，《社会保险法》规定，医疗费用依法应当由第三人负担，第三人不支付或者无法确定第三人的，由基本医疗保险基金先行支付。基本医疗保险基金先行支付后有权向第三人追偿。

　　2. 新型农村合作医疗和城镇居民基本医疗保险的待遇标准按照国家规定执行。

　　（四）医疗服务

　　社会保险经办机构根据管理服务的需要，可以与医疗机构、药品经营单位签订服务协议，规范医疗服务行为。医疗机构应当为参保人员提供合理、必要的医疗服务。

---

　　〔1〕"社会保障与商业保险结合是医改重大创新"，载 http://finance. people. com. cn/insurance/n/2015/0724/c59941 - 27357646. html.

　　〔2〕"国务院：2015 年底前大病保险覆盖所有城乡居民基本医保参保人群"，载 http://news. xinhuanet. com/politics/2015 - 07/22/c_128048288. htm.

　　〔3〕"'双保险'能否让居民就医更'有底气'？"，载 http://news. xinhuanet. com/health/2015 - 08/02/c_1116116800. htm.

[相关资料]

依据 2011 年 7 月 1 日起施行的《实施〈中华人民共和国社会保险法〉若干规定》第 8 条第 1 款规定，参保人员在协议医疗机构发生的医疗费用，符合基本医疗保险药品目录、诊疗项目、医疗服务设施标准的，按照国家规定从基本医疗保险基金中支付。

（五）基本医疗保险关系的转移

个人跨统筹地区就业的，其基本医疗保险关系随本人转移，缴费年限累计计算。

[探究]

2013 年 3 月，国务院第一次常务会议提出，"整合城镇职工基本医疗保险、城镇居民基本医疗保险、新型农村合作医疗的职责"，管理层面实行"三保合一"。在国务院下发的关于实施《国务院机构改革和职能转变方案》任务分工的通知中，要求当年 6 月底前完成"三保合一"。时过两年，部分省市也仅完成了"两保合一"。[1]

"三保合一"进度为什么不及预期？

[相关资料]

1. 今年（2014 年）或将整合城乡居民基本医疗保险制度。在今年 2 月国务院发文明确整合新农保、城居保政策之后，李克强总理在今天（5 日）发布的政府工作报告中提出，要通过改革整合城乡居民基本医疗保险制度，推动医改向纵深发展。有人社部专家就此分析，今年国务院方面极有可能推出对城镇职工基本医疗保险（以下简称"城镇职工医保"）、城镇居民基本医疗保险（以下简称"城镇居民医保"）、新型农村合作医疗（以下简称"新农合"）三项医疗保险的整合政策。[2]

2. 江苏太仓在 2008 年全面整合职工医保、城镇居民医保和新农合，初步实现了城乡统筹。广东湛江则早在 2009 年实行新农合和城镇居民并轨，建立了城乡居民统一参保的全民医保体系，引入商业保险。青海省于 2011 年将新农合和城镇居民医保合并为城乡居民医保，实行"二保合一"，统一了药品目录、管理部门、报销范围、合规范围和医保政策等。[3]

3. 2015 年 9 月 1 日起，宁波市区将先行实施新的城乡居民医保制度。农村居民 9 月 15 日开始可以办参保手续，享受和城里人一样的医保待遇。

---

〔1〕　俞燕："青海大病保险样本：是否会出现资金缺口"，载《财经》2015 年第 8 期；人社部："年内全面实施大病保险大病保险需人均筹资约 30 元"，载《商报》2015 年 8 月 31 日。

〔2〕　"今年或将整合城乡居民基本医疗保险制度"，载 http://www.ceh.com.cn/jjzx/2014/03/327166.shtml.

〔3〕　俞燕："青海大病保险样本：是否会出现资金缺口"，载《财经》2015 年第 8 期。

三、补充医疗保险制度

补充医疗保险是对基本医疗保险的一种有益的补充，用人单位可在按规定参加当地基本医疗保险的基础上，建立补充医疗保险，用于对城镇职工基本医疗保险制度支付以外由职工个人负担的医药费用进行适当补助，减轻参保职工的医药费负担。

1998年《国务院关于建立城镇职工基本医疗保险制度的决定》规定，为了不降低一些行业（如邮电、银行、保险公司等）职工现有的医疗保障水平，在参加基本医疗保险的基础上，作为过渡措施，允许建立企业补充医疗保险。2002年财政部、劳动和社会保障部颁布了《关于企业补充医疗保险有关问题的通知》，进一步规范了企业补充医疗保险，规定：企业补充医疗保险费在工资总额4%以内的部分，企业可直接从成本中列支，不再经同级财政部门审批。企业补充医疗保险办法应与当地基本医疗保险制度相衔接。企业补充医疗保险资金由企业或行业集中使用和管理，单独建账，单独管理，用于本企业个人负担较重职工和退休人员的医药费补助，不得划入基本医疗保险个人账户，也不得另行建立个人账户或变相用于职工其他方面的开支。财政部门和劳动保障部门要加强对企业补充医疗保险资金管理的监督和财务监管，防止挪用资金等违规行为。个别地区根据自己的情况也出台了一些地方性规章，以规范本地的补充医疗保险活动。

[探究]

1. 除了企业补充保险这种形式的补充医疗保险外，还有哪些补充医疗保险？
2. 大病保险是否属于补充医疗保险？
3. 我国有职工大病保险制度吗？

[相关资料]

1. 按照现行政策，大病保险仅在居民医保中推行，城镇职工医保实行的是大额医疗费用补助。"现在我们正在积极研究建立职工大病保险制度。在现有职工大额医疗补助政策基础上，通过完善筹资机制，建立全省统一的职工大病保险制度，减轻职工的大病医疗费用负担。"近日，海南省人社厅相关负责人表示。[1]

2. 医疗费用40万以上部分个人只付5%。《关于开展城乡居民大病保险工作的指导意见》近日公布。记者从西安市医保中心了解到，西安市已针对城镇职工医保的大额报销出台了二次补助政策，城镇居民和新农合等其他类型的大额报销，西安市将按照今后国家和省级的要求制定相应政策。补助前提是参加城镇职工基本医保和大额医疗补助保险。

以往，参保者患病后进行治疗，达到报销条件后，由医保基金支付部分，其余部分由个人支付。但往往在参保者患大病后，个人需支付的部分也是一大

---

〔1〕 "人社部：年内全面实施大病医保人均筹资约30元"，载《商报》2015年8月31日。

笔费用，给家庭和个人带来沉重负担。今年起，我市以政府购买医疗保障服务的方式，探索委托具有资质的商业保险机构经办各类医疗保障管理服务。现在，凡是西安参加了城镇职工基本医疗保险并参加了大额医疗补助保险，且按时足额缴费的参保者，无需缴纳其他费用即可享受二次补助。

　　补助比例：在三级医疗机构看病住院费用个人自付部分补助20%。二次补助的报销范围，包括住院费用个人自付部分、门诊施治三种特殊病种（肾透析、器官移植后服抗排斥药、恶性肿瘤放化疗）的费用自付部分，超过职工大额医疗补助保险最高支付限额以上的医疗费用。其报销额分别为：住院费用个人自付部分，按医疗机构级别不同分别给予二次补助，补助比例为三级医疗机构补助20%，二级医疗机构补助30%，一级及以下医疗机构补助40%。门诊三大特殊病种：在享受基本医疗保险政策规定的待遇后，一个年度内个人负担累计超过1500元以上至10 000元的部分，补助40%。超过医疗费用报销最高限额部分：目前我市规定，一个年度参保职工最高的报销限额为40万元。而通过二次补助，超过40万以上的医疗费用，将由二次补助进行报销，报销比例达到95%，而且没有封顶线的限制。[1]

关于职工个人储蓄医疗保险，我国目前还没有制定全国统一的政策。

四、新型农村合作医疗制度

新型农村合作医疗制度是指由政府组织、引导、支持，农民自愿参加，个人、集体和政府多方筹资，以大病统筹为主的农民医疗互助共济制度。

　　农村合作医疗为我国广大农村居民的医疗健康保障发挥了重要作用，享有"卫生革命"之誉。它为世界各国，特别是发展中国家所普遍存在的问题提供了一个范本，不仅在国内受到农民群众的欢迎，而且在国际上得到好评。联合国妇女儿童基金会在1980～1981年年报中指出，中国的"赤脚医生"制度在落后的农村地区提供了初级护理，为不发达国家提高医疗卫生水平提供了样本。世界银行和世界卫生组织把我国农村的合作医疗称为"发展中国家解决卫生经费的唯一典范"。

［相关资料］

　　"赤脚医生"是"文化大革命"时期基层医疗体系中最重要的一环。"赤脚医生"是中国卫生史上的一个特殊的产物，是"文化大革命"中期开始后出现的新名词，指的是乡村中没有纳入国家编制的非正式医生。一般而言，村民管那些光着脚丫下田种地的乡村医生叫作"赤脚医生"。[2]

合作医疗在将近50年的发展历程中，先后经历了20世纪40年代的萌芽阶段、50年代的初创阶段、60～70年代的发展与鼎盛阶段、80年代的解体阶段和90年代

---

〔1〕　"西安针对城镇职工医保大额报销出台二次补助政策"，载《西安晚报》2012年9月1日。
〔2〕　载 http://www.360doc.com/content/10/1027/08/4108776_64348248.shtml.

以来的恢复和发展阶段。随着我国全面建设小康社会、社会主义和谐社会进程的加快，在农村建立新型合作医疗制度势在必行。

2002 年 10 月，《中共中央、国务院关于进一步加强农村卫生工作的决定》明确指出：要逐步"建立以大病统筹为主的新型农村合作医疗制度"，"到 2010 年，新型农村合作医疗制度要基本覆盖农村居民"，"从 2003 年起，中央财政对中西部地区除市区以外的参加新型合作医疗的农民每年按人均 10 元安排合作医疗补助资金，地方财政对参加新型合作医疗的农民补助每年不低于人均 10 元"。2003 年初，国务院办公厅转发了国家卫生部等部门《关于建立新型农村合作医疗制度的意见》，又对建立新型农村合作医疗制度作了进一步的具体操作性规定。

2005 年 12 月 31 日，《中共中央、国务院关于推进社会主义新农村建设的若干意见》（2006 年中央 1 号文件）进一步明确，积极推进新型农村合作医疗制度试点工作，从 2006 年起，中央和地方财政较大幅度提高补助标准，到 2008 年在全国农村基本普及新型农村合作医疗制度。各级政府要不断增加投入，加强以乡镇卫生院为重点的农村卫生基础设施建设，健全农村三级医疗卫生服务和医疗救助体系。有条件的地方，可对乡村医生实行补助制度。建立与农民收入水平相适应的农村药品供应和监管体系，规范农村医疗服务。2011 年 2 月 17 日，中国政府网发布了《医药卫生体制五项重点改革 2011 年度主要工作安排》。这份文件明确，2011 年政府对新农合和城镇居民医保补助标准均由上一年每人每年 120 元提高到 200 元；城镇居民医保、新农合政策范围内住院费用支付比例力争达到 70% 左右。

[相关资料]

    昨日，记者从"全市卫生计生工作暨卫生计生系统党建工作会"获悉，2015 年全市城镇居民医保和新农合政策范围内住院费用支付比例分别提高到 70% 和 75% 以上，重特大疾病救助对象政策范围内住院自付医疗费用救助比例达到 60%。今年，黄石将做好 508 例晚血病人的免费救治，免费检查疑似肺结核病患者 7720 人次，免费治疗结核病病例 1560 人。[1]

五、城镇居民基本医疗保险制度

建立城镇居民基本医疗保险制度是我国在建立城镇职工基本医疗保险制度和新型农村合作医疗制度之后的又一重大举措，是落实科学发展观、构建社会主义和谐社会、实现基本建立覆盖城乡全体居民的基本医疗保障体系目标的必然要求。

[探究]

    城镇职工基本医疗保险制度和城镇居民基本医疗保险的区别与联系。

2007 年 7 月 10 日开始实施的《国务院关于开展城镇居民基本医疗保险试点的指

---

〔1〕 黄妍："新农合住院费用可报销 75% 以上"，载《东楚晚报》2015 年 4 月 1 日。

导意见》（国发〔2007〕20 号）决定从 2007 年起开展城镇居民基本医疗保险试点。

（一）试点目标

2007 年在有条件的省份选择 2～3 个城市启动试点，2008 年扩大试点，争取 2009 年试点城市达到 80% 以上，2010 年在全国全面推开，逐步覆盖全体城镇非从业居民。要通过试点，探索和完善城镇居民基本医疗保险的政策体系，形成合理的筹资机制、健全的管理体制和规范的运行机制，逐步建立以大病统筹为主的城镇居民基本医疗保险制度。

（二）试点原则

试点工作要坚持低水平起步，根据经济发展水平和各方面承受能力，合理确定筹资水平和保障标准，重点保障城镇非从业居民的大病医疗需求，逐步提高保障水平；坚持自愿原则，充分尊重群众意愿；明确中央和地方政府的责任，中央确定基本原则和主要政策，地方制订具体办法，对参保居民实行属地管理；坚持统筹协调，做好各类医疗保障制度之间基本政策、标准和管理措施等的衔接。

（三）参保范围

不属于城镇职工基本医疗保险制度覆盖范围的中小学阶段的学生（包括职业高中、中专、技校学生）、少年儿童和其他非从业城镇居民都可自愿参加城镇居民基本医疗保险。

（四）筹资水平

试点城市应根据当地的经济发展水平以及成年人和未成年人等不同人群的基本医疗消费需求，并考虑当地居民家庭和财政的负担能力，恰当确定筹资水平；探索建立筹资水平、缴费年限和待遇水平相挂钩的机制。

（五）缴费和补助

城镇居民基本医疗保险以家庭缴费为主，政府给予适当补助。参保居民按规定缴纳基本医疗保险费，享受相应的医疗保险待遇，有条件的用人单位可以对职工家属参保缴费给予补助。国家对个人缴费和单位补助资金制定税收鼓励政策。

对试点城市的参保居民，政府每年按不低于人均 40 元给予补助，其中，中央财政从 2007 年起每年通过专项转移支付，对中西部地区按人均 20 元给予补助。在此基础上，对属于低保对象的或重度残疾的学生和儿童参保所需的家庭缴费部分，政府原则上每年再按不低于人均 10 元给予补助，其中，中央财政对中西部地区按人均 5 元给予补助；对其他低保对象、丧失劳动能力的重度残疾人、低收入家庭 60 周岁以上的老年人等困难居民参保所需家庭缴费部分，政府每年再按不低于人均 60 元给予补助，其中，中央财政对中西部地区按人均 30 元给予补助。中央财政对东部地区参照新型农村合作医疗的补助办法给予适当补助。财政补助的具体方案由财政部门和劳动保障、民政等部门研究确定，补助经费要纳入各级政府的财政预算。

（六）费用支付

城镇居民基本医疗保险基金重点用于参保居民的住院和门诊大病医疗支出，有条件的地区可以逐步试行门诊医疗费用统筹。

城镇居民基本医疗保险基金的使用要坚持以收定支、收支平衡、略有结余的原则。要合理制定城镇居民基本医疗保险基金支付标准、支付比例和最高支付限额，完善支付办法，合理控制医疗费用。探索适合困难城镇非从业居民经济承受能力的医疗服务和费用支付办法，减轻他们的医疗费用负担。城镇居民基本医疗保险基金用于支付规定范围内的医疗费用，其他费用可以通过补充医疗保险、商业健康保险、医疗救助和社会慈善捐助等方式解决。

（七）基金管理

老百姓缴费和政府补贴构成了医保基金。医保基金实际上存在政府财政部门的社会保险基金账户上，这笔钱要经过社会保险经办机构和财政部门的双重审核才可以支出。同时，劳动保障、财政、监察、审计等部门也对基金进行定期检查。除了现有这些措施之外，国务院还提出，要探索建立由政府有关部门、居民代表、医疗机构代表、社会团体共同组成的监督机构，对医疗保险基金的安全和使用效率进行监督。

（八）服务管理

对城镇居民基本医疗保险的医疗服务进行管理，原则上参照城镇职工基本医疗保险的有关规定执行，具体办法由试点城市劳动保障部门会同发展改革、财政、卫生等部门制定。要综合考虑参保居民的基本医疗需求和基本医疗保险基金的承受能力等因素，合理确定医疗服务的范围。通过订立和履行定点服务协议，规范对定点医疗机构和定点零售药店的管理，明确医疗保险经办机构和定点的医疗机构、零售药店的权利和义务。医疗保险经办机构要简化审批手续，方便居民参保和报销医疗费用；明确医疗费用结算办法，按规定与医疗机构及时结算。加强对医疗费用支出的管理，探索建立医疗保险管理服务的奖惩机制。积极推行医疗费用按病种付费、按总额预付等结算方式，探索协议确定医疗费用标准的办法。

2011 年 2 月 17 日，中国政府网发布了《医药卫生体制五项重点改革 2011 年度主要工作安排》。这份文件明确，2011 年政府对新农合和城镇居民医保补助标准均由上一年每人每年 120 元提高到 200 元；城镇居民医保、新农合政策范围内住院费用支付比例力争达到 70% 左右。

［相关资料］

1. 2011 年 2 月 17 日，中国政府网发布了《医药卫生体制五项重点改革 2011 年度主要工作安排》。这份文件明确，2011 年政府对新农合和城镇居民医保补助标准均由上一年每人每年 120 元提高到 200 元；城镇居民医保、新农合政策范围内住院费用支付比例力争达到 70% 左右。

2. 医疗改革事关百姓。2013 年 12 月 6 日，市政府下发了《关于贯彻落实豫政办［2013］77 号文件精神做好深化医药卫生体制改革工作的意见》，提出加快健全全民医保体系，我市城镇居民医保补助提高到每人每年 280 元，城镇居民医保住院费用支付比例提高到 70% 以上。[1]

3. 人力资源和社会保障部网站于 2015 年 5 月 28 日发布《2014 年度人力资源和社会保障事业发展统计公报》（简称《公报》）。根据《公报》，年末全国参加城镇基本医疗保险人数为 59 747 万人，比上年末增加 2674 万人。[2]

第四节　工伤保险制度

一、工伤保险概述

工伤保险是指劳动者在生产工作中因意外事故或职业病致伤、致病、致残、死亡时依法所享有的社会保险。

工伤保险具有下列特征：①采取无过错责任原则。劳动者在各种意外事故或职业病中只要不是受害者故意行为所致，就应该按照规定标准对其进行伤害赔偿，无论用人单位或劳动者是否存在过错，无论责任在谁，无需劳动者主张和举证，受到伤害的劳动者都可以得到赔偿。②用人单位承担缴费义务。工伤保险的保险费用全部由用人单位缴纳，劳动者个人不承担缴纳费用义务。③保险标准较高。因工伤事故发生的费用，应由工伤保险基金承担，而且其医疗康复待遇、伤残待遇和死亡抚恤待遇均比非工伤的医疗保险标准高。

[相关资料]

工伤赔偿责任"劳动者自己责任"原则导致的必然结果是：在不断增多的工业事故面前，工人的生活条件不断恶化。疾病流行，工业事故丛生，"事实上切断手指、工厂楼梯上沾染鲜血的事早已是司空见惯"。[3]失业、贫困问题严重，工人们为了捍卫自己的生存，进行各种斗争。19 世纪发生的波澜壮阔的国际工人运动，严重地动摇了资产阶级统治。这种情景足以说明，"劳动者自己责任"原则已经走到了尽头，德国于 1884 年颁布了《德国工业事故保险法》，确立了雇主对雇员工业事故损害的无过错赔偿责任原则，即无论劳动者有无过错，雇主对于所发生的伤害事件因劳动关系承担风险，并于 1900 年提出了一个完整的方案。《德国工业事故保险法》所确认的"无过错赔偿责任原则"，很快在大多数欧洲国家传播开来。1896 年，法国最高法院改判泰弗里诉拖船主因拖船爆炸而使雇员泰弗里受致命伤害一案，就采用了无过错责任原则。这一历史性判例导致法国

---

〔1〕　孙娟："居民医保报销比例提至 70% 以上新农合报销比例提至 75% 左右"，载《郑州晚报》2014 年 1 月 16 日。

〔2〕　"2014 年末全国参加城镇基本医保人数为 59 747 万人"，载 http://politics. people. com. cn/n/2015/0528/c1001 - 27070656. html.

〔3〕　［法］西蒙娜·薇依：《扎根：人类责任宣言绪论》，徐卫翔译，生活·读书·新知三联书店2003 年版，第 44 ~ 45 页。

于 1898 年制定了《雇员赔偿法》。同一时期，美国也启动了雇员赔偿制度改革的进程。1891 年，美国联邦劳工委员会任命布鲁克斯研究和评价《德国工业事故保险法》。大多数州的调查委员会考察了欧洲的经验之后，一些早期的"劳动者自己责任"法令得到了修改[1]，在美国，《劳工赔偿法》在所有州均已经采纳。

我国工伤保险制度源于中华人民共和国成立初期。1996 年 8 月，原劳动部曾发布《企业职工工伤保险试行办法》，是我国工伤保险方面最早的专门法律规范。国务院于 2003 年 4 月发布了《工伤保险条例》（2004 年 1 月 1 日实施）。此后，国家劳动和社会保障部等有关部门陆续出台了《工伤认定办法》《因工死亡职工供养亲属范围规定》《非法用工单位伤亡人员一次性赔偿办法》《关于劳动能力鉴定有关问题的通知》《关于工伤保险费率问题的通知》等配套文件，为《工伤保险条例》的实施做好了准备。依据 2010 年 10 月 28 日全国人大常委会通过的《社会保险法》，2010 年 12 月 20 日，国务院修订了《工伤保险条例》，该条例于 2011 年 1 月 1 日起施行，成为《社会保险法》的重要配套法规。2010 年 12 月 31 日，人力资源和社会保障部又修订发布了《工伤认定办法》。2014 年 6 月 18 日，最高人民法院公布了《最高人民法院关于审理工伤保险行政案件若干问题的规定》，对工伤认定作出了进一步细化。2015 年 7 月 22 日起，人力资源社会保障部、财政部《关于调整工伤保险费率政策的通知》实施。所以，我国已形成较为完善的工伤保险法律体系。

［相关资料］

《国务院关于修改〈工伤保险条例〉的决定》自 2011 年 1 月 1 日起施行。

二、工伤认定

工伤和非工伤可以从以下几个方面进行区别：①工作场所以及工作时间界限。工伤一般只限于在工作时间内所发生的意外伤害；工伤一般只限于在生产、工作场所之内发生的意外伤害。②职务界限。工作场所和时间并不是判定工伤的唯一标准，工伤一般与执行职务有关。劳动者在工作时间以外、在工作场所以外执行职务或者与执行职务有关的活动中发生意外伤害，仍然属于工伤，如出差时、上班途中发生伤害。③主观过错界限。即劳动者在执行职务过程中发生的意外伤害，只要不是劳动者故意造成的，都属于工伤；④法定界限。即通过立法明确规定应该属于工伤的特殊情况。如对于职工因从事抢险、救灾、救人等维护国家、社会公众利益的活动而受到意外伤害的，通常也按工伤处理。

《工伤保险条例》和《工伤认定办法》规定了工伤认定的情形和程序。

（一）工伤的认定情形

依据《工伤保险条例》第 14 条的规定，认定工伤的情形包括以下三种：

---

〔1〕 Lawrence M Friedmen and Jack Ladisky, "Social Change and the Law of Industrial Accidents", see *Columbia Law Review*, Vol, 67, p 77；转引自："侵权行为法与社会保险法的冲突和融合"，载 http://article. chinalawinfo. com/ArticleHtml/Article - 22007. shtml.

1. 典型性工伤的情形。职工有下列情形之一的，应当认定为工伤：①在工作时间和工作场所内，因工作原因受到事故伤害的；②工作时间前后在工作场所内，从事与工作有关的预备性或者收尾性工作受到事故伤害的；③在工作时间和工作场所内，因履行工作职责受到暴力等意外伤害的；④患职业病的；⑤因工外出期间，由于工作原因受到 案例9-3
伤害或者发生事故下落不明的；⑥在上下班途中，受到非本人主要责任的交通事故或者城市轨道交通、客运轮渡、火车事故伤害的；⑦法律、行政法规规定应当认定为工伤的其他情形。（参见案例9-3）

[相关资料]

　　修改后的《工伤保险条例》扩大了工伤保险适用范围，规定除现行规定的企业和有雇工的个体工商户以外，事业单位、社会团体，以及民办非企业单位、基金会、律师事务所、会计师事务所等组织应当依照规定参加工伤保险。这一规定进一步扩大了工伤保险制度覆盖的职工，有利于发挥社会保险的大数法则优势，有利于保障职工的工伤保险权益。

2. 视同工伤的情形。具体包括三种情形：①在工作时间和工作岗位，突发疾病死亡或者在48小时之内经抢救无效死亡的；②在抢险救灾等维护国家利益、公共利益活动中受到伤害的；③职工原在军队服役，因战、因公负伤致残，已取得革命伤残军人证，到用人单位后旧伤复发的。

3. 不得认定为工伤或者视同工伤的情形：①故意犯罪的；②醉酒或者吸毒的；③自残或者自杀的。

依据2011年7月1日起施行的《实施〈中华人民共和国社会保险法〉若干规定》第10条的规定，《社会保险法》第37条第2项中的醉酒标准，按照《车辆驾驶人员血液、呼气酒精含量阈值与检验》（GB19522-2004）执行。公安机关交通管理部门、医疗机构等有关单位依法出具的检测结论、诊断证明等材料，可以作为认定醉酒的依据。

[相关资料]

　　1. 8月20日上午，最高人民法院召开新闻发布会，通报了《最高人民法院关于审理工伤保险行政案件若干问题的规定》（以下简称《规定》）的有关情况，并公布了4起工伤保险行政纠纷典型案例。[1]

　　2.《2011年全国民事审判工作会议纪要》第47条第2款规定：职工因第三人侵权遭受人身损害的，赔偿权利人请求侵权人承担民事赔偿责任的，在侵权人的赔偿数额中不予扣除工伤保险已经支付的数额。（第2款另一种意见：职工因第三人侵权遭受人身损害的，赔偿权利人请求侵权人承担民事赔偿责任的，

---

〔1〕　罗书臻："最高人民法院出台司法解释规范工伤保险行政案件审理"，载《人民法院报》2014年8月21日。

在侵权人的赔偿数额中应扣除工伤保险已经支付的数额。）

（二）工伤的认定程序

《工伤保险条例》第17～20条、《工伤认定办法》规定了工伤认定的程序。职工发生事故伤害或者按照职业病防治法规定被诊断、鉴定为职业病，所在单位应当自事故伤害发生之日或者被诊断、鉴定为职业病之日起30日内，向统筹地区社会保险行政部门提出工伤认定申请。遇有特殊情况，经报社会保险行政部门同意，申请期限可以适当延长。用人单位未按上述规定提出工伤认定申请的，工伤职工或者其近亲属、工会组织在事故伤害发生之日或者被诊断、鉴定为职业病之日起1年内，可以直接向用人单位所在地统筹地区社会保险行政部门提出工伤认定申请。提出工伤认定申请应当填写《工伤认定申请表》，并提交相关材料。社会保险行政部门受理工伤认定申请后，应当调查核实，及时处理。

为进一步规范工伤认定程序，《工伤认定办法》规定了工伤认定申请、受理、调查核实和认定的具体程序和要求。

三、劳动能力鉴定

劳动能力鉴定是指劳动功能障碍程度和生活自理障碍程度的等级鉴定。职工发生工伤，经治疗伤情相对稳定后存在残疾、影响劳动能力的，应当进行劳动能力鉴定。

劳动功能障碍分为十个伤残等级，最重的为一级，最轻的为十级。生活自理障碍分为三个等级：生活完全不能自理、生活大部分不能自理和生活部分不能自理。劳动能力鉴定标准由国务院社会保险行政部门会同国务院卫生行政部门等部门制定。

劳动能力鉴定由用人单位、工伤职工或者其近亲属向设区的市级劳动能力鉴定委员会提出申请，并提供工伤认定决定和职工工伤医疗的有关资料。省、自治区、直辖市劳动能力鉴定委员会和设区的市级劳动能力鉴定委员会分别由省、自治区、直辖市和设区的市级社会保险行政部门、卫生行政部门、工会组织、经办机构代表以及用人单位代表组成。设区的市级劳动能力鉴定委员会收到劳动能力鉴定申请后，应当在专家组提出鉴定意见的基础上，自收到劳动能力鉴定申请之日起60日内作出劳动能力鉴定结论，必要时，作出劳动能力鉴定结论的期限可以延长30日。劳动能力鉴定结论应当及时送达申请鉴定的单位和个人。申请鉴定的单位或者个人对设区的市级劳动能力鉴定委员会作出的鉴定结论不服的，可以在收到该鉴定结论之日起15日内向省、自治区、直辖市劳动能力鉴定委员会提出再次鉴定申请。省、自治区、直辖市劳动能力鉴定委员会作出的劳动能力鉴定结论为最终结论。

劳动能力鉴定工作应当客观、公正。劳动能力鉴定委员会组成人员或者参加鉴定的专家与当事人有利害关系的，应当回避。自劳动能力鉴定结论作出之日起1年后，工伤职工或者其近亲属、所在单位或者经办机构认为伤残情况发生变化的，可以申请劳动能力复查鉴定。劳动能力鉴定委员会再次鉴定和复查鉴定的期限为60日，必要时，可以延长30日。

[相关资料]

2014年9月起施行的《最高人民法院关于审理工伤保险行政案件若干问题的规定》第7条规定：由于不属于职工或者其近亲属自身原因超过工伤认定申请期限的，被耽误的时间不计算在工伤认定申请期限内。

四、工伤保险基金

（一）构成

工伤保险基金由用人单位缴纳的工伤保险费、工伤保险基金的利息和依法纳入工伤保险基金的其他资金构成。其中主要是工伤保险费。

1. 工伤保险费缴费义务人及缴费额。用人单位应当按时缴纳工伤保险费。职工个人不缴纳工伤保险费。用人单位缴纳工伤保险费的数额为本单位职工工资总额乘以单位缴费费率之积。对难以按照工资总额缴纳工伤保险费的行业，其缴纳工伤保险费的具体方式，由国务院社会保险行政部门规定。

[相关资料]

依据2011年7月1日起施行的《实施〈中华人民共和国社会保险法〉若干规定》第9条规定，职工（包括非全日制从业人员）在两个或者两个以上用人单位同时就业的，各用人单位应当分别为职工缴纳工伤保险费。职工发生工伤，由职工受到伤害时工作的单位依法承担工伤保险责任。

2. 工伤保险费率。工伤保险费根据以支定收、收支平衡的原则，确定费率。国家根据不同行业的工伤风险程度确定行业的差别费率，并根据工伤保险费使用、工伤发生率等情况在每个行业内确定若干费率档次。行业差别费率及行业内费率档次由国务院社会保险行政部门制定，报国务院批准后公布施行。统筹地区经办机构根据用人单位工伤保险费使用、工伤发生率等情况，适用所属行业内相应的费率档次确定单位缴费费率。国务院社会保险行政部门应当定期了解全国各统筹地区工伤保险基金收支情况，及时提出调整行业差别费率及行业内费率档次的方案，报国务院批准后公布施行。

根据2015年7月22日起实施的人力资源社会保障部、财政部《关于调整工伤保险费率政策的通知》，我国的工伤保险费率实行行业差别费率与浮动费率相结合的制度。

（1）行业工伤风险类别划分。按照《国民经济行业分类》（GB/T4754—2011）对行业的划分，根据不同行业的工伤风险程度，由低到高，依次将行业工伤风险类别划分为一类至八类。

[相关资料]

工伤保险行业风险分类表可以参见人社部网站。

（2）行业差别费率及其档次确定。不同工伤风险类别的行业执行不同的工伤保险行业基准费率。各行业工伤风险类别对应的全国工伤保险行业基准费率为：一类至八类分别控制在该行业用人单位职工工资总额的 0.2%、0.4%、0.7%、0.9%、1.1%、1.3%、1.6%、1.9% 左右。通过费率浮动的办法确定每个行业内的费率档次。一类行业分为三个档次，即在基准费率的基础上，可向上浮动至 120%、150%；二类至八类行业分为五个档次，即在基准费率的基础上，可分别向上浮动至 120%、150% 或向下浮动至 80%、50%。各统筹地区人力资源社会保障部门要会同财政部门，按照"以支定收、收支平衡"的原则，合理确定本地区工伤保险行业基准费率具体标准，并征求工会组织、用人单位代表的意见，报统筹地区人民政府批准后实施。基准费率的具体标准可根据统筹地区经济产业结构变动、工伤保险费使用等情况适时调整。

（3）单位费率的确定与浮动。统筹地区社会保险经办机构根据用人单位工伤保险费使用、工伤发生率、职业病危害程度等因素，确定其工伤保险费率，并可依据上述因素变化情况，每 1~3 年确定其在所属行业不同费率档次间是否浮动。对符合浮动条件的用人单位，每次可上下浮动一档或两档。统筹地区工伤保险最低费率不低于本地区一类风险行业基准费率。费率浮动的具体办法由统筹地区人力资源社会保障部门商财政部门制定，并征求工会组织、用人单位代表的意见。

（4）费率报备制度。各统筹地区确定的工伤保险行业基准费率具体标准、费率浮动具体办法，应报省级人力资源社会保障部门和财政部门备案并接受指导。省级人力资源社会保障部门、财政部门应每年将各统筹地区工伤保险行业基准费率标准确定和变化以及浮动费率实施情况汇总报人力资源社会保障部、财政部。

[相关资料]

今年（2015 年）7 月 22 日，人社部和财政部联合发出了《关于调整工伤保险费率的通知》，按照"总体降低、细化分类、健全机制"的原则，从行业工伤风险类别划分、行业差别费率及其档次确定、单位费率的确定与浮动、费率报备制度四个方面明确了费率调整有关规定，意义深远。[1]

（二）工伤保险基金统筹

工伤保险基金逐步实行省级统筹。跨地区、生产流动性较大的行业，可以采取相对集中的方式异地参加统筹地区的工伤保险。具体办法由国务院社会保险行政部门会同有关行业的主管部门制定。

[相关资料]

1.《江苏省实施〈工伤保险条例〉办法》已于 2015 年 4 月 1 日经省人民政府第 54 次常务会议讨论通过，现予发布，自 2015 年 6 月 1 日起施行。其中第 9 条规定："工伤保险基金逐步实行省级统筹。"

---

〔1〕 汪泽英："调整工伤保险费率意义深远"，载《人力资源开发》2015 年第 19 期。

2. 新的《湖南省实施〈工伤保险条例〉办法》（以下简称《办法》）将于4月1日起施行。新《办法》规定，在省和设区的市、自治州两级统筹下，统筹地区按照当年工伤保险基金征缴总额的10%提取储备金，自留部分由原来的7%改为5%，向省上交部分由3%调整为5%。[1]

（三）工伤保险基金的支出

工伤保险基金存入社会保障基金财政专户，用于规定的工伤保险待遇，劳动能力鉴定，工伤预防的宣传、培训等费用，以及法律、法规规定的用于工伤保险的其他费用的支付。工伤预防费用的提取比例、使用和管理的具体办法，由国务院社会保险行政部门会同国务院财政、卫生行政、安全生产监督管理等部门规定。任何单位或者个人不得将工伤保险基金用于投资运营、兴建或者改建办公场所、发放奖金，或者挪作其他用途。工伤保险基金应当留有一定比例的储备金，用于统筹地区重大事故的工伤保险待遇支付；储备金不足支付的，由统筹地区的人民政府垫付。储备金占基金总额的具体比例和储备金的使用办法，由省、自治区、直辖市人民政府规定。

五、工伤保险待遇

工伤保险待遇主要分为三种具体待遇类型：工伤医疗期间待遇，伤残待遇和伤亡待遇。

（一）工伤医疗期间待遇

职工因工作遭受事故伤害或者患职业病进行治疗，享受工伤医疗待遇。工伤医疗期，即工伤职工停工留薪进行医疗的期间。停工留薪期一般不超过12个月，伤情严重或者情况特殊，经设区的市级劳动能力鉴定委员会确认，可以适当延长，但延长期不得超过12个月。工伤职工评定伤残等级后，停发原待遇，按照《工伤保险条例》第五章的有关规定享受伤残待遇。工伤职工在停工留薪期满后仍需治疗的，继续享受工伤医疗待遇。工伤医疗期间待遇包括三部分：①医疗待遇。职工治疗工伤应当在签订服务协议的医疗机构就医，情况紧急时可以先到就近的医疗机构急救。治疗工伤所需费用符合工伤保险诊疗项目目录、工伤保险药品目录、工伤保险住院服务标准的，从工伤保险基金支付。工伤保险诊疗项目目录、工伤保险药品目录、工伤保险住院服务标准，由国务院社会保险行政部门会同国务院卫生行政部门、食品药品监督管理部门等部门规定。职工住院治疗工伤的伙食补助费，以及经医疗机构出具的证明，报经办机构同意，工伤职工到统筹地区以外就医所需的交通、食宿费用，从工伤保险基金支付，基金支付的具体标准由统筹地区人民政府规定。工伤职工治疗非工伤引发的疾病，不享受工伤医疗待遇，按照基本医疗保险办法处理。工伤职工到签订服务协议的医疗机构进行工伤康复的费用，符合规定的，从工伤保

---

〔1〕"湖南'新工伤保险条例'4月施行，减少工伤认定争议"，载《中国劳动保障报》2015年1月13日。

险基金支付。社会保险行政部门作出认定为工伤的决定后发生行政复议、行政诉讼的，行政复议和行政诉讼期间不停止支付工伤职工治疗工伤的医疗费用。工伤职工因日常生活或者就业需要，经劳动能力鉴定委员会确认，可以安装假肢、矫形器、假眼、假牙和配置轮椅等辅助器具，所需费用按照国家规定的标准从工伤保险基金支付。②工资和福利待遇。职工因工作遭受事故伤害或者患职业病需要暂停工作接受工伤医疗的，在停工留薪期内，原工资福利待遇不变，由所在单位按月支付。③其他待遇。生活不能自理的工伤职工在停工留薪期需要护理的，由所在单位负责。

[相关资料]

依据 2011 年 7 月 1 日起施行的《实施〈中华人民共和国社会保险法〉若干规定》第 12 条规定，社会保险法第 39 条第 1 项治疗工伤期间的工资福利，按照《工伤保险条例》第 33 条有关职工在停工留薪期内应当享受的工资福利和护理等待遇的规定执行。

（二）致残待遇

1. 生活自理障碍待遇标准。工伤职工已经评定伤残等级并经劳动能力鉴定委员会确认需要生活护理的，从工伤保险基金按月支付生活护理费。生活护理费按照生活完全不能自理、生活大部分不能自理或者生活部分不能自理 3 个不同等级支付，其标准分别为统筹地区上年度职工月平均工资的 50%、40% 或者 30%。

2. 劳动功能障碍待遇标准。

（1）职工因工致残被鉴定为一级至四级伤残的，保留劳动关系，退出工作岗位，享受以下待遇：①伤残补助金。按照职工伤残等级从工伤保险基金支付一次性伤残补助金，标准是：一级伤残为 27 个月的本人工资，二级伤残为 25 个月的本人工资，三级伤残为 23 个月的本人工资，四级伤残为 21 个月的本人工资。②伤残津贴。从工伤保险基金按月支付，标准为：一级伤残为本人工资的 90%，二级伤残为本人工资的 85%，三级伤残为本人工资的 80%，四级伤残为本人工资的 75%。伤残津贴实际金额低于当地最低工资标准的，由工伤保险基金补足差额。③退休待遇。工伤职工达到退休年龄并办理退休手续后，停发伤残津贴，按照国家有关规定享受基本养老保险待遇。基本养老保险待遇低于伤残津贴的，由工伤保险基金补足差额。④医疗保险待遇。职工因工致残被鉴定为一级至四级伤残的，由用人单位和职工个人以伤残津贴为基数，缴纳基本医疗保险费。

（2）职工因工致残被鉴定为五级、六级的，享受以下待遇：①伤残补助金。五级伤残为 18 个月的本人工资，六级伤残为 16 个月的本人工资。②伤残津贴。被鉴定为五级、六级伤残的职工保留与用人单位的劳动关系，由用人单位安排适当工作。难以安排工作的，由用人单位按月发给伤残津贴，标准为：五级伤残为本人工资的 70%，六级伤残为本人工资的 60%，并由用人单位按照规定为其缴纳应缴纳的各项社会保险费。伤残津贴实际金额低于当地最低工资标准的，由用人单位补足差额。

③工伤医疗补助金和伤残就业补助金。经工伤职工本人提出，该职工可以与用人单位解除或者终止劳动关系，由工伤保险基金支付一次性工伤医疗补助金，由用人单位支付一次性伤残就业补助金。一次性工伤医疗补助金和一次性伤残就业补助金的具体标准由省、自治区、直辖市人民政府规定。④其他待遇。用人单位必须按照规定为伤残职工缴纳应缴纳的各项社会保险费。

（3）职工因工致残被鉴定为七级至十级伤残的，享受以下待遇：①伤残补助金。按照职工伤残等级从工伤保险基金支付一次性伤残补助金，标准为：七级伤残为13个月的本人工资，八级伤残为11个月的本人工资，九级伤残为9个月的本人工资，十级伤残为7个月的本人工资。②其他待遇。劳动、聘用合同期满终止，或者职工本人提出解除劳动、聘用合同的，由工伤保险基金支付一次性工伤医疗补助金，由用人单位支付一次性伤残就业补助金。一次性工伤医疗补助金和一次性伤残就业补助金的具体标准由省、自治区、直辖市人民政府规定。

（三）工亡待遇

职工因工伤死亡，其直系亲属可以从工伤保险基金领取丧葬费补助金、供养亲属抚恤金和一次性工亡补助金。具体待遇是：

1. 丧葬补助金。丧葬补助金主要用于死亡职工丧葬费用的支出，标准为：6个月的统筹地区上年度职工月平均工资。

2. 供养亲属抚恤金。供养亲属抚恤金按照职工本人工资的一定比例发给由因工死亡职工生前提供主要生活来源、无劳动能力的亲属。标准为：配偶每月40%，其他亲属每人每月30%，孤寡老人或者孤儿每人每月在上述标准的基础上增加10%。核定的各供养亲属的抚恤金之和不应高于因工死亡职工生前的工资。供养亲属的具体范围由国务院社会保险行政部门规定。

[相关资料]

1. 所谓供养亲属是指由因工死亡职工生前提供主要生活来源或者无劳动能力的亲属，其范围包括该职工的配偶、子女、父母、祖父母、外祖父母、孙子女、外孙子女、兄弟姐妹。

2. 伤残津贴、供养亲属抚恤金、生活护理费由统筹地区社会保险行政部门根据职工平均工资和生活费用变化等情况适时调整。调整办法由省、自治区、直辖市人民政府规定。

3. 记者从河南省人力资源和社会保障厅获悉，河南省决定上调伤残津贴等工伤保险待遇，每月最高增加180元，9月底前全部发放到位。[1]

3. 工亡补助金。一次性工亡补助金标准为上一年度全国城镇居民人均可支配收入的20倍。

---

〔1〕 "河南上调工伤保险待遇"，载 http://news.xinhuanet.com/local/2015 - 08/31/c_1116429194.htm.

[相关资料]

依据 2011 年 7 月 1 日起施行的《实施〈中华人民共和国社会保险法〉若干规定》第 11 条规定，社会保险法第 38 条第 8 项中的因工死亡补助金是指《工伤保险条例》第 39 条的一次性工亡补助金，标准为工伤发生时上一年度全国城镇居民人均可支配收入的 20 倍。上一年度全国城镇居民人均可支配收入以国家统计局公布的数据为准。

4. 工亡待遇的特殊情形。伤残职工在停工留薪期内因工伤导致死亡的，其近亲属享受工亡待遇。一级至四级伤残职工在停工留薪期满后死亡的，其近亲属可以享受丧葬补助金、供养亲属抚恤金待遇（不能享受一次性工亡补助金）。

（四）工伤保险待遇的一些特殊情形

1. 工伤职工工伤复发，经确认需要治疗的，可以继续享受工伤医疗期间待遇和生活自理障碍护理待遇等。

2. 工伤职工符合领取基本养老金条件的，停发伤残津贴，享受基本养老保险待遇。基本养老保险待遇低于伤残津贴的，从工伤保险基金中补足差额。

3. 职工所在用人单位未依法缴纳工伤保险费，发生工伤事故的，由用人单位支付工伤保险待遇。用人单位不支付的，从工伤保险基金中先行支付。从工伤保险基金中先行支付的工伤保险待遇应当由用人单位偿还。用人单位不偿还的，社会保险经办机构可以依法追偿。

[探究]

《社会保险法》第 41 条的规定与《工伤保险条例》第 62 条的规定有所不同。如何看待两条规定的矛盾之处？当应参加工伤保险而未参加的用人单位无能力支付时，谁来保障受工伤职工的权益？

案例9-4

4. 由于第三人的原因造成工伤，第三人不支付工伤医疗费用或者无法确定第三人的，由工伤保险基金先行支付。工伤保险基金先行支付后，有权向第三人追偿。（参见案例 9 - 4）

[探究]

在第三人侵权情况下，工伤认定和工伤保险待遇应如何支付？[1]

5. 职工因工外出期间发生事故或者在抢险救灾中下落不明的，从事故发生当月起 3 个月内照发工资，从第 4 个月起停发工资，由工伤保险基金向其供养亲属按月支付供养亲属抚恤金。生活有困难的，可以预支一次性工亡补助金的 50%。职工被人民法院宣告死亡的，按照《工伤保险条例》第 39 条职工因工死亡的规定处理。

6. 工伤职工有下列情形之一的，停止享受工伤保险待遇：①丧失享受待遇条件

---

〔1〕 "《最高人民法院关于审理工伤保险行政案件若干问题的规定》的理解（3）"，载 http://www.cnrencai.com/shebao/gongshang/76453_3.html.

的；②拒不接受劳动能力鉴定的；③拒绝治疗的。

7. 用人单位分立、合并、转让的，承继单位应当承担原用人单位的工伤保险责任；原用人单位已经参加工伤保险的，承继单位应当到当地经办机构办理工伤保险变更登记。用人单位实行承包经营的，工伤保险责任由职工劳动关系所在单位承担。职工被借调期间受到工伤事故伤害的，由原用人单位承担工伤保险责任，但原用人单位与借调单位可以约定补偿办法。企业破产的，在破产清算时依法拨付应当由单位支付的工伤保险待遇费用。

8. 职工被派遣出境工作，依据前往国家或者地区的法律应当参加当地工伤保险的，参加当地工伤保险，其国内工伤保险关系中止；不能参加当地工伤保险的，其国内工伤保险关系不中止。

9. 职工再次发生工伤，根据规定应当享受伤残津贴的，按照新认定的伤残等级享受伤残津贴待遇。

［相关资料］

人力资源和社会保障部2015年4月21日发布消息称，2014年全国工伤保险参保人数首次突破2亿人，达到20 639万人；工伤保障范围进一步扩大，全年有198万人享受了工伤保险待遇。同时，工伤保障水平进一步提高，28个省份对伤残津贴、供养亲属抚恤金、生活护理费等待遇进行了调整；工伤保险基金抗风险能力进一步增强，市级统筹进一步规范，已有10个省份实现了省级统筹。[1]

第五节　失业保险制度

一、失业保险概述

失业保险，是指保障劳动者失业期间的基本生活，促进其再就业的一种社会保险制度。失业保险的物质帮助包括生活救济和再就业服务两个方面。

［相关资料］

按照现代经济学理论，根据失业的具体原因和特点，失业一般分为自愿性失业和非自愿性失业。非自愿性失业是失业的绝对主流。这里的失业仅指非自愿性失业。非自愿性失业一般包括摩擦性失业、结构性失业、周期性失业（需求不足失业、凯恩斯失业）、市场分割性失业（以二元劳动力市场型为代表）等。

失业保险在社会保险中，是实行比较晚的险种，有关失业保险的立法直至20世

---

〔1〕 "全国工伤保险参保人数突破2亿人"，载http://news.xinhuanet.com/fortune/2015 – 04/21/c – 1115043886.htm.

纪初才出现。1905 年法国率先颁布《失业保险法》，建立了非强制性失业保险制度。1911 年英国颁布了《国民保险法》，对失业保险作出了明确的规定，在全国范围强制施行。这也是真正意义上的失业保险法律制度的开始。失业保险发展到今天，已为世界各国普遍实行。

我国的失业保险制度建立较晚，50 年代建立的劳动保险制度中并不包括失业保险。我国真正意义上的失业保险法律制度始建于 20 世纪 80 年代。但当时把失业称之为待业，失业保险也被称为待业保险。1986 年，国务院颁布了《国营企业职工待业保险暂行规定》（已失效），对新时期我国的失（待）业保险制度提出了基本政策框架，第一次将我国的社会保险险种扩充到失（待）业保险。1993 年国务院制定了《国有企业职工待业保险规定》（已失效），但其只覆盖国有企业。1995 年实施的《劳动法》把失业保险的范围扩大到我国境内的所有企业。该《劳动法》第一次用"失业"代替了以往的"待业"，从而使我国的社会保险制度内容日趋完善。1999 年，国务院颁布了《失业保险条例》，将这一保险制度的覆盖范围扩大到所有企业、事业单位。此后，2000 年 10 月劳动和社会保障部颁布了《失业保险金申领发放办法》，2002 年 4 月颁布了《关于建立失业保险个人缴费记录的通知》，2006 年 1 月 11 日发布了《劳动和社会保障部、财政部关于适当扩大失业保险基金支出范围试点有关问题的通知》，2010 年《社会保险法》第五章专门规定了失业保险，2015 年 2 月 25 日国务院确定失业险费率降至 2%，进一步完善了我国的失业保险制度。

二、失业保险的适用范围

按照《失业保险条例》第 2 条第 1 款、第 2 款的规定："城镇企业事业单位、城镇企业事业单位职工依照本条例的规定，缴纳失业保险费。城镇企业事业单位失业人员依照本条例的规定，享受失业保险待遇。"

[相关资料]

目前统一的失业保险制度已扩大到社会团体专职人员、民办非企业单位的职工和城镇个体工商户的雇工。但对国家机关的失业保险制度尚无具体的法律规定。例如，《公务员法》仅规定"国家建立公务员保险制度，保障公务员在退休、患病、工伤、生育、失业等情况下获得帮助和补偿"和"被辞退的公务员，可以领取辞退费或者根据国家有关规定享受失业保险"。

三、失业保险基金

（一）基金来源

综合各国的情况来看，其资金来源主要有四种渠道：①财政补贴。②由用人单位和劳动者缴纳的失业保险费。③积累资金的运营收益。④依法纳入失业保障基金的其他资金。例如，按规定加收的滞纳金。我国失业保险基金由下列各项构成：城镇企业事业单位、城镇企业事业单位职工缴纳的失业保险费；失业保险基金的利息；财政补贴；依法纳入失业保险基金的其他资金。城镇企业事业单位按照本单位工资总额的 2% 缴纳失业保险费，职工个人按照本人工资的 1% 缴纳失业保险费。省、自治区、直辖市人民政府根据本行政区域失业人员数量和失业保险基金数额，报经国务院批准，可以适当调整本行政区域失业保险费的费率。

[相关资料]

昨日，国务院总理李克强主持召开国务院常务会议，确定将失业保险费率由现行条例规定的 3% 统一降至 2%，单位和个人缴费具体比例由各地在充分考虑提高失业保险待遇、促进失业人员再就业、落实失业保险稳岗补贴政策等因素的基础上确定。初步测算，仅这一降低一个百分点的减费措施，意味着每年企业和员工可以少掏 400 多亿元。这一招的利好功效，简直"比减税还厉害"。[1]

（二）基金统筹

《失业保险条例》第 7 条规定："失业保险基金在直辖市和设区的市实行全市统筹；其他地区的统筹层次由省、自治区人民政府规定。"

（三）失业保险调剂金

失业保险调剂金以统筹地区依法应当征收的失业保险费为基数，按照省、自治区人民政府规定的比例筹集。统筹地区的失业保险基金不敷使用时，由失业保险调剂金调剂、地方财政补贴。失业保险调剂金的筹集、调剂使用以及地方财政补贴的具体办法，由省、自治区人民政府规定。

四、享受失业保险待遇的条件及停止

（一）享受失业保险待遇的条件

《失业保险条例》第 14 条、《社会保险法》第 45 条规定：失业人员享受失业保险待遇，须同时具备以下条件：①按规定参加失业保险，所在单位和本人按照规定履行缴费义务满 1 年的。如果失业人员及其单位未参加失业保险，或未缴足保险费，或缴费期不满 1 年的，则不能享受。②非因本人意愿中断就业的。自愿失业是失业者本人主动放弃所从事的工作而成为失业者，因此失业的责任完全在失业者本人，不应由国家、社会为其承担责任。而对于非自愿失业者，由于其既是资本主义生产方式的必然产物，同时也是以社会化大生产为基础的现代市场经济的必然产物。所以，国家、社会应为其承担责任，其中就包含失业保险。另外，《失业保险条例》还规定，无正当理由，拒不接受当地人民政府指定的部门或机构介绍的工作的，不得再享受失业保险待遇。③已办理失业登记，并有求职要求的。办理失业登记是失业人员享受失业保险待遇的必要条件，只有办理失业登记后，才可申请领取失业救济金。《社会保险法》第 50 条规定："用人单位应当及时为失业人员出具终止或者解除

---

〔1〕"失业保险费率由 3% 降至 2%，专家称不影响福利"，载 http://news. xinhuanet. com/finance/2015 - 02/26/c - 127518498. htm.

劳动关系的证明，并将失业人员的名单自终止或者解除劳动关系之日起 15 日内告知社会保险经办机构。失业人员应当持本单位为其出具的终止或者解除劳动关系的证明，及时到指定的公共就业服务机构办理失业登记。失业人员凭失业登记证明和个人身份证明，到社会保险经办机构办理领取失业保险金的手续。失业保险金领取期限自办理失业登记之日起计算。"职工跨统筹地区就业的，其失业保险关系随本人转移，缴费年限累计计算。

[相关资料]

依据 2011 年 7 月 1 日起施行的《实施〈中华人民共和国社会保险法〉若干规定》第 13 条规定，非因本人意愿中断就业包括下列情形：①依照《劳动合同法》第 44 条第 1 项、第 4 项、第 5 项规定终止劳动合同的；②由用人单位依照《劳动合同法》第 39 条、第 40 条、第 41 条规定解除劳动合同的；③用人单位依照《劳动合同法》第 36 条规定向劳动者提出解除劳动合同并与劳动者协商一致解除劳动合同的；④由用人单位提出解除聘用合同或者被用人单位辞退、除名、开除的；⑤劳动者本人依照《劳动合同法》第 38 条规定解除劳动合同的；⑥法律、法规、规章规定的其他情形。

（二）失业保险待遇的停止

《社会保险法》第 51 条规定："失业人员在领取失业保险金期间有下列情形之一的，停止领取失业保险金，并同时停止享受其他失业保险待遇：①重新就业的；②应征服兵役的；③移居境外的；④享受基本养老保险待遇的；⑤无正当理由，拒不接受当地人民政府指定部门或者机构介绍的适当工作或者提供的培训的。"

[探究]

对比分析《社会保险法》第 51 条、《失业保险条例》第 15 条、《就业服务与就业管理规定》第 66 条之异同。

五、失业保险待遇的给付期限、项目及标准

（一）失业保险待遇的给付期限

《社会保险法》第 46 条规定，失业人员失业前用人单位和本人累计缴费满 1 年不足 5 年的，领取失业保险金的期限最长为 12 个月；累计缴费满 5 年不足 10 年的，领取失业保险金的期限最长为 18 个月；累计缴费 10 年以上的，领取失业保险金的期限最长为 24 个月。重新就业后，再次失业的，缴费时间重新计算，领取失业保险金的期限与前次失业应当领取而尚未领取的失业保险金的期限合并计算，最长不超过 24 个月。

[相关资料]

依据 2011 年 7 月 1 日起施行的《实施〈中华人民共和国社会保险法〉若干规定》第 14 条规定，缴费时间计算依据如下：失业人员领取失业保险金后重新就业的，再次失业时，缴费时间重新计算。失业人员因当期不符合失业保险金领取条件的，原有缴费时间予以保留，重新就业并参保的，缴费时间累计计算。

（二）失业保险待遇项目

1. 以保障基本生活为目的的生活补助的项目。其中包括失业保险金；发生特殊生活困难者的困难补助金；患病者的医疗补助金；死亡者的一次性丧葬补助金和抚恤金等。

2. 以促进再就业为目的的再就业服务项目。《社会保险法》第48条规定："失业人员在领取失业保险金期间，参加职工基本医疗保险，享受基本医疗保险待遇。失业人员应当缴纳的基本医疗保险费从失业保险基金中支付，个人不缴纳基本医疗保险费。"第49条规定："失业人员在领取失业保险金期间死亡的，参照当地对在职职工死亡的规定，向其遗属发给一次性丧葬补助金和抚恤金。所需资金从失业保险基金中支付。个人死亡同时符合领取基本养老保险丧葬补助金、工伤保险丧葬补助金和失业保险丧葬补助金条件的，其遗属只能选择领取其中的一项。"

（三）失业保险待遇标准

《社会保险法》第47条规定，失业保险金的标准，由省、自治区、直辖市人民政府确定，不得低于城市居民最低生活保障标准。

六、失业人员接受职业介绍、职业培训

依据2011年7月1日起施行的《实施〈中华人民共和国社会保险法〉若干规定》第15条规定，失业人员在领取失业保险金期间，应当积极求职，接受职业介绍和职业培训。失业人员接受职业介绍、职业培训的补贴由失业保险基金按照规定支付。

[相关资料]

人力资源和社会保障部今天召开新闻发布会，通报中国社会保险发展年度报告（2014）有关情况。据人社部新闻发言人李忠介绍，2014年，全国失业保险基金收入1380亿元，比上年增加91亿元，增长7.1%；基金总支出615亿元，比上年增加83亿元，增长15.6%。[1]

第六节　生育保险制度

一、生育保险的概念

生育保险，是指国家通过立法强制实施的，在女职工因怀孕、分娩、哺乳而暂时中止劳动时，从国家和社会获得物质帮助的一项社会保险制度。

---

〔1〕"人社部：2014年全国失业保险基金收入1380亿同比增7.1%"，载 http://politics.people.com.cn/n/2015/0630/c1001-27230402.html.

妇女生育是履行繁衍人类的重要天职，妇女在怀孕、分娩、哺乳期间不能从事正常的生产劳动，为保证其正常生活和婴儿的正常成长，国家和社会有责任为其提供物质帮助。我国在 1994 年颁布的《劳动法》中就明确规定为女职工建立生育保险制度。1994 年 12 月，为配合《劳动法》的贯彻实施，劳动部颁布了《企业职工生育保险试行办法》，对生育保险的内容作出了具体的规定。《企业职工生育保险试行办法》规定的适用范围和对象是所有"城镇企业及其职工"。1998 年劳动和社会保障部成立之后，将机关、事业单位的社会保险职能由人事部划转为劳动和社会保障部。近年来，特别是医疗保险改革以来，职工生育保险适用范围逐步扩大。少数城市参照《企业职工生育保险试行办法》，对机关、事业单位也实行了生育费用社会统筹。2011 年 7 月 1 日起施行的《社会保险法》对生育保险的基本内容进行了规范。2012 年 4 月 28 日，《女职工劳动保护特别规定》公布施行，对生育保险作了进一步规定。

二、我国的生育保险待遇

（一）职工个人不缴纳生育保险费

生育保险根据"以支定收，收支基本平衡"的原则筹集资金，由企业按照其工资总额的一定比例向社会保险经办机构缴纳生育保险费，建立生育保险基金。生育保险费的提取比例由当地人民政府根据计划内生育人数、生育津贴、生育医疗费等项费用确定，并可根据费用支出情况适时调整，但最高不得超过工资总额的 1%，一般是在 0.5% ~1% 之间。

（二）待遇项目

用人单位已经缴纳生育保险费的，其职工享受生育保险待遇；职工未就业配偶按照国家规定享受生育医疗费用待遇。所需资金从生育保险基金中支付。生育保险待遇包括生育医疗费用和生育津贴。

1. 生育医疗费用。生育医疗费用包括下列各项：①生育的医疗费用；②计划生育的医疗费用；③法律、法规规定的其他项目费用。

2. 生育津贴。职工有下列情形之一的，可以按照国家规定享受生育津贴：①女职工生育享受产假；②享受计划生育手术休假；③法律、法规规定的其他情形。生育津贴按照职工所在用人单位上年度职工月平均工资计发。

[相关资料]

1. 职工未就业的配偶享受生育医疗费用待遇。也就是说生孩子的医疗费用由生育保险基金支出，但是不能享受生育津贴。

2. 《女职工劳动保护特别规定》第 8 条规定，女职工产假期间的生育津贴，对已经参加生育保险的，按照用人单位上年度职工月平均工资的标准由生育保险基金支付；对未参加生育保险的，按照女职工产假前工资的标准由用人单位支付。女职工生育或者流产的医疗费用，按照生育保险规定的项目和标准，对已经参加生育保险的，由生育保险基金支付；对未参加生育保险的，由用人单位支付。

3. 《广东省企业职工假期待遇死亡抚恤待遇暂行规定》（粤劳薪〔1997〕115号）第6条和《广东省人口与计划生育条例》（2015年12月30日广东省第十二届人民代表大会常务委员会第二十二次会议第四次修订，自2016年1月1日起施行）第31条规定：晚育或领取独生子女证的，在女职工产假期间给予男方看护假10天。和产假一样，在男职工看护假期间，照发工资，不影响福利待遇和全勤评奖。[1]

4. 人社部今日发布了2014年度人力资源和社会保障事业发展统计公报。公报显示，2014年生育保险基金收入446亿元，支出368亿元，分别比上年增长21.1%和30.2%。公报指出，至2014年年末，全国参加生育保险人数为17 039万人，比上年末增加647万人。全年共有613万人次享受了生育保险待遇，比上年增加91万人次。全年生育保险基金收入446亿元，支出368亿元，分别比上年增长21.1%和30.2%。年末生育保险基金累计结存593亿元。[2]

[深入思考]

1. 评述观点："社会保险是一种消除革命的投资"，"一个期待养老金的人是最守本分的，也是最容易被统治的"。

2. 社会保险与其他社会保障形式及商业保险的关系。

3. 如何处理第三人侵权赔偿责任和工伤保险待遇支付的关系。

4. 我国社会保险立法一体化。

5. 我国社会保险立法的最新发展。

---

〔1〕　孟晓蕊："奋斗者：我用时间换金钱?"，载《中国劳动保障报》2010年第11期。

〔2〕　"2014年生育保险基金收入446亿元比上年增21.1%"，载http://www.chinanews.com/gn/2015/06-30/7374445.shtml.

第十章　劳动争议处理制度

■ **本章导读**

　　本章的逻辑主线是：劳动争议是什么？劳动争议处理的法律意义是什么？劳动争议处理制度的构成是什么？本章的重点是对劳动争议的受案范围、个别劳动争议处理仲裁程序的理解和运用，难点是对劳动争议处理机制与劳动保障监察的关系、权利争议与利益争议的区别、"仲裁前置"的争论、集体合同争议处理制度极其缺乏的深刻理解。

　　劳动争议是指劳动者与用人单位之间所生之争议及用人单位或用人单位团体与工会之间围绕权利、义务以及相关利益所生的争议。劳动争议处理制度是劳动基准制度、劳动合同和集体合同制度等劳动法律制度的延伸，是劳动法律体系中劳动关系主体尤其是劳动者权利保障的最后防线，对调整劳动关系所起的主要作用是"安全阀"和"减压器"。这部分内容体现在本章节中。

　　依据我国现行法律法规，劳动争议处理制度主要包括个别劳动争议和集体合同争议处理制度两种类型。其中，个别劳动争议处理程序包括协商程序、调解程序、仲裁程序、诉讼程序。集体合同争议处理程序包括因履行集体合同发生的争议处理程序和因签订集体合同发生的争议处理程序。劳动争议处理机构包括劳动争议调解组织、劳动争议仲裁委员会、人民法院、劳动行政主管部门。规范的市场经济的劳动关系，一般都是以集体劳动关系的运作和调整为重点，但我国劳动争议处理制度是以个别劳动争议处理制度为重点，这与市场经济劳动关系的发展特点不相适应，亟须改进。这部分内容主要体现在第三节至第五节中。

第一节　劳动争议处理概述

一、劳动争议的概念

　　劳动争议，亦称劳动纠纷、劳资争议或劳资纠纷，劳动争议有广义和狭义之分。"劳动争议，广义的谓以劳动关系为中心所发生的一切争议。于此意义，因劳动契约关系，雇用人与受雇人间所生之争议，或关于劳动者之保护或保险，雇用人与国家间所起之纷争，雇用人团体及受雇人团体本身之内部关系所生之纠纷，以及雇用人或雇用人团体与受雇人团体间因团体的交涉所生之纠纷，皆为劳动争议。然本章所称劳动争议，乃指狭义之劳动争议而言。即仅以各个之雇用人与受雇人间所生之争议及雇用人或雇用人团体与受雇人团体间所生之争议为限。如因争议之当事人而为区别，前者可称为个人争议，后者称为团体争议。"[1]黄越钦教授认为："'劳资争议'四个字乃一法律上具有特定意义之专有名词，并不是一切冲突、械斗、纠纷均可称之为争议行为。"因为："依据'宪法'生存权之理念，劳工得行使团结权，以进行团体交涉，进而行使争议权，以达成其改善劳动条件之目的。为达此目的，劳工之争议权最后将落实在与雇方签订团体协约，故争议权行使之目的在缔结团体协约（凡不是以缔结或修订团体协约之行为，均不是劳资争议，笔者注）。"所以，"可惜不论在立法上或在实务上甚至在学术上均有庸俗化的倾向，不但不能正确体认此一专有名词之法律上的意义，甚至任意加以切割或以其他名词加以混淆"[2]。在我国劳动法学界具有代表性的王全兴教授的观点是：劳动关系有单个劳动关系与团体（集体）劳动关系之区分，与单个劳动关系对应的劳动争议为狭义劳动争议，即劳动者与用人单位之间关于劳动权利义务的争议。与团体（集体）劳动关系和单个劳动关系对应的劳动争议为广义劳动争议，其中包括狭义劳动争议和团体（集体）劳动争议。[3]

[探究]

黄越钦教授的观点有一定独到之处，至少反映出集体合同争议的重要性。

本书认为，劳动争议是指劳动者与用人单位之间所生之争议及用人单位或用人单位团体与工会之间围绕权利、义务以及相关利益所生的争议。其与史尚宽先生的狭义劳动争议、王全兴教授的广义劳动争议是一致的。因为王全兴教授的广义劳动争议实际上就是史尚宽先生的狭义劳动争议。这一含义包含以下几点内容：①劳动争议的主体是特定的，即一方是劳动者及工会，另一方是用人单位及用人单位团体。也可以说，劳动争议的主体就是个别劳动关系和集体劳动关系的主体。②劳动争议的内容具有广泛性。劳动权利和义务本身就具有广泛性，既有法定权利，也有约定权利，既有财产性质权利，也有人身性质权利，包括就业、工时、工资、劳动安全与保护、劳动保险与福利、职业培训、民主管理、奖励惩罚等若干方面。同时，在集体合同争议中还会围绕相关利益生争议。③劳动争议围绕经济利益性展开。劳动争议是劳动领域中的经济利益的冲突。例如，劳动关系解除争议，从其实质讲，都是为了一定的利益而产生的争议。一方面，从法律形式上讲，劳动关系解除，劳动者就失去劳动的权利；另一方面，从实质上讲，劳动关系解除，意味着劳动者经济来源的丧失，生活失去保障。④劳动争议具有较强的社会性。由于劳动争议以劳动关系为基础，而劳动关系又具有极强的社会性特征，当事人之间特别是劳动者的权

---

〔1〕　史尚宽：《劳动法原论》，正大印书馆1978年版，第241页。
〔2〕　参见黄越钦：《劳动法新论》，中国政法大学出版社2003年版，第318页。
〔3〕　参见王全兴：《劳动法》，法律出版社1997版，第473页。

利或利益不能实现或不能完全实现，则会对其他劳动者甚至社会产生广泛的影响。因此，劳动争议处理的程序会对劳资关系的稳定产生重要作用。

我国现行劳动争议的立法并未给劳动争议下定义，主要是在狭义的范围内，并且主要只是针对企业范围内的劳动者个人与雇主之间的争议规范，而对于以工会为代表的劳动者集体与雇主或雇主组织之间发生的集体争议涉及甚少，其所界定的劳动争议处理受案范围显得较窄，不能很好地适应市场经济劳动争议发展的需要。

二、劳动争议的现象和本质

现象和本质是揭示客观事物的外部表现和内部联系的相互关系的一对范畴。二者互相联系、互相依赖，是对立地统一。劳动争议的现象呈现出多重个别性和不完整性。从世界范围看，这种个别性主要表现在：①从争议主体看，既有个别争议，也有团体争议；②从争议属性看，既有法律上的争议，也有事实上的争议；③从争议范围界定看，既可以指以劳动关系为中心的一切劳动纠纷，即产业关系纠纷，也可以指以劳动关系为中心的双方主体间的权利义务纠纷。这些争议现象本身呈现出的丰富性，从一个侧面对劳动争议程序法提出了要求。总结劳动争议现象的个别性，可抽象出的共性是：权利或利益的要求是彰显的，形式上表现为争执和冲突。近年来，随着我国经济社会的发展，经济结构和就业方式的变化，劳动争议处理面临许多新情况、新问题，我国的劳动争议呈现出与社会变革相适应的时代特征，形成了劳动争议内部多样化和外部扩张化的倾向。以上劳动争议所呈现出的个别性特点，一方面说明了劳动权利义务配置的复杂性，不同的争执涉及各个不同层次、不同属性的权利请求权；另一方面也使得解决劳动争议的各种程序法更应具有操作性，更应符合程序正义。

[相关资料]

2014 年，各地劳动人事争议调解组织和仲裁机构共处理争议 155.9 万件，同比上升 4.1%。办结案件 136.2 万件。仲裁结案率为 95.2%，同比下降了 0.4 个百分点。仲裁机构期末未结案件数达到 3.6 万件，同比上升 15.2%。[1]

[探究]

4 月 27 日上午，北京市高级人民法院召开新闻发布会，向社会通报近三年来全市法院劳动争议案件审判情况。北京高院副院长王明达透露，近年来北京法院劳动争议案件诉讼标的额总体呈上升趋势，且大标的额案件上升明显，结案标的额 100 万元以上的，在 2013 年达到了 37 件。[2]

然而，冲突只是社会主体利益不协调的外部表现。虽然冲突表示"有明显抵触

---

〔1〕 "2014 年度人力资源和社会保障事业发展统计公报"，载 http://politics. people. com. cn/n/2015/0528/c1001 -27071609. html.

〔2〕 "劳动争议案件数量增多难度加大"，载《人民政协报》2015 年 4 月 28 日。

的社会力量之间的争夺、竞争、争执和紧张状态"[1]，但西方的冲突理论也认为，冲突具有社会整合功能，即"冲突"被一些社会学家赋予了一种促进社会变迁的"正功能"。乍看起来，法律本身似乎只倾向于对冲突的"负功能"的评判，权利的救济就是对侵权行为的否定。实际上，权利救济本身的目的正在于通过对冲突现象的价值评判，抑制冲突的负面效应，减少冲突的发生或防止冲突的恶化，从而引导社会变革。因此，以法律解决或限制冲突的基础在于确认权利，而以法律解决或限制冲突的前提则在于权利本质属性。对劳动争议性质的分析，必须建立在对劳动关系本质的分析基础之上。

　　劳动关系是在实现劳动过程中劳动者与用人单位所结成的一种社会经济关系。生产的若干要素中，劳动力与资本要素的结合最富于创造性。这种社会经济关系实际上就是生产劳动过程中资本与劳动力结合的表现形式。"它通过人与人的关系解决人与物的关系，即解决劳动者与生产资料相结合的问题。"[2]劳动关系的本质体现的是一种经济利益关系和交换关系。在劳动的结合方式中，法律承认和确立了两大产权主体：一为独立的劳动力人格——劳动者；一为资本的产权代表——用人单位。这种并行不悖的抽象人格以他（它）们的利益不同而结合于一起。这种结合方式一产生，就决定着是一个矛盾体：追求生存机会与追求利润的不同价值取向。劳动力产权的法律化，表明了劳动力的个人所有权、使用权、支配权、收益权的有机统一和完整性；资本产权代表——用人单位（不论其内部经营机制如何构建）在法律上的人格化，使其能成为劳动力资源的配置者。两种人格在法律上的独立，体现着平等、自由的权利理念；两种人格存在的目的以及赖以存在的方式，又体现着生存与发展的不同价值追求。劳动关系矛盾体要求法律对其的调整，既要实现人格的自由和平等，又要反映人的生存与发展，是二者和谐的统一。

　　然而，法律的工具性具有其局限性的一面。法律上的救济永远是在统治者所认可和设计的程序之内。"权利永远不能超出社会的经济的结构以及由经济结构所制约的社会文化发展。"[3]一旦劳动关系内部结构发生裂变，并涉及整个社会，对权利的救济将超出法律的范畴。马克思的阶级分析方法及其马克思主义的社会实践表明，劳动关系在资本主义社会呈现出一种利益冲突型的形态，[4]"资本主义制度下的劳动争议是资本主义制度的必然产物，是由资本主义经济基础决定的，是资本家和工人这两种根本不同利益群体的矛盾冲突在劳动关系问题上的反映，具有敌对性、尖锐性和不可调和性的特征"[5]。19世纪末期，西方各国劳动争议法的立法强化，以及

---

〔1〕　[美]乔纳森·H.特纳：《社会学理论的结构》，浙江人民出版社1987年版，第211页。

〔2〕　杨河清主编：《劳动经济学》，中国人民大学出版社2002年版，第374页。

〔3〕　[德]马克思、恩格斯：《马克思恩格斯全集》（第19卷），人民出版社1972年版，第22页。

〔4〕　杨河清主编：《劳动经济学》，中国人民大学出版社2002年版，第377页。

〔5〕　中华全国总工会法律部编：《劳动争议及其处理程序概论》，中国国际广播出版社1992年版，第18页。

国家的普通干预思想进行社会改良，实质上都是在调和劳资矛盾，但是资本主义所固有的矛盾，使其根本无法通过司法救济缓和劳资矛盾。因此，西方国家不得不另辟蹊径，设计多种救济途径，确立"三方机制"，实行劳资各方自治，收到了一定的社会效果。

从历史分析方法着手，劳动关系不同于一般的民事财产关系和人身关系，具有极强的社会关联性。各方的利益既相互独立，又相互依赖。从劳动关系的历史发展线索考量，在不自由劳动时代[1]，劳动关系是极其个别化的公法上的关系，对奴隶社会的影响微乎其微，缺少独立人格的债奴（Schuldknecht）不可能成为利益的代表。在租赁劳动时代，虽确立了自由劳动者身份，但劳动力与人格权并未划分，劳动者实际上在法律上被确认为对自己人格的租赁。而且，社会对劳动者采鄙夷态度。诚如哲学家亚里士多德所言："为所得而劳动，对自由人而言乃甚不名誉之事。"[2]雇佣劳动时代是劳动关系的革命时代，自由主义者将劳动关系全面债权化，实现了劳动关系"从身份到契约"的转变。利益的差别性和人格的独立性，使劳动关系的矛盾性也日益凸显。但是，抽象的平等性却掩盖了这种关系事实上的不平等，并在人权平等的幌子下，忽略了劳动关系冲突的积聚过程。而且，伴随着工业的膨胀，劳动关系社会化加剧，自发和自觉的双重力量使劳动者群体力量逐步产生。进入20世纪后，随着社会权利理念的确立，工会法及其团结权等制度赋予劳动关系更丰富的内容。注重对劳动关系的人身属性和财产属性进行有机调整的劳动法也成为独立的法律部门而被立法者所重视。以历史的视角考察劳动关系，我们可以看出社会制度与其联系是如此紧密，而法律思想和法律理念的转变：公法——私法——社会法的运行和融合轨迹，也从一个侧面表明了劳动关系的本质及其在社会关系中的地位。

总之，劳动关系内部结构的不同利益取向必然表现为外向性权利冲突，这也决定了劳资争议是劳动关系运行的必然结果。在劳动法独立于民法的同时，劳动争议发生的范围、对社会的影响程度以及对固有秩序的冲击足以促使立法者制定专门法律予以调整。因此，调整劳动争议的法律逐渐从传统民事程序法律中分离出来，劳动争议也作为独立的概念而存在了。

[探究]

为什么劳动争议处理从内容、形式到程序的设计，都具有其独特性，与一般民事争议处理有所差别？

三、劳动争议的分类

劳动争议按照不同标准，具有不同分类。如按争议发生在不同所有制性质的用人单位与劳动者之间，可分为国有企业、外资企业、私营企业等劳动争议。按争议

---

[1]　黄越钦：《劳动法新论》，中国政法大学出版社2003年版，第3页。
[2]　黄越钦：《劳动法新论》，中国政法大学出版社2003年版，第4页。

内容的不同而分类，可分为劳动合同争议、工作时间争议、工资争议等。但最具理论与实践意义的分类是以下两种分类。

（一）劳动争议按照争议标的不同，可以分为权利争议与利益争议两种

1. 权利争议。权利争议是指劳资双方依据法律、集体合同、劳动合同的规定，当事人主张权利存在与否或有无受到侵害或有无履行债务等发生的争议。[1]例如，雇主未依约发给工资，不给付资遣费等。简而言之，"即债务不履行或违约等之'履约'问题"。就权利争议而言，"在法理上属于违约或债务不履行的问题。因为债务不履行，在性质上属契约严守原则之贯彻。故其强制只有法院能有此职权"[2]。权利争议"涉及对已有的集体协议或雇佣合同的应用和解释问题"[3]。一般指履行劳动合同中的争议，集体合同中涉及具体权利的争议也应纳入。由于这类争议是针对已确定的权利发生的，又具有法律上的可衡量性和可诉性，又称"法律上的争议"或"实现既定权利的争议"。

2. 利益争议。利益争议一般指因为确定或变更劳动条件而发生的争议。这类争议中，双方所主张的权利义务在事先并未确定，其争议目的是为将这种期待中的权利上升为合同上的权利。例如工资、奖金、津贴增加、工时减少等争议。简而言之，"即是'缔约'或'换约'问题"。就利益争议而言，"在法理上属于'缔约'之问题。明了此点即可知既然为缔约问题，基于'缔约自由'之原则，必须由缔约双方当事人自主进行，法院并没有干预之立场"[4]。"利益争议，它涉及雇员的要求或行政管理关于雇佣条款和雇佣条件的提议。"[5]这类争议以订立和变更合同为主要引起方式。由于利益争议并不具有法律上的可衡量性和可诉性，也称为"事实上的争议"或"确定权利的争议"。

[探究]

这一分类对于把握劳动争议的特点进而准确处理劳动争议，具有重要的理论与实践意义。由于我国的劳动争议处理理论的薄弱和制度的不健全，这一分类并未被重视。近年来，适应市场经济劳动争议发展的需要，这一分类被越来越多的理论和劳动实务工作者所关注。

（二）按照争议主体的不同，可将劳动争议划分为个别劳动争议、集体劳动争议和集体合同争议

1. 个别劳动争议。个别劳动争议"是因劳动契约关系所生之各个雇用人与受雇

---

〔1〕　常凯：《劳权论——当代中国劳动关系的法律调整研究》，中国劳动社会保障出版社2004年版，第370页。

〔2〕　黄越钦：《劳动法新论》，中国政法大学出版社2003年版，第319页。

〔3〕　《英国劳资关系法实施规则》（1972年），第126条。

〔4〕　黄越钦：《劳动法新论》，中国政法大学出版社2003年版，第319～320页。

〔5〕　《英国劳资关系法实施规则》（1972年），第126条。

人间之争议及关于权利发生效力及消灭之问题"[1]。这种争议发生于劳动者个人与雇主之间，争议的内容一般是劳动合同所约定的劳动权利和义务。这种争议涉及的是具体的劳动者直接的和切身的权益。其争议主体是个别劳动关系中的劳动者和雇主。

2. 集体劳动争议。集体劳动争议一般为多个劳动者（10 人以上）基于同样的请求与用人单位之间的争议，也可称为多数人争议。2007 年 12 月 29 日，第十届全国人民代表大会常务委员会第三十一次会议通过的《中华人民共和国劳动争议调解仲裁法》第 7 条规定：发生劳动争议的劳动者一方在 10 人以上，并有共同请求的，可以推举代表参加调解、仲裁或者诉讼活动。

[探究]

集体劳动争议由于在形式上与通常的个别争议有所不同，所以，可以作为一种特殊的个别争议，以特别审理的方式予以处理。劳动者人数众多，有共同请求，在民事诉讼程序上是合并之诉，是典型的集团诉讼。

3. 集体合同争议。集体合同争议是指工会与用人单位或其团体之间因为签订、履行集体合同而发生的劳动争议。

集体劳动争议与集体合同争议不同，区别主要表现在：①集体劳动争议是关于劳动合同的争议；集体合同争议是关于集体合同的争议。②集体劳动争议的主体为基于各自独立请求权利的个人。一方是劳动者本人，另一方是用人单位；集体合同争议的一方是工会代表，另一方是用人单位或其团体。③集体合同争议涉及的是劳动者群体即全体职工的整体利益，在利益构成上具有不可分性；而集体劳动争议虽然也具有与用人单位发生劳动争议的共同理由，但其各自的权利构成是独立的，具有可分性。④集体劳动争议只对争议人发生影响，对其他劳动者不具有法律意义；集体合同争议解决的后果对全体劳动者具有影响，对全体劳动者具有法律意义。

[探究]

1. 划分个别劳动争议、集体劳动争议和集体合同争议的意义在于，三者在争议处理中采用不同的程序。个别争议的处理适用一般程序，集体劳动争议和集体合同争议的处理适用特别程序。

2. 需要指出的是，在我国的劳动争议处理的法律规定和实践中，集体停工、怠工也是一种劳动争议的表现形式，这种劳动争议可能是围绕劳动合同，也可能是围绕集体合同发生的争议。

四、劳动争议的受案范围

我国劳动争议的受案范围与劳动法律关系的内容基本一致。目前，我国涉及劳

---

〔1〕 史尚宽：《劳动法原论》，正大印书馆 1978 年版，第 241 页。

动争议受案范围的法律法规主要有以下几个方面：

（一）《劳动争议调解仲裁法》的规定

《劳动争议调解仲裁法》第2条规定，劳动争议处理机构的受案范围包括以下几个方面：①因确认劳动关系发生的争议；②因订立、履行、变更、解除和终止劳动合同发生的争议；③因除名、辞退和辞职、离职发生的争议；④因工作时间、休息休假、社会保险、福利、培训以及劳动保护发生的争议；⑤因劳动报酬、工伤医疗费、经济补偿或者赔偿金等发生的争议；⑥法律、法规规定的其他劳动争议。同时，第52条规定，事业单位实行聘用制的工作人员与本单位发生劳动争议的，依照本法执行；法律、行政法规或者国务院另有规定的，依照其规定。

[探究]

1. 2007年的《劳动合同法》的第2条扩大了劳动争议处理机构的受案范围。既然将这些劳动关系纳入《劳动合同法》调整，就意味着围绕这些劳动合同关系发生的争议应属劳动争议处理机构的受案范围。

2.《劳动合同法》第4条规定了用人单位应当依法建立和完善劳动规章制度，但《劳动争议调解仲裁法》第2条只是规定"因订立、履行、变更、解除和终止劳动合同发生的争议"和"因除名、辞退和辞职、离职发生的争议"。显然，这里主要是规定因劳动规章制度及其解雇惩戒发生的争议可以获得司法和准司法救济，所以，当劳动者遭受用人单位不公平的除解雇以外的惩戒时，劳动者就很难获得司法和准司法救济。

（二）《劳动法》的规定

1995年《劳动法》第84条规定："因签订集体合同发生争议，当事人协商解决不成的，当地人民政府劳动行政部门可以组织有关各方协调处理。因履行集体合同发生争议，当事人协商解决不成的，可以向劳动争议仲裁委员会申请仲裁；对仲裁裁决不服的，可以自收到仲裁裁决书之日起15日内向人民法院提起诉讼。"

（三）《集体合同规定》的规定

2004年的《集体合同规定》第49条规定："集体协商过程中发生争议，双方当事人不能协商解决的，当事人一方或双方可以书面向劳动保障行政部门提出协调处理申请；未提出申请的，劳动保障行政部门认为必要时也可以进行协调处理。"第55条规定："因履行集体合同发生的争议，当事人协商解决不成的，可以依法向劳动争议仲裁委员会申请仲裁。"

（四）《劳动合同法》的规定

《劳动合同法》第56条规定："用人单位违反集体合同，侵犯职工劳动权益的，工会可以依法要求用人单位承担责任；因履行集体合同发生争议，经协商解决不成的，工会可以依法申请仲裁、提起诉讼。"

（五）《就业促进法》的规定

《就业促进法》第62条规定，违反本法规定，实施就业歧视的，劳动者可以向人民法院提起诉讼。

[探究]

　　《中华人民共和国就业促进法》第 3 条和整个第 3 章规定了禁止就业歧视、维护公平就业，并在第 62 条首次以"法律"形式明确规定"违反本法规定，实施就业歧视的，劳动者可以向人民法院提起诉讼"。(《宪法》只是笼统地规定"平等权")但是，《劳动争议调解仲裁法》并未明确劳动争议的概念和范围。《劳动争议调解仲裁法》的劳动争议实际上仅是指个别劳动争议，第 2 条规定"中华人民共和国境内的用人单位与劳动者发生的下列劳动争议，适用本法……"显然，这里强调的是"用人单位与劳动者"应建立劳动关系，而大量发生在招录过程中的就业歧视并未形成劳动关系，实际上就等于未把就业歧视争议纳入劳动争议范畴，导致实践中《就业促进法》第 62 条还不能有效地融入劳动争议解决机制中。

(六) 司法解释规定

1. 2001 年的《最高人民法院关于审理劳动争议案件适用法律若干问题的解释》(法释〔2001〕14 号)第 1 条将法院劳动争议的受案范围界定为：①劳动者与用人单位在履行劳动合同过程中发生的纠纷；②劳动者与用人单位之间没有订立书面劳动合同，但已形成劳动关系后发生的纠纷；③劳动者退休后，与尚未参加社会保险统筹的原用人单位因追索养老金、医疗费、工伤保险待遇和其他社会保险费而发生的纠纷。

2. 2003 年《最高人民法院关于人民法院审理事业单位人事争议案件若干问题的规定》(法释〔2003〕13 号)第 3 条规定，人事争议为事业单位与其工作人员之间因辞职、辞退及履行聘用合同所发生的争议。同时第 1 条又规定这类争议适用《中华人民共和国劳动法》的规定处理。

3. 2006 年的《最高人民法院关于审理劳动争议案件适用法律若干问题的解释(二)》(法释〔2006〕6 号)又增加了人民法院劳动争议的受案范围：①用人单位和劳动者因劳动关系是否已经解除或者终止，以及应否支付解除或终止劳动关系经济补偿金产生的争议；②劳动者与用人单位解除或者终止劳动关系后，请求用人单位返还其收取的劳动合同定金、保证金、抵押金、抵押物产生的争议，或者办理劳动者的人事档案、社会保险关系等移转手续产生的争议；③劳动者因为工伤、职业病，请求用人单位依法承担给予工伤保险待遇的争议。同时规定：①下列纠纷不属于劳动争议受理范围：一是劳动者请求社会保险经办机构发放社会保险金的纠纷；二是劳动者与用人单位因住房制度改革产生的公有住房转让纠纷；三是劳动者对劳动能力鉴定委员会的伤残等级鉴定结论或者对职业病诊断鉴定委员会的职业病诊断鉴定结论的异议纠纷；四是家庭或者个人与家政服务人员之间的纠纷；五是个体工匠与帮工、学徒之间的纠纷；六是农村承包经营户与受雇人之间的纠纷。②劳动者以用人单位的工资欠条为证据直接向人民法院起诉，诉讼请求不涉及劳动关系其他争议的，视为拖欠劳动报酬争议，按照普通民事纠纷受理。③当事人不服劳动争议仲裁委员会作出的预先支付劳动者部分工资或者医疗费用的裁决，向人民法院起诉的，人民法院不予受理。用人单位不履行上述裁决中的给付义务，劳动者依法向人民法院申请强制执行的，人民法院应予受理。④当事人在劳动争议调解委员会主持下达成的具有劳动权利义务内容的调解协议，具有劳动合同的约束力，可以作为人民法院裁判的根据。当事人在劳动争议调解委员会主持下仅就劳动报酬争议达成调解协议，用人单位不履行调解协议确定的给付义务，劳动者直接向人民法院起诉的，人民法院可以按照普通民事纠纷受理。

4. 2010 年《最高人民法院关于审理劳动争议案件适用法律若干问题的解释（三）》（法释〔2010〕12 号）根据我国现行的法律、法规及民事审判实践，再一次扩大了人民法院受理劳动争议的受案范围：①劳动者以用人单位未为其办理社会保险手续，且社会保险经办机构不能补办导致其无法享受社会保险待遇为由，要求用人单位赔偿损失而发生争议的，人民法院应予受理；②因企业自主进行改制引发的争议，人民法院应予受理；③劳动者依据《劳动合同法》第85条规定，向人民法院提起诉讼，要求用人单位支付加付赔偿金的，人民法院应予受理；④企业停薪留职人员、未达到法定退休年龄的内退人员、下岗待岗人员以及企业经营性停产放长假人员，因与新的用人单位发生用工争议，依法向人民法院提起诉讼的，人民法院应当按劳动关系处理。同时规定：下列纠纷不属于劳动争议受理范围：用人单位与其招用的已经依法享受养老保险待遇或领取退休金的人员发生用工争议，向人民法院提起诉讼的，人民法院应当按劳务关系处理。

[探究]

1.《劳动合同法》第44条第2项规定，劳动者开始依法享受基本养老保险待遇的，劳动合同终止。

2.《劳动合同法实施条例》第21条规定："劳动者达到法定退休年龄的，劳动合同终止。"一些地方，例如江苏省高院出台的《关于审理劳动争议案件的指导意见》明确规定，用人单位招用已达到法定退休年龄的人员，双方形成的用工关系按雇佣关系处理。

3. 2007 年 7 月 5 日，最高人民法院行政审判庭在《关于离退休人员与现工作单位之间是否构成劳动关系以及工作时间内受伤是否适用〈工伤保险条例〉问题的答复》（〔2007〕行他字第6号）中指出："根据《工伤保险条例》第2条、第61条等有关规定，离退休人员受聘于现工作单位，现工作单位已经为其缴纳了工伤保险费，其在受聘期间因工作受到事故伤害的，应当适用《工伤保险条例》的有关规定处理。"2010 年 3 月 17 日，最高人民法院行政审判庭又在《关于超过法定退休年龄的进城务工农民因工伤亡的，应否适用〈工伤保险条例〉请示的回复》（〔2010〕行他字第10号）中指出："用人单位聘用的超过法定退休年龄的务工农民，在工作时间内、因工作原因伤亡的，应当适用《工伤保险条例》的有关规定进行工伤认定"。

　　　　如何看待这些规定的不同之处？

　　5. 2013 年 2 月实施的《最高人民法院关于审理劳动争议案件适用法律若干问题的解释（四）》（法释〔2013〕4 号）根据我国现行的法律法规及民事审判实践，再一次扩大了人民法院受理劳动争议的受案范围。第 14 条规定，外国人、无国籍人未依法取得就业证件即与中国境内的用人单位签订劳动合同，以及香港特别行政区、澳门特别行政区和台湾地区居民未依法取得就业证件即与内地用人单位签订劳动合同，当事人请求确认与用人单位存在劳动关系的，人民法院不予支持。持有《外国专家证》并取得《外国专家来华工作许可证》的外国人，与中国境内的用人单位建立用工关系的，可以认定为劳动关系。

　　[相关资料]

　　　　改革开放 30 多年来，我国经济飞速发展，越来越吸引外国人来华就业。与此同时，近年来，外国人非法就业的问题也越来越严重。例如，伴随着结构性"用工荒"的出现，在珠江三角洲地区，一些用人单位为了自身利益，非法雇佣"洋黑工"。"洋黑工"绝非零星现象，相反，在一些地方甚至形成了一定规模的"洋黑工"的"地下"劳动力市场，直接冲击我国劳动者的就业岗位和劳动力市场秩序。[1]

　　从以上关于劳动争议受案范围的规定可以看出，我国现行法律法规扩大了劳动争议的受理范围，更有利于劳动者保护及劳动关系的协调运行。

　　五、劳动争议处理制度：劳动者权利保障的最后防线

　　（一）劳动争议处理制度：劳动程序法

　　在劳动关系调整机制中，劳动基准制度是国家调整劳动关系的基本依据，劳动基准制度是以一种原则的和基准的规定，来指导和规范劳动关系的具体运作。劳动合同是市场经济国家确立和调节"个别劳动关系"的基本法律形式，贯穿于劳动力使用与管理的全过程。集体合同制度是劳动者通过集体力量改变自己在"个别劳动关系"中弱者地位，实现劳动关系双方势力均衡的重要举措，也是缓和劳资矛盾、维护正常的劳动生产秩序进而协调劳动关系的基本制度。劳动关系的形成、运行并不是一帆风顺的，当劳动关系主体围绕权利、义务发生争议时，就形成劳动争议，就需要劳动争议处理机制来化解、矫正、协调。劳动争议处理制度正是劳动基准制度、劳动合同和集体合同制度等劳动法律制度的延伸，是劳动法律体系中劳动关系主体尤其是劳动者权利保障的最后防线。如果说劳动基准制度、劳动合同法、集体合同法是劳动者的权利书，主要属于劳动实体法，那么，劳动争议处理就是劳动者权益的保障书，主要属于劳动程序法。劳动争议处理机制对调整劳动关系所起的主

---

　　〔1〕 "介绍外国人非法就业将受重罚"，载 http://finance. qq. com/a/2012070/1000141. htm，2012 年 7 月 1 日。

要作用是"安全阀"和"减压器"的作用。

（二）劳动争议处理机制层次划分

劳动争议处理机制分为三个层次，第一个层次是以劳动保障监察形式出现的宏观层次，这与劳动基准制度对应；第二个层次是以社会协调形式出现的中观层次，这与集体合同制度对应；第三个层次是以调解、仲裁或民事诉讼程序形式出现的微观层次，这与劳动合同制度对应。此外，还可包括公益诉讼等。[1]在这三个层次中，微观层次具有浓厚的私法特征，调解、仲裁或民事诉讼程序是较为典型的争议处理机制，从形式上看，这些处理程序类似于私法的做法。但是，这些私法的形式都被赋予新的特征以加强对劳动者的倾斜保护。例如，劳动争议及时处理，劳动争议仲裁不收取费用，雇主承担更多的举证责任，设立专门的劳动法院、劳动法庭等。中观层次主要是确保维护劳动者的"劳动三权"：一是维护团结权。团结权，又称结社权，指劳工参加、组织工会的权利。二是维护集体谈判权。集体谈判权，也称集体协商权，指工会代表职工与雇主及其组织谈判的权利。三是维护争讼权，赋予劳动者和雇主怠工、游行、示威、罢工、闭厂等权利。维护争讼权对劳动者而言，也称集体行动权，其重点是处理集体谈判中的争议即集体合同争议。事实上，市场经济国家的劳动争议立法，通常都是以包括权利争议和利益争议在内的集体合同争议为主要内容的。有的国家劳动争议立法，甚至只以签订集体合同中的利益争议或事实争议为限。这种要求是从市场经济劳动关系的发展特点提出的。因为规范的市场经济的劳动关系，一般都应该是以集体劳动关系的运作和调整为重点。而集体的利益争议在市场经济下是最多的，也是对劳动关系和社会关系影响最大的事情。[2]集体合同争议的处理，最终落脚在"调解、斡旋、调停、自愿仲裁、强制仲裁、行政处理、紧急处理"等社会协调形式上。通过良好处理集体合同争议，就能很好地维护劳动者的"劳动三权"，从而实现对劳动者的倾斜保护。就以劳动保障监察形式出现的宏观层次而言，这一处理机制的形成，是基于雇主和劳动者围绕劳动基准法发生的争议。通过劳动保障监察，就可强化劳动基准法的效力，同时，劳动保障监察的对象只是限定在雇主，这就会充分实现对劳动者的倾斜保护。

[探究]

1. 劳动保障监察与劳动争议处理机制的关系。这一问题是理论和实践中的棘手问题，争议较大，且操作不畅。这一问题甚至可以说是劳动保障监察法律制度中最值得研究的问题。[3]

2. 如何看待《劳动保障监察条例》第27条和《社会保险法》第88条规定

〔1〕 可参见董保华等：《社会法原论》，中国政法大学出版社2001年版，第14～16页。

〔2〕 常凯：《劳权论——当代中国劳动关系的法律调整研究》，中国劳动社会保障出版社2004年版，第372、374页。

〔3〕 具体参见刘焱白："从实体到程序：劳动者实体权利的程序救济"，载《社会科学家》2011年7期。

的对劳动者的处罚规定？

第二节　我国劳动争议处理的原则

劳动争议处理的原则，是指在劳动争议处理过程中必须遵循的基本准则。它始终贯穿于劳动争议处理的每一个程序之中，它所体现的是国家劳动立法关于劳动争议处理的指导思想。《劳动争议调解仲裁法》第3条规定：解决劳动争议，应当根据事实，遵循合法、公正、及时、着重调解的原则，依法保护当事人的合法权益。同时，依据劳动争议关系不同于一般民事争议关系的特点，本书认为三方原则也是劳动争议处理的重要原则。据此，我国劳动争议处理的原则主要为：合法原则、公正原则、及时处理原则、调解原则、三方原则。

[探究]

实际上，《劳动争议调解仲裁法》处理劳动争议的原则仅指处理个别劳动争议和集体劳动争议的原则，本书将其扩大至处理集体合同争议。

一、合法原则

合法原则，是指劳动争议处理机构在争议处理过程中要依据劳动实体法律和劳动程序法律制度来解决争议。这里的合法包括四个层次：第一层次是符合劳动法律、法规的强制性规定；第二层次是符合集体合同中的约定性规定；第三层次是符合劳动合同的约定性规定；第四层次是符合依法制定的企业内部规章，但它只对本企业的争议当事人具有效力。

二、公正原则

公正原则，是指劳动争议处理机构在处理劳动争议的过程中应以事实为依据，以法律为准绳，忠于争议的客观事实真相，准确适用法律，秉公执法，正确处理劳动争议。

三、及时处理原则

及时处理原则，是指劳动争议处理机构在处理劳动争议时，在不违反程序性规定的条件下，应当尽快处理劳动争议。这是因为劳动争议不同于一般的民事争议，劳动争议及时处理原则，在一定意义上，不仅维护了当事人的合法权益，也维护了正常的社会秩序，维护了国家的安定团结。

四、调解原则

劳动争议调解原则，是指劳动争议处理机构在处理劳动争议时，根据自愿和合法的原则，以说服劝导的方式，促使双方在互谅互让的基础上达成协议，解决纠纷。调解原则，从根本上讲，是由劳动关系的性质决定的，因此，着重调解既具有程序正义，也具有实质正义。调解原则贯穿于劳动争议解决的各种程序之中。调解在调解程序上的表现自不待言，调解在仲裁程序上表现为：仲裁委员会受理争议案件后应当先进行调解，在调解不成的情况下应尽快进行裁决，而在裁决作出前的任何阶段都可以进行调解。仲裁调解与仲裁裁决具有同等的法律效力。

调解在诉讼程序上表现为：人民法院在不同的审判阶段可以先进行调解，在调解不成的情况下，应尽快作出判决。人民法院主持下达成的调解协议，与判决具有同等的法律效力。着重调解原则并不是强制调解，贯彻调解原则，必须在双方当事人自愿的前提下进行。调解协议的内容还必须符合有关法律、法规的规定，否则即使自愿达成的协议也属无效。在调解中要注意防止久调不决的现象，即能够调解的就调解，不能够调解的应尽快进行裁决。

[相关资料]

日前，上海市闵行区人社局开通劳动争议调解热线，加大对劳动争议案件的先行调解力度。

该热线除了解疑释惑外，还支持三方通话现场调解。拨打热线的劳动纠纷相关一方若能提供另一方的联系方式，接线员会马上连线进行三方通话，当场予以调解。若无法现场连线，接线员会于 2 个工作日内将申请调解接线记录单转交相关街镇的劳动争议调解委员会，并跟踪督办相关案件，确保在 15 个工作日内办结。[1]

五、三方原则

三方原则是指各类劳动争议处理机构的组织原则，即在劳动争议处理机构中，应当由雇主、职工和政府主管部门三方的代表参加处理劳动争议。实行三方原则是由劳动争议关系不同于一般民事争议关系的特点所决定的。各国在各类劳动争议处理机构中普遍推行三方原则。三方机制原则在劳动争议程序法的体现，主要以权利争议与利益争议之划分为基础，并在不同的程序中予以构建。根据我国《劳动争议调解仲裁法》的规定，我国劳动争议仲裁委员会是由劳动行政部门代表、同级工会代表和用人单位代表三方面共同组成的。《集体合同规定》第 50 条规定，劳动保障行政部门应当组织同级工会和企业组织等三方面的人员，共同协调处理集体协商争议。可见，三方合作原则在我国劳动争议处理中有着举足轻重的地位。

第三节　劳动争议处理机构

劳动争议处理机构是指受理劳动争议案件的组织机构。根据《劳动争议调解仲裁法》等的规定，有权处理劳动争议的机构包括劳动争议调解组织、劳动争议仲裁委员会、人民法院、劳动行政主管部门。

---

〔1〕　朱一瑞："上海市闵行区开通劳动争议调解热线"，载《中国劳动保障报》2015 年 9 月 1 日。

一、劳动争议调解组织

调解组织包括：①企业劳动争议调解委员会；②依法设立的基层人民调解组织；③在乡镇、街道设立的具有劳动争议调解职能的组织。

企业劳动争议调解委员会由职工代表和企业代表组成。职工代表由工会成员担任或者由全体职工推举产生，企业代表由企业负责人指定。企业劳动争议调解委员会主任由工会成员或者双方推举的人员担任。

劳动争议调解组织的调解员应当由公道正派、联系群众、热心调解工作，并具有一定法律知识、政策水平和文化水平的成年公民担任。

[相关资料]

2010年8月28日，第十一届全国人民代表大会常务委员会第十六次会议通过《中华人民共和国人民调解法》，自2011年1月1日起施行。

二、劳动争议仲裁委员会

劳动争议仲裁委员会是依照法律规定设立的、相对独立的处理劳动争议的专门机构。

（一）仲裁委员会的设立

根据《劳动争议调解仲裁法》的规定，劳动争议仲裁委员会按照统筹规划、合理布局和适应实际需要的原则设立。省、自治区人民政府可以决定在市、县设立；直辖市人民政府可以决定在区、县设立。直辖市、设区的市也可以设立一个或者若干个劳动争议仲裁委员会。劳动争议仲裁委员会不按行政区划层层设立。

（二）仲裁委员会的组成

劳动争议仲裁委员会由劳动行政部门代表、工会代表和企业方面代表组成。劳动争议仲裁委员会组成人员应当是单数。

（三）仲裁委员会的职责

①聘任、解聘专职或者兼职仲裁员；②受理劳动争议案件；③讨论重大或者疑难的劳动争议案件；④对仲裁活动进行监督。

劳动争议仲裁委员会下设办事机构，负责办理劳动争议仲裁委员会的日常工作。

[相关资料]

1. 人力资源和社会保障部、中央机构编制委员会办公室、财政部《关于加强劳动人事争议处理效能建设的意见》（人社部发〔2012〕13号）指出：仲裁机构实体化建设是指做实劳动人事争议仲裁委员会办事机构，该机构具体承担争议调解仲裁等日常工作。实体化的劳动人事争议仲裁委员会办事机构可称"劳动人事争议仲裁院"或其他名称，具体由地方人民政府确定。

2. 为了公正、及时地处理劳动人事争议，规范调解仲裁行为，我省日前出台《陕西省劳动人事争议调解仲裁办法》以下简称《办法》，将劳动、人事争议两个仲裁委员会整合为一个劳动人事争议仲裁委员会，进一步健全了劳动争议调解机制。该《办法》将于 2015 年 9 月 1 日起正式施行。[1]

（四）劳动争议仲裁员

劳动争议仲裁委员会应当设仲裁员名册。仲裁员应当公道正派并符合下列条件之一：①曾任审判员的；②从事法律研究、教学工作并具有中级以上职称的；③具有法律知识、从事人力资源管理或者工会等专业工作满 5 年的；④律师执业满 3 年的。

[探究]

《劳动争议调解仲裁法》和《劳动人事争议仲裁组织规则》没有对仲裁员名册强制性、指定方式等仲裁员名册制度作操作性规定，也没有提及否定性仲裁员资格的问题与仲裁员职级制度（设立职业序列）问题。

三、人民法院

劳动争议处理中的诉讼程序不是必经程序，只有劳动争议当事人对劳动争议仲裁委员会作出的裁决不服的，在裁决作出 15 日内向人民法院提起诉讼，该程序才可能启动。人民法院是劳动争议处理的最终司法机构。目前在我国法院机构设置中并没有专门的劳动法庭，劳动争议案件由法院的民事审判庭负责审理，与一般民事案件的审理程序完全相同，实行两审终审制。

四、劳动行政主管部门

首先，从《劳动法》的规定来看，《劳动法》第 84 条第 1 款规定："因签订集体合同发生争议，当事人协商解决不成的，当地人民政府劳动行政部门可以组织有关各方协调处理"。其次，仲裁委员会接受同级人民政府的领导并对其负责。最后，劳动行政部门行使劳动监察职权。所以，劳动行政主管部门事实上已经成为我国现行制度下重要的劳动争议处理机构。

第四节 劳动争议处理程序

根据《劳动争议调解仲裁法》第 4～5 条的规定，发生劳动争议，劳动者可以与用人单位协商，也可以请工会或者第三方共同与用人单位协商，达成和解协议。发生劳动争议，当事人不愿协商、协商不成或者达成和解协议后不履行的，可以向调解组织申请调解；不愿调解、调解不成或者达成调解协议后不履行的，可以向劳动争议仲裁委员会申请仲裁；对仲裁裁决不服的，除本法另有规定的外，可以向人民法院提起诉讼。

---

〔1〕 蒋黛："县以上政府设劳动人事争议仲裁委"，载《西安日报》2015 年 8 月 29 日。

[探究]

1. "仲裁前置"制的争论。一直以来，对我国现行的劳动争议处理程序法律制度进行检讨与反思，成为理论界和实务界探讨的热点。其中，"仲裁前置"制是引起争议最多的焦点所在。即使在《劳动争议调解仲裁法》出台8年之后的今天，其热度依然不减，不管出于理论上的争论还是出于对劳动行政部门机构变动的考虑，《劳动争议调解仲裁法》保留了"仲裁前置"制度，但实践证明这一制度是弊大于利。"前置"成了"牵制""钳制"。2015年3月14日，全国人大十二届三次会议期间，河南省宝丰县闹店人民法庭庭长朱正栩（本届人代会法院系统唯一来自基层法院的代表）在2015年两会大法官访谈节目中表述了她在本届人代会提出的应取消劳动争议纠纷处理中仲裁前置制度的建议，这一建议是根据她处理劳动争议案件的经验和在调研的基础上提出的。[1]另外，施杰委员、邹先荣委员、郭稳才委员均提出了基本类似的建议建议：不管是出于"以人为本"、劳动者自由或者是节约司法资源，都应让劳动者来选择劳动仲裁还是通过诉讼解决劳动纠纷。[2]

2. 《劳动争议调解仲裁法》中的劳动争议针对的是个别劳动争议与集体劳动争议。本节遵循《劳动争议调解仲裁法》的规章体例，针对个别劳动争议和集体劳动争议的处理程序进行阐述，集体合同争议将在第五节专节论述。

一、协商程序

发生劳动争议，劳动者可以与用人单位协商，也可以请工会或者第三方共同与用人单位协商，达成和解协议。协商程序的前提是双方自愿，如果一方不愿意协商，或协商失败，可以选择其他程序。协商不是劳动争议处理的必经程序。

[探究]

一直以来，协商协议无约束力。《最高人民法院关于审理劳动争议案件适用法律若干问题的解释（三）》（法释〔2010〕12号）第10条规定：劳动者与用人单位就解除或者终止劳动合同办理相关手续、支付工资报酬、加班费、经济补偿或者赔偿金等达成的协议，不违反法律、行政法规的强制性规定，且不存在欺诈、胁迫或者乘人之危情形的，应当认定有效。前款协议存在重大误解或者显失公平情形，当事人请求撤销的，人民法院应予支持。这就部分解决了协商协议无约束力的问题。但是，总的来说，协商程序规定的不完备，《劳动争议调解仲裁法》对协商程序只有区区1条规定，导致协商处于无序、随意状态，因此，协商程序作用很难发挥。

〔1〕"劳动争议纠纷处理仲裁前置制度应取消"，载 http://www.chinacourt.org/article/detail/2015/03/id/1567283.shtml.

〔2〕"上了全国两会的十大职工利益话题⑨：劳动仲裁难题"，载 http://acftu.workercn.cn/41/201503/17/150317084452851.shtml.

二、调解程序

这里的调解专指调解组织的调解，它不涉及劳动争议仲裁程序和诉讼程序中的调解。调解不是劳动争议处理的必经程序。

调解委员会调解劳动争议，一般应按照下列工作程序：

（一）当事人申请

当事人申请劳动争议调解可以书面申请，也可以口头申请。口头申请的，调解组织应当当场记录申请人基本情况、申请调解的争议事项、理由和时间。发生劳动争议的劳动者一方在 10 人以上，并有共同请求的，可以推举代表参加调解活动。

［探究］

　　明确了调解可以口头申请。

（二）调解

调解劳动争议，应当充分听取双方当事人对事实和理由的陈述，耐心疏导，帮助其达成协议。

（三）调解协议

经调解达成协议的，应当制作调解协议书。调解协议书由双方当事人签名或者盖章，经调解员签名并加盖调解组织印章后生效，对双方当事人具有约束力，当事人应当履行。

［探究］

　　1. 调解协议书是双方当事人经过协商，自愿处分其实体权利和诉讼权利的一种文书形式。调解书是人民法院确认双方当事人调解协议的法律文书。

　　2.《最高人民法院关于审理劳动争议案件适用法律若干问题的解释（四）》（法释〔2013〕4 号）第 4 条规定：当事人在人民调解委员会主持下仅就给付义务达成的调解协议，双方认为有必要的，可以共同向人民调解委员会所在地的基层人民法院申请司法确认。

［相关资料］

　　2002 年之前，人民调解协议通常被视为一般民间协议。2002 年，最高人民法院出台《关于审理涉及人民调解协议的民事案件的若干规定》，明确了人民调解协议的民事合同性质。最高人民法院于 2009 年 7 月出台了《关于建立健全诉讼与非诉讼相衔接的矛盾纠纷解决机制的若干意见》，明确提出了司法确认程序，规定双方当事人在人民调解组织的主持下经调解达成的具有民事合同性质的协议，经人民调解组织和调解员签字盖章后，当事人可以向有管辖权的人民法院申请司法确认。这样，调解协议经司法确认后便具有了申请强制执行的效力，解决了调解协议不具有法律上执行力的问题。2011 年 1 月 1 日起施行的《中华人民共和国人民调解法》和 3 月 30 日起施行的最高人民法院《关于人民调解协议司法确认程序的若干规定》明确规定：人民法院经审查认为调解协议符合确认条件的，应当作出确认决定书；决定不予确认调解协议效力的，应当作出不予确认决定书。人民法院依法作出确认决定后，一方当事人拒绝履行或者未全部履行的，对方当事人可以向作出确认决定的人民法院申请强制执行。

自劳动争议调解组织收到调解申请之日起 15 日内未达成调解协议的，当事人可以依法申请仲裁。

[探究]

既然调解自愿，那么当事人随时可以申请仲裁，也不必等 15 天，立法本意绝不是收到调解申请之日起 15 日之后才可以申请仲裁。

达成调解协议后，一方当事人在协议约定期限内不履行调解协议的，另一方当事人可以依法申请仲裁。

因支付拖欠劳动报酬、工伤医疗费、经济补偿或者赔偿金事项达成调解协议，用人单位在协议约定期限内不履行的，劳动者可以持调解协议书依法向人民法院申请支付令。人民法院应当依法发出支付令。

[探究]

1. 劳动法上的支付令共有 2 条规定。即《劳动合同法》第 30 条第 2 款规定：用人单位拖欠或者未足额支付劳动报酬的，劳动者可以依法向当地人民法院申请支付令，人民法院应当依法发出支付令。《劳动争议调解仲裁法》第 16 条规定：因支付拖欠劳动报酬、工伤医疗费、经济补偿或者赔偿金事项达成调解协议，用人单位在协议约定期限内不履行的，劳动者可以持调解协议书依法向人民法院申请支付令。人民法院应当依法发出支付令。

2. 《最高人民法院关于审理劳动争议案件适用法律若干问题的解释（三）》（法释〔2010〕12 号）第 17 条第 2 款规定：依据劳动合同法第 30 条第 2 款规定申请支付令被人民法院裁定终结督促程序后，劳动者就劳动争议事项直接向人民法院起诉的，人民法院应当告知其先向劳动人事争议仲裁委员会申请仲裁。此时需要经过仲裁程序。

3. 《最高人民法院关于审理劳动争议案件适用法律若干问题的解释（三）》（法释〔2010〕12 号）第 17 条第 3 款规定：依据调解仲裁法第 16 条规定申请支付令被人民法院裁定终结督促程序后，劳动者依据调解协议直接向人民法院提起诉讼的，人民法院应予受理。此时不用经过仲裁程序。

三、仲裁程序

除《劳动争议调解仲裁法》另有规定外，仲裁是法定的必经程序，劳动争议案件必须经过仲裁委员会仲裁，否则，人民法院将不予受理。也就是说，我国处理劳动争议采取"仲裁前置"的原则。

劳动争议双方任何一方当事人不愿调解、调解不成或者达成调解协议后不履行的，可以向劳动争议仲裁委员会申请仲裁，仲裁包括以下程序：

（一）申请

《劳动争议调解仲裁法》第27条的规定，劳动争议申请仲裁的时效期间为1年。发生劳动争议的职工一方在10人以上，并有共同理由的，可以推举代表参加仲裁活动。代表人数由仲裁委员会确定。

［探究］

1. 自2015年2月4日起施行的《最高人民法院关于适用〈中华人民共和国民事诉讼法〉的解释》（法释［2015］5号）第75条规定：民事诉讼法第53条、第54条和第199条规定的人数众多，一般指10人以上。第76条规定：依照民事诉讼法第53条规定，当事人一方人数众多在起诉时确定的，可以由全体当事人推选共同的代表人，也可以由部分当事人推选自己的代表人；推选不出代表人的当事人，在必要的共同诉讼中可以自己参加诉讼，在普通的共同诉讼中可以另行起诉。第77条规定：根据民事诉讼法第54条规定，当事人一方人数众多在起诉时不确定的，由当事人推选代表人。当事人推选不出的，可以由人民法院提出人选与当事人协商；协商不成的，也可以由人民法院在起诉的当事人中指定代表人。第78条规定：民事诉讼法第53条和第54条规定的代表人为2～5人，每位代表人可以委托1～2人作为诉讼代理人。

2. 《劳动争议调解仲裁法》第7条规定：发生劳动争议的劳动者一方在10人以上，并有共同请求的，可以推举代表参加调解、仲裁或者诉讼活动。

3. 《劳动人事争议仲裁办案规则》第6条规定：发生争议的劳动者一方在10人以上，并有共同请求的，劳动者可以推举3～5名代表人参加仲裁活动。第7条规定：代表人参加仲裁的行为对其所代表的当事人发生效力，但代表人变更、放弃仲裁请求或者承认对方当事人的仲裁请求，进行和解，必须经被代表的当事人同意。对比上述规定异同。

4. 需要注意的是，还有10名以上的劳动者不愿意推举代表或者不能推举出代表的情况怎么处理，《劳动争议调解仲裁法》没有明确规定。理论上讲，在调解、仲裁阶段，劳动者无论人数多少，愿意参加调解、仲裁的都可以参加；在诉讼阶段，应当参照民事诉讼法律的相关规定，即《最高人民法院关于适用〈中华人民共和国民事诉讼法〉的解释》（法释［2015］5号）第76条、第77条的规定。

申请人申请仲裁应当提交书面仲裁申请，并按照被申请人人数提交副本。仲裁申请书应当包括以下内容：①劳动者的姓名、性别、年龄、职业、工作单位和住所，用人单位的名称、住所和法定代表人或者主要负责人的姓名、职务；②仲裁请求和所根据的事实、理由；③证据和证据来源、证人姓名和住所。

书写仲裁申请确有困难的，可以口头申请，由劳动争议仲裁委员会记入笔录，并告知对方当事人。

案例10-1

（二）受理

劳动争议仲裁委员会收到仲裁申请之日起5日内，认为符合受理条件的，应当受理，并通知申请人；认为不符合受理条件的，应当书面通知申请人不予受理，并说明理由。对劳动争议仲裁委员会不予受理或者逾期未作出决定的，申请人可以就该劳动争议事项向人民法院提起诉讼。（参见案例10-1）

[探究]

劳动者怎么向法院表明已经"仲裁前置"了呢？

劳动争议仲裁委员会受理仲裁申请后，应当在5日内将仲裁申请书副本送达被申请人。

被申请人收到仲裁申请书副本后，应当在10日内向劳动争议仲裁委员会提交答辩书。劳动争议仲裁委员会收到答辩书后，应当在5日内将答辩书副本送达申请人。被申请人未提交答辩书的，不影响仲裁程序的进行。

[探究]

劳动争议仲裁委员会对当事人的仲裁申请一经受理，便产生了以下法律后果：①申请人和被申请人取得了当事人资格，各自依法享有《劳动争议调解仲裁法》规定的仲裁中的权利并承担仲裁中的义务。②劳动争议仲裁委员会取得了对这一案件的仲裁权，仲裁程序从此开始，劳动争议仲裁委员会与当事人发生仲裁法律关系。该劳动争议仲裁委员会有权利也有义务依照《劳动争议调解仲裁法》规定的仲裁规则组成仲裁庭对这一案件进行审理并作出裁决。当事人不得就同一纠纷向人民法院提起诉讼或向其他劳动争议仲裁委员会申请仲裁，人民法院或其他仲裁委员会也不得受理当事人的起诉或者仲裁申请。③仲裁时效中断。根据《劳动争议调解仲裁法》第27条规定仲裁时效因当事人一方向对方当事人主张权利，或者向有关部门请求权利救济，或者对方当事人同意履行义务而中断。当事人申请仲裁后，时效期间应当重新计算。

（三）开庭和裁决

1. 审理准备。①劳动争议仲裁委员会裁决劳动争议案件实行仲裁庭制。仲裁庭由3名仲裁员组成，设首席仲裁员。简单劳动争议案件可以由1名仲裁员独任仲裁。劳动争议仲裁委员会应当在受理仲裁申请之日起5日内将仲裁庭的组成情况书面通知当事人。②决定是否回避。仲裁员有下列情形之一，应当回避，当事人也有权以口头或者书面方式提出回避申请：是本案当事人或者当事人、代理人的近亲属的；与本案有利害关系的；与本案当事人、代理人有其他关系，可能影响公正裁决的；私自会见当事人、代理人，或者接受当事人、代理人的请客送礼的。劳动争议仲裁委员会对回避申请应当及时作出决定，并以口头或者书面方式通知当事人。

2. 审理。开庭审理按以下步骤进行：

仲裁庭应当在开庭 5 日前，将开庭日期、地点书面通知双方当事人。当事人有正当理由的，可以在开庭 3 日前请求延期开庭。是否延期，由劳动争议仲裁委员会决定。申请人收到书面通知，无正当理由拒不到庭或者未经仲裁庭同意中途退庭的，可以视为撤回仲裁申请。被申请人收到书面通知，无正当理由拒不到庭或者未经仲裁庭同意中途退庭的，可以缺席裁决。

仲裁庭对专门性问题认为需要鉴定的，可以交由当事人约定的鉴定机构鉴定；当事人没有约定或者无法达成约定的，由仲裁庭指定的鉴定机构鉴定。根据当事人的请求或者仲裁庭的要求，鉴定机构应当派鉴定人参加开庭。当事人经仲裁庭许可，可以向鉴定人提问。

当事人在仲裁过程中有权进行质证和辩论。质证和辩论终结时，首席仲裁员或者独任仲裁员应当征询当事人的最后意见。

当事人提供的证据经查证属实的，仲裁庭应当将其作为认定事实的根据。劳动者无法提供由用人单位掌握管理的与仲裁请求有关的证据，仲裁庭可以要求用人单位在指定期限内提供。用人单位在指定期限内不提供的，应当承担不利后果。

仲裁庭应当将开庭情况记入笔录。当事人和其他仲裁参加人认为对自己陈述的记录有遗漏或者差错的，有权申请补正。如果不予补正，应当记录该申请。笔录由仲裁员、记录人员、当事人和其他仲裁参加人签名或者盖章。

当事人申请劳动争议仲裁后，可以自行和解。达成和解协议的，可以撤回仲裁申请。

仲裁庭在作出裁决前，应当先行调解。调解达成协议的，仲裁庭应当制作调解书。调解书应当写明仲裁请求和当事人协议的结果。调解书由仲裁员签名，加盖劳动争议仲裁委员会印章，送达双方当事人。调解书经双方当事人签收后，发生法律效力。调解不成或者调解书送达前，一方当事人反悔的，仲裁庭应当及时作出裁决。

[相关资料]

《最高人民法院关于审理劳动争议案件适用法律若干问题的解释（三）》（法释〔2010〕12 号）第 11 条规定：劳动人事争议仲裁委员会作出的调解书已经发生法律效力，一方当事人反悔提起诉讼的，人民法院不予受理；已经受理的，裁定驳回起诉。

3. 审理期限。仲裁庭裁决劳动争议案件，应当自劳动争议仲裁委员会受理仲裁申请之日起 45 日内结束。案情复杂需要延期的，经劳动争议仲裁委员会主任批准，可以延期并书面通知当事人，但是延长期限不得超过 15 日。逾期未作出仲裁裁决的，当事人可以就该劳动争议事项向人民法院提起诉讼。仲裁庭裁决劳动争议案件时，其中一部分事实已经清楚，可以就该部分先行裁决。

［探究］

关于"逾期未作出仲裁裁决的，当事人可以就该劳动争议事项向人民法院提起诉讼"：

《最高人民法院关于审理劳动争议案件适用法律若干问题的解释（三）》（法释［2010］12号）第12条规定：劳动人事争议仲裁委员会逾期未作出受理决定或仲裁裁决，当事人直接提起诉讼的，人民法院应予受理，但申请仲裁的案件存在下列事由的除外：①移送管辖的；②正在送达或送达延误的；③等待另案诉讼结果、评残结论的；④正在等待劳动人事争议仲裁委员会开庭的；⑤启动鉴定程序或者委托其他部门调查取证的；⑥其他正当事由。当事人以劳动人事争议仲裁委员会逾期未作出仲裁裁决为由提起诉讼的，应当提交劳动人事争议仲裁委员会出具的受理通知书或者其他已接受仲裁申请的凭证或证明。《最高人民法院关于审理劳动争议案件适用法律若干问题的解释（四）》（法释［2013］4号）第1条规定：劳动人事争议仲裁委员会以无管辖权为由对劳动争议案件不予受理，当事人提起诉讼的，人民法院按照以下情形分别处理：①经审查认为该劳动人事争议仲裁委员会对案件确无管辖权的，应当告知当事人向有管辖权的劳动人事争议仲裁委员会申请仲裁；②经审查认为该劳动人事争议仲裁委员会有管辖权的，应当告知当事人申请仲裁，并将审查意见书面通知该劳动人事争议仲裁委员会，劳动人事争议仲裁委员会仍不受理，当事人就该劳动争议事项提起诉讼的，应予受理。

显然，《最高人民法院关于审理劳动争议案件适用法律若干问题的解释（四）》（法释［2013］4号）第1条规定存在循环适用的问题，一定程度上增加了当事人的诉讼成本。

4. 裁决书。裁决应当按照多数仲裁员的意见作出，少数仲裁员的不同意见应当记入笔录。仲裁庭不能形成多数意见时，裁决应当按照首席仲裁员的意见作出。

裁决书应当载明仲裁请求、争议事实、裁决理由、裁决结果和裁决日期。裁决书由仲裁员签名，加盖劳动争议仲裁委员会印章。对裁决持不同意见的仲裁员，可以签名，也可以不签名。

5. 仲裁的效力。下列劳动争议，除《劳动争议调解仲裁法》另有规定的外，仲裁裁决为终局裁决，裁决书自作出之日起发生法律效力：①追索劳动报酬、工伤医疗费、经济补偿或者赔偿金，不超过当地月最低工资标准12个月金额的争议；②因执行国家的劳动标准在工作时间、休息休假、社会保险等方面发生的争议。劳动者对上述仲裁裁决不服的，可以自收到仲裁裁决书之日起15日内向人民法院提起诉讼。

［探究］

一裁终局是对用人单位而言的，救济的机会只赋予了劳动者，体现了法律的倾斜保护。

［相关资料］

《最高人民法院关于审理劳动争议案件适用法律若干问题的解释（三）》（法释［2010］12号）第13条规定：劳动者依据调解仲裁法第47条第1项规定，追索劳动报酬、工伤医疗费、经济补偿或者赔偿金，如果仲裁裁决涉及数项，每项确定的数额均不超过当地月最低工资标准12个月金额的，应当按照终局裁决处理。

当事人对上述规定以外的其他劳动争议案件的仲裁裁决不服的，可以自收到仲裁裁决书之日起15日内向人民法院提起诉讼；期满不起诉的，裁决书发生法律效力。

［相关资料］

1. 《最高人民法院关于审理劳动争议案件适用法律若干问题的解释（三）》（法释［2010］12号）第14条规定：劳动人事争议仲裁委员会作出的同一仲裁裁决同时包含终局裁决事项和非终局裁决事项，当事人不服该仲裁裁决向人民法院提起诉讼的，应当按照非终局裁决处理。

2. 《最高人民法院关于审理劳动争议案件适用法律若干问题的解释（四）》（法释［2013］4号）第2条规定：仲裁裁决的类型以仲裁裁决书确定为准。仲裁裁决书未载明该裁决为终局裁决或非终局裁决，用人单位不服该仲裁裁决向基层人民法院提起诉讼的，应当按照以下情形分别处理：①经审查认为该仲裁裁决为非终局裁决的，基层人民法院应予受理；②经审查认为该仲裁裁决为终局裁决的，基层人民法院不予受理，但应告知用人单位可以自收到不予受理裁定书之日起30日内向劳动人事争议仲裁委员会所在地的中级人民法院申请撤销该仲裁裁决；已经受理的，裁定驳回起诉。

当事人对发生法律效力的调解书、裁决书，应当依照规定的期限履行。一方当事人逾期不履行的，另一方当事人可以依照民事诉讼法的有关规定向人民法院申请执行。受理申请的人民法院应当依法执行。

（四）仲裁程序中的几个重要问题

1. 仲裁时效。《劳动争议调解仲裁法》第27条第1款规定：劳动争议申请仲裁的时效期间为1年。仲裁时效期间从当事人知道或者应当知道其权利被侵害之日起计算。第4款规定，劳动关系存续期间因拖欠劳动报酬发生争议的，劳动者申请仲裁不受27条第1款规定的仲裁时效期间的限制；但是，劳动关系终止的，应当自劳动关系终止之日起1年内提出。

［探究］

1. 拖欠劳动报酬发生争议的，在劳动关系存续期间不受仲裁时效期间限制，那么其他争议如补交社保呢？劳动者可否"秋后算账"？

2. "未签劳动合同，用人单位每月支付2倍的工资"的时效是否能适用劳动报酬时效的规定，即"应当自劳动关系终止之日起1年内提出"？

　　3. 工伤赔偿争议作为劳动争议的一种，其仲裁时效的起算与其他劳动争议显著不同，有其自身的特殊性。目前我国对劳动者的工伤赔偿仲裁时效没有明确的规定，在仲裁、诉讼实践中，各地对工伤争议仲裁时效的起算点做法不一，从而导致法律适用的不统一。在实践中，若以工伤职工的伤残评定日作为工伤赔偿仲裁时效的起算点，便于操作，充分重视了职工的权益，但若以工伤职工的医疗终结日作为工伤赔偿仲裁时效的起算点，则由于伤残等级无法确定，无法确定具体的赔偿数额，不利于及时解决纠纷。[1]

　　2. 劳动争议仲裁管辖。劳动争议仲裁管辖是指各级仲裁委员会之间、同级仲裁委员会之间，劳动争议案件的分工和权限。《劳动争议调解仲裁法》对劳动争议管辖作出了规定：①劳动争议仲裁委员会负责管辖本区域内发生的劳动争议。这是明确劳动争议仲裁的地域管辖。由于劳动争议仲裁委员会不按行政区划层层设立，因而其地域管辖也不按行政区划划分，而是按照设立时划分的管辖区域，管辖本辖区内发生的劳动争议。管辖地域可能与行政区划重合，也可能不重合。对直辖市、设区的市与其区、县的劳动争议仲裁委员会之间的级别管辖，本法没有直接规定，省、自治区、直辖市人民政府在决定设立劳动争议仲裁委员会时，应当明确级别管辖。②劳动争议由劳动合同履行地或者用人单位所在地的劳动争议仲裁委员会管辖。也就是说，发生劳动争议，申请人可以选择向劳动合同履行地或者用人单位所在地的劳动争议仲裁委员会中的任何一个劳动争议仲裁委员会提起仲裁申请。③双方当事人分别向劳动合同履行地和用人单位所在地的劳动争议仲裁委员会申请仲裁的，由劳动合同履行地的劳动争议仲裁委员会管辖。也就是出现围绕同一争议双方当事人互为申请人和被申请人的两个争议案件时，由劳动合同履行地的劳动争议仲裁委员会管辖。[2]

　　[相关资料]

　　《劳动人事争议仲裁办案规则》第12～14条又进一步作了更明确的规定：劳动合同履行地为劳动者实际工作场所地，用人单位所在地为用人单位注册、登记地。用人单位未经注册、登记的，其出资人、开办单位或主管部门所在地为用人单位所在地。案件受理后，劳动合同履行地和用人单位所在地发生变化的，不改变争议仲裁的管辖。多个仲裁委员会都有管辖权的，由先受理的仲裁委员会管辖；仲裁委员会发现已受理案件不属于其管辖范围的，应当移送至有管辖权的仲裁委员会，并书面通知当事人。对上述移送案件，受移送的仲裁委员会应依法受理。受移送的仲裁委员会认为受移送的案件依照规定不属于本仲裁委员会管辖，或仲裁委员会之间因管辖争议协商不成的，应当报请共同的上

─────────────

〔1〕　"申请工伤赔偿案件仲裁时效问题"，载 http://www.110.com/ziliao/article - 185099.html.
〔2〕　《〈中华人民共和国劳动争议调解仲裁法〉宣传提纲》。

一级仲裁委员会主管部门指定管辖；当事人提出管辖异议的，应当在答辩期满前书面提出。当事人逾期提出的，不影响仲裁程序的进行，当事人因此对仲裁裁决不服的，可以依法向人民法院起诉或者申请撤销。

但是，《劳动争议调解仲裁法》和《劳动人事争议仲裁办案规则》既没有对劳动争议仲裁委员会管辖区域如何打破行政区划进行划分作进一步明确规定，也未考虑劳动合同履行地优先管辖的例外问题。例如，在异地分公司上班的劳动者被非法解除劳动合同时，回到家庭所在地（用人单位所在地）的劳动争议仲裁委员会申请仲裁可能对劳动者更为有利。

3. 仲裁参加人。仲裁参加人包括仲裁当事人（申诉人、被诉人）、第三人、共同申诉人、仲裁代理人。

《劳动争议调解仲裁法》对劳动争议仲裁参加人作出了规定：①规定了当事人。发生劳动争议的劳动者和用人单位为劳动争议仲裁案件的双方当事人。劳动者死亡的，由其近亲属或者代理人参加仲裁活动。同时补充规定了新的内容，即劳务派遣单位或者用工单位与劳动者发生劳动争议的，劳务派遣单位和用工单位为共同当事人。②规定了第三人。与劳动争议案件的处理结果有利害关系的第三人，可以申请参加仲裁活动或者由劳动争议仲裁委员会通知其参加仲裁活动。③规定了代理人。其一，委托代理人。当事人可以委托代理人参加仲裁活动。委托他人参加仲裁活动，应当向劳动争议仲裁委员会提交有委托人签名或者盖章的委托书，委托书应当载明委托事项和权限。其二，法定代理人。丧失或者部分丧失民事行为能力的劳动者，由其法定代理人代为参加仲裁活动。其三，指定代理人。无法定代理人的，由劳动争议仲裁委员会为其指定代理人。[1]

［相关资料］

1. 《劳动合同法》第92条第2款规定："……用工单位给被派遣劳动者造成损害的，劳务派遣单位与用工单位承担连带赔偿责任。"

2. 《劳动人事争议仲裁办案规则》第8~9条进一步细化了仲裁参加人。发生争议的用人单位被吊销营业执照、责令关闭、撤销及用人单位决定提前解散、歇业，不能承担相关责任的，依法将其出资人、开办单位或主管部门作为共同当事人；劳动者与个人承包经营者发生争议，依法向仲裁委员会申请仲裁的，应当将发包的组织和个人承包经营者作为当事人。

3. 《最高人民法院关于审理劳动争议案件适用法律若干问题的解释（三）》（法释［2010］12号）第4条规定：劳动者与未办理营业执照、营业执照被吊销或者营业期限届满仍继续经营的用人单位发生争议的，应当将用人单位或者其出资人列为当事人。第5条规定：未办理营业执照、营业执照被吊销或者营

---

〔1〕《〈中华人民共和国劳动争议调解仲裁法〉宣传提纲》。

业期限届满仍继续经营的用人单位，以挂靠等方式借用他人营业执照经营的，应当将用人单位和营业执照出借方列为当事人。

4. 证据。发生劳动争议，当事人对自己提出的主张，有责任提供证据。当事人提供的证据经查证属实的，仲裁庭应当将其作为认定事实的根据。劳动者无法提供由用人单位掌握管理的与仲裁请求有关的证据，例如，用人单位作为用工主体方，掌握和管理着劳动者的档案、工资发放、社会保险费缴纳、劳动保护提供等情况和材料，仲裁庭可以要求用人单位在指定期限内提供。用人单位在指定期限内不提供的，应当承担不利后果。

[相关资料]

1. 《最高人民法院关于审理劳动争议案件适用法律若干问题的解释》（法释[2001] 14号）第13条规定：因用人单位作出的开除、除名、辞退、解除劳动合同、减少劳动报酬、计算劳动者工作年限等决定而发生的劳动争议，用人单位负举证责任。

2. 2002年4月1日起施行的最高人民法院《关于民事诉讼证据的若干规定》第6条规定：在劳动争议纠纷案件中，因用人单位作出开除、除名、辞退、解除劳动合同、减少劳动报酬、计算劳动者工作年限等决定而发生劳动争议的，由用人单位负举证责任。第7条规定：在法律没有具体规定，依本规定及其他司法解释无法确定举证责任承担时，人民法院可以根据公平原则和诚实信用原则，综合当事人举证能力等因素确定举证责任的承担。这一规定为劳动争议诉讼开创了一个新局面，它充分反映了劳动关系的特点，是劳动关系不平等性在争议处理方面的反映，它极大地方便了当事人进行劳动争议的诉讼，减轻了劳动者的举证负担，加重了用人单位的负担。

3. 《最高人民法院关于审理劳动争议案件适用法律若干问题的解释（三）》（法释[2010] 12号）第9条规定：劳动者主张加班费的，应当就加班事实的存在承担举证责任。但劳动者有证据证明用人单位掌握加班事实存在的证据，用人单位不提供的，由用人单位承担不利后果。

4. 《劳动人事争议仲裁办案规则》第17~20条进一步细化了举证责任。当事人对自己提出的主张有责任提供证据。与争议事项有关的证据属于用人单位掌握管理的，用人单位应当提供；用人单位不提供的，应当承担不利后果；在法律没有具体规定，依本规则第17条规定无法确定举证责任承担时，仲裁庭可以根据公平原则和诚实信用原则，综合当事人举证能力等因素确定举证责任的承担；承担举证责任的当事人应当在仲裁委员会指定的期限内提供有关证据。当事人在指定期限内不提供的，应当承担不利后果；当事人因客观原因不能自行收集的证据，仲裁委员会可以根据当事人的申请，参照《中华人民共和国民事诉讼法》有关规定予以收集（本条就是《关于民事诉讼证据的若干规定》第7条，很可喜的变化）；仲裁委员会认为有必要的，也可以决定参照《中华人民共和国民事诉讼法》有关规定予以收集〔参见《最高人民法院关于适用〈中华人民共和国民事诉讼法〉的解释》（法释〔2015〕5号）第94～96条规定〕。

5. 先予执行。仲裁庭对追索劳动报酬、工伤医疗费、经济补偿或者赔偿金的案件，根据当事人的申请，可以裁决先予执行，移送人民法院执行。仲裁庭裁决先予执行的，应当符合下列条件：当事人之间权利义务关系明确；不先予执行将严重影响申请人的生活。劳动者申请先予执行的，可以不提供担保。

[探究]

《劳动争议调解仲裁法》规定了先行裁决和先予执行制度。但是，《劳动争议调解仲裁法》仍没有规定证据保全和财产保全制度。

保全制度包括证据保全和财产保全制度。长期以来，劳动争议仲裁中没有证据保全和财产保全的内容，没有对当事人证据保全和财产保全申请是否受理的规定，也没有仲裁机构在接受当事人的申请后再申请人民法院采取保全措施的相应规定，程序的保障性非常脆弱。《最高人民法院关于审理劳动争议案件适用法律若干问题的解释（二）》（法释〔2006〕6号）第14～15条仅仅对诉讼过程中财产保全措施作了一些减轻或者免除劳动者提供担保的义务的规定。但是，《劳动争议调解仲裁法》仍没有规定证据保全和财产保全制度。

6. 仲裁监督。用人单位有证据证明《劳动争议调解仲裁法》第47条规定的仲裁裁决有下列情形之一，可以自收到仲裁裁决书之日起30日内向劳动争议仲裁委员会所在地的中级人民法院申请撤销裁决：①适用法律、法规确有错误的；②劳动争议仲裁委员会无管辖权的；③违反法定程序的；④裁决所根据的证据是伪造的；⑤对方当事人隐瞒了足以影响公正裁决的证据的；⑥仲裁员在仲裁该案时有索贿受贿、徇私舞弊、枉法裁决行为的。

人民法院经组成合议庭审查核实裁决有上述规定情形之一的，应当裁定撤销。仲裁裁决被人民法院裁定撤销的，当事人可以自收到裁定书之日起15日内就该劳动争议事项向人民法院提起诉讼。

[探究]

长期以来，劳动争议仲裁的监督限于不甚严格的内部监督。劳动争议仲裁的权威性和公正性有足够的"技术"保障。从立法上来看，《劳动法》没有涉及仲裁裁决的监督问题。尽管《最高人民法院关于审理劳动争议案件适用法律若干问题的解释》（法释〔2001〕14号）中涉及了对劳动仲裁裁决的监督问题，但仔细分析就会发现，该解释对劳动仲裁裁决的监督问题的规定存在诸多问题。《劳动争议调解仲裁法》赋予了用人单位不服一裁终局的救济权利，即向中级人民法院申请撤销裁决的权利，但对中级人民法院应在多长时间内作出裁定，并没有述及，中级人民法院如果不能在较短时间内作出裁定，那么《劳动争议调解仲裁法》规定的一裁终局也就失去了其应有的意义。更重要的是，《劳动争议调解仲裁法》对劳动仲裁裁决的监督问题仅仅限定在很小的范围（用人单位不服一裁终局），其他大量的仲裁裁决并未涉及。从社会监督来看，劳动争议处理的透明度不够，接受群众、新闻媒体等监督不足。从内部监督来看，也不存在严格意义上的法律监督机制。例如，劳动仲裁委员会没有建立一整套机制健全的错案追究制度等。

［相关资料］

1. 《最高人民法院关于审理劳动争议案件适用法律若干问题的解释（三）》（法释〔2010〕12 号）第 15 条规定：劳动者依据调解仲裁法第 48 条规定向基层人民法院提起诉讼，用人单位依据调解仲裁法第 49 条规定向劳动人事争议仲裁委员会所在地的中级人民法院申请撤销仲裁裁决的，中级人民法院应不予受理；已经受理的，应当裁定驳回申请。被人民法院驳回起诉或者劳动者撤诉的，用人单位可以自收到裁定书之日起 30 日内，向劳动人事争议仲裁委员会所在地的中级人民法院申请撤销仲裁裁决。第 16 条规定：用人单位依照调解仲裁法第 49 条规定向中级人民法院申请撤销仲裁裁决，中级人民法院作出的驳回申请或者撤销仲裁裁决的裁定为终审裁定。

2. 《最高人民法院关于审理劳动争议案件适用法律若干问题的解释（三）》（法释〔2010〕12 号）第 18 条规定：劳动人事争议仲裁委员会作出终局裁决，劳动者向人民法院申请执行，用人单位向劳动人事争议仲裁委员会所在地的中级人民法院申请撤销的，人民法院应当裁定中止执行。用人单位撤回撤销终局裁决申请或者其申请被驳回的，人民法院应当裁定恢复执行。仲裁裁决被撤销的，人民法院应当裁定终结执行。

3. 《最高人民法院关于审理劳动争议案件适用法律若干问题的解释（四）》（法释〔2013〕4 号）第 3 条规定：中级人民法院审理用人单位申请撤销终局裁决的案件，应当组成合议庭开庭审理。经过阅卷、调查和询问当事人，对没有新的事实、证据或者理由，合议庭认为不需要开庭审理的，可以不开庭审理。中级人民法院可以组织双方当事人调解。达成调解协议的，可以制作调解书。一方当事人逾期不履行调解协议的，另一方可以申请人民法院强制执行。

7. 简易程序。《劳动争议调解仲裁法》没有规定简易程序，《劳动人事争议仲裁办案规则》第 54 条规定了简易程序：对于权利义务明确、事实清楚的简单争议案件或经双方当事人同意的其他争议案件，仲裁委员会可指定一名仲裁员独任处理，并可在庭审程序、案件调查、仲裁文书送达、裁决方式等方面进行简便处理。但该规则并没有规定简易程序转为普通程序的问题等。

［探究］

1. 集体合同争议能不能适用简易程序？

2. 劳动仲裁简易程序应如何进行？哪些是应具备的必经程序？

四、诉讼程序

劳动争议处理中的诉讼程序不是必经程序，只有劳动争议当事人一方或双方均不服劳动争议仲裁委员会作出的仲裁裁决，在裁决作出 15 日内向人民法院提起诉讼时，该程序才可能启动。除法律另有规定外，劳动争议仲裁程序是诉讼程序的前置和必经程序。

（一）人民法院对劳动争议案件的管辖

人民法院对劳动争议案件的管辖是指各级法院或同级法院之间受理第一审劳动争议案件的具体分工。根据《最高人民法院关于审理劳动争议案件适用法律若干问题的解释》（法释〔2001〕14 号）的规定，劳动争议案件由用人单位所在地或者劳动合同履行地的基层人民法院管辖。劳动合同履行地不明确的，由用人单位所在地的基层人民法院管辖。当事人双方就同一仲裁裁决分别向有管辖权的人民法院起诉的，后受理的人民法院应当将案件移送给先受理的人民法院。劳动争议诉讼其他管辖权划分，遵循《民事诉讼法》的管辖规定。

（二）劳动争议案件的受理

法院审理劳动争议案件的条件是：①起诉人必须是劳动争议的当事人。当事人因故不能亲自起诉的，可以委托代理人起诉。②必须是不服劳动争议仲裁委员会的仲裁而向法院起诉，未经仲裁程序不得直接向法院起诉。③必须有明确的被告、具体的诉讼请求和事实根据。原告、被告仍为仲裁当事人，不得将仲裁委员会作为被告向法院起诉。④提起诉讼的时间必须是在法律规定的期限内，即收到仲裁裁决书之日起 15 日内起诉，超过 15 日，人民法院不予受理。⑤属于人民法院受理劳动争议的范围。⑥起诉必须向有管辖权的法院提出。

（三）劳动争议诉讼案件的参加人

1. 当事人。劳动争议诉讼案件的当事人也可以分为原告和被告，其权利、义务和法律地位与一般民事诉讼案件中的原告和被告基本相同。但是，由于劳动争议案件有其自身的特点，《最高人民法院关于审理劳动争议案件适用法律若干问题的解释》（法释〔2001〕14 号）对此专门作了一些规定：①当事人双方不服劳动争议仲裁委员会作出的同一仲裁裁决，均向同一人民法院起诉的，先起诉的一方当事人为原告，但对双方的诉讼请求，人民法院应当一并作出裁决。②用人单位与其他单位合并的，合并前发生的劳动争议，由合并后的单位为当事人；用人单位分立为若干单位的，其分立前发生的劳动争议，由分立后的实际用人单位为当事人。用人单位分立为若干单位后，对承受劳动权利、义务的单位不明确的，分立后的单位均为当事人。③用人单位招用尚未解除劳动合同的劳动者，原用人单位以新的用人单位和劳动者共同侵权为由向人民法院起诉的，新的用人单位和劳动者列为共同被告。《最高人民法院关于审理劳动争议案件适用法律若干问题的解释（二）》（法释〔2006〕6 号）对此专门增加了一些规定：①劳动者与有字号的个体工商户产生的劳动争议诉讼，人民法院应当以营业执照上登记的字号为当事人，但应同时注明该字号业主的自然情况。②劳动者因履行劳动力派遣合同产生劳动争议而起诉，以派遣单位为被告；争议内容涉及接受单位的，以派遣单位和接受单位为共同被告。③劳动者和用人单位均不服劳动争议仲裁委员会的同一裁决，向同一人民法院起诉的，人民法院应当并案审理，双方当事人互为原告和被告。在诉讼过程中，一方当事人撤诉的，人民法院应当根据另一方当事人的诉讼请求继续审理。《最高人民法院关于审理劳动争议案件适用法律若干问题的解释（三）》（法释［2010］12号）根据我国现行的法律、法规及民事审判实践，再一次增加了一些规定：第4条规定：劳动者与未办理营业执照、营业执照被吊销或者营业期限届满仍继续经营的用人单位发生争议的，应当将用人单位或者其出资人列为当事人。第5条规定：未办理营业执照、营业执照被吊销或者营业期限届满仍继续经营的用人单位，以挂靠等方式借用他人营业执照经营的，应当将用人单位和营业执照出借方列为当事人。第6条规定：当事人不服劳动人事争议仲裁委员会作出的仲裁裁决，依法向人民法院提起诉讼，人民法院审查认为仲裁裁决遗漏了必须共同参加仲裁的当事人的，应当依法追加遗漏的人为诉讼当事人。被追加的当事人应当承担责任的，人民法院应当一并处理。

2. 第三人。《最高人民法院关于审理劳动争议案件适用法律若干问题的解释》（法释［2001］14号）第11条明确规定：用人单位招用尚未解除劳动合同的劳动者，原用人单位与劳动者发生的劳动争议，可以列新的用人单位为第三人。原用人单位以新的用人单位侵权为由向人民法院起诉的，可以列劳动者为第三人。

3. 诉讼参加人还有诉讼代表人、诉讼代理人等。

（四）劳动争议案件中举证责任的分配

一般而言，劳动争议案件中举证责任的分配适用《民事诉讼法》第64条第1款规定的"当事人对自己提出的主张，有责任提供证据"的原则。但根据劳动争议关系的特点，《最高人民法院关于审理劳动争议案件适用法律若干问题的解释》（法释［2001］14号）第13条规定，因用人单位作出的开除、除名、辞退、解除劳动合同、减少劳动报酬、计算劳动者工作年限等决定而发生的争议，"用人单位负举证责任"，适用举证责任倒置。但是，这里仅仅规定了6种情况由用人单位承担举证责任，且"开除、除名、辞退、解除劳动合同"实际上是一回事。2002年4月1日起施行的最高人民法院《关于民事诉讼证据的若干规定》第6条规定：在劳动争议纠纷案件中，因用人单位作出开除、除名、辞退、解除劳动合同、减少劳动报酬、计算劳动者工作年限等决定而发生劳动争议的，由用人单位负举证责任。第7条规定：在法律没有具体规定，依本规定及其他司法解释无法确定举证责任承担时，人民法院可以根据公平原则和诚实信用原则，综合当事人举证能力等因素确定举证责任的承担。《最高人民法院关于审理劳动争议案件适用法律若干问题的解释（三）》（法释［2010］12号）根据我国现行的法律、法规及民事审判实践，第9条规定：劳动者主张加班费的，应当就加班事实的存在承担举证责任。但劳动者有证据证明用人单位掌握加班事实存在的证据，用人单位不提供的，由用人单位承担不利后果。

［探究］

　　"开除、除名"是计划经济时期用语，"辞退"是解除劳动合同的一种情形。

（五）劳动争议案件的审理与裁决

　　劳动争议案件的审理是由人民法院的民事审判庭具体负责，与一般民事案件的审理程序相同，依照《民事诉讼法》规定的诉讼程序进行审理。人民法院经审理可根据不同情况作出裁决。

［探究］

　　在诉讼程序上，我国目前没有专门的劳动争议诉讼程序立法，劳动争议案件的审理适用一般民事案件的审理程序，劳动争议的审理由法院民事审判庭负责审理。同时，由于劳动争议诉讼的特殊性，最高人民法院出台了4个劳动司法解释，最新的劳动司法解释是2013年1月发布的《最高人民法院关于审理劳动争议案件适用法律若干问题的解释（四）》（法释［2013］4号），为法院审理劳动争议案件提供了一些特别法律依据。4个解释对我国劳动争议诉讼程序的完善意义重大，但是这4个解释还存在一些亟待改进的地方，很多规定仅仅是对现行规定的一种修补，只是有利于实务操作，而法理基础并不坚实。《劳动争议调解仲裁法》并没有涉及劳动争议诉讼程序制度。2015年2月4日起施行的《最高人民法院关于适用〈中华人民共和国民事诉讼法〉的解释》（法释［2015］5号）也没有涉及劳动争议诉讼程序制度。

第五节　集体合同争议处理程序

一、因履行集体合同发生的争议处理程序

　　我国《劳动法》第84条第2款规定："因履行集体合同发生争议，当事人协商解决不成的，可以向劳动争议仲裁委员会申请仲裁；对仲裁裁决不服的，可以自收到仲裁裁决书之日起15日内向人民法院提起诉讼。"《工会法》第20条第4款规定：……因履行集体合同发生争议，经协商解决不成的，工会可以向劳动争议仲裁机构提请仲裁，仲裁机构不予受理或者对仲裁裁决不服的，可以向人民法院提起诉讼。《集体合同规定》第55条规定："因履行集体合同发生的争议，当事人协商解决不成的，可以依法向劳动争议仲裁委员会申请仲裁。"《劳动合同法》第56条规定："用人单位违反集体合同，侵犯职工劳动权益的，工会可以依法要求用人单位承担责任；因履行集体合同发生争议，经协商解决不成的，工会可以依法申请仲裁、提起诉讼。"《劳动人事争议仲裁办案规则》第5条规定："因履行集体合同发生的劳动争议，经协商解决不成的，工会可以依法申请仲裁；尚未建立工会的，由上级工会指导劳动者推举产生的代表依法申请仲裁。"

[探究]

1. 根据"当事人协商解决不成的"的规定，能否认为协商是集体合同争议处理的必经程序？

2. 因履行集体合同发生的争议如何仲裁，根本没有明确规定。因为《劳动争议调解仲裁法》仅仅是针对个别劳动争议和集体劳动争议的。《劳动人事争议仲裁办案规则》作了一些补充，第4条规定：劳动者一方在10人以上的争议，或者因履行集体合同发生的劳动争议，仲裁委员会可优先立案，优先审理。仲裁委员会处理因履行集体合同发生的劳动争议，应当按照三方原则组成仲裁庭处理。

3. 同时，依《劳动法》《工会法》《集体合同规定》的规定，实行先仲裁后诉讼的体制；而根据《劳动合同法》第56条的规定，仲裁与诉讼的关系不明确，既可以理解为先仲裁后诉讼，也可以理解为仲裁与诉讼并列而由当事人选择。这有待进一步作出规定。

4. 没有基层调解程序。规定不能调解，是因为我国企业劳动争议调解委员会是由企业工会主持的，再由其调解有其不当之处。

二、因签订集体合同发生的争议处理程序

（一）处理程序

我国《劳动法》第84条第1款规定："因签订集体合同发生争议，当事人协商解决不成的，当地人民政府劳动行政部门可以组织有关各方协调处理。"《集体合同规定》第49条规定："集体协商过程中发生争议，双方当事人不能协商解决的，当事人一方或双方可以书面向劳动保障行政部门提出协调处理申请；未提出申请的，劳动保障行政部门认为必要时也可以进行协调处理。"

[探究]

1. 根据"当事人协商解决不成的"的规定，能否认为协商是集体合同争议处理的必经程序？

2. 没有基层调解程序。规定不能调解，是因为我国企业劳动争议调解委员会是由企业工会主持的，再由其调解有其不当之处。

3. 不得仲裁。一方面是因为我国劳动保障行政部门的"协调处理"相当于西方成熟市场经济国家的仲裁，更为重要的是因为我国法律未规定职工有罢工、用人单位有关闭厂的集体争议权等。

4. 不适用诉讼程序。争议双方是不能通过法院审理程序来解决争议的。即使双方当事人不自觉执行劳动行政部门作出的协调处理结果，或达成协议后又反悔的，也只能通过劳动行政部门再协调处理。

（二）协调处理程序

1. 协调处理机构。劳动保障行政部门应当组织同级工会和企业组织等三方面的

人员，共同协调处理集体协商争议。

集体协商争议处理实行属地管辖，具体管辖范围由省级劳动保障行政部门规定。中央管辖的企业以及跨省、自治区、直辖市用人单位因集体协商发生的争议，由劳动保障部指定的省级劳动保障行政部门组织同级工会和企业组织等三方面的人员协调处理，必要时，劳动保障部也可组织有关方面协调处理。

[探究]

在我国，为什么在集体协商出现僵局，甚至破裂时，只能依靠政府的介入协调处理该集体协商争议？

2. 协调处理程序。①受理协调处理申请。②调查了解争议的情况。③研究制定协调处理争议的方案。④对争议的协调处理。⑤制定《协调处理协议书》。《协调处理协议书》应当载明协调处理申请、争议的事实和协调结果，双方当事人就某些协商事项不能达成一致的，应将继续协商的有关事项予以载明。《协调处理协议书》由集体协商争议协调处理人员和争议双方首席代表签字盖章后生效。争议双方均应遵守生效后的《协调处理协议书》。⑥用人单位无正当理由拒绝工会或职工代表提出的集体协商要求的，按照《工会法》及有关法律、法规的规定处理。

[探究]

我国集体合同争议处理程序法律制度几乎没有规定有关集体合同的责任。我国《劳动法》《集体合同规定》《劳动合同法》几乎没有规定有关集体合同的责任，《工会法》仅仅规定了行政责任，对在协商过程中应承担的其他责任则没有规定。我国《工会法》第20条规定，工会代表职工与企业以及实行企业化管理的事业单位进行平等协商，签订集体合同。该法第53条第4项进一步规定，无正当理由拒绝进行平等协商的，由县级以上人民政府责令改正，依法处理。

三、集体合同争议处理程序的一个特殊问题

《集体合同规定》第56条规定："用人单位无正当理由拒绝工会或职工代表提出的集体协商要求的，按照《工会法》及有关法律、法规的规定处理。"这种用人单位无正当理由拒绝工会或职工代表提出的集体协商要求的争议是属于集体合同利益争议还是属于集体合同权利争议？本书认为，由于法律明确规定了集体谈判义务和集体谈判程序，所以这种情形的争议属于就既定权利、义务发生的权利争议，不属于利益争议。如何处理这种争议？我国《工会法》第53条第4项规定，无正当理由拒绝进行平等协商的，由县级以上人民政府责令改正，依法处理。

[探究]

1. 我国《劳动法》《集体合同规定》《劳动合同法》将集体合同争议分为两类："因签订集体合同发生的争议"和"因履行集体合同发生的争议"，并用"因签订集体合同发生的争议"表示集体合同利益争议，用"因履行集体合同发

生的争议"表示集体合同权利争议。所以，本书所指的"因签订集体合同发生的争议"就特别表示集体合同利益争议，用"因履行集体合同发生的争议"就特别表示集体合同权利争议。

2. 集体合同争议处理不是我国劳动争议处理制度的重点。市场经济国家的劳动争议立法通常都是以包括权利争议和利益争议在内的集体合同争议为主要内容的。有的劳动争议立法甚至只以签订集体合同中的利益争议或事实争议为限。这种要求是从市场经济劳动关系的发展特点提出的。因为规范的市场经济的劳动关系，一般都应该是以集体劳动关系的运作和调整为重点。[1]而集体的利益争议在市场经济下是最多的，也是对劳动关系和社会关系影响最大的事情。反观我国劳动争议处理制度是以个别劳动争议处理制度为重点，集体合同争议处理制度极其缺乏，这是不争的事实。

3. 我国《劳动法》和《劳动争议调解仲裁法》规定了"集体劳动争议"，但这种在我国的劳动争议处理的法律规定和实践中的"集体劳动争议"实际上应仍属于个别劳动关系的争议，准确地讲这是"群体争议"。[2]本书认为，"集体劳动争议"更接近普通的共同诉讼。

[相关资料]

我国台湾地区"劳资争议处理法""自 1928 年公布施行以来迭经 1930 年、1932 年、1943 年及 1988 年修改。1988 年以前之"劳资争议处理法"均明白规定，只适用于雇主与工人团体或工人 15 人以上，关于雇用条件之维持与变更发生争议时适用之，换言之，即仅只适用于调整事项，而不及于权利事项，此乃通例"[3]。1988 年修改后允许劳工得对权利事项予以争议，但是否进行罢工等争议行为规定不明。

新修正"劳资争议处理法"将争议行为定义为"劳资争议当事人为达成其主张，所为之罢工或其他阻碍事业正常运作及与之对抗之行为"，并将罢工定义为"劳工所为暂时拒绝提供劳务之行为"，虽仅为概念之定义，但是将争议行为受保护之范围扩大到积极性的争议行为，具有重大的意义。"团体协约法"第 6 条第 1 项规定，劳资之一方于有协商资格之他方所提团体协约之协商，无正当理由者，不得拒绝，并对于经裁决委员会认定为不当劳动行为者，可处雇主新台币 10 万元以上 50 万元以下罚锾。这项立法的目的主要是要让劳资双方回到谈判桌，促进纷争的解决，所以对于实力较弱、常被雇主所排斥之工会而言，诚

〔1〕　常凯：《劳权论——当代中国劳动关系的法律调整研究》，中国劳动社会保障出版社 2004 年版，第 372、374 页。

〔2〕　常凯：《劳权论——当代中国劳动关系的法律调整研究》，中国劳动社会保障出版社 2004 年版，第 366～367 页；郑尚元：《劳动争议处理程序法的现代化》，中国方正出版社 2004 年版，第 8 页。

〔3〕　黄越钦：《劳动法新论》，中国政法大学出版社 2003 年版，第 319 页。

信协商义务的确立对于工会的地位的提升具有重大的意义。[1]

［深入思考］

1. 评述观点：凡不是以缔结或修订团体协约之行为均不是劳资争议。

2. 权利争议与利益争议的区别。

3. "仲裁前置"的争论。

4. 我国集体合同争议处理制度极其缺乏。

5. 劳动争议处理制度是劳动法律体系中劳动关系主体尤其是劳动者权利保障的最后防线。

---

〔1〕　张鑫隆："新劳动三法对台湾工会的意义及未来的课题"，载《台湾劳工季刊》2010 年第 26 期。

主要参考文献

一、主要中文参考资料

［1］［德］马克思、恩格斯：《马克思恩格斯全集》，人民出版社 1972 年版。

［2］［苏联］列宁：《列宁全集》，人民出版社 1984 年版。

［3］史尚宽：《劳动法原论》，正大印书馆 1978 年版。

［4］郭捷等：《劳动法学》，高等教育出版社 2014 年版。

［5］李景森、贾俊玲主编：《劳动法学》，北京大学出版社 2001 年版。

［6］常凯主编：《劳动法》，高等教育出版社 2011 年版。

［7］王全兴主编：《劳动法学》，高等教育出版社 2004 年版。

［8］黄越钦：《劳动法新论》，中国政法大学出版社 2003 年版。

［9］董保华等：《社会法原论》，中国政法大学出版社 2001 年版。

［10］黎建飞：《劳动法的理论与实践》，中国人民公安大学出版社 2004 年版。

［11］王先林、李坤刚编著：《劳动和社会保障仲裁与诉讼》，法律出版社 2002 年版。

［12］常凯：《劳权论——当代中国劳动关系的法律调整研究》，中国劳动社会保障出版社 2004 年版。

［13］常凯主编：《劳动关系学》，中国劳动社会保障出版社 2005 年版。

［14］冯彦君：《劳动法学》，吉林大学出版社 1999 年版。

［15］徐显明主编：《人权法原理》，中国政法大学出版社 2008 年版。

［16］董保华：《劳动关系调整的法律机制》，上海交通大学出版社 2000 年版。

［17］周长征：《劳动法原理》，科学出版社 2004 年版。

［18］傅静坤：《二十世纪契约法》，法律出版社 1997 年版。

［19］王益英主编：《外国劳动法和社会保障法》，中国人民大学出版社 2001 年版。

［20］董保华：《十大热点事件透视劳动合同法》，法律出版社 2007 年版。

［21］邓正来、［英］J. C. 亚历山大编：《国家与市民社会——一种社会理论的研究路径》，中央编译出版社 1999 年版。

［22］江平、米健：《罗马法基础》，中国政法大学出版社 1987 年版。

［23］林嘉主编：《劳动法与社会保障法》，中国人民大学出版社 2009 年版。

［24］郑功成、沈洁主编：《社会保障学》，中国劳动社会保障出版社 2005 年版。

［25］关怀主编：《劳动法学》，群众出版社1983年版。

［26］高放：《社会主义的过去、现在和未来》，北京出版社1982年版。

［27］史探径：《社会法学》，中国劳动社会保障出版社2007年版。

［28］严存生主编：《新编西方法律思想史》，陕西人民教育出版社1996年版。

［29］夏积智主编：《劳动立法学概论》，中国劳动出版社1991年版。

［30］袁志刚：《失业经济学》，生活·读书·新知三联书店上海分店、上海人民出版社1997年版。

［31］曾湘泉主编：《劳动经济学》，复旦大学出版社、中国劳动社会保障出版社2005年版。

［32］丁冰：《当代西方经济学流派》，北京经济学院出版社1993年版。

［33］游钧主编：《2005年：中国就业报告——统筹城乡就业》，中国劳动社会保障出版社2005年版。

［34］杨雪：《欧盟共同就业政策研究》，中国社会科学出版社2004年版。

［35］刘得宽：《民法诸问题与新展望》，台湾三民书局1980年版。

［36］刁荣华主编：《法律之演进与适用》，台湾汉林出版社1977年版。

［37］劳动部劳动科学研究所编：《中国劳动科学研究报告集》，中国劳动出版社1998年版。

［38］王家福主编：《中国民法学·民法债权》，法律出版社1991年版。

［39］周林彬主编：《比较合同法》，兰州大学出版社1989年版。

［40］王泽鉴：《民法学说与判例研究》，中国政法大学出版社2005年版。

［41］李秀梅编著：《中国劳动法》，华文出版社1999年版。

［42］林更盛：《劳动法案例研究》，五南图书出版有限公司2011年版。

［43］陈新民：《宪法基本权利之基本理论》（上册），元照出版有限公司1999年版。

［44］周长征主编：《劳动派遣的发展与法律规制》，中国劳动社会保障出版社2007年版。

［45］刘旭：《国际劳工标准概述》，中国劳动社会保障出版社2003年版。

［46］中共上海市委党校、上海市总工会编：《社会主义工会学习文件选编》，中共党史出版社1992年版。

［47］李步云主编：《法理学》，经济科学出版社2000年版。

［48］覃有土、樊启荣：《社会保障法》，法律出版社1997年版。

［49］郭明政：《社会福利与社会保险》，联经出版公司2012年版。

［50］杨河清主编：《劳动经济学》，中国人民大学出版社2002年版。

［51］中华全国总工会法律部编：《劳动争议及其处理程序概论》，中国国际广播出版社1992年版。

［52］孙德强：《中国劳动争议处理制度研究》，中国法制出版社2005年版。

［53］郑尚元：《劳动争议处理程序法的现代化——中国劳动争议处理制度的反思与前瞻》，中国方正出版社 2004 年版。

［54］范跃如：《劳动争议诉讼程序研究》，中国人民大学出版社 2006 年版。

［55］［德］W. 杜茨：《劳动法》，张国文译，法律出版社 2003 年版。

［56］［英］David M. Walkker：《牛津法律大辞典》，北京社会与科技发展研究所译，光明日报出版社 1988 年版。

［57］［英］艾利森·邦、马纳·撒夫：《劳动法基础》，武汉大学出版社 2004 年版。

［58］［日］木下正义、小川贤一：《劳动法》，成文堂 1999 年版。

［59］［日］沼田稻次郎等编集：《劳动法事典》，劳动旬报社 1979 年版。

［60］［日］竹内昭夫、松尾浩也、盐野宏主编：《新法律学辞典》，有斐阁 1989 年版。

［61］［德］拉德布鲁赫：《法学导论》，米健、朱林译，中国大百科全书出版社 1997 年版。

［62］［日］星野英一：《私法中的人》，王闯译，中国法制出版社 2004 年版。

［63］［法］西蒙娜·薇依《扎根：人类责任宣言绪论》，徐卫翔译，生活·读书·新知三联书店 2003 年版。

［64］［德］迪特尔·拉夫：《德意志史》，波恩 Inter Nationes 出版社 1987 年版。

［65］［美］理查德·隆沃思：《全球经济自由化的危机》，应小端译，生活·读书·新知三联书店 2002 年版。

［66］［意］登特列夫：《自然法——法律哲学导论》，李日章、梁捷、王利译，新星出版社 2008 年版。

［67］［日］大须贺明：《生存权论》，林浩译，法律出版社 2001 年版。

［68］［英］亚当·斯密：《国民财富的性质和原因的研究》，郭大力、王亚南译，商务印书馆 1972 年版。

［69］［英］约翰·P. 温德姆勒等：《工业化市场经济国家的集体谈判》，何平等译，中国劳动出版社 1994 年版。

［70］［德］黑格尔：《法哲学原理或自然法和国家学纲要》，范扬、张企泰译，商务印书馆 1961 年版。

［71］［德］海因·克茨：《欧洲合同法》（上卷），周忠海、李居迁、官立云译，法律出版社 2001 年版。

［72］［美］罗伯特·A. 高尔曼：《劳动法基本教程——劳工联合与集体谈判》，马静等译，中国政法大学出版社 2003 年版。

［73］［英］P. S. 阿蒂亚：《合同法概论》，程正康、周忠海、刘振民译，法律出版社 1982 年版。

［74］［日］棚濑孝雄：《纠纷的解决与审判制度》，王亚新译，中国政法大学出

版社 1994 年版。

［75］［日］荒木尚志：《日本劳动法》，李坤刚、牛志奎译，北京大学出版社 2010 年版。

［76］［日］马渡淳一郎：《劳动市场法的改革》，田思路译，清华大学出版社 2006 年版。

［77］［美］哈罗德·伯曼：《美国法律讲话》，陈若恒译，生活·读书·新知三联书店 1992 年版。

［78］［美］Willam B. Gould Ⅳ：《美国劳工法入门》，焦兴铠译，台湾编译馆 1996 年版。

［79］［奥］迈克尔·米特罗尔、雷因哈德·西德尔：《欧洲家庭史——中世纪至今的文权利到伙伴关系》，赵世玲、赵世瑜、周尚意译，华夏出版社 1987 年版。

［80］［美］乔纳森·H. 特纳：《社会学理论的结构》，吴曲辉等译，浙江人民出版社 1987 年版。

二、主要外文参考资料

［1］John Rawls, *Political Liberalism*, New York：Columbia University Press, 1996.

［2］From Karl Marx's social and political thought Critical assessments, Jessop, Bob Roudedge, vol 1, 1993.

［3］Rae, *Douglas*, *Equalites*, Mass：Harvard University Press, 1981.

［4］J. K. Liebeman, *The Lingious Society*, N. Y, 1981.

［5］Kalleberg, Arne. 2012, "Job quality and precarious work：Controversies, clarifications, and challenges" *Work and Occupations*, 39（4）2012, pp. 427~48.

［6］Yang Cao, Beth A. Rubin, "Market transition and the deinstitutionalization of standard work hours in post—socialist China", *Industrial & Labor Relations Review*, 2014.

［7］2014 *HIGHEST CONTINGENT WORKFORCE ENGAGEMENT FOUND IN HONG KONG, THE UNITED STATES AND CHINA, MANPOWER GROUP REPORTS—SURVEY RESULTS*, Daily Document Update：HR Compliance Library.

［8］Cynthia L. Estlund., "Wrongful Discharge Protections In An AT-WILL World", *Texas Law Review*, 1996（6）.

［9］*The Covenant of Good Faith and Fair Dealing and the Public Policy Doctrine*, 45 Mass. Prac., *Employment Law* § 3. 4（2d ed.）, Westlaw. 2014 Thomson Reuters.

［10］*Wright v. Shriners Hosp. for Crippled Children*, 412 Mass. 469, 472, 589 N. E. 2d 1241, 1244（1992）.